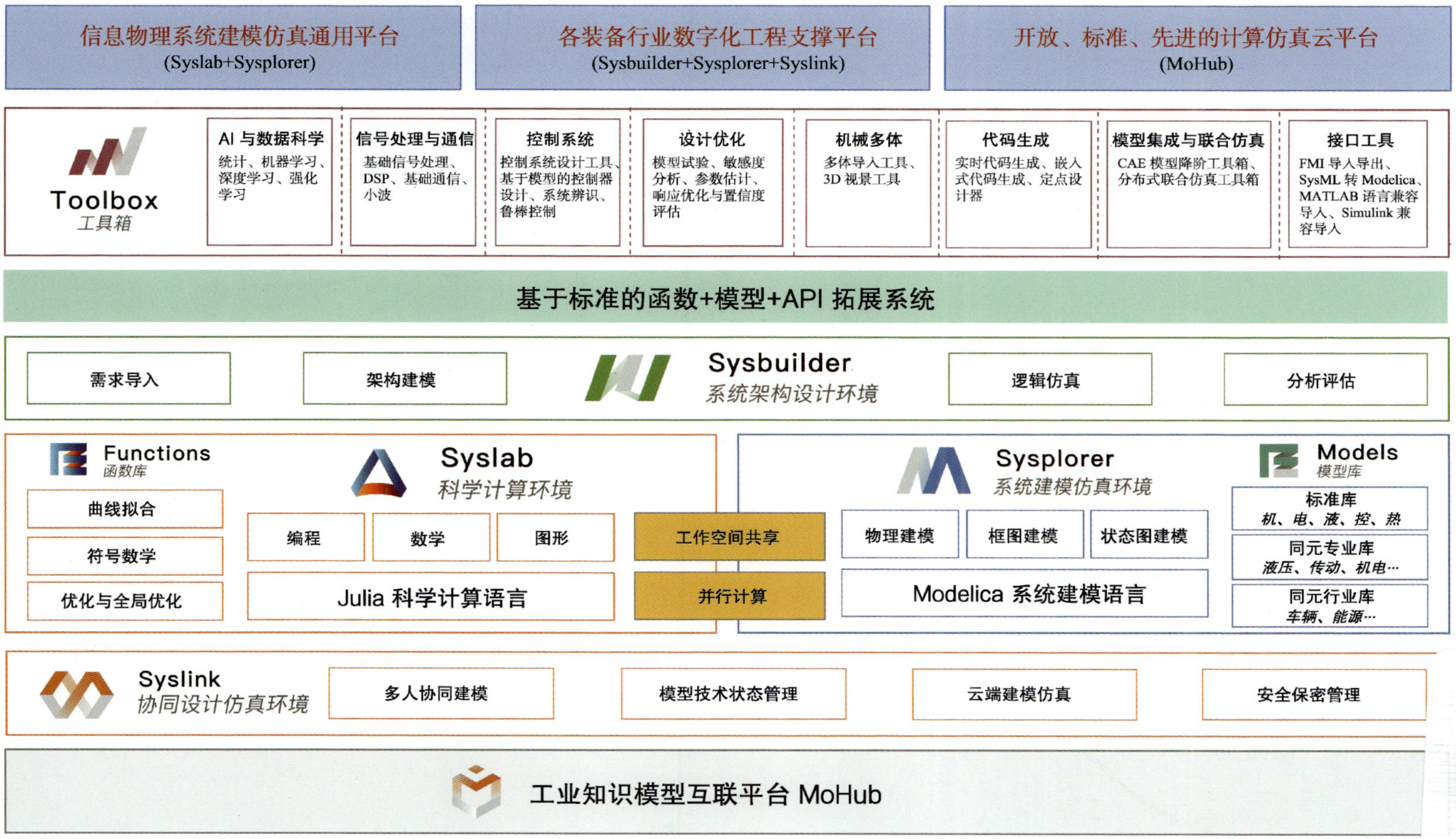

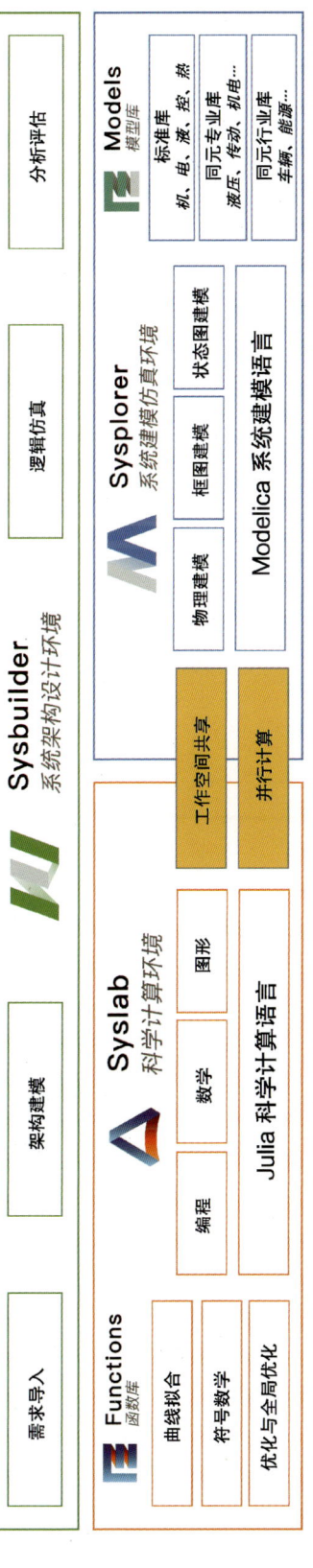

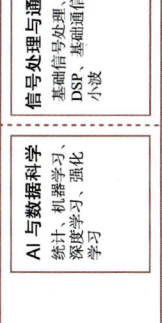

科学计算与系统建模仿真平台 MWORKS 架构图

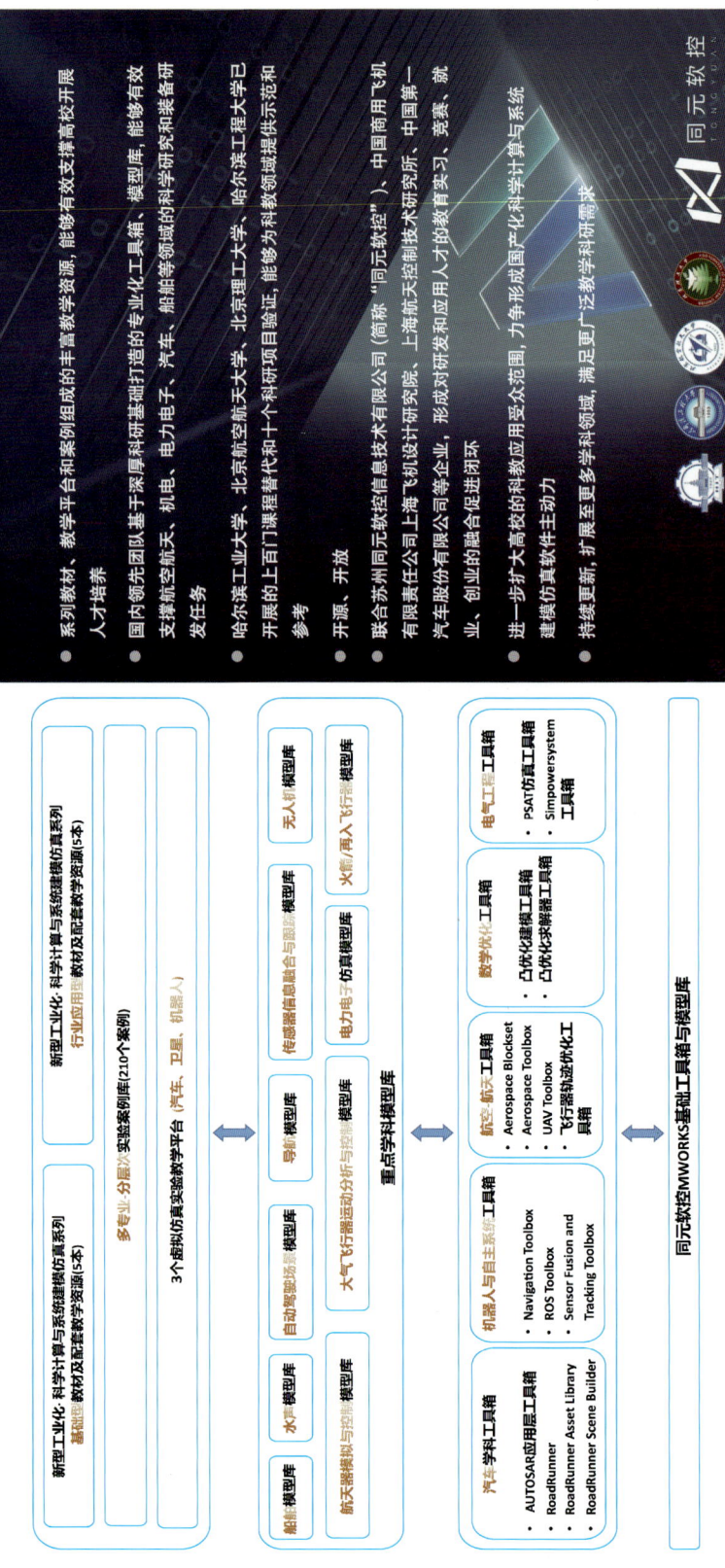

科教版平台（SE-MWORKS）总体情况

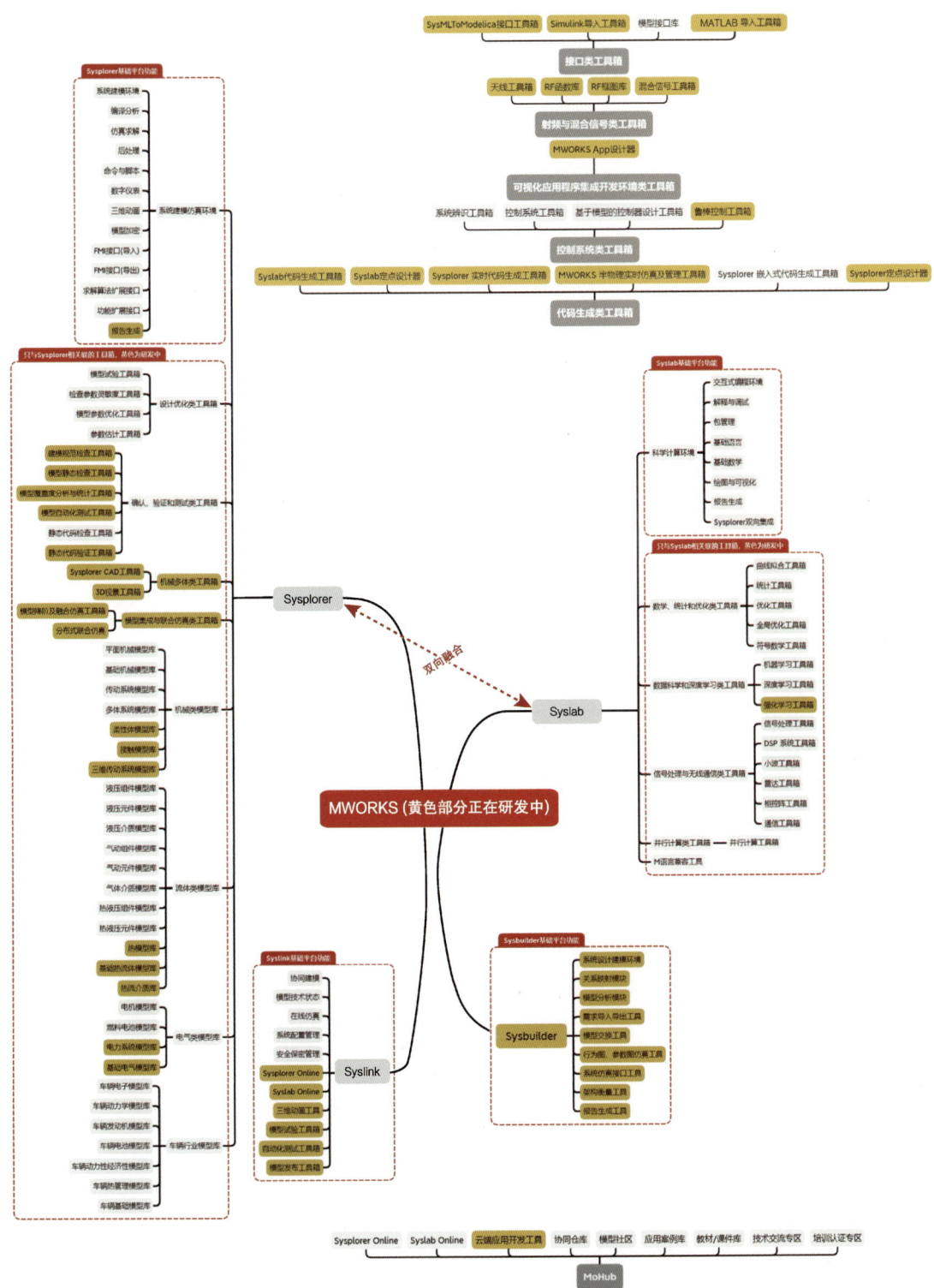

MWORKS 2023b 功能概览思维导图

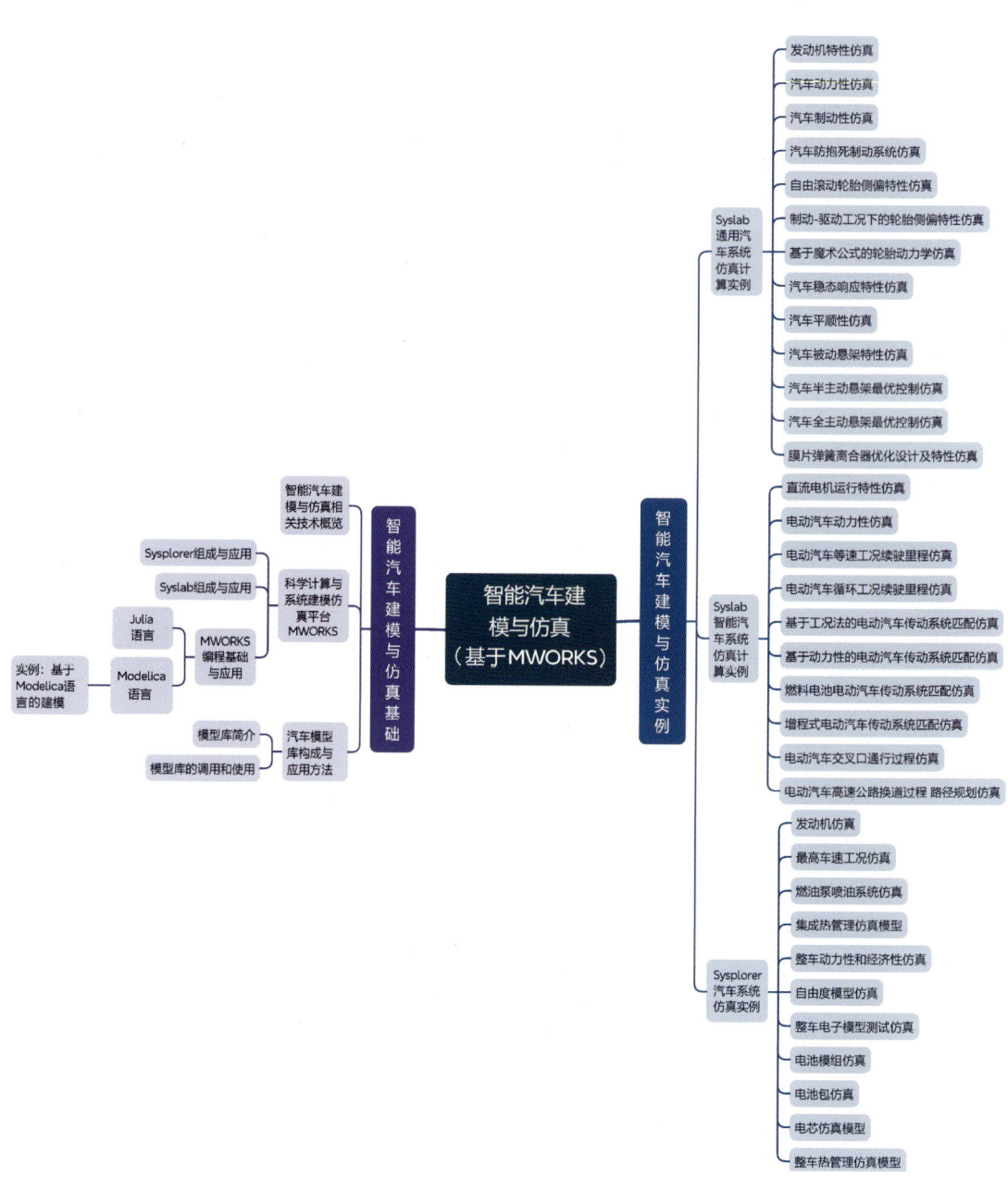

本书知识图谱

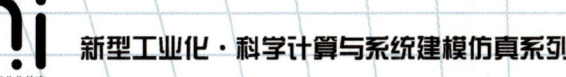

新型工业化·科学计算与系统建模仿真系列

Modeling and Simulation of Intelligent Vehicle Based on MWORKS

智能汽车建模与仿真
（基于MWORKS）

编　　著◎刘宏伟　史先俊　崔智全
丛书主编◎王忠杰　周凡利

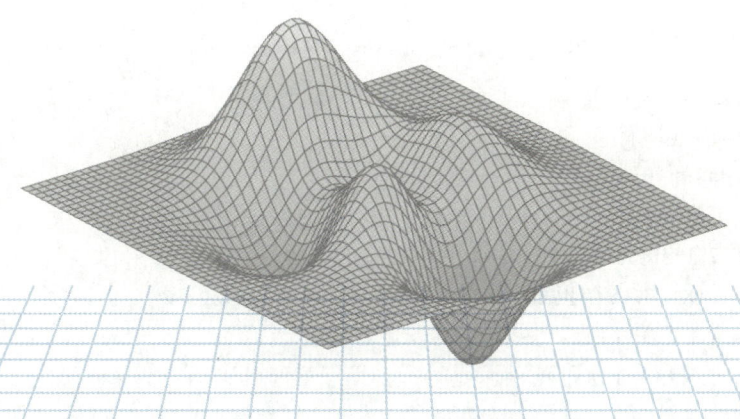

电子工业出版社
Publishing House of Electronics Industry
北京·BEIJING

内 容 简 介

本书是基于国产工业软件 MWORKS 进行系统建模与仿真的系列教材之一。本书从智能汽车建模与仿真的实际需求出发，全面阐述了 MWORKS 的功能特征、编程语言、设计开发方法以及汽车模型库的运用，并给出了三类共 34 个典型实例供教师与学生进行知识点的学习与验证，同时完整展示了 MWORKS 的强大功能与实际应用效果。

本书可作为高等学校汽车工程相关专业的实验指导教材，也可供广大 MWORKS 用户、汽车建模与仿真的爱好者学习参考。

未经许可，不得以任何方式复制或抄袭本书之部分或全部内容。
版权所有，侵权必究。

图书在版编目（CIP）数据

智能汽车建模与仿真 ：基于 MWORKS / 刘宏伟，史先俊，崔智全编著. -- 北京 ：电子工业出版社，2024. 8.
ISBN 978-7-121-49412-3

Ⅰ．U463.67

中国国家版本馆 CIP 数据核字第 2024P4M871 号

责任编辑：戴晨辰
印　　刷：北京天宇星印刷厂
装　　订：北京天宇星印刷厂
出版发行：电子工业出版社
　　　　　北京市海淀区万寿路 173 信箱　邮编：100036
开　　本：787×1 092　1/16　印张：19.75　字数：512 千字　彩插：2
版　　次：2024 年 8 月第 1 版
印　　次：2024 年 8 月第 1 次印刷
定　　价：69.00 元

凡所购买电子工业出版社图书有缺损问题，请向购买书店调换。若书店售缺，请与本社发行部联系，联系及邮购电话：（010）88254888，88258888。
质量投诉请发邮件至 zlts@phei.com.cn，盗版侵权举报请发邮件至 dbqq@phei.com.cn。
本书咨询联系方式：（010）88254530，dcc@phei.com.cn。

编 委 会

（按姓氏笔画排序）

主　任　王忠杰（哈尔滨工业大学）

　　　　　周凡利（苏州同元软控信息技术有限公司）

副主任　冯光升（哈尔滨工程大学）

　　　　　许承东（北京理工大学）

　　　　　张　莉（北京航空航天大学）

　　　　　陈　鄞（哈尔滨工业大学）

　　　　　郭俊峰（苏州同元软控信息技术有限公司）

委　员　丁　吉（苏州同元软控信息技术有限公司）

　　　　　于海涛（哈尔滨工业大学）

　　　　　王少萍（北京航空航天大学）

　　　　　王险峰（东北石油大学）

　　　　　史先俊（哈尔滨工业大学）

　　　　　朴松昊（哈尔滨工业大学）

　　　　　曲明成（哈尔滨工业大学）

　　　　　吕宏武（哈尔滨工程大学）

　　　　　刘志会（苏州同元软控信息技术有限公司）

　　　　　刘　芳（北京航空航天大学）

刘宏伟（哈尔滨工业大学）

刘　昕（哈尔滨工业大学）

杜小菁（北京理工大学）

李　伟（哈尔滨工程大学）

李冰洋（哈尔滨工程大学）

李　晋（哈尔滨工程大学）

李　雪（哈尔滨工业大学）

李　超（哈尔滨工程大学）

张永飞（北京航空航天大学）

张宝坤（苏州同元软控信息技术有限公司）

张　超（北京航空航天大学）

陈　娟（北京航空航天大学）

郑文祺（哈尔滨工程大学）

贺媛媛（北京理工大学）

聂兰顺（哈尔滨工业大学）

徐远志（北京航空航天大学）

崔智全（哈尔滨工业大学（威海））

惠立新（苏州同元软控信息技术有限公司）

舒燕君（哈尔滨工业大学）

鲍丙瑞（苏州同元软控信息技术有限公司）

蔡则苏（哈尔滨工业大学）

丛 书 序

2023年2月21日，习近平总书记在中共中央政治局就加强基础研究进行第三次集体学习时强调："要打好科技仪器设备、操作系统和基础软件国产化攻坚战，鼓励科研机构、高校同企业开展联合攻关，提升国产化替代水平和应用规模，争取早日实现用我国自主的研究平台、仪器设备来解决重大基础研究问题。"科学计算与系统建模仿真平台是科学研究、教学实践和工程应用领域不可或缺的工业软件系统，是各学科领域基础研究和仿真验证的平台系统。实现科学计算与系统建模仿真平台软件的国产化是解决科学计算与工程仿真验证基础平台和生态软件"卡脖子"问题的重要抓手。

基于此，苏州同元软控信息技术有限公司作为国产工业软件的领先企业，以新一轮数字化技术变革和创新为发展契机，历经团队二十多年技术积累与公司十多年持续研发，全面掌握了新一代数字化核心技术"系统多领域统一建模与仿真技术"，结合新一代科学计算技术，研发了国际先进、完全自主的科学计算与系统建模仿真平台MWORKS。

MWORKS是各行业装备数字化工程支撑平台，支持基于模型的需求分析、架构设计、仿真验证、虚拟试验、运行维护及全流程模型管理；通过多领域物理融合、信息与物理融合、系统与专业融合、体系与系统融合、机理与数据融合及虚实融合，支持数字化交付、全系统仿真验证及全流程模型贯通。MWORKS提供了算法、模型、工具箱、App等资源的扩展开发手段，支持专业工具箱及行业数字化工程平台的扩展开发。

MWORKS是开放、标准、先进的计算仿真云平台。基于规范的开放架构提供了包括科学计算环境、系统建模仿真环境以及工具箱的云原生平台，面向教育、工业和开发者提供了开放、标准、先进的在线计算仿真云环境，支持构建基于国际开放规范的工业知识模型互联平台及开放社区。

MWORKS是全面提供MATLAB/Simulink同类功能并力求创新的新一代科学计算与系统建模仿真平台；采用新一代高性能计算语言Julia，提供科学计算环境Syslab，支持基于Julia的集成开发调试并兼容Python、C/C++、M等语言；采用多领域物理统一建模规范Modelica，全面自主开发了系统建模仿真环境Sysplorer，支持框图、状态机、物理建模等多种开发范式，并且提供了丰富的数学、AI、图形、信号、通信、控制等工具箱，以及机械、电气、流体、热等物理模型库，实现从基础平台到工具箱的整体功能覆盖与创新发展。

为改变我国在科学计算与系统建模仿真教学和人才培养中相关支撑软件被国外"卡脖子"的局面，加速在人才培养中推广国产优秀科学计算和系统建模仿真软件

MWORKS，提供产业界亟需的数字化教育与数字化人才，推动国产工业软件教育、应用和开发是必不可少的因素。进一步讲，我们要在数字化时代占领制高点，必须打造数字化时代的新一代信息物理融合的建模仿真平台，并且以平台为枢纽，连接产业界与教育界，形成一个完整生态。为此，哈尔滨工业大学、北京航空航天大学、北京理工大学、哈尔滨工程大学与苏州同元软控信息技术有限公司携手合作，2022 年 8 月 18 日在哈尔滨工业大学正式启动"新型工业化·科学计算与系统建模仿真系列"教材的编写工作，2023 年 3 月 11 日在扬州正式成立"新型工业化·科学计算与系统建模仿真系列"教材编委会。

首批共出版 10 本教材，包括 5 本基础型教材和 5 本行业应用型教材，其中基础型教材包括《科学计算语言 Julia 及 MWORKS 实践》《多领域物理统一建模语言与 MWORKS 实践》《MWORKS 开发平台架构及二次开发》《基于模型的系统工程（MBSE）及 MWORKS 实践》《MWORKS API 与工业应用开发》；行业应用型教材包括《控制系统建模与仿真（基于 MWORKS）》《通信系统建模与仿真（基于 MWORKS）》《飞行器制导控制系统建模与仿真（基于 MWORKS）》《智能汽车建模与仿真（基于 MWORKS）》《机器人控制系统建模与仿真（基于 MWORKS）》。

本系列教材可作为普通高等学校航空航天、自动化、电子信息工程、机械、电气工程、计算机科学与技术等专业的本科生及研究生教材，也适合作为从事装备制造业的科研人员和技术人员的参考用书。

感谢哈尔滨工业大学、北京航空航天大学、北京理工大学、哈尔滨工程大学的诸位教师对教材撰写工作做出的极大贡献，他们在教材大纲制定、教材内容编写、实验案例确定、资料整理与文字编排上注入了极大精力，促进了系列教材的顺利完成。

感谢苏州同元软控信息技术有限公司、中国商用飞机有限责任公司上海飞机设计研究院、上海航天控制技术研究所、中国第一汽车股份有限公司、工业和信息化部人才交流中心等单位在教材写作过程中提供的技术支持和无私帮助。

感谢电子工业出版社有限公司各位领导、编辑的大力支持，他们认真细致的工作保证了教材的质量。

书中难免有疏漏和不足之处，恳请读者批评指正！

编委会
2023 年 11 月

前　言

科学计算与系统建模仿真离不开先进可靠的工业软件平台，苏州同元软控信息技术有限公司（简称"同元软控"）敢当重任，经过20年的技术积累，12年的持续打磨和工程迭代，设计开发了自主、开放、完整、高效、兼容的新一代科学计算与系统建模仿真平台MWORKS，在生态建设与典型应用方面为各行业装备数智化转型提供了统一的计算底座。

本书基于MWORKS平台，对智能汽车建模与仿真相关的实例进行全新设计，从功能介绍、编程语言、设计开发、汽车模型库运用等角度全面阐述基于MWORKS进行智能汽车建模与仿真的方法与步骤，并给出了三类共34个典型实例供教师与学生进行知识点的学习与验证。

全书分8章，内容如下。

第1章介绍智能汽车仿真建模的重要性，并对MWORKS平台进行简介。

第2章介绍仿真建模软件MWORKS.Sysplorer的功能与特征、多领域模型库以及集成开发环境等内容，使学生了解MWORKS.Sysplorer所具备的支持物理、框图、状态机等多范式系统建模的功能，了解其多领域模型库中所包含的组件，并掌握MWORKS.Sysplorer集成开发环境的使用。

第3章介绍科学计算环境MWORKS.Syslab，为算法开发、数值计算、数据分析和可视化、信息域计算分析等提供通用的编程开发环境。使学生了解并接触新一代高性能科学计算语言Julia，理解MWORKS.Syslab如何高效地解决科学与工程中遇到的矩阵运算、数值求解、数据分析、信号处理、控制算法设计与优化等问题。

第4章介绍Julia编程基础，使学生理解Julia中的变量、表达式和语句，掌握Julia中的数组、函数以及控制流程与循环。本章还介绍了Modelica建模语言，使学生掌握非因果物理建模方法、面向对象的建模方法，掌握类和实例、继承以及方程的使用方法。并以轮胎模型为实例，讲解Modelica的建模过程。

第5章介绍MWORS.Sysplorer中的汽车模型库。主要介绍电池模型库、车辆动力学模型库、车辆动力性经济性、车辆电子模型库、车辆发动机模型库、车辆热管理模型库的构成，以及车辆动力学模型库的调用和使用方法。

第6章介绍MWORKS.Syslab的通用汽车系统仿真计算实例。本章包括13个典型实例：发动机特性仿真、汽车动力性仿真、汽车制动性仿真、汽车防抱死制动系统仿真、自由滚动轮胎侧偏特性仿真、制动-驱动工况下的轮胎侧偏特性仿真、基于魔术公式的轮胎动力学仿真、汽车稳态响应特性仿真、汽车平顺性仿真、汽车被动悬架特性仿真、汽车半主动悬架最优控制仿真、汽车全主动悬架最优控制仿真、膜片弹簧离合器优化设计及特性仿真。

第 7 章介绍基于 MWORKS.Syslab 的智能汽车系统仿真计算实例。本章包括 10 个典型实例：直流电机运行特性仿真、电动汽车动力性仿真、电动汽车等速工况续驶里程仿真、电动汽车循环工况续驶里程仿真、基于工况法的电动汽车传动系统匹配仿真、基于动力性的电动汽车传动系统匹配仿真、燃料电池电动汽车传动系统匹配仿真、增程式电动汽车传动系统匹配仿真、电动汽车交叉口通行过程仿真、电动汽车高速公路换道过程路径规划仿真。

第 8 章介绍 MWORKS.Sysplorer 的汽车系统仿真。本章包括 11 个典型实例：发动机仿真、最高车速工况仿真、燃油泵喷油系统仿真、集成热管理仿真模型、整车动力性和经济性仿真、自由度模型仿真、整车电子模型测试仿真、电池模组仿真、电池包仿真、电芯仿真模型、整车热管理仿真模型。

第 6～8 章的实例提供了完整的源代码，扫描二维码可以查看。

教学组织与安排建议：

章序号	适合层次
第 1 章	本科生
第 2 章	本科生和研究生，研究生重点掌握多领域模型库的原理
第 3 章	本科生
第 4 章	本科生
第 5 章	本科生
第 6 章	本科生：实例 1、2、3、5、8、13； 研究生：实例 4、6、7、9、10、11、12
第 7 章	本科生：实例 1、2、3、4、5、6、7、8； 研究生：实例 9、10
第 8 章	本科生和研究生

教师可根据课程教学与实验学时安排，灵活进行选择。

另外，可以从华信教育资源网、同元软控 MoHub 平台等下载源代码、授课用电子教案及相关电子资料。

本书主要由刘宏伟、史先俊、崔智全编写，参加编写整理的有郝思冲、苏泓嘉、陈月冬、丛日东、王艺达、闫徐等，感谢同元软控的惠立新、吴炜荣、鲍丙瑞等专家提供了丰富的资料及修改建议，感谢崔胜民教授提供了部分实例的使用授权。限于编者水平，技术发展迅速，书中难免存在疏漏、欠妥甚至错误之处，恳请广大读者发现后及时予以指正，也期望大家提出宝贵建议，共同促进国产工业软件的迅速发展。

作者

目　　录

第 1 章　绪论 ··· 1
　1.1　智能汽车建模与仿真 ··· 2
　1.2　MWORKS 简介 ·· 4

第 2 章　MWORKS.Sysplorer 简介 ··· 6
　2.1　MWORKS.Sysplorer 功能与特征 ··· 7
　2.2　MWORKS.Sysplorer 多领域模型库 ·· 7
　2.3　集成开发环境 ·· 9
　　2.3.1　概述 ··· 9
　　2.3.2　模型浏览器 ··· 10
　　2.3.3　图形视图 ·· 11
　　2.3.4　文本视图 ·· 11
　　2.3.5　组件参数面板 ·· 12
　　2.3.6　输出面板 ·· 12
　　2.3.7　仿真浏览器 ··· 12

第 3 章　MWORKS.Syslab 简介 ·· 14
　3.1　MWORKS.Syslab 功能与特征 ·· 15
　3.2　MWORKS.Syslab 应用领域 ··· 16
　3.3　集成开发环境 ··· 17
　　3.3.1　界面布局 ·· 17
　　3.3.2　资源管理器 ··· 17
　　3.3.3　代码编辑器 ··· 18
　　3.3.4　命令行窗口 ··· 20
　　3.3.5　代码调试 ·· 21
　　3.3.6　工作区 ··· 22
　　3.3.7　包管理器 ·· 23

第 4 章　MWORKS 编程基础 ·· 24
　4.1　Julia 语言 ·· 25

4.1.1 变量、表达式和语句 ····· 25
   4.1.2 数组 ····· 25
   4.1.3 函数 ····· 25
   4.1.4 控制流与循环 ····· 26
  4.2 Modelica 语言 ····· 29
  4.3 基于 Modelica 语言的建模实例 ····· 31

第 5 章 MWORKS.Sysplorer 汽车模型库介绍 ····· 42
  5.1 模型库简介 ····· 43
   5.1.1 电池模型库 ····· 43
   5.1.2 车辆动力学模型库 ····· 44
   5.1.3 车辆动力性和经济性模型库 ····· 46
   5.1.4 车辆电子模型库 ····· 51
   5.1.5 车辆发动机模型库 ····· 52
   5.1.6 车辆热管理模型库 ····· 53
  5.2 车辆动力学模型库的调用和使用 ····· 54

第 6 章 基于 MWORKS.Syslab 的通用汽车系统仿真计算 ····· 58
  实例 1 发动机特性仿真 ····· 59
  实例 2 汽车动力性仿真 ····· 63
  实例 3 汽车制动性仿真 ····· 71
  实例 4 汽车防抱死制动系统仿真 ····· 82
  实例 5 自由滚动轮胎侧偏特性仿真 ····· 87
  实例 6 制动-驱动工况下的轮胎侧偏特性仿真 ····· 91
  实例 7 基于魔术公式的轮胎动力学仿真 ····· 97
  实例 8 汽车稳态响应特性仿真 ····· 102
  实例 9 汽车平顺性仿真 ····· 109
  实例 10 汽车被动悬架特性仿真 ····· 116
  实例 11 汽车半主动悬架最优控制仿真 ····· 121
  实例 12 汽车全主动悬架最优控制仿真 ····· 126
  实例 13 膜片弹簧离合器优化设计及特性仿真 ····· 133

第 7 章 基于 MWORKS.Syslab 的智能汽车系统仿真计算 ····· 139
  实例 1 直流电机运行特性仿真 ····· 140
  实例 2 电动汽车动力性仿真 ····· 154
  实例 3 电动汽车等速工况续驶里程仿真 ····· 164
  实例 4 电动汽车循环工况续驶里程仿真 ····· 169
  实例 5 基于工况法的电动汽车传动系统匹配仿真 ····· 174

实例 6	基于动力性的电动汽车传动系统匹配仿真	186
实例 7	燃料电池电动汽车传动系统匹配仿真	196
实例 8	增程式电动汽车传动系统匹配仿真	201
实例 9	电动汽车交叉口通行过程仿真	208
实例 10	电动汽车高速公路换道过程路径规划仿真	213

第 8 章 基于 MWORKS.Sysplorer 的汽车系统仿真 ··· 221

实例 1	发动机仿真	222
实例 2	最高车速工况仿真	238
实例 3	燃油泵喷油系统仿真	244
实例 4	集成热管理仿真模型	248
实例 5	整车动力性和经济性仿真	255
实例 6	自由度模型仿真	266
实例 7	整车电子模型测试仿真	274
实例 8	电池模组仿真	282
实例 9	电池包仿真	286
实例 10	电芯仿真模型	290
实例 11	整车热管理仿真模型	298

参考文献 ··· 304

第 1 章
绪 论

1.1 智能汽车建模与仿真

汽车行业经历了一个多世纪的演变，从最初的机械构造逐渐走向电气化和自动化，现在则正朝着电动和智能化方向迈进。根据 2020 年国家发改委、科技部、工信部等 11 个部门联合印发的《智能汽车创新发展战略》中的定义，智能汽车是指通过搭载先进传感器等装置，运用人工智能等新技术，具有自动驾驶功能，逐步成为智能移动空间和应用终端的新一代汽车。

智能汽车通常又称为智能网联汽车、自动驾驶汽车等。自动驾驶主要分为 6 个等级。其中，0 级驾驶自动化（应急辅助，Emergency Assistance）系统不能持续执行动态驾驶任务中的车辆横向或纵向运动控制，但具备持续执行动态驾驶任务中的部分目标和事件探测与响应的能力。1 级驾驶自动化（部分驾驶辅助，Partial Driver Assistance）系统在其设计运行条件下能够持续地执行动态驾驶任务中的车辆横向或纵向运动控制，且具备与所执行的车辆横向或纵向运动控制相适应的部分目标和事件探测与响应的能力。2 级驾驶自动化（组合驾驶辅助，Combined Driver Assistance）系统在其设计运行条件下能够持续地执行动态驾驶任务中的车辆横向和纵向运动控制，且具备与所执行的车辆横向和纵向运动控制相适应的部分目标和事件探测与响应的能力。3 级驾驶自动化（有条件自动驾驶，Conditionally Automated Driving）系统在其设计运行条件下能够持续地执行全部动态驾驶任务。4 级驾驶自动化（高度自动驾驶，Highly Automated Driving）系统在其设计运行条件下能够持续地执行全部动态驾驶任务并自动执行最小风险策略。5 级驾驶自动化（完全自动驾驶，Fully Automated Driving）系统在任何可行驶条件下能够持续地执行全部动态驾驶任务并自动执行最小风险策略。

目前，智能汽车正成为汽车行业的发展方向。汽车的普及满足了人们的出行需求，并提高了旅行的效率和舒适度，但也带来了一系列问题，如交通拥堵、能源短缺和环境污染等。智能汽车技术有望缓解这些问题，研究表明，在智能汽车的初级阶段所搭载的驾驶辅助技术能降低约 30%的交通事故，提升约 10%的城市通行效率，降低约 5%的燃油消耗和尾气排放。在智能汽车的完全自动驾驶阶段，在理想情况下，交通事故发生率将降低至 1%，城市通行效率将提高至 30%。

智能汽车不仅是智能交通体系中的核心元素，也是塑造生态友善社会架构的关键部件。一方面，这类车辆在减少环境污染的基础上，能够显著提升人们出行的便捷性和安全性，因此成为更优越的交通选择。另一方面，智能汽车是多个高科技领域——包括人工智能、高性能计算、大数据和物联网——紧密集成的结果。这不仅标志着汽车技术和产品的进步，还可能改变现有的汽车产业链和价值链。因此，加强智能汽车的研发和设计是推动我国科学技术和经济增长的关键。

在智能汽车的开发和设计阶段，仿真技术起着至关重要的作用。这种技术是一种多学科融合的技术，它依赖于计算机模拟来执行科学试验，具有成本效益、可靠性、实用性、安全性和可重用性高等特点。根据产品开发流程，仿真技术主要可分为 CAD

（Computer Aided Design，计算机辅助设计）、CAE（Computer Aided Engineering，计算机辅助工程）和 CAM（Computer Aided Manufacturing，计算机辅助制造）三大类。

CAD 主要关注初步的产品设计，通过数字模型来协助工程师完成设计任务。这样做能够提高开发效率、降低成本，并缩短产品上市周期。CAE 则在 CAD 的基础上，进一步模拟和分析制造流程与产品性能，以优化设计，并解决潜在的质量问题。这实现了整个产品开发流程的科学和信息化管理，同时也减少了制造过程中的损耗和成本。CAM 依赖于 CAD 和 CAE 生成的数据，以加速产品制造。在这三种技术中，CAE 是最为核心的，特别是在设计复杂和试验成本高的汽车研发领域。统计数据显示，仿真技术的广泛应用显著减少了汽车设计阶段后期的修改需求，大幅降低了研发成本在总成本中的占比，并显著加快了新车型的开发速度，提高了产品质量。

建模与仿真在智能汽车的研发和设计过程中占有举足轻重的地位，具体表现在以下三个方面。

第一，建模与仿真所需的成本相对较低。与实际路测的成本相比，仿真只是其约 1%。实际路测通常会涉及硬件、传感器、驾驶员以及系统工程师的成本，而且每天的有效测试时间仅为 8～10 小时。相对地，建模与仿真只需适当的计算资源，就能进行 24 小时不间断的分析和测试。

第二，建模与仿真在场景选择上具有更高的灵活性和扩展性。实际路测中很难遇到极端的交通条件，并且存在一定的安全风险。然而，在仿真环境中，工程师可以手动或自动生成各种极端场景进行测试，从而在实际路测之前进行充分的验证。随着云计算等新技术的出现，计算能力不断提升，仿真的扩展能力将远超实际路测。

第三，建模与仿真提供了更为强大的数据支持，特别是在智能汽车算法的开发中。由于代码每天都在发生变更和迭代，通过实际路测来评估各种算法的优缺点是不现实的。但通过仿真技术，工程师能够在大量的场景中开展并行测试，并在相对较短的时间内对不同算法进行综合评估，显著地降低了研发费效比。

智能汽车建模与仿真工具可划分为工程设计软件和科学计算软件两大类。

在工程设计软件领域，CATIA、Pro/ENGINEER 和 Ansys 是目前科研和产业界普遍使用的软件。CATIA 出自法国达索公司，是汽车建模与仿真中经常使用的一种软件，其特点在于出色的曲面设计能力。该软件能协助制造商从设计、分析到维护等全过程进行汽车产品的开发。Pro/ENGINEER 是美国参数技术公司开发的一款集成了 CAD、CAM 和 CAE 的三维软件。它在参数化技术上有所突破，因此在三维建模软件中具有一定地位。Ansys 则是美国 ANSYS 公司推出的一种多功能有限元分析软件，包括前处理、分析计算和后处理三大模块，涵盖从结构分析到流体动力学等多个领域。

在科学计算软件方面，MATLAB、Mathematica 和 Maple 是国际上常用的软件。这些软件一开始是为科学计算环境设计的，后来进一步发展出可视化工程建模环境。Modelica 语言的出现对这些软件产生了重大影响，例如，MathWorks 推出了 Simscape，而 MapleSoft 和 Wolfram 则推出了支持 Modelica 语言的建模软件。

上述工程设计软件和科学计算软件均由国外公司研发与主导。我国在系统建模与仿真软件方面，由同元软控研发的 MWORKS 平台是其中的领先者。

1.2 MWORKS 简介

MWORKS 是同元软控面向数字化和智能化融合推出的新一代自主可控的科学计算与系统建模仿真平台。MWORKS 提供机械、电子、液压、控制、热、信息等多领域统一建模仿真环境，实现复杂装备数字化模型标准表达，支持物理系统和信息系统的融合，为装备数字化工程提供基础工具支撑，是基于模型的系统工程（Model-Based Systems Engineering，MBSE）方法落地的使能工具。MWORKS 为复杂系统工程研制提供全生命周期支持，已广泛应用于航空、航天、能源、车辆、船舶、教育等行业，为国家探月工程、空间站、国产大飞机、核能动力等系列重大工程提供了先进的数字化设计技术支撑和深度技术服务保障，整体水平位居国际前列，是国内为数不多、具有国际一流技术水平的工业软件之一。

MWORKS 由四大系统级产品、系列工具箱和模型库以及工业知识模型互联平台 Moltub 组成，见彩页。

1. 系统级产品

MWORKS 的系统级产品采用基于模型的方法支撑系统设计，通过不同层次、不同类型的仿真来验证系统设计，形成<设计-验证>对偶，构建系统数字化设计与验证的能力闭环。

（1）系统架构设计环境（MWORKS.Sysbuilder）：面向复杂工程系统，以用户需求为导入，按照自顶向下的系统研制流程，以图形化、结构化、面向对象方式覆盖系统的需求导入、架构建模、逻辑仿真、分析评估等过程，通过与 MWORKS.Sysplorer 的紧密集成，支持用户在系统设计的早期开展方案论证并实现基于模型的多领域系统综合分析和验证。

（2）系统建模仿真环境（MWORKS.Sysplorer）：是大回路闭环及数字孪生的支撑平台，提供面向多领域工业产品的系统级综合设计与仿真验证，完全系统建模语言支持 Modelica，遵循现实中拓扑结构的层次化建模方式，支持物理建模、框图建模、状态图建模，支撑 MBSE 应用，提供方便易用的系统仿真建模、完备的编译分析、强大的仿真求解、实用的后处理功能及丰富的扩展接口，支持用户开展产品多领域模型开发、虚拟集成、多层级方案仿真验证、方案分析优化，并进一步为产品数字孪生模型的构建与应用提供关键支撑。

（3）科学计算环境（MWORKS.Syslab）：面向科学计算和数据分析，基于高性能动态科学计算语言 Julia 提供交互式编程环境，实现科学计算编程、编译、调试和绘图功能，内置数学运算、符号计算、信号处理和通信等多种应用工具箱，支持用户开展科学计算、数据分析、算法设计，并进一步支持信息物理融合系统的设计、建模与仿真分析。

（4）协同设计仿真环境（MWORKS.Syslink）：是面向协同设计与模型管理的基础

平台，提供 MBSE 环境中的模型、数据及相关工作协同管理解决方案，将传统面向文件的协同转变为面向模型的协同，为工程师屏蔽了通用版本管理工具复杂的配置和操作，提供了多人协同建模、模型技术状态管理、云端建模仿真和安全保密管理功能，为系统研制提供基于模型的协同环境。Syslink 打破了单位与地域障碍，支持团队用户开展协同建模和产品模型的技术状态控制，开展跨层级的协同仿真，为各行业的数字化转型全面赋能。

2. 系列工具箱

工具箱（Toolbox）是基于 MWORKS 开放 API 体系开发的系列专业工具箱，提供 AI 与数据科学、信号处理与通信、控制系统、设计优化、机械多体、代码生成、模型集成与联合仿真以及接口工具等多个类别的工具箱，满足多样化的数字设计、分析、仿真及优化需求。

3. 模型库及函数库

（1）函数库（Function）：提供数学和绘图等基础功能函数，内置曲线拟合、符号数学、优化与全局优化等高质优选函数库，支持用户自行扩展；支持教育、科研、通信、芯片、控制等行业用户开展教学科研、数据分析、算法设计和产品分析。

（2）模型库（Model）：除了标准库，还涵盖、液压、传动、机电等多个典型专业，覆盖汽车、能源、船舶等多个重点行业，支持用户自行扩展；提供的基础模型可大幅降低复杂产品模型开发门槛与模型开发人员学习成本。

4. 工业知识模型互联平台 MoHub

以 Modelica 语言为基础，融合数字工程方法、数字工程平台、工业知识模型三大行业领先技术，提供在线建模仿真、工科教学等功能，以及知识社区、应用赋能、增值服务，让工业知识模型的开发、分享及融合创新应用更简单、高效。

第 2 章

MWORKS.Sysplorer 简介

2.1　MWORKS.Sysplorer 功能与特征

（1）支持多范式系统建模。支持多领域统一物理系统建模，支持陈述式表达模型、模型方程分析及求解规划；支持框图系统建模，支持过程式表达模型、模型嵌入式代码生成及模型双向追溯；支持状态并行及深层次嵌套及动作、节点、事件等便捷的状态机建模功能。支持多范式模型的统一表达、混合仿真求解。

（2）大规模复杂系统高效仿真求解。提供高性能的编译与求解内核；支持系统级分布式联合仿真功能，内置多种求解算法，适合不同应用场景，并支持用户扩展。

（3）提供丰富易用的可视化后处理环境。支持查看任意变量结果曲线，提供丰富的曲线交互功能；支持模型 2D 与 3D 动画，直观查看仿真过程；支持仿真实时推进、数据回放两种模式。

（4）支持模型驱动的代码生成与实时仿真。支持 Windows、Linux、VxWorks 等多种环境下的实时代码生成；支持硬件设备代码生成，具备实时仿真能力；支持控制器代码生成，并与硬件设备融合仿真。

（5）提供开放的软件集成与平台扩展接口。完整支持 FMI（功能模型接口）标准，支持基于 FMI 的系统联合仿真；支持 C/C++/Fortran/Python 等外部语言集成；提供 SDK（软件开发工具包），支持外部应用集成、界面定制与功能扩展。

2.2　MWORKS.Sysplorer 多领域模型库

MWORKS.Sysplorer 提供的 MWORKS.Library 为多领域模型库，其基于 Modelica 语言开发，包括基础模型库（标准库和专业库）与行业库。基础模型库为各行业或专业系统提供通用的基础组件模型，行业库提供行业特定的分系统或单机模型。通过模型库中基础组件模型的组合，用户能够方便快捷地构建高置信度的产品模型，从而有效提高产品设计质量，缩短开发周期，降低研发成本。下面介绍几种常用的模型库。

（1）液压组件模型库（TYHydraulics），包含泵源、执行机构、液压阀类、液压油液、液压附件等模型，可用于航空航天、车辆船舶、工程机械等领域液压系统的设计、仿真及优化，例如，开展飞机液压能源系统的功率计算、验证挖掘机液压系统的关键指标等。

（2）液压元件模型库（TYHydraulicComponents），包含活塞、滑阀芯、锥阀芯、球阀芯、喷嘴挡板阀芯、控制容积等模型，可用于搭建各种复杂的液压部件模型，根据液压柱塞泵、溢流阀、换向阀等液压部件的物理拓扑结构，搭建结构化的液压部件模型，可与液压组件模型库配合用于液压系统部件级、系统级的设计与验证。

（3）热液压组件模型库（TYThermalHydraulics），包含泵源、液压阀类、执行机构、管路、液压辅件、边界源和各种传感器等模型，可用于航空航天、车辆船舶、工程机械、能源、风力发电等领域液压系统的热设计、仿真及优化，并可开展对液压系统的热故障、压焓图计算等场景的应用。

（4）热液压元件模型库（TYThermalHydraulicComponents），包含活塞、滑阀芯、锥阀芯、球阀芯、喷嘴挡板阀芯、隔膜、密封摩擦泄漏和控制容积等模型，可用于搭建各种复杂的液压部件模型。用户可根据液压柱塞泵、溢流阀、换向阀等液压部件的物理拓扑结构，搭建结构化的液压部件模型，可与液压组件模型库配合用于液压系统部件级、系统级的设计与验证，并可开展对液压系统的热故障、压焓图计算等场景的应用。

（5）气动组件模型库（TYPneumatics），包含执行机构、压力控制阀、流量控制阀、方向阀、管路、流阻及传感器等模型，可用于气动系统的设计优化、性能分析及功能验证等。用户可根据实际需求快速搭建一套气动系统模型，例如，气动机械手、车辆气压制动系统、飞机燃油通气系统等。

（6）气动元件模型库（TYPneumaticComponents），包含活塞、滑阀芯、锥阀芯、球阀芯、板孔阀芯、隔膜、流量控制阀、气体容腔等模型，可用于各类气动系统的设计与分析，可搭建高粒度气动组件模型及系统模型等，例如，起落架应急系统、救生防护服系统等。

（7）基础机械模型库（TYMechanics），包含一维平动机械模型和一维转动机械模型，可用于基础机械力学特性建模仿真，提供可变质量与可变转动惯量、非线性弹簧阻尼、多种接触和摩擦、理想齿轮、齿轮齿条等力学模型。满足工程领域对各种机械力学特性，包括线性、非线性和时变特性的各种建模需求，可应用于各类机电系统建模仿真和各种性能分析，例如，车辆、工业装备中的各类直线驱动或减速器传动系统的性能分析。

（8）多体系统模型库（TYMultibody），包含各种刚体、关节、传感器等模型，是通用的三维多刚体系统建模仿真模型库，可用于航空航天、车辆船舶、工程机械等领域，满足对多体动力学系统动态特性的分析和性能优化需求。

（9）传动系统模型库（TYDriveline），包含机构、内燃机、齿轮、连接器、刹车、传动附件、执行器、绳索、激励源等模型，是在 TYMechanics 基础上开发的面向传动系统建模仿真的专用模型库，可用于航空航天、车辆船舶、工程机械、装备制造等领域中传动系统的模拟，例如，开展车辆传动轴的振动冲击、验证工程机械传动效率等。

（10）平面机械模型库（TYMechanics2D），包含多种力源、平面环境重力、平面组件、传感器等模型。模型支持三个自由度，即 x 轴和 y 轴方向的平移以及绕 z 轴的旋转。模型元素可在 3D 视图中进行动画演示。该库可应用于各类平面运动机械的系统设计和运动学及动力学仿真分析，例如，挖掘机机械臂模型设计和系统运动学分析、车辆悬架系统振动特性分析等，用户可根据实际需求搭建高粒度平面机械模型及系统模型。

（11）电机模型库（TYMotor），包含电机本体、控制器、驱动器、负载、传感器等模型，可用于电机系统、控制策略、驱动电路等的设计、验证与优化，用户可根据实际需求搭建所需的系统模型，进行电机控制策略的开发、电驱动系统的故障诊断、电机动态特性的仿真与分析等。

（12）燃料电池模型库（TYFuelCellSys），包含电堆、空气压缩机、加湿器等模型，可用于燃料电池系统的设计分析与仿真验证，例如，电堆设计参数对性能影响的分析、基于模型的 ECU（电子控制单元）控制策略的开发、氢燃料电池汽车性能的分析等。用户可根据实际需求搭建质子交换膜燃料电池（PEMFC）系统模型。

2.3 集成开发环境

2.3.1 概述

MWORKS.Sysplorer 主界面如图 2-3-1 所示，可以根据需要选择显示哪些窗口。

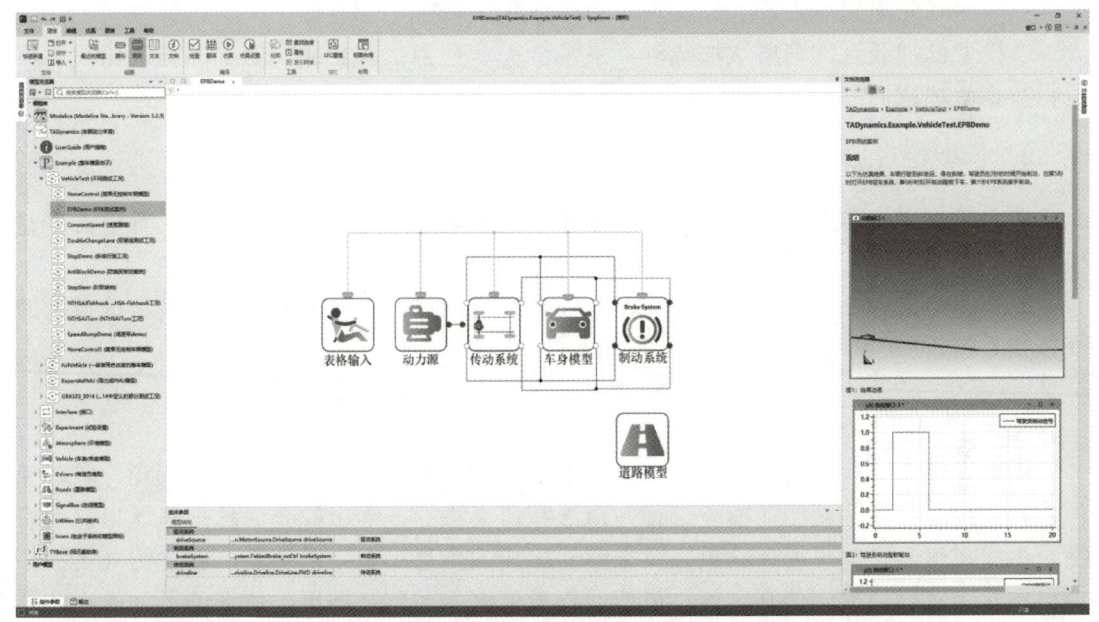

图 2-3-1　MWORKS.Sysplorer 主界面

新建一个模型一般需要以下步骤：加载相关模型库；创建并保存新的模型文件；从模型库中拖动组件模型到图形视图中；创建各个组件之间的连接；设置模型参数；检查模型的正确性；设置仿真选项，为生成求解器做准备；调用求解器进行模型仿真；查看仿真结果。

1. 模型视图

MWORKS.Sysplorer 通过 4 个视图来表现模型的不同方面。

图标视图：模型作为组件插入其他模型时的图形表示称为图标。在图标视图下可以绘制模型图标。

图形视图：显示模型中声明的组件、连接器、连接关系等信息，在以拖放方式构建模型时使用，即图形建模。

文本视图：可以显示和编辑模型代码，即文本建模。

文档视图：显示模型的简要信息，帮助用户快速了解模型。

通过"建模-视图"功能区中的按钮，可以切换不同的模型视图。

2. 模型库加载

MWORKS.Sysplorer 提供了一系列按功能分类的模型库，在正式开始建模仿真之前，需要先加载 MWORKS.Sysplorer 模型库，有三种方法：选择"工具"→"选项"→"模型库"，在打开的对话框中勾选需要加载的模型库；在模型浏览器中临时加载内置模型库；执行菜单命令"建模"→"打开"，加载用户自定义的模型库或建模。

模型加载完毕后，会显示在模型浏览器的模型库中。

若模型已加载过，则再次加载时，系统会提示是否重新加载，单击"是"按钮，模型将被重新加载。

3. 模型检查

选中模型浏览器中的模型，右击，选择快捷菜单中的"检查"命令，或者单击"建模-编译"功能区的"检查"按钮，可对当前模型进行词法、语法和语义检查。

检查的结果会显示在输出面板中，若模型检查通过，在输出面板中会显示该模型的变量和方程数。

4. 模型仿真

单击"建模-编译"功能区的"仿真"按钮，可自动对模型执行检查、编译、求解操作，具体步骤如下：对当前模型进行、语法和语义检查，输出检查信息；编译当前主模型，生成求解器，输出编译结果以及求解器生成的信息；更新求解器，创建仿真实例，调出仿真浏览器，显示仿真实例；最后运行求解器生成仿真结果，仿真结果生成在仿真结果目录中。上述步骤只要有一个失败，就会立即停止，不再进行后续操作。

2.3.2 模型浏览器

模型浏览器默认位于主界面的左侧，显示了当前已加载的模型，包括模型库和用户模型，如图 2-3-2 所示。模型浏览器包括两个部分：搜索框和浏览区。浏览区以树结构层次化地显示了模型的组织结构。搜索框提供模型查找功能。在其中输入要查找的模型名（注意不区分大小写字母），单击右侧的箭头按钮，在浏览区树结构中自顶向下地查找模型。若找到匹配的模型，则将模型名背景置为灰色。继续单击该按钮，则从当前位置继续向下查找。

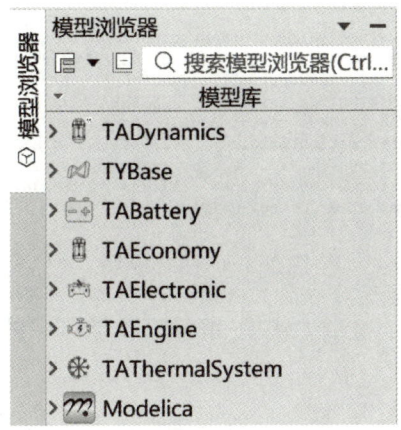

图 2-3-2　模型浏览器

2.3.3　图形视图

图形视图是可视化建模时最重要的一个视图，在以拖放方式构建模型时使用。图形视图显示了模型中声明的组件、连接器、连接关系等信息，如图 2-3-3 所示。

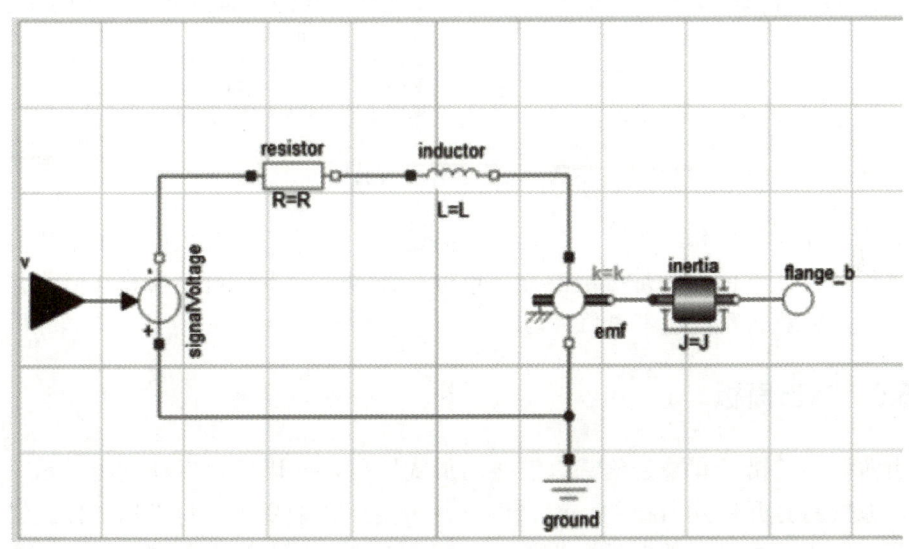

图 2-3-3　图形视图

2.3.4　文本视图

文本视图是一个文本编辑器，如图 2-3-4 所示，可以显示和编辑模型代码。在大多数情况下，借助图形视图可以更简单地搭建和查看模型。然而图形视图中不可以编辑模型的所有内容，如方程等，但文本视图中可以。

```
 1  model carModelTest
 2    TADynamics.Vehicle.Driveline.PowerTrain.MotorSource.DriveSource driveSource
 3      annotation (Placement(transformation(origin = {-43.86292154016906, -1.2379635163208973}, ...
 5    TADynamics.Vehicle.Driveline.DriveLine.FWD fWD
 6      annotation (Placement(transformation(origin = {-7.599897549731061, -0.28048606960926614}, ...
 8    TADynamics.Vehicle.Chassis.ChassisBase chassisBase(P_start = {0, 0, -0.4}, v_start = -10, redeclare T
 9      annotation (Placement(transformation(origin = {38.80142292040185, -0.619619226500469}, ...
11    TADynamics.Vehicle.BrakeSystem.System.VacuumBooster vacuumBooster
12      annotation (Placement(transformation(origin = {79.68354250263238, -3.71771535900281}, ...
14    TADynamics.Drivers.DriverModel.SteerControl driver
```

图 2-3-4　文本视图

当模型代码发生变化时，单击"建模-编译"功能区中的"检查"按钮，可以对模型进行语法和语义检查。

2.3.5　组件参数面板

组件参数面板显示当前模型或选中的组件中内置类型的参数及其描述信息，如图 2-3-5 所示。组件参数面板位于建模窗口的右下方，在默认情况下可见。可通过右上角"窗口"下拉列表中控制其显示或隐藏。

参数			
r_CM	r_CM	m	车身质心坐标
r_shape	{0, 0, 0}	m	不影响仿真结果，调整该值，可在可视化层进行移动
m	m_vehicle	kg	车身质量
Ixx	Ixx	kg.m2	车身质心x的转动惯量
Iyy	Iyy	kg.m2	车身质心y的转动惯量
Izz	Izz	kg.m2	车身质心z的转动惯量

图 2-3-5　组件参数面板

参数信息分为参数名、参数值、单位和描述 4 列，其中，参数值显示默认值，可根据需要进行修改；单位指的是参数的显示单位，修改后，系统自动换算其值，并替换参数的初始值；参数名和描述不可修改。

2.3.6　输出面板

输出面板中的错误和警告信息以链接的形式给出，并用蓝色字体突出显示，单击某个链接，系统将打开错误所在的.mo 文件，并切换至文本视图，将光标定位到错误所在的文本行。输出面板是悬浮面板，当执行检查、编译和仿真等操作时，会自动弹出。可通过菜单命令"视图"→"输出"控制其显示或隐藏。在输出面板上右击，通过快捷菜单命令可以复制或清空输出面板上选中的内容。

2.3.7　仿真浏览器

仿真浏览器（见图 2-3-6）用于加载并显示仿真实例，对仿真过程进行控制，设置模型仿真选项，显示变量、参数信息，并支持变量精确查找。仿真浏览器生成的仿真结果文件存储位置可手动设置。

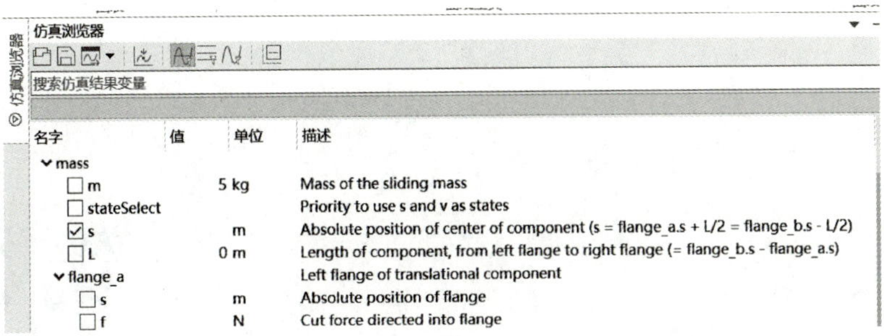

名字	值	单位	描述
˅ mass			
☐ m	5	kg	Mass of the sliding mass
☐ stateSelect			Priority to use s and v as states
☑ s		m	Absolute position of center of component (s = flange_a.s + L/2 = flange_b.s - L/2)
☐ L	0	m	Length of component, from left flange to right flange (= flange_b.s - flange_a.s)
˅ flange_a			Left flange of translational component
☐ s		m	Absolute position of flange
☐ f		N	Cut force directed into flange

图 2-3-6　仿真浏览器

第 3 章
MWORKS.Syslab 简介

3.1　MWORKS.Syslab 功能与特征

MWORKS.Syslab 是新一代科学计算环境，旨在为算法开发、数值计算、数据分析和可视化、信息域计算分析等提供通用编程开发环境。MWORKS.Syslab 基于新一代高性能科学计算语言 Julia，提供高效的数值计算能力。结合其丰富的专业工具箱，MWORKS.Syslab 可支持不同领域的计算应用，如信号处理、通信仿真、图形图像处理、控制系统设计分析、人工智能等。MWORKS.Syslab 信息域计算分析与 MWORKS.Sysplorer 物理域建模仿真相融合，可以支撑完整的信息物理融合系统（CPS）建模仿真。

1. 通用编程与算法开发

MWORKS.Syslab 基于 Julia 语言并提供完备的交互式编程环境，支持算法的开发、调试与运行；同时兼容 Python 和 M 语言，支持 Julia 语言与 Python、C/C++、Fortran、M 等其他编程语言的相互调用。

2. 高性能数值计算引擎

MWORKS.Syslab 内置基础数学、符号计算、曲线拟合、优化、全局优化等大量数学函数，实现了复杂科学与工程数学问题的简捷表达，通过 Julia 语言特别设计的编译运行机制提供高效的数值计算能力。

3. 数据分析与可视化

MWORKS.Syslab 支持 MAT、CSV、TXT、ExceL、HDF5、JSON 等格式数据的导入和导出，可实现数据预处理、数据分析与可视化，也支持用户自定义的图形交互。通过运用标题、轴标签，添加注释，自定义绘图外观等，可生成出版级质量的专业图形。

4. 内置系列专业工具箱

MWORKS.Syslab 内置信号处理与无线通信、控制系统、AI 与数据科学等领域的专业工具箱，通过平台基础功能支撑其他领域工具的开发与运行。

5. 中文帮助手册

MWORKS.Syslab 提供了非常完善的中文帮助手册，如图 3-1-1 所示。用户可以通过查询帮助系统获取函数的调用情况和需要的信息。对 MWORKS.Syslab 使用者，学会使用帮助手册是进行高效编程和开发的基础，因为没有人能够清楚地记住成千上万个不同函数的调用情况。

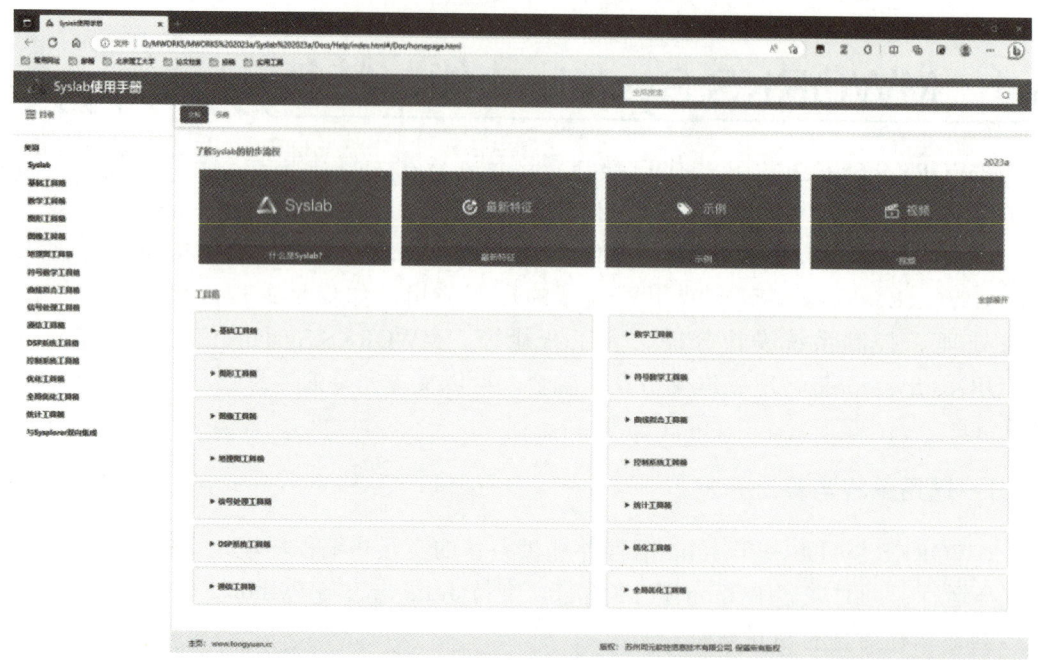

图 3-1-1　MWORKS.Syslab 的中文帮助手册

3.2　MWORKS.Syslab 应用领域

在现代科学和工程技术中,经常遇到大量复杂的科学计算问题,MWORKS.Syslab 可高效解决科学与工程中遇到的矩阵运算、数值求解、数据分析、信号处理、控制算法设计优化等问题。MWORKS.Syslab 与 MWORKS.Sysplorer 的双向深度融合,形成了新一代科学计算与系统建模仿真的一体化基础平台,满足各行业在设计、建模、仿真、分析、优化方面的业务需求。

1. 信号处理与通信仿真

支持均匀/非均匀采样信号的分析、预处理和特征提取,以及信号平滑处理、去趋势和功率谱估计,还支持时域、频域及时频域中的可视化处理分析,以及 FIR/IIR 各类数字滤波器的设计,为信号处理和通信系统的设计与仿真提供支撑。

2. 自动化与控制系统

支持控制系统的设计、测试和实现。从控制系统对象建模到设计,并调节控制算法(包括经典控制方法和现代控制方法)和调度逻辑,通过自动生成代码进行部署,并实现系统的验证、确认和测试。

3. 图像处理

支持图像数据的导入和导出、图像类型的转换、图像显示和探查、图像分割和分析、图像滤波和增强、几何变换及图像配准，为图像处理、分析、可视化和算法开发提供支撑。

3.3 集成开发环境

3.3.1 界面布局

MWORKS.Syslab 主界面由六大块构成，如图 3-3-1 所示。

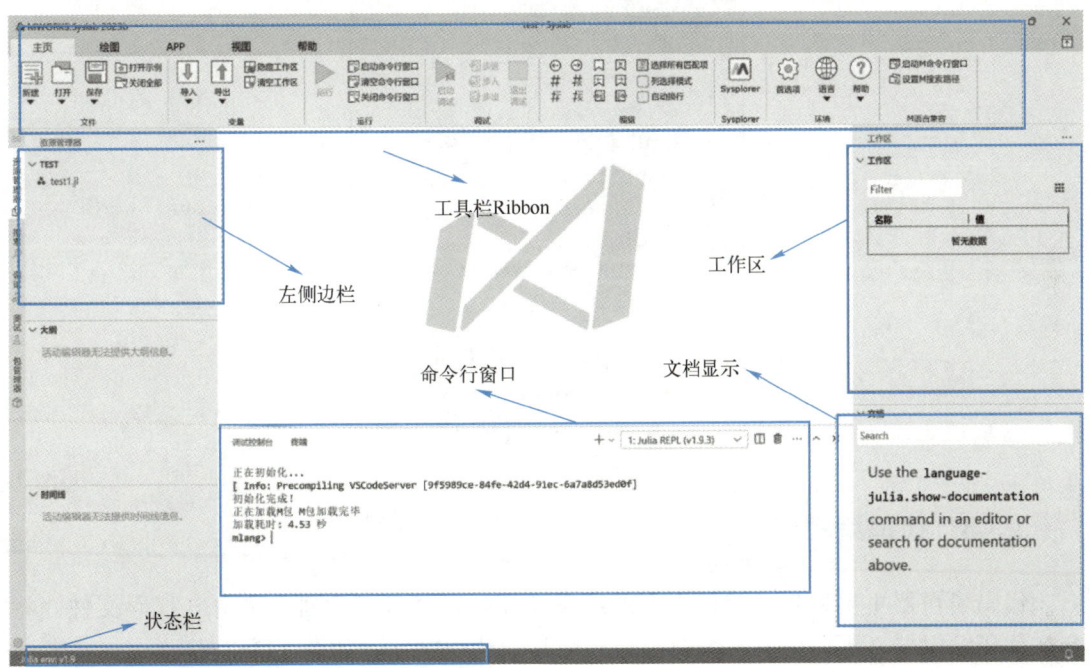

图 3-3-1　主界面

工具栏 Ribbon：用于提供快捷操作按钮。
左侧边栏：用于提供不同的功能面板，单击可以展开功能面板。
命令行窗口：用于终端交互，可以输入 Julia 脚本命令，并回显执行结果。
工作区：用于提供全局变量列表的显示与管理。
文档显示：用于查看函数说明。
状态栏：用于提示状态信息。

另外，MWORKS.Syslab 支持多视图窗口，可以同时打开多个窗口，并进行左右拆分显示，使用 Ctrl+PageDown/PageUp 组合键可以进行窗口之间的跳转。

3.3.2 资源管理器

资源管理器提供树结构管理文件和文件夹，支持对文件（或文件夹）的新增、删除、修改、查找等功能，默认位于左侧边栏的第一个位置。

单击左侧边栏上的"资源管理器"按钮，展开资源管理器，当工作区中不存在内容时，可以单击"打开文件夹"按钮，弹出文件选择对话框，选择文件夹并确认后，即可在资源管理器中打开文件夹。

当打开文件夹后，资源管理器将当前文件夹下的文件和子文件夹以树结构显示。文件夹节点可以展开或折叠。针对不同的文件类型，文件节点前面会显示不同的图标，如图 3-3-2 所示。

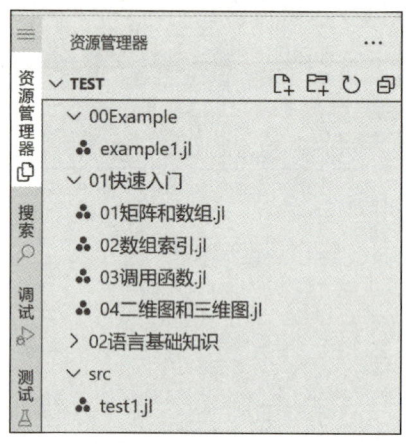

图 3-3-2　树结构

3.3.3　代码编辑器

代码编辑器主要提供对代码文本的编辑功能。在资源管理器中选中 .jl 代码文件，将会在代码编辑器（界面中间可编辑部分）中显示代码文本，如图 3-3-3 所示。

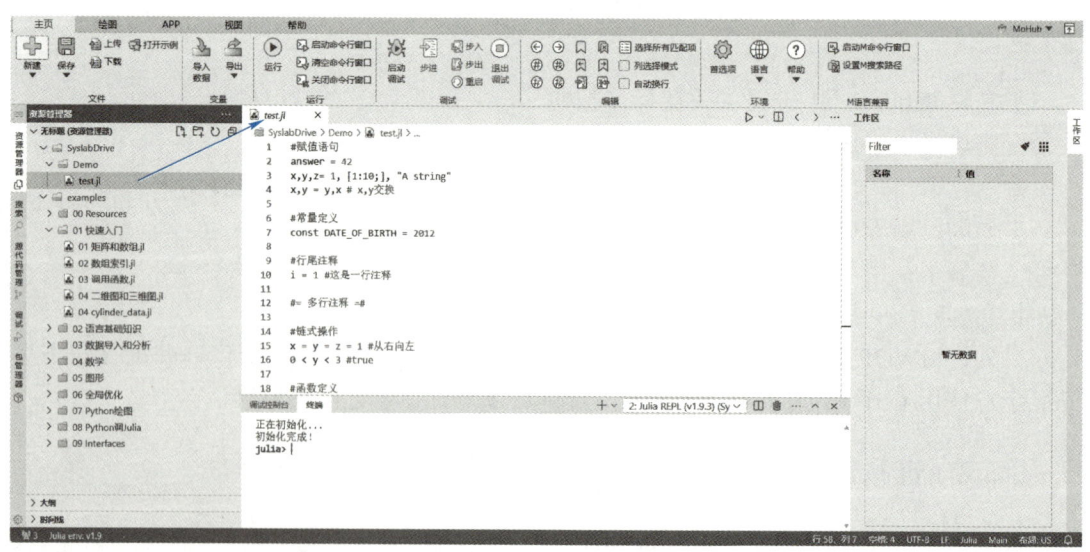

图 3-3-3　代码编辑器

1）行跳转

代码编辑器提供行跳转功能，将光标定位在代码中，按 Ctrl+G 组合键，将会弹出输入框，显示光标当前所在的行号，第几个字符，以及允许跳转的行号范围，如图 3-3-4 所示。输入要跳转的行号，回车确认后即可跳转到指定行。

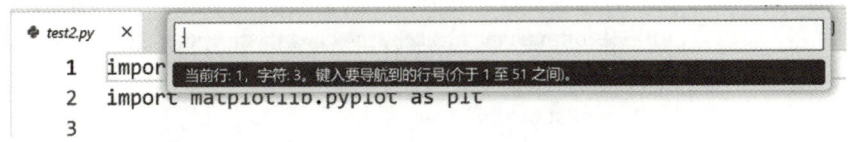

图 3-3-4　行跳转输入框

2）文件跳转

代码编辑器还提供文件跳转功能，按 Ctrl+P 组合键或执行菜单命令"转到"→"转到文件"，可以在弹出的输入框中输入文件名来查找并选择想要跳转的文件，如图 3-3-5 所示，回车确认后，将会打开该文件。

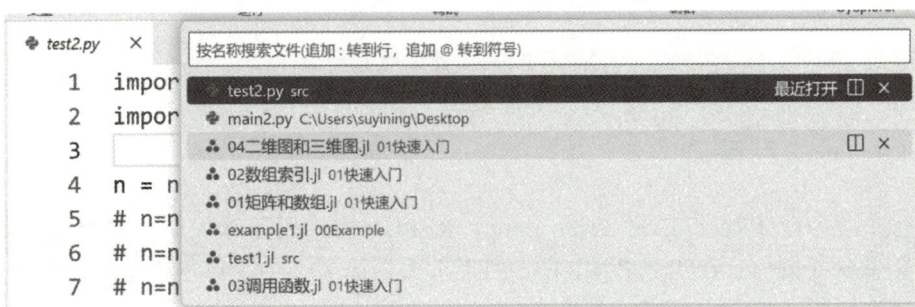

图 3-3-5　文件跳转输入框

3）代码检查

代码编辑器提供了代码检查功能。当用户进行代码编辑时，代码编辑器可以分析代码，发现问题后会给出错误提示。例如，假设代码中 PrintType() 未传入所需参数，代码检查结果如图 3-3-6 所示。

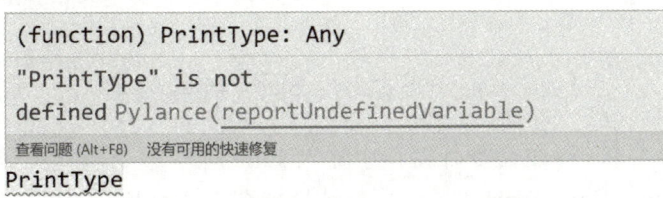

图 3-3-6　代码检查结果

4）代码补全

代码编辑器提供了代码补全功能。当用户进行代码编辑时，代码编辑器会根据当前的项目、当前的文件，以及光标所在的位置，提供一个建议列表。这个列表中包含在当前的光标位置下用户可能会输入的代码，随着不断输入字符，代码编辑器会根据当前输入的字符，对列表内容进行过滤。例如，输入字母 P，会显示以 P 开头的建议列表，如图 3-3-7 所示。

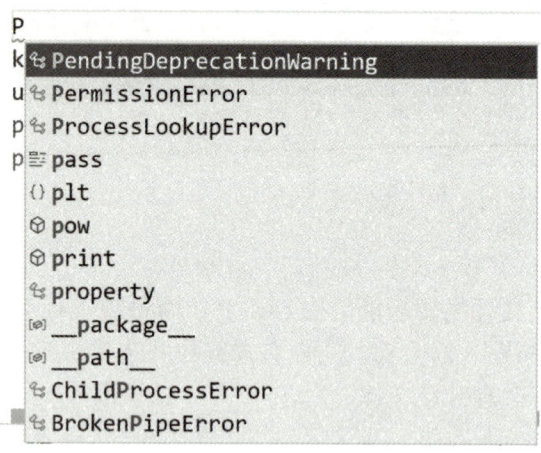

图 3-3-7　建议列表

3.3.4　命令行窗口

交互式命令行（Read-Eval-Print-Loop，REPL）窗口用于输入命令并查看结果。

打开命令行窗口：在工具栏 Ribbon 的"主页"选项卡中，单击"运行"组"启动命令行窗口"按钮，将会打开命令行窗口。

在命令行窗口中执行文件：在代码编辑器中打开 .jl 文件，单击"运行"组"运行"按钮，系统将打开命令行窗口并执行脚本文件，同时将执行过程中的输出信息显示在命令行窗口中，如图 3-3-8 所示。

图 3-3-8　打开命令行窗口并显示输出信息

输入脚本命令并执行：在命令行窗口中输入 Julia 脚本命令，将会立即回显执行结果。例如，输入"println("Hello World!")"，执行结果如图 3-3-9 所示。

```
julia> println("Hello World!")
Hello World!
```

图 3-3-9　执行结果

显示错误信息：如果脚本命令执行出现错误，则将在命令行窗口中显示错误信息。如果错误信息中包含调用堆栈信息，如图 3-3-10 所示，在文本链接位置按住 Ctrl 键并单击，将会自动跳转到错误所在行。

```
ERROR: UndefVarError: `a` not defined
Stacktrace:
 [1] top-level scope
   @ REPL[1]:1
```

图 3-3-10　显示错误信息

3.3.5　代码调试

代码调试器支持对代码的单步调试、断点调试、添加监视、查看调用堆栈等，还提供交互式调试控制台。

在代码编辑器中打开代码文件，在工具栏 Ribbon "主页"选项卡中，单击"调试"组"启动调试"按钮或按 F5 键，即可进入调试模式。"调试"组中的按钮说明如下。

启动调试/继续（F5 键）：启动调试或者继续调试。

步进（F10 键）：即单步跳过，单步执行遇到子函数时不会进入子函数内，而是将子函数整个执行完后再停止。

步入（F11 键）：即单步调试，单步执行遇到子函数就进入子函数内，并且继续单步执行。

步出（Shift+F11 组合键）：即单步跳出，当单步执行到子函数内时，执行完子函数余下部分，并返回上一层函数。

重启（Ctrl+Shift+F5 组合键）：重新启动调试。

退出调试（Shift+F5 组合键）：停止调试。

代码调试器主要功能说明如下。

1. 断点调试

代码调试器提供断点调试功能。例如，在代码第 3、6 行中分别添加断点，单击"调试"组"启动调试"按钮，程序执行到第 3 行停止，单击"继续"按钮，程序继续执行，到第 6 行再次停止，如图 3-3-11 所示。

```
●   3  println(arr)
    4  #对arr变量进行修改
    5  arr = [1 2 3;4 5 6]
▷   6  println(arr)
    7  arr = [[1;2] [3;4] [5;6]]
```

图 3-3-11　断点调试

2. 添加监视

代码调试器提供了添加监视功能，监视面板显示在左侧边栏中。在调试过程中，可以监视任意表达式。例如，可以监视数组 arr 的变化，如图 3-3-12 所示。

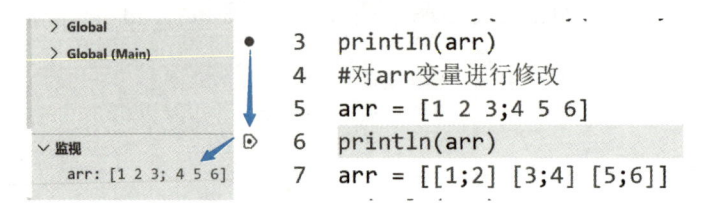

图 3-3-12　添加监视

3. 查看调用堆栈

代码调试器提供了查看调用堆栈功能，调用堆栈面板也显示在左侧边栏中，便于了解函数调用逻辑，如图 3-3-13 所示。

图 3-3-13　查看调用堆栈

3.3.6　工作区

工作区对命令行窗口中模块、类型、宏、函数、变量等元素进行集中显示与编辑，如图 3-3-14 所示。在输入框中可以根据输入内容，对工作区中显示的内容进行过滤，工作区中的内容以表格树形式显示。

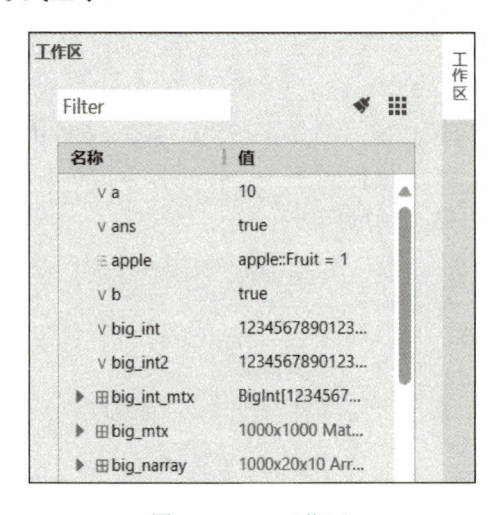

图 3-3-14　工作区

3.3.7 包管理器

包管理器支持包的创建、开发、安装、卸载、版本切换、依赖设置等功能，并支持对开发包和注册包进行分类管理。

开发库面板以表格树形式显示开发包及其函数。开发库面板初始时默认为空，单击"刷新面板"按钮，可以将当前包环境下已安装的开发包（通过 Pkg.develop 安装的本地包），添加到开发库面板中，如图 3-3-15 所示。

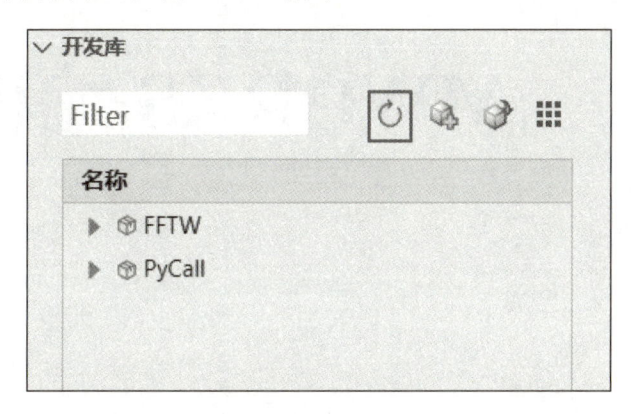

图 3-3-15 刷新开发库面板

单击"新建包"按钮，右侧会弹出一个新建函数库配置页面。填写新建函数库的相关配置项，单击"确认"按钮，开始新建函数库。

可以添加一个已存在的本地开发包。单击"添加开发包"按钮，弹出"选择文件夹"对话框，选择开发包所在的文件夹，单击"选择文件夹"按钮，将该开发包添加到开发库面板中，如图 3-3-16 所示。

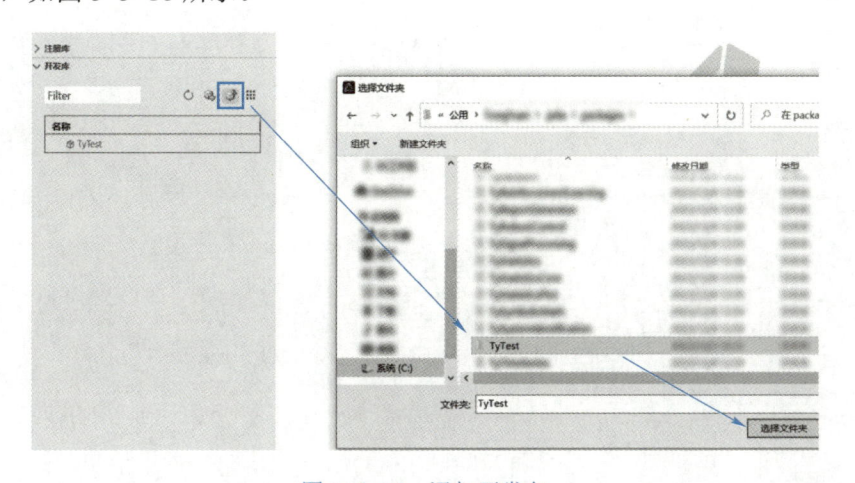

图 3-3-16 添加开发包

第 4 章
MWORKS 编程基础

4.1　Julia 语言

4.1.1　变量、表达式和语句

1. 变量

变量名可以任意长，几乎可以包含任意字符，可以出现下画线字符（_），可以使用大写字母。不过按照惯例，变量名通常只使用小写字母，且不能以数字开头。

2. 表达式和语句

表达式是值、变量和操作符的组合。值本身就可以认为是一个表达式，变量也是如此。语句是一个有某种作用的代码单元，例如，创建一个变量或者显示一个值。例如：

```
julia > n = 2023
2023
julia > println(n)
2023
```

这里的第 1 行是一条赋值语句，为变量 n 赋一个值。第 2 行是一条打印（输出）语句，用于显示 n 的值。

输入一条语句时，在命令行窗口中会执行该语句，这表示它会完成这条语句所说的工作。

4.1.2　数组

数组是一个值序列。在数组中，值可以是任何类型。数组中的值称为元素，有时也称为项。

创建数组的方式有很多，最简单的方法是把元素包围在方括号"[ ]"中。数组中的元素不一定要求是相同类型的。例如，下面的数组中包含一个字符串、一个浮点数、一个整数以及另一个数组：

```
["abc", 3.5, 9, [2023, 2024]]
```

一个数组包含另一个数组就是嵌套。不包含任何元素的数组称为空数组，可以用空括号创建一个空数组。

4.1.3　函数

函数是完成一个计算的命名语句序列。定义一个函数时，要指定函数名和这个语句序列，然后在需要使用的时候可以按照函数名来调用这个函数。例如：

```
Julia> println("Hello, World")
Hello, World
```

这个函数名是 println，圆括号里的表达式称为函数的参数。函数通常会"接收"一个参数，并"返回"一个结果，这个结果也称为返回值。

Julia 提供了一些转换函数，可以将值从一种类型转换为另一种类型。例如，float() 函数的作用是将整数转换为浮点数：

```
julia> float(32)
32.0
```

在 Julia 中，大多数数学函数都可以直接使用。

4.1.4 控制流与循环

1. 复合表达式

一个表达式能够有序地计算若干子表达式，最后一个子表达式的值是它的返回值。Julia 提供了两个复合表达式组件：begin 代码块和"；链"。这两个组件的返回值都是最后一个子表达式的值。下面是一个应用 begin 代码块的例子：

```
julia> z = begin
x = 1
y = 2
x + y
end
```

因为这些是非常简短的表达式，它们可以简单地被放到一行里：

```
julia> z = (x = 1; y = 2; x + y)
```

这也是"；链"的由来。
单这个语法在定义简单的单行函数的时候特别有用。
尽管很典型，但是并不要求 begin 代码块是多行的，或者"；链"是单行的，例如：

```
julia> begin x = 1; y = 2; x + y end        #begin 代码块

julia> (x = 1;                              #;键
y = 2;
x + y)
```

2. 条件语句

有时，需要执行一些语句来检查某些条件，条件语句提供了这种可能。最简单的条件语句是 if 语句。例如：

```
if  x  >  0
    println("X  is  positive")
end
```

if 后面的布尔表达式称为条件。如果这个条件为真就会执行下面缩进的语句，如果不为真，就不执行下面缩进的语句。

if 语句与函数定义的结构相同：有一个首部，最后以关键字 end 结尾。类似这样的语句称为复合语句。

复合语句中可以有多条语句，甚至可以不包含任何语句。

if 语句的另一种形式是"选择执行"，这里有两种可能的执行路径，根据条件会选择其中一种进行执行：

```
if  x == 0
    println("X")       #第 1 条语句
else
    println("x")       #第 2 条语句
end
```

在这段程序中，如果 x 为 0，则输出 X，执行第 1 条语句；如果 x 不为 0，则输出 x，运行第 2 条语句。由于条件必为 true 或 false，所以只会运行其中一条语句，所以只会输出一条语句。

3. 循环

有两个用于重复执行表达式的组件：while 循环和 for 循环。下面是一个 while 循环的例子：

```
julia> i = 1;
julia> while i <= 5
    println(i)
    global i += 1
end
```

while 循环会执行条件表达式（例子中为 i <= 5），只要其值为 true，就一直执行 while 循环的主体部分。当 while 循环第一次执行时，如果条件表达式为 false，主体代码就一次也不会被执行。

while 循环中用到的向上或向下迭代计数可以用 for 循环更简明地表达：

```
julia> for i = 1:5
    println(i)
end
```

这里的 1:5 是一个范围对象，代表数字 1, 2, 3, 4, 5 的序列。for 循环在这些序列值中迭代计数，对每个变量 i 进行赋值。for 循环与 while 循环的一个非常重要区别是作用域不同，即变量的可见性不同。如果变量 i 没有在另一个作用域里引入，它就只在 for 循环内部可见，在外部不可见。我们可以利用一个新的交互式会话实例或者一个新的变量名来测试这个特性：

```
julia> for j = 1:5
           println(j)
       end
julia> j
ERROR: UndefVarError: j not defined
```

一般来说，for 循环可以用于迭代任意一个容器。在这种情况下，相比"="，另外（功能完全相同）的关键字 in 或者 ∈ 则更常用，因为它们使得代码更清晰：

```
julia> for i in [1,4,0]
           println(i)
       end

julia> for s ∈ ["foo","bar","baz"]
           println(s)
       end
```

为了在测试条件不成立之前终止一个 while 循环，或者在访问到迭代对象的结尾之前终止一个 for 循环，可以用关键字 break 来完成：

```
julia> i = 1;
julia> while true
           println(i)
           if i >= 5
               break
           end
           global i += 1
       end

julia> for j = 1:1000
           println(j)
           if j >= 5
               break
           end
       end
```

4. 递归

一个函数调用另一个函数是合法的，一个函数调用自身也是合法的。递归是一种通过重复将问题分解为同类的子问题来解决问题的方法。递归方法可以被用于解决很多的计算问题，因此它是计算机科学中一个十分重要的概念。绝大多数编程语言都支持函数的自调用，在这些语言中，函数可以通过调用自身来进行递归。计算理论可以证明，递归可以完全取代循环，因此在很多编程语言中的函数习惯用递归来实现循环。

4.2 Modelica 语言

1. 非因果物理建模

非因果建模是一种典型的陈述式建模，它是基于方程的，不是赋值语句。方程不规定哪些变量是输出，哪些变量是输入，而赋值语句中等号的左边总是输出变量，等号的右边总是输入变量。因此基于方程的模型在建模时因果性是不确定的，只有在求解时方程才演化为明确的因果性。这就是所谓的非因果建模。使用"物理建模"作为术语是因为非因果建模非常适用于表达复杂系统的物理结构关系。

非因果建模的主要优势在于方程的求解方向会根据计算中数据流的上下文环境而自动确定，通过显式指明整个物理系统模型的外部输入变量和向外输出变量即可形成所谓的数据流上下文环境。

由于非因果的特性，Modelica 模型库中类的可重用性比那些确定输入与输出因果关系的、包含赋值语句的传统类更高。

2. 面向对象的建模

传统的面向对象的编程语言如 Simula、C++、Java 和 Smalltalk 语言，以及面向过程的编程语言如 Fortran 和 C 语言，都支持通过编程实现存储数据的操作，这里存储的数据主要指变量和对象的数据。此外，对象的数量允许动态变化。Smalltalk 语言面向对象的思想还强调（动态构建的）各对象之间的消息发送。

Modelica 语言看待面向对象的视角则不同，它强调结构化的数学建模，面向对象被视为一种结构化的概念，主要用于处理大型复杂系统的描述问题。Modelica 模型本质上是一种陈述式的数学表达，简化了建模时对数学公式的推导、解耦等分析操作，直接通过数学方程对动态系统的特性进行陈述。

数学领域在研究对象时，通常采用陈述和声明的方式表达问题是什么，而非像面向过程的编程语言那样围绕目标实现给出详细算法步骤。陈述式建模的概念受数学的启发，将建模人员从算法编写等繁杂的工作中解脱出来，使模型代码变得简洁，修改时也不容易引入错误。

因此，从面向对象的数学建模角度出发，可以将 Modelica 语言陈述式的面向对象特性总结为以下要点：

① 面向对象被视为一种结构化的概念，强调陈述系统的结构和数学模型的重用。构建 Modelica 模型的三种方式分别是层次化、组件连接和继承。

② 模型的动态特性通过数学方程的形式进行陈述表达。

③ 一个对象是其变量和方程的实例构成的集合，变量与方程共享一套数据。

但是，数学建模中的面向对象不能被视为动态消息传递。

在描述系统及其行为时，Modelica 陈述式的面向对象方式相比于一般的面向对象编程语言抽象程度更高，它省略了一些实现层面的细节，例如，对象间的数据传输的代码由 Modelica 编译器根据建模给出的方程约束自动生成，而不需要人为编写赋值语句或信息传递代码。

与一般的面向对象编程语言一样，类是创建对象的模板。类的变量、方程都能被继承，函数也可以被继承。值得一提的是，Modelica 模型的行为主要通过方程来实现而不是算法。另外，Modelica 语言具备定义算法函数的能力，可以偶尔为之。

3. 类和实例

像其他面向对象编程语言一样，Modelica 语言也主张利用类和对象（也称作实例）解决建模和编程问题。每个对象都有一个定义其数据和行为的类。类是 Modelica 语言的基本结构元素，是构成 Modelica 模型的基本单元，见表 4-2-1。类的实例称为对象或组件，实例化的类称为对象或组件的类型。类中可包含变量、嵌套类、算法和方程。变量代表类的属性，算法和方程定义类的行为，描述变量之间的约束关系。

表 4-2-1　Modelica 语言中的类

类	名称	作用
class	类	通用类
package	包	用于模型（库）的层次结构组织
connector	连接器	组件之间的接口
block	模块	兼容基于模块的因果建模
function	函数	过程式建模
type	类型	类型别名
record	记录	数据结构
model	模型	陈述式建模

4. 继承

面向对象的一个主要优势是可以基于已有类来扩展类的属性和行为。原有的类称为父类或派生类。在创建子类的过程中，父类的变量声明、方程定义和其他内容被子类重用，也称为继承。

5. 方程

相比于传统的以赋值语句为主的编程语言，Modelica 语言是基于方程的。基于方程的建模方法不指定数据流的方向和执行的顺序，比赋值语句更加灵活，这是物理建模能力的关键，同时增强了类的重用性。

对多数建模人员而言，用方程的方式思考，这多少有些不同。Modelica 语言有以下规定：
① 传统语言中的赋值语句在 Modelica 语言中通常用方程表示。
② 属性的赋值用方程表示。
③ 组件之间的连接会生成方程。

根据产生方程的语法环境，Modelica 语言中的方程可以分为 4 类。
① 常规方程：是在方程区定义的方程，包括等式方程、for 方程、条件方程、连接方程（连接方程是一种特殊的方程）。
② 声明方程：在变量声明的同时给定变量的约束。
③ 变型方程：修改类的属性，即替换类的声明方程或者增加新的方程。
④ 初始化方程：在初始化方程区通过 initial equation 定义，或者 start 属性的变型方程。初始化方程用于在仿真启动时求解初始化问题。

4.3 基于 Modelica 语言的建模实例

1. 新建模型

打开 Sysplorer，在"建模-文件"功能区中，单击"快速新建"按钮，弹出"新建模型"对话框，设置模型名为 Wheel，设置类别为 package，选择模型文件存储位置，勾选"保存为目录结构"复选框，如图 4-3-1 所示。新建的模型将会显示在模型浏览器的用户模型中。

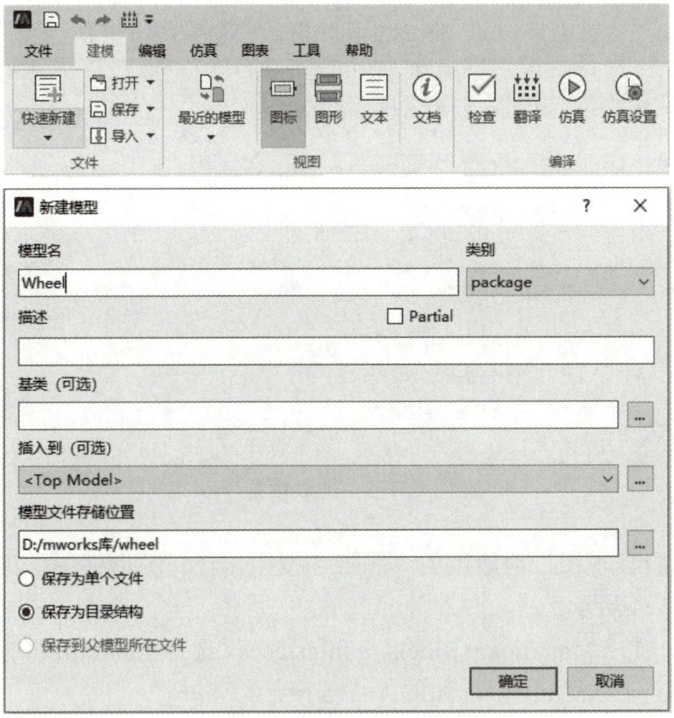

图 4-3-1　新建模型

2. 创建纵向力计算模块

（1）在用户模型中右击 Wheel，在快捷菜单中选择"在 Wheel 中新建模型"命令，弹出"新建模型"对话框，设置模型名为 Longitudinalforce（纵向力），设置类别为 model，选择模型文件存储位置，勾选"保存为单个文件"复选框，如图 4-3-2 所示。

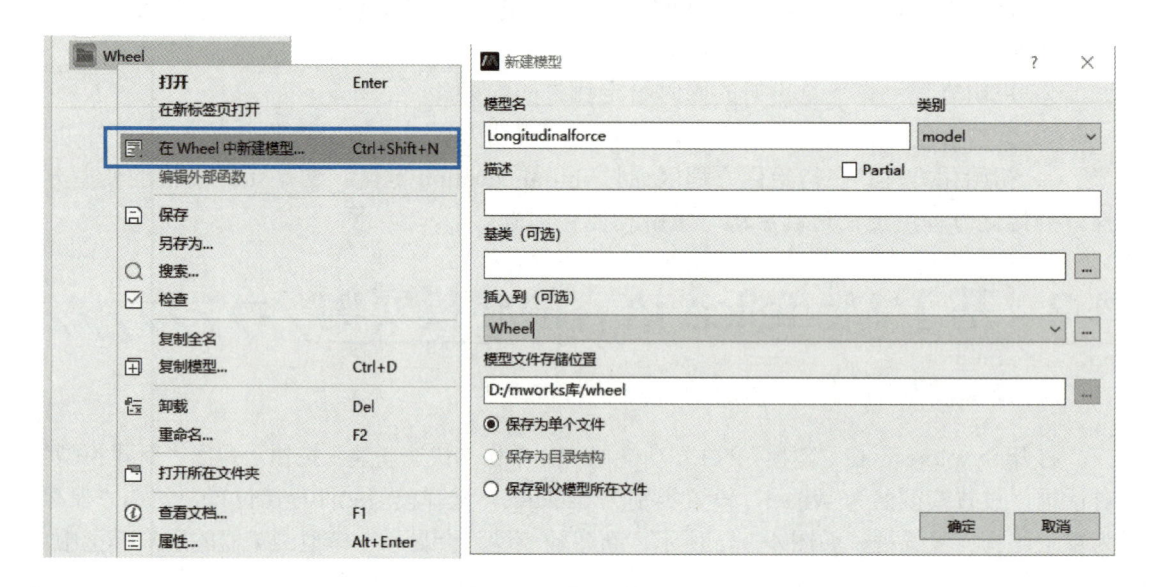

图 4-3-2　在 Wheel 中新建模型并保存为单个文件

根据需要加载模型库，如图 4-3-3 所示。

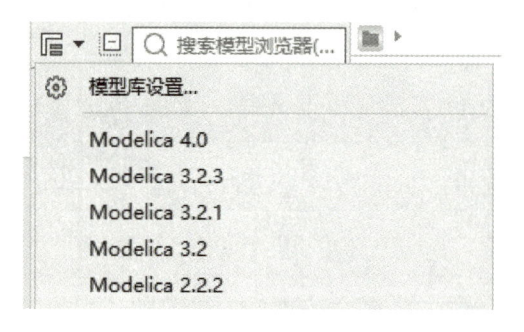

图 4-3-3　加载模型库

（2）单击"建模-视图"功能区的"图形"按钮，打开图形视图，在这里可以进行图形建模，如图 4-3-4 所示。

在模型库中，展开 Modelica→Blocks→Interfaces，选择 RealInput（输入）、RealOutput（输出），拖放到右侧图形视图中，如图 4-3-5 所示。

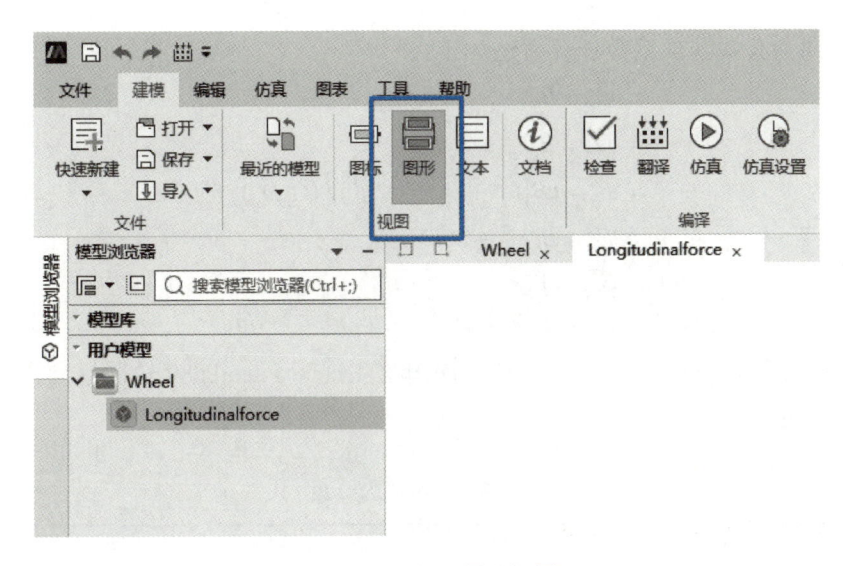

图 4-3-4　打开图形视图

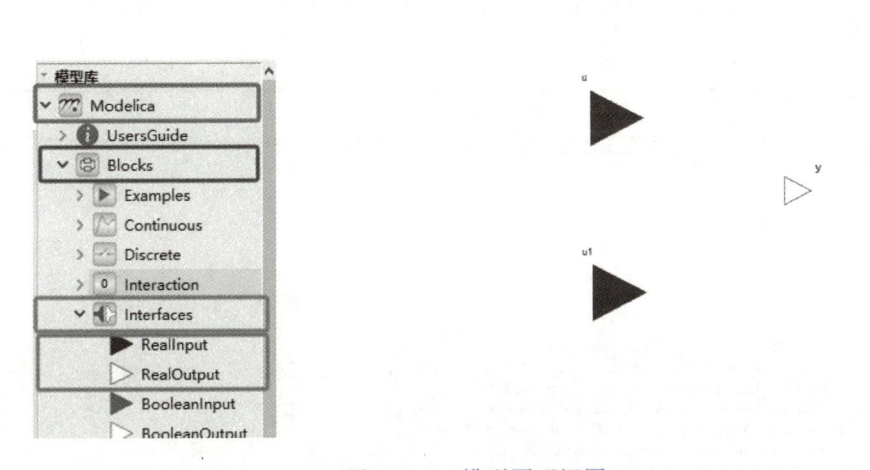

图 4-3-5　模型图形视图

（3）根据轮胎纵向力公式建模。轮胎纵向力的公式如下：

$$F_{x0} = D_x \sin(C_x \arctan(B_x s_{x0} - E_x(B_x s_{x0} - \arctan(B_x s_{x0})))) + S_{vx}$$

式中，$s_{x0} = s_x + S_{hx}$ 为纵向力组合自变量，S_{hx} 为纵向力曲线水平偏移因子；S_{vx} 为纵向力曲线垂直偏移因子；s_x 为纵向滑动率，当 $s_x > 0$ 时，为驱动滑转率，当 $s_x < 0$ 时，为制动滑移率；C_x 为纵向力曲线形状因子，表示纵向力曲线的形状；D_x 为纵向力峰值因子，表示最大纵向力值；B_x 为纵向力曲线刚度因子；$B_x C_x D_x$ 为纵向力零点处的纵向刚度；E_x 为纵向力曲率因子，表示曲线峰值附近的形状。

轮胎纵向力公式各项系数计算方法如下：

$$C_x = B_0$$

$$D_x = B_1 F_z^2 + B_2 F_z$$

$$B_x = (B_3 F_z^2 + B_4 F_z)\mathrm{e}^{-B_5 F_z} / (C_x D_x)$$

$$E_x = B_6 F_z^2 + B_7 F_z + B_8$$

$$S_{vx} = 0$$

$$S_{hx} = B_9 F_z + B_{10}$$

式中，F_z 为垂直载荷；$B_0 \sim B_{10}$ 为纯纵向滑移工况下 Pacejka89 轮胎纵向力特性参数，见表 4-3-1。

表 4-3-1 纵向力参数

B_0	B_1	B_2	B_3	B_4	B_5	B_6
2.37272	-9.46	1490	130	276	0.0886	0.00402
B_7	B_8	B_9	B_{10}			
-0.0615	1.2	0.0299	-0.176			

（4）单击"建模-视图"功能区的"文本"按钮，打开文本视图，编写模型代码，进行文本建模，如图 4-3-6 所示。

```
1   model longitudinalforce
2     //参数
3     parameter Real B[11] = {2.37272, -9.46, 1490, 130, 276, 0.0886, 0.00402, -0.0615, 1.2, 0.0299, -0.176};
4     //变量
5     Real Cx "纵向力曲线形状因子";
6     Real Dx "纵向力峰值因子";
7     Real Bx "纵向力曲线刚度因子";
8     Real Ex "纵向力曲率因子";
9     Real Svx;
10    Real Shx;
11    Real Sx0;
12
13    Modelica.Blocks.Interfaces.RealInput Sx "纵向滑动率"
14      annotation (Placement(transformation(origin = {-120.0, 40.0},  ... 
15    Modelica.Blocks.Interfaces.RealInput Fz "竖直力"
16      annotation (Placement(transformation(origin = {-120.0, -50.0},  ... 
17    Modelica.Blocks.Interfaces.RealOutput Force "纵向力"
18      annotation (Placement(transformation(origin = {110.0, 0.0},  ... 
19    annotation (Icon(coordinateSystem(extent = {{-100.0, -100.0}, {100.0, 100.0}},  ... 
33  equation
34    Cx = B[1];
35    Dx = B[2] * Fz ^ 2 + B[3] * Fz;
36    Bx = (B[4] * Fz ^ 2 + B[5] * Fz) * exp(-B[6] * Fz) / (Cx * Dx);
37    Ex = B[7] * Fz ^ 2 + B[8] * Fz + B[9];
38    Svx = 0;
39    Shx = B[10] * Fz + B[11];
40    Sx0 = Sx + Shx;
41    Force = Dx * sin(Cx * arctan(Bx * Sx0 - Ex * (Bx * Sx0 - arctan(Bx * Sx0)))) + Svx;
42
43  end longitudinalforce;
```

图 4-3-6 文本视图

（5）文本建模后，单击"建模-编译"功能区的"检查"按钮，对模型代码进行语法和语义检查。确定模型代码无误后，单击"建模-编译"功能区的"翻译"按钮，对模型进行检查和翻译，并生成求解器，结果如图 4-3-7 所示。

```
翻译  31
longitudinalforce
---- 检查模型: longitudinalforce ----

正在解析模型...
正在实例化模型...

模型有 0 个错误和 0 个警告.
模型有 8 个变量和 8 个方程.

检查模型用时: 00:00:00.028411.

---- 检查完毕 ----
---- 翻译模型: longitudinalforce ----

正在分析模型...

原始模型
参量:11
输入变量:2
输出变量:1
变量:8
方程:8
```

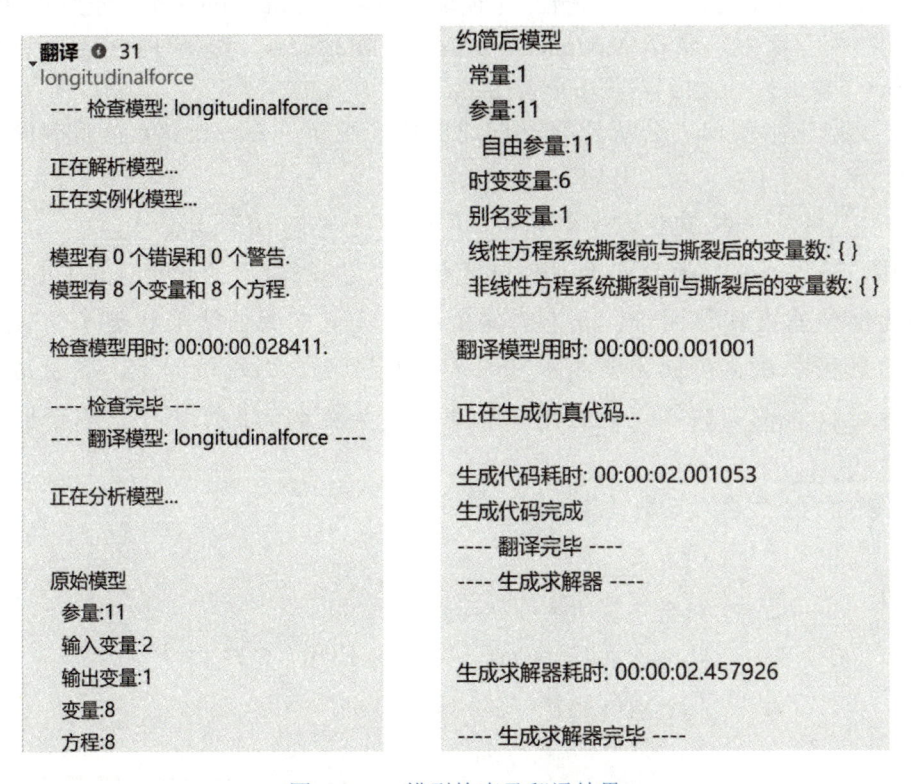

```
约简后模型
常量:1
参量:11
  自由参量:11
时变变量:6
别名变量:1
线性方程系统撕裂前与撕裂后的变量数: { }
非线性方程系统撕裂前与撕裂后的变量数: { }

翻译模型用时: 00:00:00.001001

正在生成仿真代码...

生成代码耗时: 00:00:02.001053
生成代码完成
---- 翻译完毕 ----
---- 生成求解器 ----

生成求解器耗时: 00:00:02.457926

---- 生成求解器完毕 ----
```

图 4-3-7　模型检查及翻译结果

（6）单击"建模-视图"功能区的"图标"按钮，切换到图标视图，对设计的纵向力计算模块进行封装，至此模块设计完成，如图 4-3-8 所示。

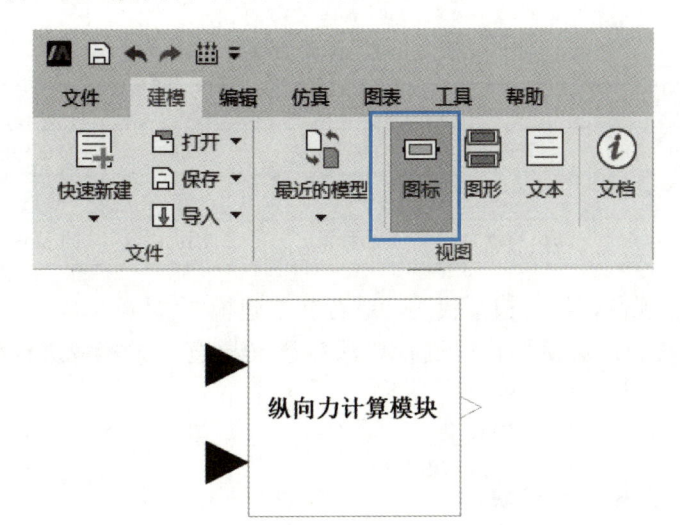

图 4-3-8　模型封装

3. 创建侧向力计算模块

（1）在 Wheel 中同样方法再新建一个模型，命名为 Lateralforce（侧向力）。

（2）在模型库中，展开 Modelica→Blocks→Interfaces，选择 RealInput（输入）、RealOutput（输出），拖放到右侧图形视图中。

（3）根据轮胎侧向力公式建模。在纯侧偏工况下，Pacejka89 轮胎侧向力公式如下：

$$F_{y0} = D_y \sin(C_y \arctan(B_y \alpha_y - E_y(B_y \alpha_y - \arctan(B_y \alpha_y)))) + S_{vy}$$

式中，$\alpha_y = \alpha + S_{hy}$ 为侧向力组合自变量，S_{hy} 为侧向力曲线水平偏移因子；S_{vy} 为侧向力曲线垂直偏移因子；α 为侧偏角；C_y 为侧向力曲线形状因子，表示侧向力曲线的形状；B_y 为侧向力曲线刚度因子；D_y 为侧向力峰值因子，表示最大侧向力值；$B_y C_y D_y$ 为侧向力零点处的侧向刚度；E_y 为侧向力曲率因子，表示曲线峰值附近的形状。

轮胎侧向力公式各项系数计算方法如下：

$$C_y = A_0$$

$$D_y = A_1 F_z^2 + A_2 F_z$$

$$B_y = A_3 \sin(2 \arctan F_z / A_4)(1 - A_5 |\gamma|) / (C_y D_y)$$

$$E_y = A_6 F_z + A_7$$

$$S_{hy} = A_8 \gamma + A_9 F_z + A_{10}$$

$$S_{vy} = A_{11} F_z \gamma + A_{12} F_z + A_{13}$$

式中，γ 为外倾角；$A_0 \sim A_{13}$ 为纯侧偏工况下 Pacejka89 轮胎侧向力特性参数，见表 4-3-2。

表 4-3-2 侧向力参数

A_0	A_1	A_2	A_3	A_4	A_5	A_6
1.65	-34	1250	3036	12.8	0.00501	-0.02103
A_7	A_8	A_9	A_{10}	A_{11}	A_{12}	A_{13}
0.77394	0.002289	0.013442	0.003709	19.1656	1.21356	6.26206

（4）打开文本视图，编写模型代码，进行文本建模。

（5）文本建模后，对模型代码进行语法和语义检查，对模型进行翻译，并生成求解器。

（6）对侧向力计算模块进行封装。

4. 创建回转力矩计算模块

（1）在 wheel 中同样方法再新建一个模型，命名为 returntorque（回转力矩）。

（2）在模型库中，展开 Modelica→Blocks→Interfaces，选择 RealInput（输入）、RealOutput（输出），拖放到右侧图形视图中。

（3）根据回转力矩公式建模。

在纯侧偏工况下，Pacejka89 轮胎回转力矩公式如下：

$$M_{z0} = D_z \sin(C_z \arctan(B_z \alpha_z - E_z(B_z \alpha_z - \arctan(B_z \alpha_z)))) + S_{vz}$$

式中，$\alpha_z = \alpha + S_{hz}$ 为回转力矩组合自变量，S_{hz} 为回转力矩曲线水平偏移因子；S_{vz} 为回转力矩曲线垂直偏移因子；C_z 为回转力矩曲线形状因子，表示回转力矩曲线的形状；D_z 为回转力矩峰值因子，表示最大回转力矩值；B_z 为回转力矩曲线刚度因子；$B_z C_z D_z$ 为回转力矩零点处的扭转刚度；E_z 为回转力矩曲率因子，表示曲线峰值附近的形状。

轮胎回转力矩公式各项系数计算方法如下：

$$C_z = C_0$$
$$D_z = C_1 F_z^2 + C_2 F_z$$
$$B_z = (C_3 F_z^2 + C_4 F_z)(1 - C_6|\gamma|)e^{-C_5 F_z} / (C_z D_z)$$
$$E_z = (C_7 F_z^2 + C_8 F_z + C_9)(1 - C_{10}|\gamma|)$$
$$S_{hz} = C_{11}\gamma + C_{12} F_z + C_{13}$$
$$S_{vz} = \gamma(C_{14} F_z^2 + C_{15} F_z) + C_{16} F_z + C_{17}$$

式中，$C_0 \sim C_{17}$ 为纯侧偏工况下 Pacejka89 轮胎回转力矩特性参数，见表 4-3-3。

表 4-3-3　回转力矩参数表

C_0	C_1	C_2	C_3	C_4	C_5	C_6
2.34	1.495	6.416654	-3.57403	-0.087737	0.09841	0.0027699
C_7	C_8	C_9	C_{10}	C_{11}	C_{12}	C_{13}
-0.0001151	0.1	-1.33329	0.025501	-0.02357	0.03027	-0.0647
C_{14}	C_{15}	C_{16}	C_{17}			
0.0211329	0.89469	-0.099443	-3.336941			

（4）打开文本视图，编写模型代码，进行文本建模。

（5）文本建模后，对模型代码进行语法和语义检查，对模型进行翻译，并生成求解器。

（6）对回转力矩计算模块进行封装。

5. 创建动力学仿真模型

（1）在 wheel 中同样方法再新建一个模型，命名为 Test（测试）。

（2）将所有计算模块都拖入 Test 中。

（3）在模型库中，展开 Modelica→Blocks→Sources，选择 Ramp 作为纵向滑动率 Sx 模块，选择 Constant 作为垂直载荷 Fz 模块和侧偏角 alpha 模块，拖放到图形视图中，如图 4-3-9 所示。

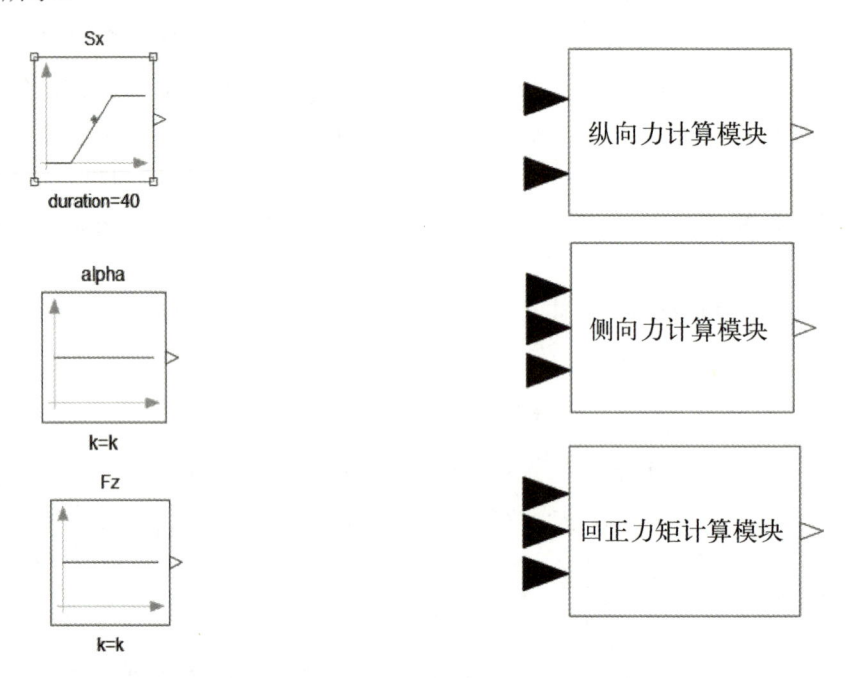

图 4-3-9　图形视图

假设轮胎垂直载荷为 1kN，外倾角为 1°，纵向滑动率为-20%～20%，侧偏角为-20°～20°，对各输入模块进行设置。

单击 Sx 模块，设置其中参数，如图 4-3-10 所示。同样方法设置 Fz 模块和 alpha 模块的参数。

参数			
offset	-20		Offset of output signal y
startTime	0	s	Output y = offset for time < startTime
height	40		Height of ramps
duration	40	s	Duration of ramp (= 0.0 gives a Step)

图 4-3-10　Sx 模块参数设置

按照图 4-3-11 分别连接各输入模块与计算模块。

（4）单击"建模-编译"功能区的"仿真设置"按钮，弹出"仿真设置"对话框，设置步长和仿真时间，如图 4-3-12 所示。

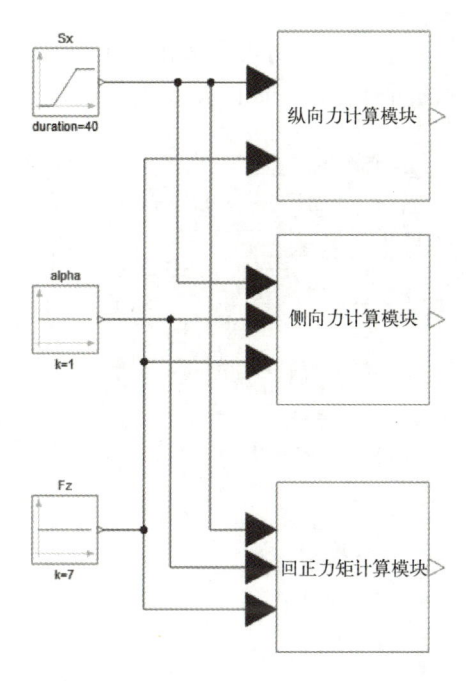

图 4-3-11　连接输入模块与计算模块

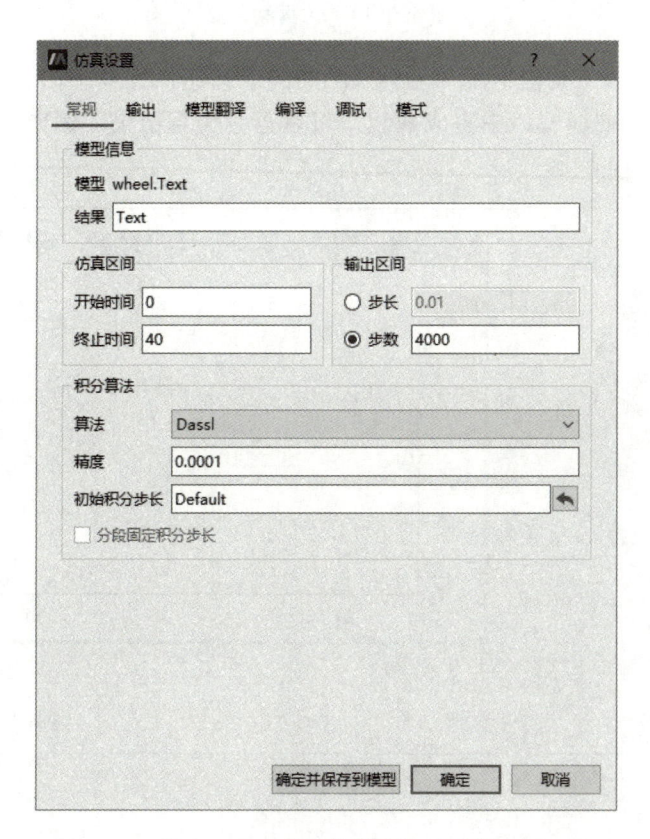

图 4-3-12　"仿真设置"对话框

（5）单击"建模-编译"功能区的"仿真"按钮开始仿真，打开仿真界面，在左侧仿真浏览器中将会显示计算中的所有变量，如图 4-3-13 所示。

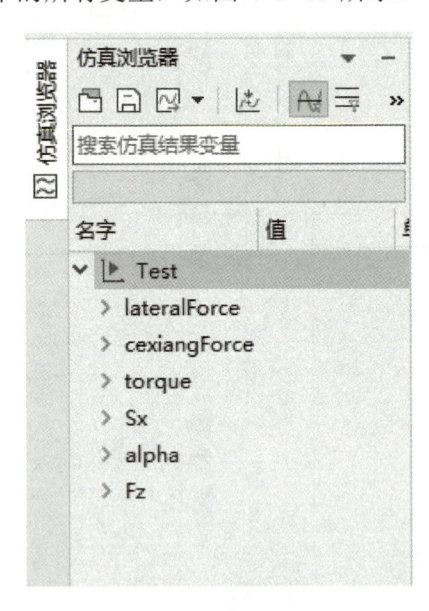

图 4-3-13　仿真浏览器

单击"仿真-曲线"功能区的"新建 y(t)曲线"按钮，打开空白 y(t)曲线窗口，勾选某个变量，将在 y(t)曲线窗口中生成曲线，可以查看仿真结果，例如，勾选 Force 变量，仿真结果如图 4-3-14 所示。

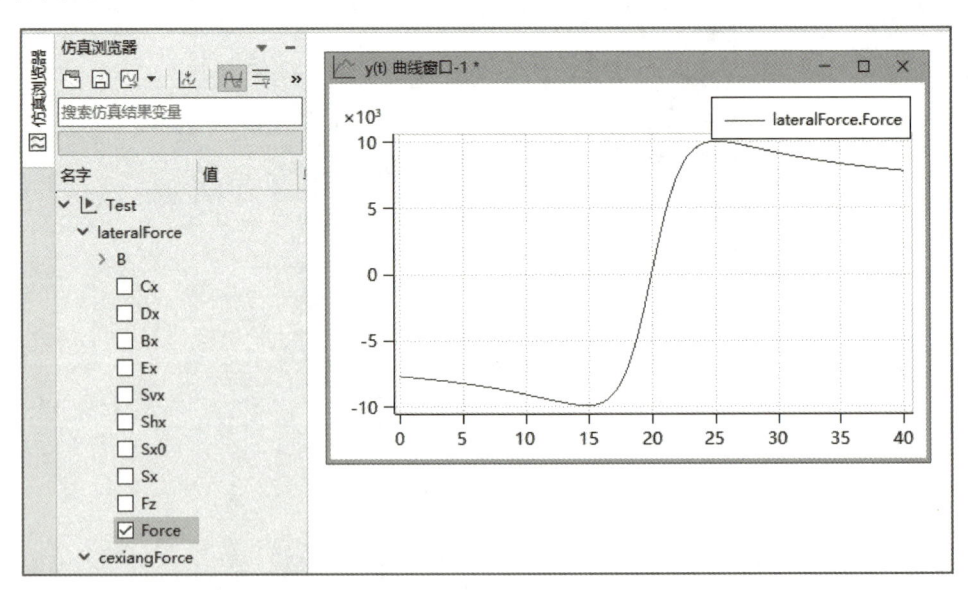

图 4-3-14　查看仿真结果

（6）多组对比。单击"仿真-图表"功能区的"对比"按钮，将会返回图形视图。用同样方法新建 3 个测试模型，其他参数不变，只修改垂直载荷 Fz 的值分别为 3kN、5kN、7kN，然后重复上述步骤进行仿真。在仿真浏览器中勾选各测试模型中的 Force 变量，即可形成对比图，如图 4-3-15 所示。

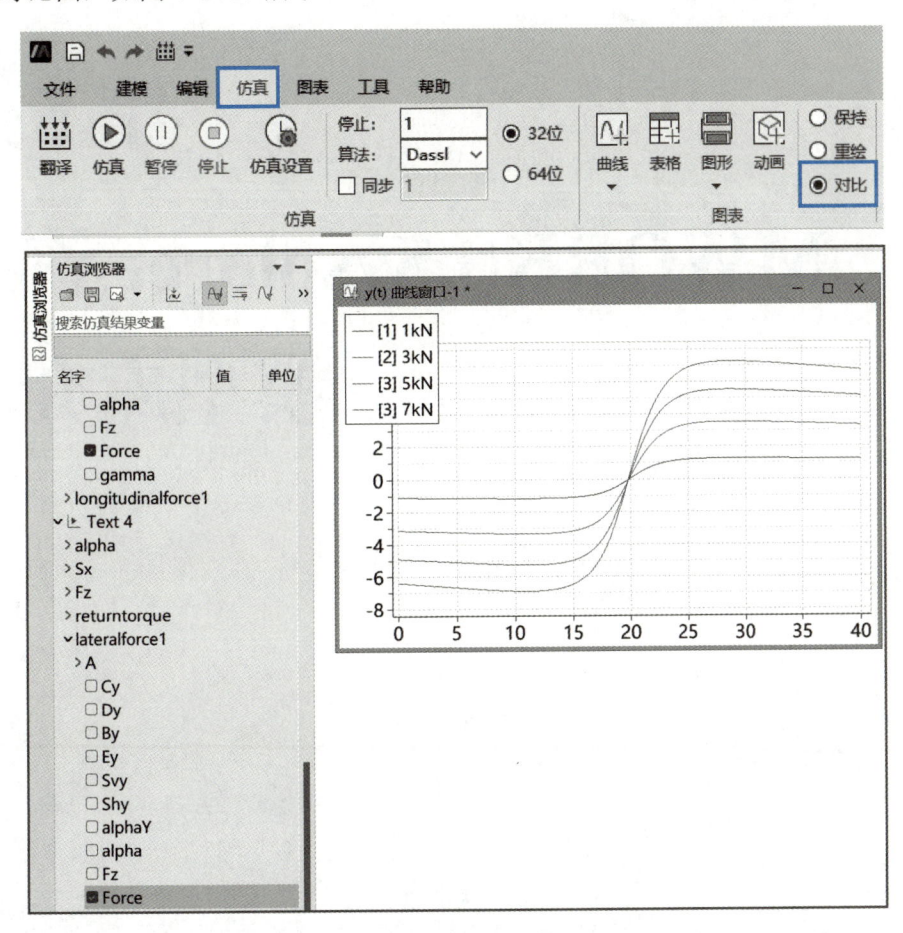

图 4-3-15　对比图

第 5 章 MWORKS.Sysplorer 汽车模型库介绍

5.1 模型库简介

5.1.1 电池模型库

1. 概述

电池（TABattery）模型库主要用于分析不同颗粒度的电池模型性能，其中的模型考虑了电池热学部分和电学部分，用户可基于模型库提供的模板构建电芯模型、电池模组模型和电池包模型。其中，电池包模型可与车辆动力学模型库、车辆动力性和经济性模型库、车辆热管理模型库以及电子模型库组合使用。

2. 模型库构成

TABattery 模型库主要构成见表 5-1-1。

表 5-1-1　TABattery 模型库主要构成

子库	组件	说明
UserGuide 用户指南	Overview	概述
	ReleaseNotes	版本信息
	Contact	联系方式
Example 应用案例	ChargeCell	电芯充放电工况
	ChargeModule	电池模组充放电工况
	ChargePack	电池包充放电工况
	ThermalPack	电池包热分析应用
Template 模板	Thermal	热学部分模板
	Electric	电学部分模板
	Battery	电池模型模板，包括电芯、电池模组、电池包
Interface 接口	Electric	电接口
	Thermal	热接口
	Bus	总线接口
Component 组件	ThermalComp	热学组件，包括用于电池热分析的组件，如电池外壳热导/热阻等组件
	ElectricComp	电学组件，包括用于查表模型和理想模型的电阻、电容、电源等组件
CellModel 电芯模型	Ideal	理想电芯模型
	LiIon	锂电芯模型
	LeadAcid	铅酸电芯模型
	Tabular	查表电芯模型

续表

子库	组件	说明
ModuleModel 电池模组模型	Ideal	理想电池模组模型
	LiModule	锂电池模组模型
	LeadAcid	铅酸电池模组模型
	Tabular	查表电池模组模型
PackModel 电池包模型	Ideal	理想电池包模型
	LiPack	锂电池包模型
	LeadAcid	铅酸电池包模型
	Tabular	查表电池包模型
Utilities 公用组件	Data	电池结构数据
	Function	模型库计算函数
	Material	材料数据，包括铝、钢、锂电池等材料参数

5.1.2 车辆动力学模型库

1. 概述

车辆动力学（TADynamics）模型库主要用来研究整车或子系统的性能，如整车操稳性、悬架 KC 特性（也称为阻尼特性）等。模型库的结构按照实际车辆的系统划分为车身/底盘、驾驶员、道路和环境模型等，同时提供了动力系统、制动系统和传动系统，用户可以简单地通过下拉菜单选择相应的子系统进行仿真分析，也可以通过详细设计子系统参数对子系统进行分析，同时模型库支持导出 FMU（Functional Mock-up Unit）文件与其他软件进行联合仿真。如果用户需要更多其他模型，Modelica 语言支持多领域联合仿真，如机、电、液、热、控等。

2. 模型库构成

TADynamics 模型库主要构成见表 5-1-2。

表 5-1-2　TADynamics 模型库主要构成

子库	组件	说明
Example 应用案例		
Experiment 试验设置		
MultiBodyBasic 多体基础		
Drivers 驾驶员模型		

续表

子库	组件	说明
Battery 电池模型		
Roads 道路模型		
Dashboard 仪表盘模型		
Utilities 公用组件		
Atmosphere 环境模型	AtmosphereModel	环境模型
Vehicle 车身/底盘模型	DefaultVehicle	整车集成模型
	RigidBody	车身，无空气动力学
	BodyWithAero	车身，带空气动力学
	Passenger	乘客
SteerSource 转向源	DoubleLaneChange	Double Lane Change（双移线）工况方向盘转角输出模型
	NHTSAFishhook	NHTSA（美国国家公路交通安全管理局）的 Fishhook（鱼钩）工况方向盘转角输出模型
	NHTSAJTurn	NHTSA 的 J-Turn（NHTSA 中定义的一种工况）方向盘转角输出模型
	Step-阶跃工况	方向盘阶跃转角输出模型
	None-无转向工况	方向盘角度保持恒定为 0 的输出模型
SuspKCAnalysis 悬架KC台架测试模型	Parallel	同向跳动台架
Steering 转向系统模型	Component	基础组件
	EPS	助力转向系统
Driveline 动力系统	DriveSource	动力，发动机为单独的模型库
	Driveline	传动系统
	Driveline	驱动系统
BrakeSystem 制动系统	Booster	助力器
	Hydraulics	液压组件
	System	系统集成
DirectionalValves 换向阀	IdealCheckValve	理想单向阀
SignalBus 总线模型	BusConnector	总线接口
Utilities 公用组件 — RecordData 子系统数据	WheelData	轮胎数据
	SuspData	悬架硬点数据
	BodyData	车身数据
	SWData	方向盘结构硬点数据

续表

子库		组件	说明
Utilities 公用组件	RecordData 子系统数据	AntiRollRecord	稳定杆硬点
	subFunction 子函数	EWM	计算向量点乘
		normalize	向量单位化
		length	计算向量长度

5.1.3 车辆动力性和经济性模型库

1. 概述

计算动力性和经济性工况时，一般不考虑动力学特性，因此动力性和经济性工况的模型库不包含多体部分。

动力性工况主要考虑百公里加速工况，即评估车辆从静止开始加速至 100km/h 所需要的时间。

经济性工况主要考虑在城市循环工况下的车辆油耗、变速器换挡等，如 NEDC（New European Driving Cycle）工况。

2. 模型库构成

TAEconomy 模型库主要构成见表 5-1-3。

表 5-1-3　TAEconomy 模型库主要构成

子库	组件	说明
Example 应用案例	DCT_0_100	传统 DCT（双离合器）车型百公里加速
	DCT_Cycle	传统 DCT 车型 NEDC 工况
	P0_0_100	混动 P0 车型百公里加速
	P0_Cycle	混动 P0 车型 NEDC 工况
	P1_0_100	混动 P1 车型百公里加速
	P3_0_100	混动 P3 车型百公里加速
	VehicleArchitectures	车型架构
Interfaces 接口		
VehicleArchitectures 车型架构		
VehicleBody 车身模型	VehicleBody	车身质量
	DrivingResFuncBlock	行驶阻力计算模块
	DrivingResTableBlock	基于数据表的行驶阻力模型
	BodyModel	车身模型

续表

子库		组件	说明
GearBox 齿轮/传动比传动模型	Template 模板	FinalGearPartial	主传动齿轮
		DifferentialPartial	差速器
		BeltPartial	传动皮带
	GearModel 变速模型	CVT	无级变速器
		DCT	DCT 变速器
		Differential	差速器
		FinalGear	主传动齿轮
		Belt	传动皮带
	Losses 损耗	GearLoss	损耗模型
		TorqueLossConst	扭矩损失恒定模型
	Component 组件	SyncroUnit_I	变速箱同步器（单边）
		GearConst	变速箱基类（限定：flange_a 为力矩输入，否则令 eta=1）
		Differential1D	差速器
		Gear	变速箱齿轮
		CVT_Core	无级变速器 Core（内核）部分
		SyncroUnit_II	变速箱同步器
Clutch 离合器模型	ClutchModel 离合器模型	TConverter	液力变矩器
		DCT_Clutch	DCT 离合器
	Template 模板	ClutchPartial	液力变矩器基类
	Component 组件	TC_Core	液力变矩器 Core 部分
		TC_Clutch	液力变矩器离合器
Drivers 驾驶员模型		DriverCycle	城市循环工况
		DriverPerformance	百公里加速工况
		DriverCycleN	续航里程工况
Engine 发动机模型		Template	模板
		EngineModel	发动机模型
EMotor 电机模型		Template	模板
		EMotor	电机模型
Brake 制动模型		Template	模板
		BrakeModel	制动模型
		Component	组件

续表

子库		组件	说明
Wheel 轮胎模型		Template	模板
		WheelModel	轮胎模型
		Component	组件
Battery 电池模型		Template	模板
		Model	电池模型
Electronic 电子模型		Template	模板
		ElectronicModel	电气负载模型
Controller 控制模型	ControlBasic 基础模型	ReverseFullLoadPolation	基于数据表的发动机外特性模型。超过最大转速的10%时，输出力矩变为负值
		BoostCtrl	增扭计算
		BrakeGenCtrl	制动能量回收
		StartCondition	满足任意条件，均发出"点火"请求（但此时可能已经处于发动状态）
		StartJudgement	判断发动机是否在运行
		StopCondition	当众多条件均满足时，发出"关机"请求（包括发动机转速>omega_eng_on[r/min]）
		StartStopCore	发动机启动 core 部分
		RSFlipFlop	基本 RS 触发器
		DCT_Gear_Ctrl	DCT 挡位计算
		DCT_SC_Ctrl	根据挡位需求计算同步器和离合器控制信号
		P3_States	根据 SOC（电池的充电状态）计算 P3 工作状态
		P3_LPM	计算 LPM（Low Power Mode，低功耗模式）下的状态
		P3_eDrive	计算电机需求扭矩/发动机转速和需求扭矩
		P3_engine	计算发动机独立/不独立工作状态下的值
		P3_eBoost	Boost 工作状态下的转速和电机/发动机扭矩
		P3_eBrake	制动扭矩回收
		P3_CVT_Ctrl	无级变速器控制
		DesiredSignal	需求信号
		DesiredPower	需求功率
		EngineStart	发动机启动
		SignalKeep	带有延迟的信号保持器
	Component 控制组件	DctControl	DCT 控制器
		P0Control	P0 控制器
		P3Control	P3 控制器
		StartStopControl	启停控制

续表

子库		组件	说明
Controller 控制模型	Component 控制组件	AntiSlipControl_A	基于比例控制的防滑控制器
		FuelCutOffControl	断油控制
		FuelCutoffStrategy	减速断油策略
		EngineSpeedControl	发动机速度控制
		EDriveCtrl	电驱系统控制
	Controller 控制器模型	SignalConnectionsDCT	传统车型 DCT 控制器
		SignalConnectionsDCT_P0	混动车型 DCT P0 控制器
SignalBus 总线	BusConnector 总线模型	engineBus	发动机总线
		TBus	变速器总线
		cockpitBus	驾驶舱总线
		driverBus	驾驶员总线
		vehicleStatus	车辆状态总线
		ctrBus	控制器总线
		wheelBus	车轮总线
		batteryBus	电池总线
		motorBus	电机总线
	Internal 其他接口	BusBase	从总线截取某段/插入总线
		EngineBus	发动机总线接口
		TransmissionBus	变速器总线接口
		CockpitBus	驾驶舱总线接口
		VehicleStatus	车辆状态总线接口
		ControllerBus	控制器总线接口
		DriverBus	驾驶员总线接口
		WheelBus	车轮总线接口
		BatteryBus	电池总线接口
		EMotorBus	电机总线接口
	Component 组件	SOC_Block	荷电状态计算模块
Auxiliaries 辅助组件		Road	道路
		Initialization	初始化模型
		Cockpits	驾驶舱

续表

子库		组件	说明
Utilities 公用组件	Functions 函数	comNC1_Map3C	统计第 1 列有几种值
		comMap3CData	二维查表函数数据处理
		table2D_3C	二维查表函数
		softMax	最大光滑逼近函数
		softMin	最小光滑逼近函数
		loadForceFR	前后轴载荷计算（未除以车轮数量）
	Blocks 模块	Table3C	表格插值
		SwitchNoEvent	无事件 switch 模块
		PolationCurve	插值
		TerminateSimulation	若条件满足，则停止仿真
		IntegratorUpReset	积分模块
		FirstOrder	一阶延迟
		SpeedSensorRPM	转速传感器[r/min]
		SpeedSensorRAD	测量法兰绝对角速度的理想传感器
		MaxNoEvent	max 模块
		To_rpm	单位转换：rad/s 转换为 r/min
		To_kmh	单位转换：m/s 转换为 km/h
		Block1	输入输出模块 1 基类
		Block2	输入输出模块 2 基类
		TriggeredPulseLock	脉冲信号发生器
		BooleanMemory	布尔型记忆模块
		VariableLimiter	限值模块
	Constants 常数	defaultCycleDir	默认路径：classDirectory()+"../../Resources/DriveCycles/"
	Types 类型	AccPedalType	油门踏板和油门信号的关系（无通过 map 计算的方式）
		BrakePedalType	刹车踏板和刹车压力的关系
		HeatingValue	单位为 J/kg
		InitialTypes	初始化类型
		AxleType	前/后、左/右轮
		DragInputType	阻力计算的输入参数类型
		ParameterType	参数类型
		ResForceType	载荷类型

5.1.4 车辆电子模型库

1. 概述

车辆电子（TAEletronic）模型库包含常用的汽车电子器件和系统。使用车辆电子模型库可以分析车辆在不同的行驶状态下各电子器件的电流及功率的变化，从而实现汽车电路的实时控制及模拟仿真。用户也可以基于提供的各电子器件的模板，开发自己电子器件的模型，从而开发自己的低压电子模型。

2. 模型库构成

TAEelectronic 模型库主要构成见表 5-1-4。

表 5-1-4　TAEelectronic 模型库主要构成

子库	组件	说明
Example 应用案例	ComponentTest	组件测试
	SystemTest	系统测试
Lighting 照明系统	LedMatrices	矩阵 LED（发光二极管）灯组
	Lamp	汽车车灯
Ventilation 通风系统	Blower	鼓风机
Lifter 车窗升降系统		
ScreenDefroster 除霜器	Defroster	除霜器
Wiper 雨刮器	Wiper	4 级雨刮器
	Sources	周期信号
EPS 转向助力系统	EHPS	电液助力系统
FuelPump 燃油泵	FuelPump	燃油泵
InjectionSystem 喷油系统	Injection	喷油嘴
SeatSystem 座椅系统		
PowerLiftgate 电动尾门		
Hood 电动前舱盖		

续表

子库	组件	说明
Lock 电动车门锁		
DoorHandle 车门把手系统		
ChargerCover 充电盖系统		
RearviewMirror 后视镜系统		
GenericLoad 通用负载		
Utilities 公用组件	CurrentInterface	接口
	Direction	判断方向模块
	MotorWithVoltage	电机模型
	DC_PermanentMagnet	永磁直流电机

5.1.5 车辆发动机模型库

1. 概述

车辆发动机（TAEngine）模型库包含发动机模型。发动机模型分为供油系统、进气系统、发动机顶盖、发动机机缸、排气系统等。进气系统考虑了节气门/进气歧管对发动机缸进气压强/流量的影响，排气系统考虑了排气歧管对排气压强、温度和流量的影响。

2. 模型库构成

TAEngine 模型库主要构成见表 5-1-5。

表 5-1-5 TAEngine 模型库主要构成

子库	组件	说明
Example 应用案例	MVEM	均值发动机模型
	PressureCharge	涡轮增压测试
	MVEM_turbine	均值发动机模型带涡轮增压
	CAREM	瞬时发动机模型
Interface 接口	Fluid	流体接口
	Rotation	转动接口
	Translation	平动接口
	Multi	多体接口

续表

子库	组件	说明
Interface 接口	Thermal	热接口
	Complex	复合接口
	Fluid	流体接口
	Bus	总线接口
EngineModel 发动机模型	MVEM	均值发动机模型
	MVEM_turbine	均值发动机模型（带涡轮增压）
	CAREM	瞬时发动机模型
Component 组件	IntakeSystem	进气系统
	ExhaustSystem	排气系统
	TurboCharge	涡轮增压
	FuelSystem	供油系统
	EnginePart	发动机顶盖/发动机机缸/发动机曲轴
	Source	流体源
	CoolingSystem	冷却系统
	Controller	控制器
	Timing	正时
Utilities 公用组件	Blocks	计算模块
	Function	函数
	Sensors	传感器
	Type	自定义类型
	Record	结构数据体

5.1.6 车辆热管理模型库

1. 概述

车辆热管理（TAThermalSystem）模型库包含阀、换热器、泵与风扇、管道与流阻、压缩机、储液箱等模型，其中介质基于水、R134a、空气三种介质换热，分别搭建了各个组件的测量模型和简单空调循环回路测量模型，以及整车热管理系统回路模型。车辆热管理模型库可以集成电池、电机等热源回路，通过统一接口进行换热仿真。

2. 模型库构成

TAThermalSystem 模型库主要构成见表 5-1-6。

表 5-1-6　TAThermalSystem 模型库主要构成

子库	说明
Examples	应用案例
Valves	阀
HeatExchangers	换热器
PumpAndFan	泵与风扇
Pipes	管道与流阻
Compressor	压缩机
Reservoirs	储液箱
Heating	加热与热源
Sources	边界与源
Interfaces	接口
Sensors	传感器
Utilities	公用组件

5.2　车辆动力学模型库的调用和使用

1. 模型构建

（1）新建模型，从模型库中拖动以下模型到图形视图中。
- TADynamics.Vehicle.Driveline.PowerTrain.MotorSource.DriveSource，动力源；
- TADynamics.Vehicle.Driveline.Driveline.Driveline.FWD，传动系统；
- TADynamics.Example.VehicleTest.ConstantSpeed，车身模型；
- TADynamics.Vehicle.ControlUnit.ABS，ABS 模块；
- TADynamics.Vehicle.Control.ControlUnit.ESC2，ESC 模块。

（2）从 TADynamics.Drivers.DriverModel.SteerControl 中选择一个驾驶员模型拖动到图形视图中。

注：若驾驶员模型选择 SpeedControl（速度跟随），则还需要从 Modelica 标准库的 Blocks 中拖动一个 source 模型作为速度输入（Modelica.Blocks.Sources.RealExpression），单位为 m/s。

（3）从 TADynamics.Roads.RoadModel.flatRoad 中把道路模型拖动到图形视图中，保持默认的组件命名和 inner 属性。

至此完成整车仿真模型的构建，如图 5-2-1 所示。

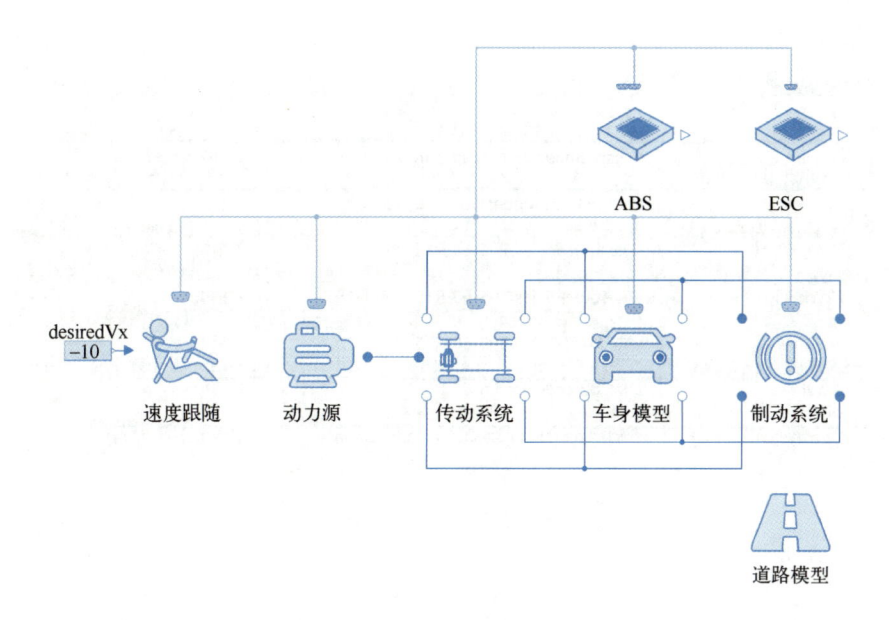

图 5-2-1　整车仿真模型

2. 整车参数设置

1）车身模型参数

① 初始化参数。

单击车身模型，在组件参数面板的"初始化"页中可对车辆初始朝向和前进方向进行修改，如图 5-2-2 所示。

图 5-2-2　初始化参数设置

② 子系统选择。

子系统可以在组件参数面板的"模型结构"页中选择，如图 5-2-3 所示。

③ 子系统参数设置。

对各子系统，还需要在组件参数面板中进行参数设置。

车身 steerSystem 参数：在弹出的对话框中设置车辆的齿轮齿条比、助力齿轮齿条比/助力齿轮比等，如图 5-2-4 所示。

图 5-2-3　子系统选择

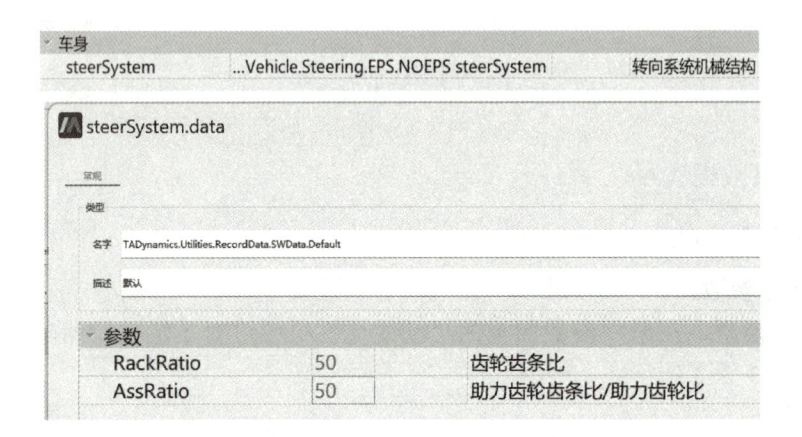

图 5-2-4　设置车辆转向参数

2 个悬架系统参数：设置悬架类型和悬架参数等。

4 个车轮参数：设置 4 个车轮的转角和转速等参数。

2）动力源参数

单击动力源模型，对油门开度进行修改。

3）传动系统参数

单击传动系统模型，可设置变速箱传动比和扭矩分配比例。

4）制动系统参数

单击制动系统模型，分配制动压力，通过输入最大制动压力，输出后轮分配的压力。

5）ESC 模块参数

单击 ESC 模块，可设置车辆横向速度比重系数、车辆横摆角速度比重系数、方向盘与车轮转角比值、前轮侧偏刚度（单轮胎）以及后轮侧偏刚度（单轮胎）等参数。

6）ABS 模块参数

单击 ABS 模块，可设置目标滑移率等参数。

7）驾驶员模型参数

以速度跟随（SpeedControl）驾驶员模型为例，由于 SpeedControl 驾驶员模型为 PID 控制模型，因此需要设置 PID 控制参数。T0 参数为驾驶员控制起作用时间，由于车辆一开始不一定稳定，因此建议该时间设置为车辆稳定后的某个时刻。velocityInput 为激活速度输入接口，驾驶员会根据输入速度进行跟随。

3. 仿真运行

完成上述设置后，即可开始仿真，可通过总线模型查看各个子系统的仿真结果，如车轮信号总线、驾驶员信号总线、车身信号总线、制动信号总线、转向总线和悬架总线，这些总线也可用来支持控制算法开发。

还可以查看车辆纵向速度/加速度和横向速度/加速度等。仿真结果可显示为各类曲线，也可以显示为三维动画，如图 5-2-5 所示。

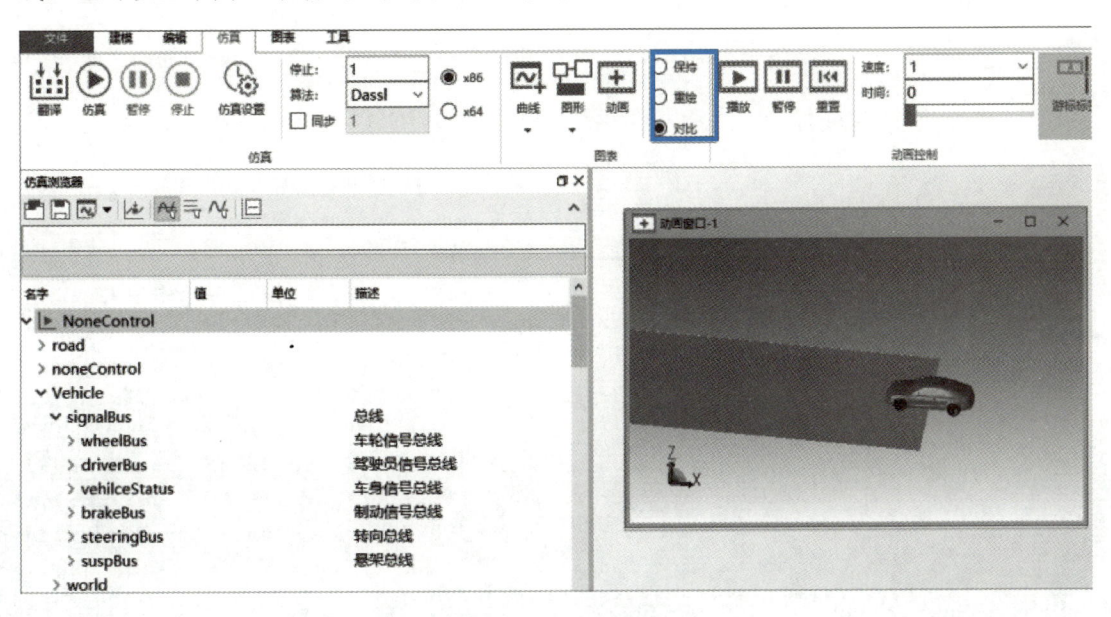

图 5-2-5　仿真结果

第 6 章
基于 MWORKS.Syslab 的通用汽车系统仿真计算

实例 1　发动机特性仿真

发动机特性主要包括发动机外特性和发动机万有特性。发动机外特性是指节气门全开或高压油泵在最大供油位置时，其转矩、转速与功率之间的关系；发动机万有特性是指发动机的燃油消耗率与转速、转矩之间的关系。发动机外特性是研究汽车动力性的基础；发动机万有特性是研究汽车燃油经济性的基础。

任务描述

1. 主要任务

（1）建立发动机数学模型。
（2）汽油发动机外特性曲线拟合。

2. 仿真数据

发动机特性仿真所需参数见表 6-1-1。

表 6-1-1　发动机特性仿真所需参数

转速/（r/min）	1840	2000	2400	2840	3200	3600	4020	4430	4800	5000
转矩/（N·m）	182	183	185	193	192	186	172	158	145	138
功率/kW	35	38.2	46.5	57.5	64.5	70	72.5	73.5	73	72

任务实施

1. 建立发动机数学模型

采用曲线、曲面拟合法建立发动机数学模型。
发动机外特性曲线拟合一般采用多项式，汽车行驶时，发动机的转矩和功率分别为

$$T_{tq} = \sum_{i=0}^{k} A_i n^i \qquad (6\text{-}1\text{-}1)$$

$$P_e = \sum_{i=0}^{k} B_i n^i \qquad (6\text{-}1\text{-}2)$$

式中，T_{tq} 为发动机的转矩；P_e 为发动机的功率；n 为发动机的转速；k 为发动机转矩和功率多项式的阶次；A_i、B_i 分别为发动机转矩和功率拟合系数，一般采用最小二乘法确定。

发动机的燃油消耗量为

$$b_e = \sum_{i=0}^{k}\sum_{j=0}^{s} C_{ij} n^i T_{tq}^j \qquad (6\text{-}1\text{-}3)$$

式中，b_e 为发动机的燃油消耗量；k 为发动机转速多项式的阶次；s 为发动机转矩多项式的阶次；C_{ij} 为拟合系数。

2. 汽油发动机外特性曲线拟合

（1）汽油发动机转矩与转速关系曲线拟合。利用表 6-1-1 中的转速与转矩数据，编写汽油发动机转矩与转速关系曲线拟合的 MWORKS 程序：

```
n = [1840, 2000, 2400, 2840, 3200, 3600, 4020, 4430, 4800, 5000]# 定义自变量（转速）n 的取值范围
T = [182, 183, 185, 193, 192, 186, 172, 158, 145, 138]  # 定义因变量（转矩）T 的取值
nn = collect(1000:1:5000)  # 定义更密集的自变量（转速）nn 的取值范围
c ,= polyfit(n, T, 3)  # 对数据进行 3 次多项式拟合，返回多项式系数
val = polyval(c, nn)  # 使用拟合得到的多项式对 nn 进行插值，得到插值结果
plot(nn, val, n, T, "o")  # 绘制插值曲线和原始数据点
print("C = ",c) #打印系数
legend(["Function fit", "T vs n"])
xlabel("n")
ylabel("T")
```

运行结果如图 6-1-1 所示。

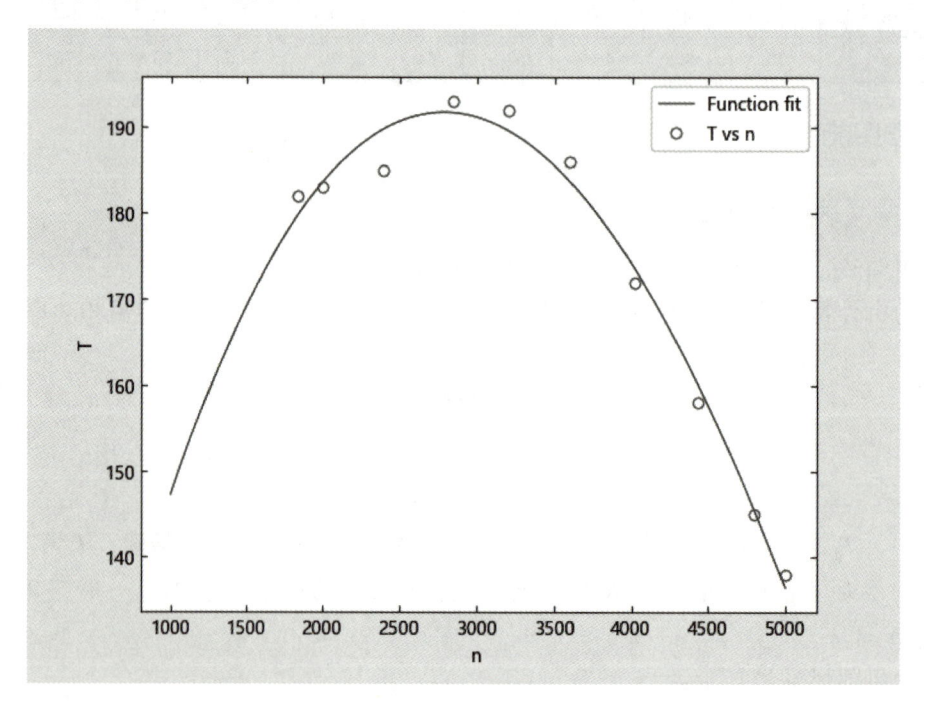

图 6-1-1 汽油发动机的转矩与转速关系曲线拟合

根据控制台打印的结果,可以得到汽油发动机转矩与转速的关系为

$$T_{tq} = 6.711\times10^{-10}n^3 - 1.837\times10^{-5}n^2 + 0.08672n + 78.25 \tag{6-1-4}$$

如果拟合阶数选 5,修改上述程序中的语句为 "c ,= polyfit(n, T, 5)",可以得到汽油发动机转矩与转速的关系为

$$\begin{aligned}T_{tq1} = &-1.466\times10^{-15}n^5 + 2.866\times10^{-11}n^4 \pm 2.154\times10^{-7}n^3 + \\ & 7.648\times10^{-4}n^2 \pm 1.273n + 980.1\end{aligned} \tag{6-1-5}$$

(2)汽油发动机功率与转速关系曲线拟合。利用表 6-1-1 中的转速与功率数据,编写汽油发动机功率与转速关系曲线拟合的 MWORKS 程序如下:

```
n = [1840, 2000, 2400, 2840, 3200, 3600, 4020, 4430, 4800, 5000]# 定义自变量 n 的取值范围
T = [35, 38.2, 46.5, 57.5, 64.5, 70, 72.5, 73.5, 73, 72]   # 定义因变量 T 的取值
nn = collect(1000:1:5000)   # 定义更密集的自变量 nn 的取值范围
c ,= polyfit(n, T, 3)   # 对数据进行三次多项式拟合,返回多项式系数
val = polyval(c, nn)   # 使用拟合得到的多项式对 nn 进行插值,得到插值结果
print("C = ",c) #打印系数
```

根据控制台打印的结果,可以得到汽油发动机功率与转速的关系为

$$P_e = -7.762\times10^{-10}n^3 + 2.342\times10^{-5}n^2 + 0.02492n - 14.63 \tag{6-1-6}$$

如果拟合阶数选 5,修改上述程序中的语句为 "c ,= polyfit(n, T, 5)",可以得到汽油发动机功率与转速的关系为

$$\begin{aligned}P_e = &-4.086\times10^{-16}n^5 + 8.128\times10^{-12}n^4 - 6.292\times10^{-8}n^3 + \\ & 2.301\times10^{-4}n^2 - 0.374n + 251.9\end{aligned} \tag{6-1-7}$$

3. 绘制汽油发动机外特性曲线

根据式(6-1-4)~式(6-1-7)编写绘制汽油发动机外特性曲线的 MWORKS 程序。

```
n = 1840:10:5000         # 定义自变量 n 的取值范围
Ttq = 78.25 .+ 0.08672 .* n .- (1.837e-5) .* n .^ 2 .+ (6.711e-10) .* n .^ 3   # 根据 n 计算 Ttq 的值
Pe = -14.63 .+ 0.02492 .* n .+ (2.342e-6) .* n .^ 2 .- (7.762e-10) .* n .^ 3   # 根据 n 计算 Pe 的值
Ttq1 = 980.1 .- 1.273 .* n .+ (7.648e-4) .* n .^ 2 .- (2.154e-7) .* n .^ 3 .+ (2.866e-11) .* n .^ 4 .- (1.466e-15) * n .^ 5
# 根据 n 计算 Ttq1 的值
Pe1 = 251.9 .- 0.374 .* n .+ (2.301e-4) .* n .^ 2 .- (6.292e-8) .* n .^ 3 .+ (8.128e-12) * n .^ 4 .- (4.086e-16) .* n .^ 5   # 根据 n 计算 Pe1 的值

# 绘制 4 条曲线:Pe、Ttq、Pe1、Ttq1
p1 = plot(n, Pe, "-b", n, Pe1, "--r")
```

```
text(2000, 45, "功率")
text(2000, 70, "转矩")
ylabel("功率/kW")
xlabel("转速/(r/min)")

hold("on")
yyaxis("right")
p2 = plot(n, Ttq, "-b", n, Ttq1, "--r")
ylabel("转矩/N.m")
hold("off")
legend(["阶数 3","阶数 5","",""])
```

运行结果如图 6-1-2 所示，可以看出，随着转速的增加，功率和转矩都增大；当发动机达到最大转矩时，发动机发出最大转矩；之后，当转速继续增加时，转矩则开始减小，但功率依然增大，直到达到最大功率；再继续增加转速，功率开始随着转速的增加而减小。

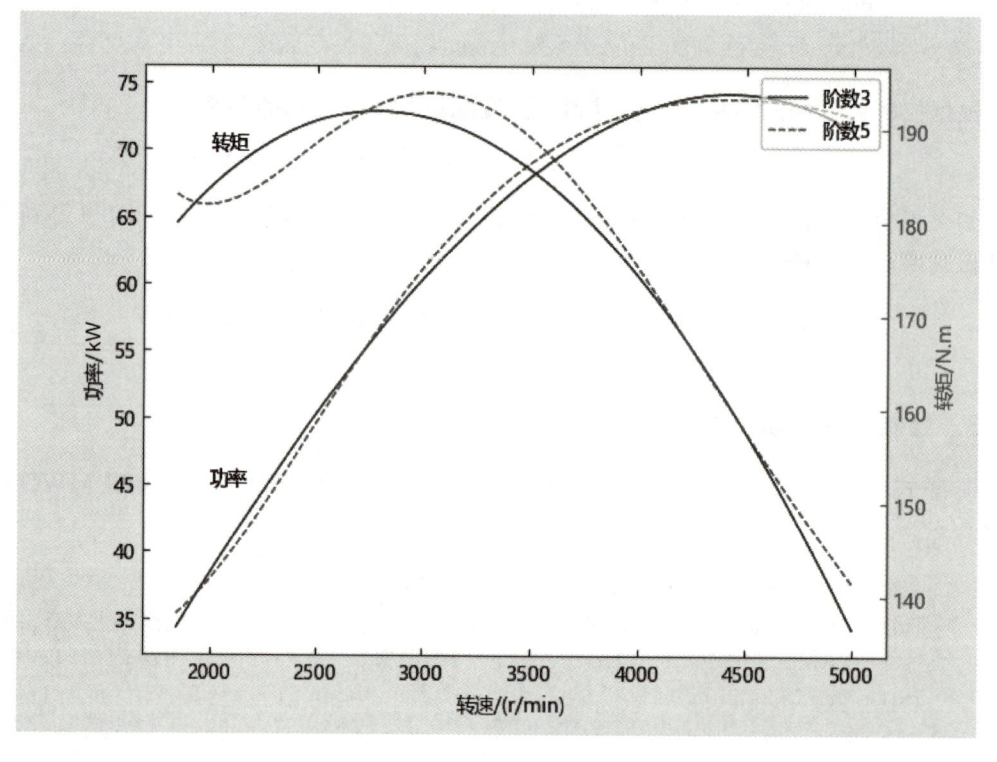

图 6-1-2 汽油发动机外特性曲线

还可以看出，误差平方和与均方根误差越小，复相关系数越接近 1，表明曲线拟合得越好；阶数越高，拟合精度越高。

实例2　汽车动力性仿真

汽车动力性是指汽车在良好路面上直线行驶时，由汽车受到的纵向外力决定的、所能达到的平均行驶速度。汽车动力性评价指标主要有最高车速、加速能力和爬坡能力。

任务描述

1. 主要任务

（1）建立汽车动力性数学模型。
（2）利用汽车驱动力-行驶阻力平衡图进行汽车动力性仿真。
（3）利用动力特性图进行汽车动力性仿真。
（4）利用功率平衡图进行汽车动力性仿真。

2. 仿真数据

汽车动力性仿真所需参数见表 6-2-1 和表 6-2-2。

表 6-2-1　汽车基本参数

总质量/kg	滚动阻力系数	空气阻力系数	迎风面积/m²	车轮滚动半径/m
936	0.012	0.3	1.75	0.272
旋转质量换算系数	传动效率	主减速器传动比	变速器各挡传动比 i_g	
$1.03+0.04i_g^2$	0.9	4.388	3.416,1.894,1.280,1.000,0.757	

表 6-2-2　发动机转速与转矩数据

转速/（r/min）	1000	1500	2000	2500	3000	3500	4000	4500	5000
转矩/（N·m）	78.6	83.0	85.0	86.6	87.1	85.9	84.7	82.5	80.5

任务实施

1. 建立汽车动力性数学模型

汽车动力性主要取决于作用在汽车行驶方向上的外力，即驱动力和行驶阻力。

1）汽车驱动力

汽车的驱动力是由发动机的转矩经传动系统传至驱动轮上得到的。驱动力与发动机的转矩之间的关系为

$$F_t = \frac{T_{tq} i_t \eta_t}{R} \qquad (6\text{-}2\text{-}1)$$

式中，F_t 为汽车驱动力；T_{tq} 为发动机的转矩；i_t 为传动系统总传动比，一般包括变速器各挡传动比和主减速器传动比；η_t 为传动效率，即传动系统的机械效率；R 为车轮滚动半径。

发动机转矩与转速之间的关系是进行汽车动力性计算的主要依据，可由发动机台架试验来测定。对发动机台架试验所得到的一系列转矩与转速的离散数据点，用拟合法找出描述转矩与转速的函数，通常用多项式来描述：

$$T_{tq} = a_0 + a_1 n + a_2 n^2 + \cdots + a_k n^k \qquad (6\text{-}2\text{-}2)$$

式中，a_0、a_1、a_2、a_k 分别为待拟合系数，可由最小二乘法来确定；拟合阶数 k 随特性曲线而异，一般在 2～5 中选取；n 为发动机转速。

车速 u 与转速 n 之间的关系为

$$u = \frac{0.377 R n}{i_t} \qquad (6\text{-}2\text{-}3)$$

2）行驶阻力

汽车行驶过程中受到的阻力主要有滚动阻力、空气阻力、坡度阻力和加速阻力。

汽车的滚动阻力是指车轮行驶单位距离的能量损失，主要是由车轮和路面的变形引起的，其表达式为

$$F_f = mgf\cos\alpha_G \qquad (6\text{-}2\text{-}4)$$

式中，F_f 为滚动阻力，m 为汽车总质量，f 为滚动阻力系数，α_G 为坡度角。

空气阻力是指汽车直线行驶时受到的空气作用力在行驶方向上的分力，它不仅与车速有关，还与迎风面积、空气阻力系数有关，其表达式为

$$F_w = \frac{C_D A u^2}{21.15} \qquad (6\text{-}2\text{-}5)$$

式中，F_w 为空气阻力；C_D 为空气阻力系数；A 为迎风面积，可以用车高乘以轮距进行估算。

坡度阻力 F_i 是指汽车上坡行驶时，汽车重力沿坡道的分力，其表达式为

$$F_i = mg\sin\alpha_G \qquad (6\text{-}2\text{-}6)$$

加速阻力是指汽车加速行驶时，需要克服其质量加速运动时的惯性力，其表达式为

$$F_j = \delta m \frac{du}{dt} \qquad (6\text{-}2\text{-}7)$$

式中，F_j 为加速阻力，δ 为旋转质量换算系数，$\dfrac{du}{dt}$ 为汽车行驶加速度。

3）汽车行驶方程式

汽车行驶过程中，描述驱动力和各种阻力之间关系的等式称为汽车行驶方程式，即

$$F_t = F_f + F_w + F_i + F_j \qquad (6\text{-}2\text{-}8)$$

或

$$\frac{T_{tq} i_t \lambda_t}{R} = mgf\cos\alpha_G + \frac{C_D A u_2}{21.15} + mg\sin\alpha_G + \delta m \frac{du}{dt} \qquad (6\text{-}2\text{-}9)$$

2. 利用汽车驱动力-行驶阻力平衡图进行汽车动力性仿真

汽车驱动力-行驶阻力平衡图就是利用图解法分析汽车行驶方程式，从而确定汽车动力性评价指标，即最高车速、加速能力和爬坡能力。

求最高车速的步骤如下。

① 根据发动机的转速与转矩数据，拟合得到转矩与转速的关系。

② 根据式（6-2-1）和式（6-2-3），可计算出变速器处于各挡位（车速）、发动机不同转速时的驱动力，根据发动机转速与车速的关系可以绘制出汽车驱动力-车速曲线。

③ 根据式（6-2-4）和式（6-2-5），把滚动阻力与空气阻力之和与车速的关系绘制在汽车驱动力-车速曲线中，可以得到汽车行驶阻力-车速曲线。

当汽车驱动力与行驶阻力平衡时，驱动力曲线与行驶阻力曲线有交点，交点所对应的车速就是最高车速，它取决于发动机、变速器、驱动桥等部件的参数。

当汽车驱动力始终大于行驶阻力时，驱动力曲线与行驶阻力曲线没有交点，最高车速由发动机的最高转速决定。

利用表 6-2-2 中的转速与转矩数据，编写编写发动机转矩与转速关系曲线拟合的 MWORKS 程序如下：

```
n = collect(1000:500:5000)   # 定义自变量 n 的取值范围
T = [78.6, 83, 85, 86.6, 87.1, 85.9, 84.7, 82.5, 80.5]
nn = collect(1000:1:5000)    # 定义更密集的自变量 nn 的取值范围
c ,= polyfit(n, T, 3)        # 对数据进行 3 次多项式拟合，返回多项式系数
val = polyval(c, nn)         # 使用拟合得到的多项式对 nn 进行插值，得到插值结果
print("C = ",c) #打印系数
```

根据控制台打印的结果，可以得到汽油发动机功率与转速的关系为

$$T_{tq} = 2.714 \times 10^{-10} n^3 - 4.225 \times 10^{-6} n^2 + 0.01756 n + 65.07 \qquad (6\text{-}2\text{-}10)$$

编写绘制汽车驱动力-行驶阻力平衡图的 MWORKS 程序。运行结果如图 6-2-1 所示，同时输出最高车速，约为 175km/h，也就是五挡时的驱动力和行驶阻力相交点所对应的车速。

利用汽车驱动力-行驶阻力平衡图编写绘制汽车各挡加速度曲线的 MWORKS 程序。运行结果如图 6-2-2 所示。

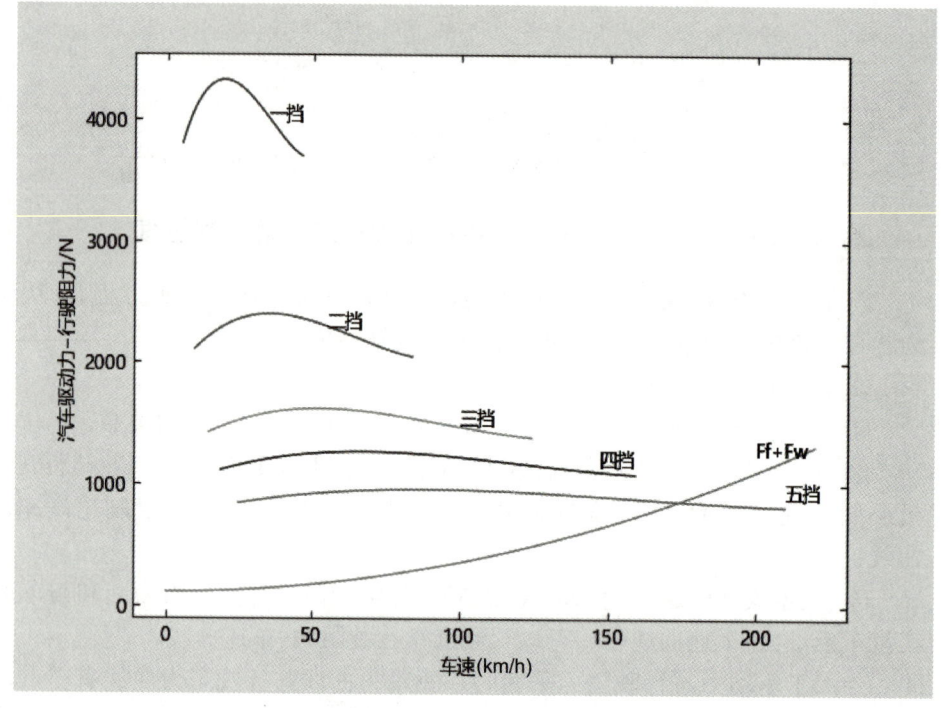

图 6-2-1　汽车驱动力-行驶阻力平衡图

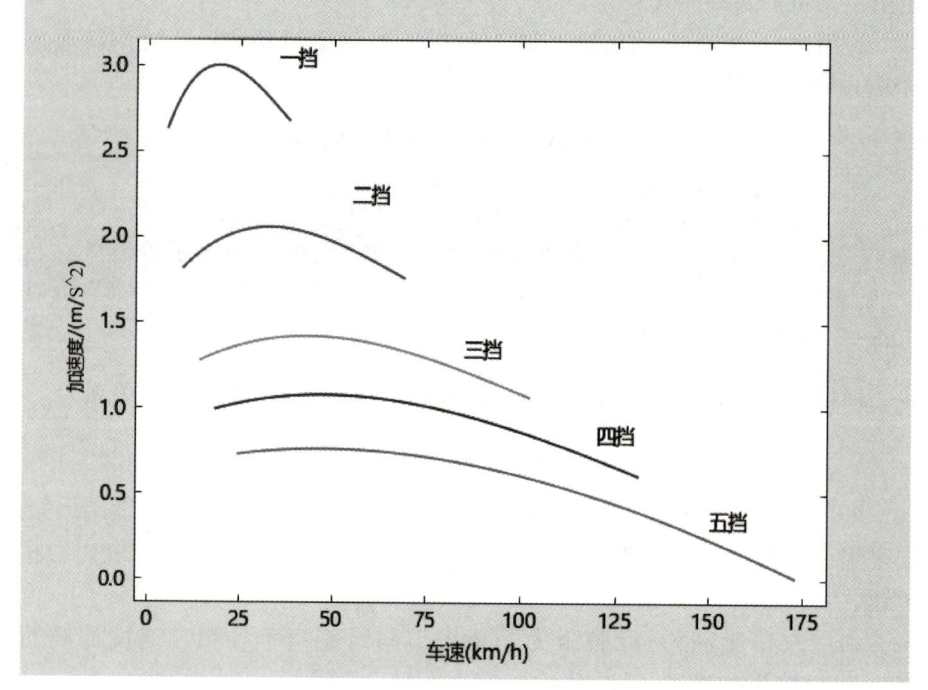

图 6-2-2　汽车各挡加速度曲线

利用汽车驱动力-行驶阻力平衡图编写绘制汽车各挡爬坡度曲线的 MWORKS 程序。运行结果如图 6-2-3 所示。

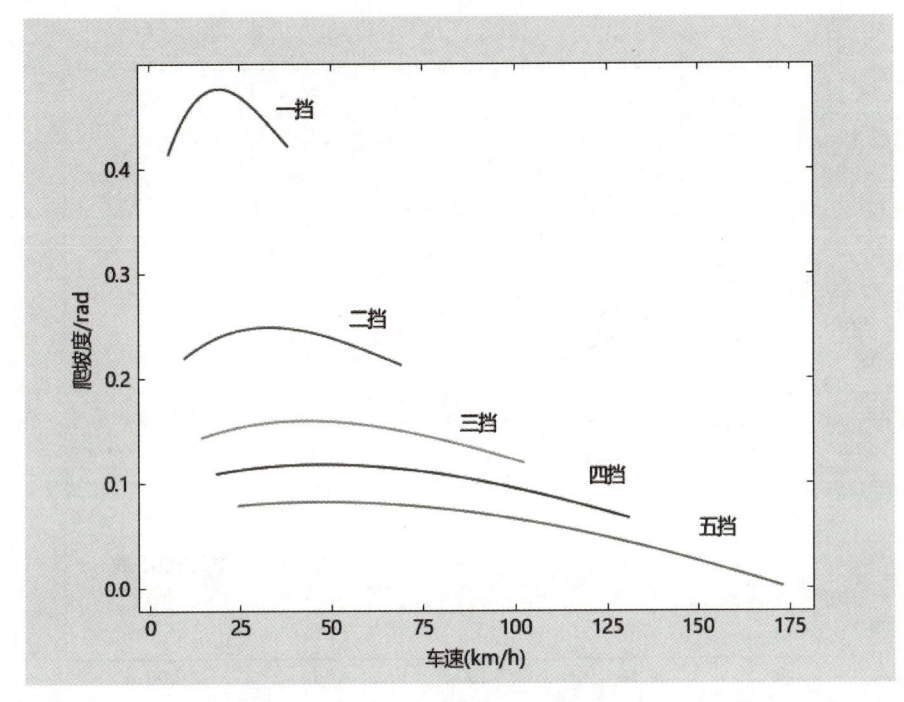

图 6-2-3 汽车各挡爬坡度曲线

3. 利用动力特性图进行汽车动力性仿真

利用汽车驱动力-行驶阻力平衡图可以确定汽车的动力性，但不能用来直接评价不同种类汽车的动力性。因为汽车种类不同，其重量或外形有所不同，因此各行驶阻力也不同，也就是说，即使驱动力相近的汽车，其动力性也不一定相近。所以表征汽车动力性的指标应该是一种既考虑驱动力，又包含汽车自重和空气阻力在内的综合性参数。

通常，把汽车的动力因数作为表征汽车动力性的指标，动力因数定义为

$$D = \frac{F_t - F_w}{mg} \tag{6-2-11}$$

动力因数表示的是单位车重所具有的克服道路阻力和加速阻力的能力。无论汽车自重等参数有何不同，只要有相等的动力因数 D，便能克服同样的坡度和产生同样的加速度。

利用 F_t-u 和 F_w-u 的函数关系，根据式（6-2-11）计算出各挡动力因数 D 并作出的 D-u 关系曲线，称为汽车动力特性图。再将滚动阻力系数 f 随车速 u 变化的关系曲线以同样的比例尺画在动力特性图上，就可以方便地分析出汽车的动力性了。

编写绘制汽车动力特性图的 MWORKS 程序。运行结果如图 6-2-4 所示，同时输

出最高车速，约为 175km/h，也就是五挡时的动力因数和滚动阻力系数相交点所对应的车速。

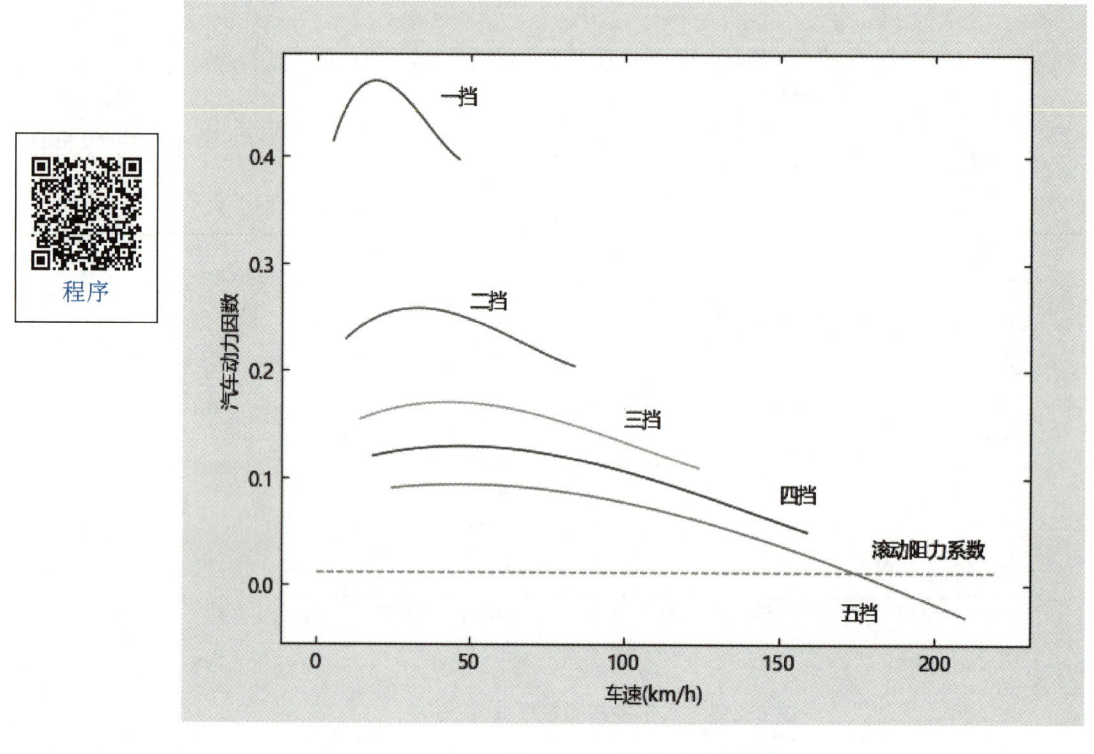

图 6-2-4 汽车动力特性图

汽车的加速度表达式为

$$\frac{\mathrm{d}u}{\mathrm{d}t} = \frac{g}{\delta}(D-f) \tag{6-2-12}$$

因此，在汽车动力特性图上，D 曲线与 f 曲线之间距离的 g/δ 倍就是汽车各挡的加速度。只要能确定汽车各挡下的旋转质量换算系数，就可以绘制出汽车加速度曲线。

利用汽车动力特性图，编写绘制汽车加速度曲线的 MWORKS 程序。运行结果如图 6-2-5 所示。

汽车在最大爬坡度时，加速度为零，动力因数为

$$D = f\cos\alpha_\mathrm{G} + \sin\alpha_\mathrm{G} \tag{6-2-13}$$

由式（6-2-13）得坡度角：

$$\alpha_\mathrm{G} = \arcsin\frac{D - f\sqrt{1-D^2+f^2}}{1+f^2} \tag{6-2-14}$$

利用汽车动力特性图，编写汽车各挡爬坡度曲线的 MWORKS 程序。运行结果如图 6-2-6 所示。

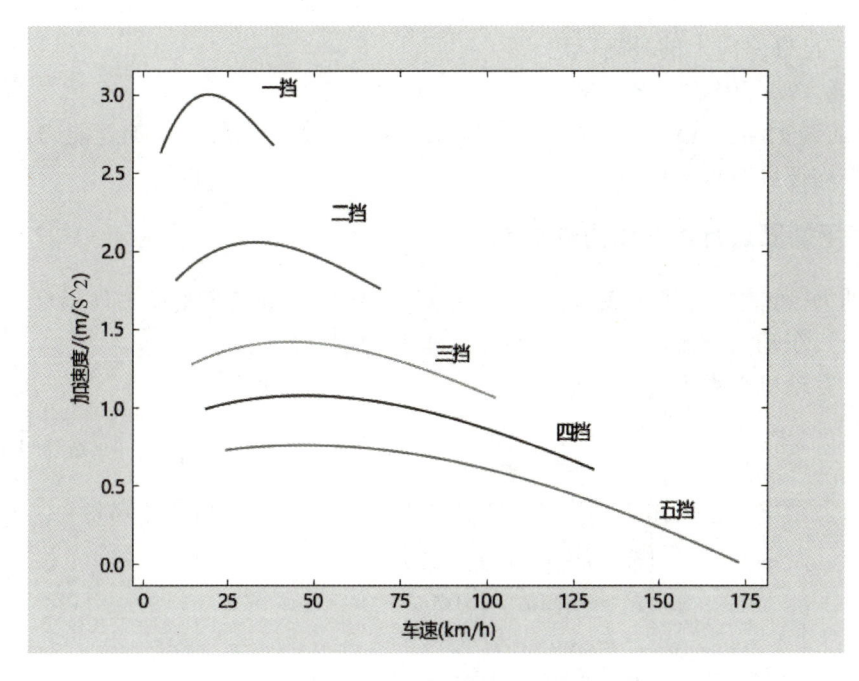

图 6-2-5 汽车加速度曲线

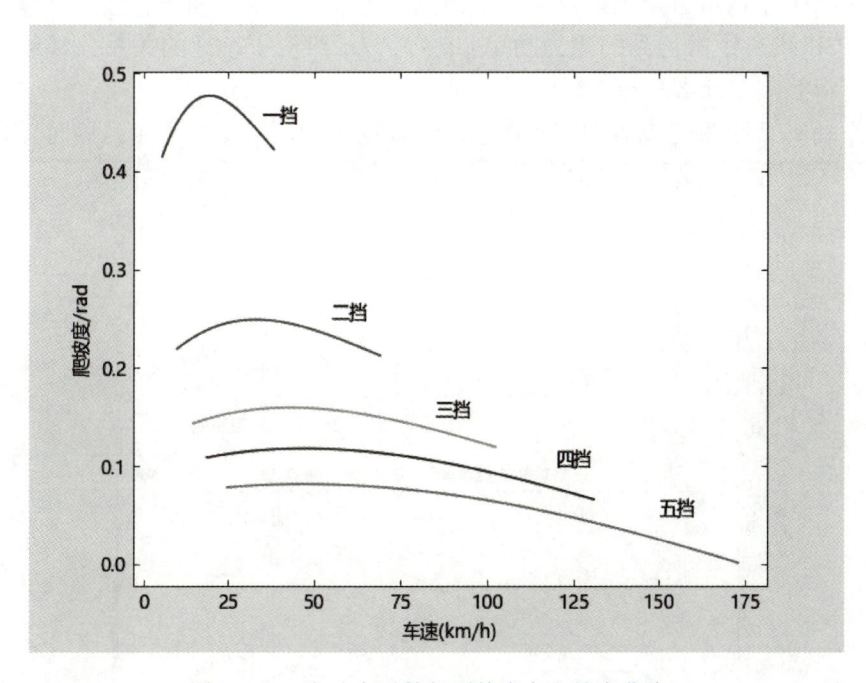

图 6-2-6 由动力因数得到的汽车爬坡度曲线

由此可见，用汽车动力特性图求解汽车的动力性指标十分方便，在汽车技术文件中常用动力特性图来表征汽车的动力性。

汽车动力特性图中的几个重要参数如下。

① 汽车在水平良好路面上的最高车速。
② 一挡时的最大动力因数，它可粗略地代表最大爬坡能力。
③ 最高挡时的最大动力因数，它说明了汽车以最高挡行驶时的爬坡与加速能力，该值对汽车行驶的平均速度有很大影响。

4. 利用功率平衡图进行汽车动力性仿真

利用汽车驱动力-行驶阻力平衡图和汽车的动力特性图可以确定汽车动力性指标，但分析发动机特性对汽车动力性影响时，需要用到汽车的功率平衡关系。

汽车行驶时，发动机功率为

$$P_e = \frac{F_t u}{3600} \qquad (6\text{-}2\text{-}15)$$

汽车的滚动阻力功率、空气阻力功率、坡度阻力功率及加速阻力功率分别为

$$\begin{cases} P_f = mgfu\cos\alpha_G / 3600 \\ P_w = C_D A u^3 / 76140 \\ P_i = mgu\sin\alpha_G / 3600 \\ P_j = \delta m a_j / 3600 \end{cases} \qquad (6\text{-}2\text{-}16)$$

汽车的功率平衡关系也可以用图解法表示。用纵坐标表示功率，横坐标表示车速，将发动机的功率 P_e 和汽车经常遇到的阻力功率 $(P_f + P_w)/\eta_t$ 对应于车速的关系曲线绘制在坐标图上，即可得到汽车功率平衡图。

编写绘制汽车功率平衡图的 MWORKS 程序。运行结果如图 6-2-7 所示，同时输出最高车速，约为 175km/h，也就是五挡时，功率和阻力功率相交点所对应的车速。

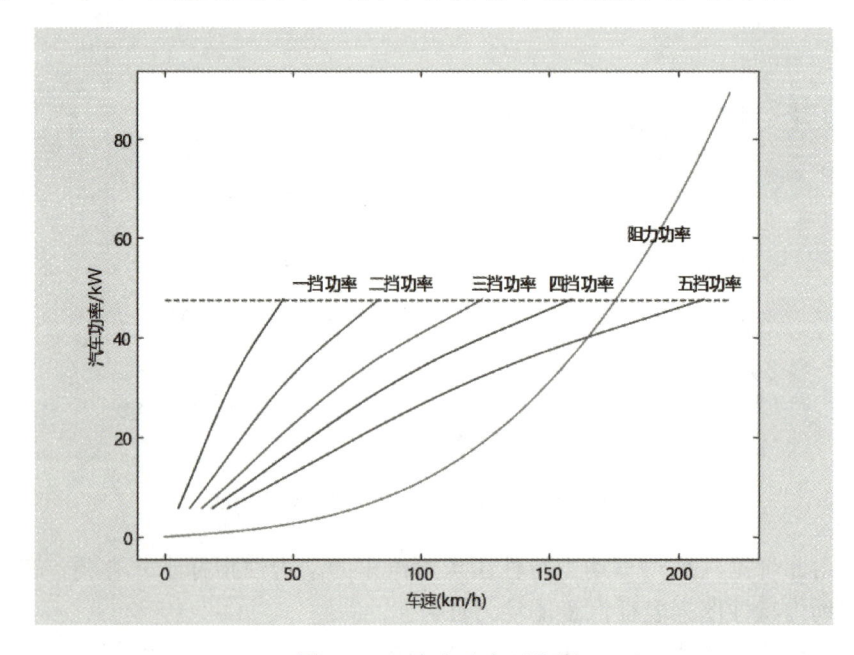

程序

图 6-2-7 汽车功率平衡图

汽车功率平衡图上，各挡对应的功率曲线表示汽车在该挡上不同车速时可能发出的功率；阻力功率曲线表示在平直良好路面上，以不同车速等速行驶时所需要的功率。两者间的功率差值称为后备功率，它可以用来使汽车加速、爬坡等。

不同车速时的加速度为

$$a_\mathrm{j} = \frac{3600}{\delta m u}[\eta_\mathrm{t} P_\mathrm{e} - (P_\mathrm{f} + P_\mathrm{w})] \qquad (6\text{-}2\text{-}17)$$

评价汽车爬坡能力时，加速阻力为零，汽车的爬坡度为

$$i_\mathrm{G} = \frac{3600}{m g u}[\eta_\mathrm{t} P_\mathrm{e} - (P_\mathrm{f} + P_\mathrm{w})] \qquad (6\text{-}2\text{-}18)$$

利用式（6-2-17）和式（6-2-18），通过编程，也可以绘制出汽车加速度曲线和爬坡度曲线，而且与利用汽车驱动力-行驶阻力平衡图和汽车动力特性图得到的汽车加速度曲线和爬坡度曲线完全一样，在此省略。

车速越高，遇到的阻力越大，克服阻力所消耗的功率就越大，因此，功率平衡是从能量转换角度研究汽车动力性的。

实例3　汽车制动性仿真

汽车制动性是指汽车行驶时能在短时间内停车且维持行驶方向稳定性，以及在下长坡时能维持一定车速的能力。从获得尽可能高的行驶安全的观点出发，汽车制动性评价指标主要有制动效能、制动效能的恒定性和制动时的方向稳定性。

任务描述

1. 主要任务

（1）建立汽车制动性数学模型。
（2）绘制汽车制动力分配曲线。
（3）绘制利用附着系数-制动强度曲线。
（4）绘制制动效率-路面附着系数曲线。
（5）建立汽车制动过程数学模型。

2. 仿真数据

汽车制动性仿真所需参数见表6-3-1。

表6-3-1　汽车制动性仿真所需参数

载荷	总质量/kg	质心高度/m	轴距/m	质心至前轴距离/m	质心至后轴距离/m
空载	1520	0.532	2.705	1.082	1.623
满载	1910	0.591	2.705	1.488	1.217

任务实施

1. 建立汽车制动性数学模型

汽车前、后制动器制动力的分配比例将影响制动时前、后轮的抱死顺序，从而影响汽车制动时的方向稳定性和附着系数利用率。

图 6-3-1 所示为汽车在水平路面上制动时的受力情况，图中忽略了汽车的滚动阻力矩、空气阻力以及旋转质量减速时产生的惯性阻力矩。u 为车速；F_{x1} 为前轮路面制动力；F_{x2} 为后轮路面制动力；F_{z1} 为路面对前轮的法向反作用力；F_{z2} 为路面对后轮的法向反作用力；a_j 为制动减速度；L 为汽车的轴距；a 为汽车质心至前轴距离；b 为汽车质心至后轴距离；h_g 为汽车质心高度；m 为汽车的总质量。

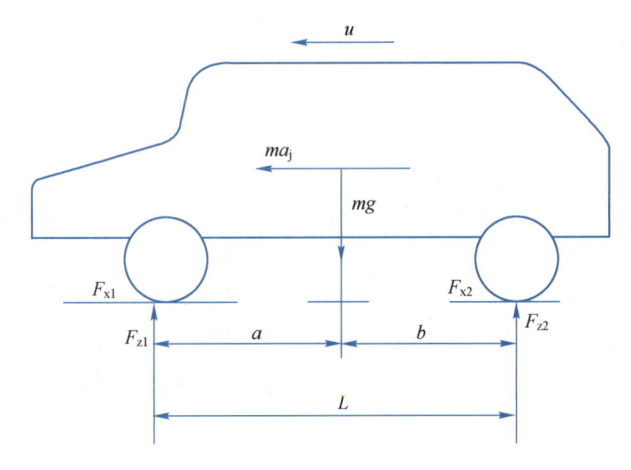

图 6-3-1 汽车在水平路面上制动时的受力情况

汽车前、后轮的法向反作用力分别为

$$F_{z1} = G(b + zh_g) / L$$
$$F_{z2} = G(a - zh_g) / L$$

（6-3-1）

式中，$G = mg$；$z = a_j / g$ 为制动强度，它间接地表示汽车制动减速度的大小。

前、后轮法向反作用力是制动强度的函数，其分配比例随制动强度的大小而变。前轮法向反作用力随制动强度的增大而增大，后轮法向反作用力随制动强度的增大而减小。

汽车理想制动力分配是指汽车在任何附着系数的路面上制动时，前、后轮的制动强度相同；在紧急制动时，前、后轮同时抱死，总制动力和减速度达到最大，此时的前、后制动器制动力分配就是制动系统设计的理想目标。

在任意附着系数的路面上，前、后轮同时抱死的条件是前、后制动器制动力之和等于附着力，并且前、后制动器制动力分别等于各自的附着力，即

$$\begin{cases} F_{b1} + F_{b2} = \mu G \\ F_{b1} = \mu F_{z1} \\ F_{b2} = \mu F_{z2} \end{cases} \quad (6\text{-}3\text{-}2)$$

式中，F_{b1} 和 F_{b2} 分别为前、后制动器制动力；F_{z1} 和 F_{z2} 分别为前、后轮法向反作用力；μ 为路面附着系数。

前、后制动器制动力能同时达到前、后轴的附着力时，其制动强度等于路面附着系数，即 $z = z_{\max} = \mu$，将式（6-3-1）代入式（6-3-2），得

$$\begin{cases} F_{b1} + F_{b2} = \mu G \\ \dfrac{F_{b1}}{F_{b2}} = \dfrac{b + \mu h_g}{a - \mu h_g} \end{cases} \quad (6\text{-}3\text{-}3)$$

由式（6-3-3）中消去参变量 μ，得

$$F_{b2} = \frac{1}{2}\left[\frac{G}{h_g}\sqrt{b^2 + \frac{4Lh_g}{G}F_{b1}} - \left(\frac{Gb}{h_g} + 2F_{b1}\right)\right] = I(F_{b1}) \quad (6\text{-}3\text{-}4)$$

式（6-3-4）直接表达了在一定路面附着系数 μ 下，前、后制动器制动力的理想分配关系。将式（6-3-4）画成曲线，即为前、后轮同时抱死时，前、后制动器制动力的关系曲线，称为理想的前、后制动器制动力分配曲线，简称 I 曲线。

常用制动器制动力分配系数来表明汽车实际制动力分配的比例，把前制动器制动力与总制动器制动力之比称为制动器制动力分配系数，即

$$\beta = \frac{F_{b1}}{F_b} = \frac{F_{b1}}{F_{b1} + F_{b2}} \quad (6\text{-}3\text{-}5)$$

式中，β 为制动器制动力分配系数，F_{b1} 为前制动器制动力，F_{b2} 为后制动器制动力，F_b 为总制动器制动力。

前、后制动器制动力的关系为

$$F_{b2} = \frac{1-\beta}{\beta} F_{b1} = \beta(F_{b1}) \quad (6\text{-}3\text{-}6)$$

由式（6-3-6）可以画出一条通过坐标原点的直线，称为实际的前、后制动器制动力分配线，简称 β 线。

β 线与 I 曲线交点处的附着系数称为同步附着系数 μ_0，即

$$\mu_0 = \frac{L\beta - b}{h_g} \quad (6\text{-}3\text{-}7)$$

同步附着系数是反映汽车制动性能的一个结构参数，而不是路面附着系数。它仅取决于汽车的结构参数，与路面无关。只要确定了制动器制动力分配系数，就能确定同步附着系数；反过来，如果给出同步附着系数，就能得到制动器制动力在前、后轴上的分配比例。

汽车以一定的制动强度制动时，不发生车轮抱死所要求的最小路面附着系数称为利

用附着系数，即

$$\mu_i = \frac{F_{xi}}{F_{zi}} \tag{6-3-8}$$

式中，μ_i 为第 i 轴的利用附着系数，F_{xi} 为第 i 轴的路面制动力，F_{zi} 为第 i 轴的路面法向反作用力。

显然，利用附着系数越接近制动强度，路面的附着条件发挥得越充分，汽车的制动力分配越合理。

前、后轴利用附着系数分别为

$$\mu_{f1} = \frac{F_{x1}}{F_{z1}} = \frac{\beta L z}{b + h_g z} \tag{6-3-9}$$

$$\mu_{f2} = \frac{F_{x2}}{F_{z2}} = \frac{(1-\beta)L z}{a - h_g z} \tag{6-3-10}$$

制动效率是指车轮将要抱死时的制动强度与被利用的附着系数之比。

前、后轴制动效率分别为

$$\varepsilon_f = \frac{z}{\mu_f} = \frac{b}{L\beta - \mu_f h_g} \tag{6-3-11}$$

$$\varepsilon_f = \frac{z}{\mu_f} = \frac{b}{L - L\beta - \mu_f h_g} \tag{6-3-12}$$

制动器制动力分配系数为常数时，只有在同步附着系数路面上制动时，前、后轮才能同时接近抱死状态，附着性能得到充分利用，汽车获得最佳制动效果。在其他各种附着系数路面上，如果 β 线位于 I 曲线下方，当制动踏板力足够大时会出现前轮先抱死，提前丧失转向能力；如果 β 线位于 I 曲线上方，则会出现后轮先抱死，使汽车处于不稳定的制动状态。因此，要在制动过程中既保持前轮转向能力，又不会出现侧滑的危险工况，在一定附着系数的条件下，其制动强度应该总小于附着系数，即 $z < \mu$，且制动效率 $\varepsilon < 1$。

2. 绘制汽车制动力分配曲线

利用式（6-3-4）和式（6-3-6），编写绘制汽车制动力分配曲线的 MWORKS 程序。运行结果如图 6-3-2 所示。

3. 绘制利用附着系数-制动强度曲线

利用式（6-3-9）和式（6-3-10），编写绘制利用附着系数-制动强度曲线的 MWORKS 程序。

运行结果如图 6-3-3 所示，可以看出，制动强度为 0.87 时，前、后轴利用附着系数均为 0.87，这就是该车的同步附着系数。满载时的前轴利用附着系数相对于空载时的增大，满载时的后轴利用附着系数相对于空载时的减小，主要原因是汽车制动时质心前移。

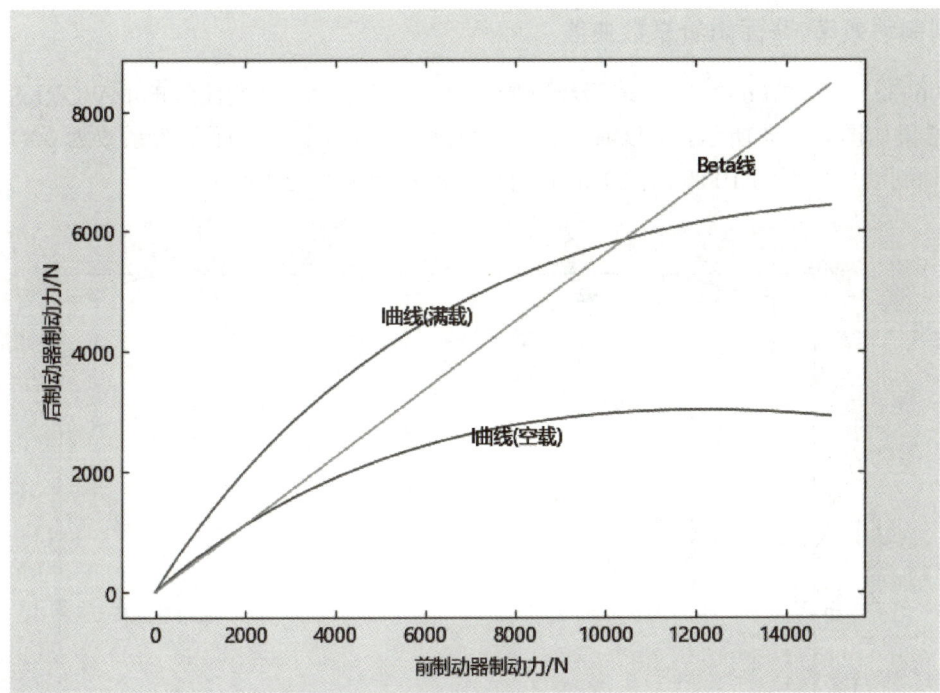

图 6-3-2 汽车制动力分配曲线

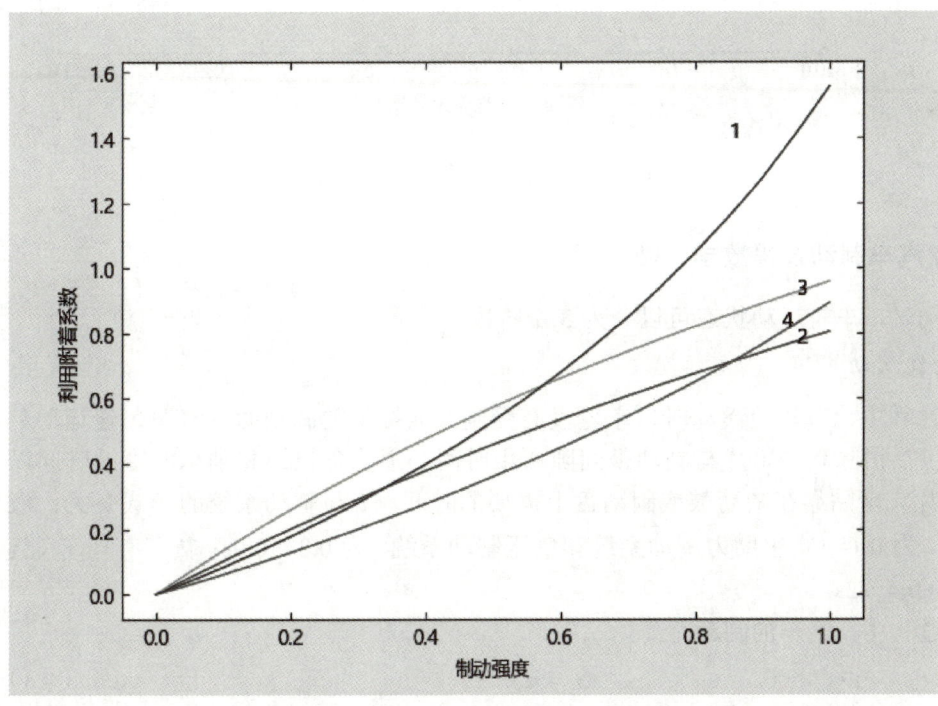

图 6-3-3 利用附着系数-制动强度曲线

4. 绘制制动效率-路面附着系数曲线

利用式（6-3-11）和式（6-3-12），编写绘制制动效率-路面附着系数曲线的 MWORKS 程序。运行结果如图 6-3-4 所示，可以看出，在汽车满载情况下，当路面附着系数为 0.87 时，前、后轴制动效率都为 100%，汽车能利用全部的路面附着力来制动。

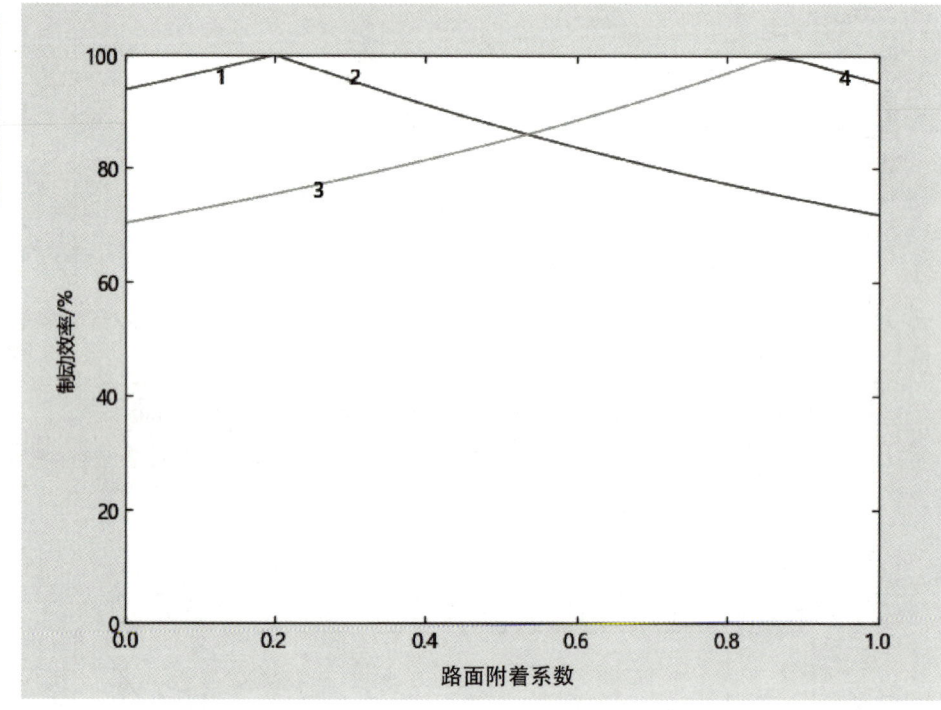

图 6-3-4　制动效率-路面附着系数曲线

5. 建立汽车制动过程数学模型

汽车制动时，车轮运动状态可以分为 3 个阶段。

1）车轮纯滚动

在制动过程中，车轮纯滚动时，车轮没有受到路面提供的制动力，汽车匀速运动。这段时间 t_1 包括消除制动蹄片与制动鼓间隙所用时间、消除各铰链和轴承间隙的时间以及制动摩擦片完全贴靠在制动鼓或制动盘上需要的时间。t_1 与制动系统的形式有关：液压制动系统，为 0.1s；真空助力制动系统和气压制动系统，为 0.3～0.9s；货车有挂车（气压制动），为 0.4～2s。

在这段过程中，汽车的制动距离为

$$S_1 = u_0 t_1 \tag{6-3-13}$$

式中，u_0 为汽车制动初速度。

2）车轮边滚边滑

当制动器开始起作用时，制动器制动力随踏板力迅速增大，车轮处于边滚边滑状态。在这段时间内，同一种车型在不同的路面上制动，可能有 3 种情况：前轮提前抱死，后轮边滚边滑；后轮提前抱死，前轮边滚边滑；前、后轮均边滚边滑。这段时间为制动器作用时间 t，取决于驾驶员踩踏板的速度和制动系统的形式：液压制动系统，为 0.15～0.3s；气压制动系统，为 0.3～0.8s。

① 当 $\mu < \mu_0$ 时，前轮提前抱死，后轮边滚边滑，前、后轮路面制动力增长情况如图 6-3-5 所示。其中，OAB 线指的是在 t_2 时间内前轮路面制动力的变化曲线；OC 线指的是 t_2 时间内后轮路面制动力的变化曲线。在 t_2' 时刻，汽车前轮抱死，后轮仍边滚边滑；在 t_2 时刻，前、后轮都抱死。

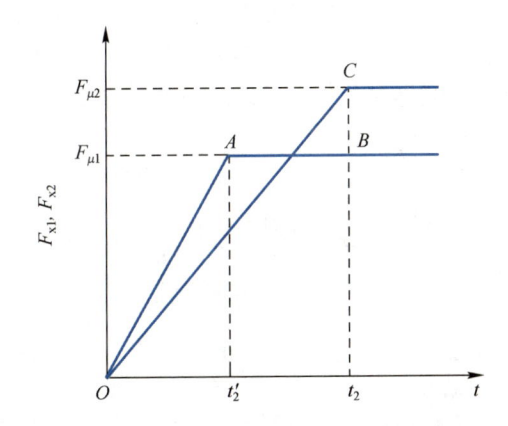

图 6-3-5　前、后轮路面制动力增长情况（$\mu < \mu_0$）

由图 6-3-5 可得汽车前、后轮路面制动力分别为

$$F_{x1} = \frac{F_{\mu1} t}{t_2'}$$
$$F_{x2} = \frac{F_{\mu2} t}{t_2}$$

（6-3-14）

式中，$F_{\mu1}$ 为汽车前轮路面附着力，$F_{\mu2}$ 为汽车后轮路面附着力。

制动力分配系数 β_b 为固定值时，汽车前、后轮路面制动力的关系为

$$F_{x2} = \frac{(1 - \beta_b) F_{x1}}{\beta_b}$$

（6-3-15）

汽车前、后轮路面附着力分别为

$$F_{\mu1} = F_{z1} \mu = G(b + \mu h_g) \mu / l$$
$$F_{\mu2} = F_{z2} \mu = G(a - \mu h_g) \mu / l$$

（6-3-16）

由式（6-3-14）～式（6-3-16）得

$$t_2' = \frac{1-\beta_b}{\beta_b} \times \frac{b+\mu h_g}{a-\mu h_g} t_2 \quad (6\text{-}3\text{-}17)$$

在 t_2 时间内,汽车前、后轮路面制动力分别为

$$F_{x1} = \begin{cases} F_{b1} = mg\mu\beta_b t/t_2, & 0 \leqslant t \leqslant t_2' \\ F_{\mu1} = F_{z1}\mu, & t > t_2' \end{cases} \quad (6\text{-}3\text{-}18)$$

$$F_{x2} = F_{b2} = mg\mu(1-\beta_b)t/t_2$$

式中,F_{b1} 为前制动器制动力,F_{b2} 为后制动器制动力。

汽车制动时的动力学方程为

$$\begin{aligned} ma_j &= Gz = F_{x1} + F_{x2} \\ F_{z1}L &= Gb + F_j h_g \\ F_{z2}L &= Ga - F_j h_g \end{aligned} \quad (6\text{-}3\text{-}19)$$

根据式(6-3-18)和式(6-3-19)可得此过程的制动减速度为

$$a_j = \begin{cases} \dfrac{g\mu_0 t}{t_2}, & 0 \leqslant t \leqslant t_2' \\[2mm] \dfrac{gb\mu + \dfrac{gl\mu_0(1-\beta_b)t}{t_2}}{l - h_g\mu}, & t > t_2' \end{cases} \quad (6\text{-}3\text{-}20)$$

车速为

$$u = \begin{cases} u_0 - \int_0^t a_j \mathrm{d}t = u_0 - \dfrac{g\mu_0}{2t_2} t^2, & 0 \leqslant t \leqslant t_2' \\[2mm] u_2' - \int_{t_2'}^t a_j \mathrm{d}t = u_2' - \dfrac{gb\mu}{l-h_g\mu}(t-t_2') - \dfrac{gl\mu_0(1-\beta_b)}{2(l-h_g\mu)t_2}(t^2-t_2'^2), & t > t_2' \end{cases} \quad (6\text{-}3\text{-}21)$$

在 t_2' 时刻的速度为

$$u_2' = u_0 - \frac{g\mu_0}{2t_2} t_2'^2 \quad (6\text{-}3\text{-}22)$$

汽车制动距离为

$$\begin{aligned} S_{21} &= \int_0^{t_2'} u\mathrm{d}t + \int_{t_2'}^{t_2} u\mathrm{d}t \\ &= u_0 t_2 - \frac{g\mu_0}{2} t_2'^2 \left(1 - \frac{2t_2'}{3t_2}\right) - \frac{gb\mu}{l-h_g\mu} \times \frac{(t_2-t_2')^2}{2} - \\ &\quad \frac{gl\mu_0(1-\beta_b)}{6(l-h_g\mu)t_2}(t_2^3 - 3t_2 t_2'^2 + 2t_2'^3) \end{aligned} \quad (6\text{-}3\text{-}23)$$

在 t_2 时刻,车速为

$$\begin{aligned} u_{21} &= u_2' - \int_{t_2'}^t a_j \mathrm{d}t \\ &= u_0 - \frac{g\mu_0}{2t_2} t_2'^2 - \frac{gb\mu}{l-h_g\mu}(t_2-t_2') - \frac{gl\mu_0(1-\beta_b)}{2(l-h_g\mu)t_2}(t_2^2 - t_2'^2) \end{aligned} \quad (6\text{-}3\text{-}24)$$

② 当 $\mu < \mu_0$ 时，后轮提前抱死，前轮边滚边滑，前、后轮路面制动力增长情况如图 6-3-6 所示。其中，OAB 线指的是在 t_2 时间内后轮路面制动力的变化曲线；OC 线指的是 t_2 时间内前轮路面制动力的变化曲线。在 t_2' 时刻，汽车后轮抱死，前轮仍边滚边滑；在 t_2 时刻，前、后轮都抱死。

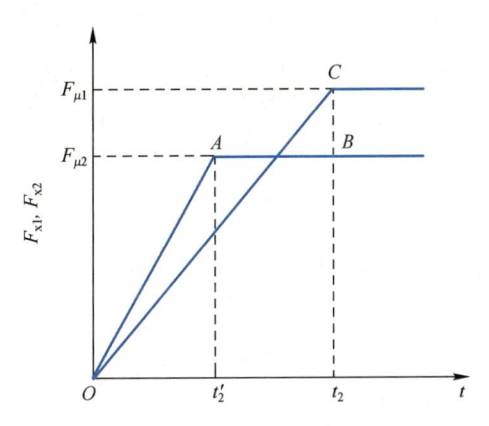

图 6-3-6　前、后轮路面制动力增长情况（$\mu > \mu_0$）

由图 6-3-6 可得，汽车前、后轮路面制动力分别为

$$F_{x1} = \frac{F_{\mu 1} t}{t_2}$$
$$F_{x2} = \frac{F_{\mu 2} t}{t_2'}$$
（6-3-25）

由式（6-3-14）、式（6-3-15）和式（6-3-25）可得

$$t_2' = \frac{\beta_b}{1 - \beta_b} \times \frac{a - \mu h_g}{b + \mu h_g} t_2 \tag{6-3-26}$$

在 t_2 时间内，汽车前、后轮路面制动力分别为

$$F_{x1} = F_{b1} = mg\mu\beta_b t / t_2$$
$$F_{x2} = \begin{cases} F_{b2} = mg\mu(1 - \beta_b) t / t_2, & 0 \leqslant t \leqslant t_2' \\ F_{\mu 2} = F_{z2}\mu, & t > t_2' \end{cases} \tag{6-3-27}$$

在 t_2 时间内，汽车制动减速度为

$$a_j = \begin{cases} \dfrac{g\mu_0 t}{t_2}, & 0 \leqslant t \leqslant t_2' \\ \dfrac{ga\mu + \dfrac{gl\mu_0\beta_0 t}{t_2}}{l + h_g\mu}, & t > t_2' \end{cases} \tag{6-3-28}$$

车速为

$$u = \begin{cases} u_0 - \int_0^t a_j dt = u_0 - \dfrac{g\mu_0}{2t_2}t^2, & 0 \leq t \leq t_2' \\ u_2' - \int_{t_2'}^t a_j dt = u_2' - \dfrac{ga\mu}{l+h_g\mu}(t-t_2') - \dfrac{glu_0\beta_b}{2(l+h_g\mu)t_2}(t^2 - t_2'^2), & t > t_2' \end{cases} \quad (6\text{-}3\text{-}29)$$

在 t_2' 时刻的速度为

$$u_2' = u_0 - \dfrac{g\mu_0}{2t_2}t_2'^2 \quad (6\text{-}3\text{-}30)$$

汽车制动距离为

$$\begin{aligned} S_{22} &= \int_0^{t_2'} u\,dt + \int_{t_2'}^{t_2} u\,dt \\ &= u_0 t_2 - \dfrac{g\mu_0}{2}t_2'^2\left(1 - \dfrac{2t_2'}{3t_2}\right) - \dfrac{ga\mu}{l+h_g\mu} \times \dfrac{(t_2-t_2')^2}{2} - \\ &\quad \dfrac{gl\mu_0\beta_b}{6(l+h_g\mu)t_2}(t_2^3 - 3t_2 t_2'^2 + 2t_2'^3) \end{aligned} \quad (6\text{-}3\text{-}31)$$

在 t_2 时刻，车速为

$$u_{22} = u_2' - \int_{t_2'}^t a_j dt = u_0 - \dfrac{g\mu_0}{2t_2}t_2'^2 - \dfrac{ga\mu}{l+h_g\mu}(t_2-t_2') - \dfrac{gl\mu_0\beta_b}{2(l+h_g\mu)t_2}(t_2^2 - t_2'^2) \quad (6\text{-}3\text{-}32)$$

③ 当 $\mu < \mu_0$ 时，前、后轮均边滚边滑，前、后轮路面制动力增长情况如图 6-3-7 所示。其中，OA、OB 线分别指的是在 t_2 时间内前、后轮路面制动力的变化曲线，在 t_2 时刻，前、后轮都抱死。

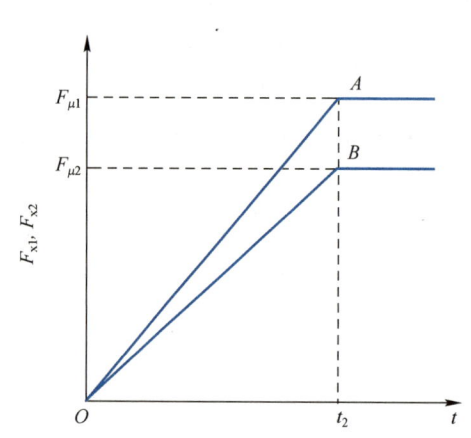

图 6-3-7 前、后轮路面制动力增长情况（$\mu = \mu_0$）

在 t_2 时间内，汽车前、后轮路面制动力分别为

$$\begin{aligned} F_{x1} &= F_{b1} = mg\mu_0\beta t/t_2 \\ F_{x2} &= F_{b2} = mg\mu_0(1-\beta_b)t/t_2 \end{aligned} \quad (6\text{-}3\text{-}33)$$

在 t_2 时间内，汽车制动减速度为

$$a_j = g\mu_0 t / t_2 \tag{6-3-34}$$

车速为

$$u = u_0 + \int_0^t a_j \mathrm{d}t = u_0 - \frac{g\mu_0}{2t_2}t^2 \tag{6-3-35}$$

汽车制动距离为

$$S_{23} = \int_0^{t_2} u\mathrm{d}t = u_0 t_2 - g\mu_0 t_2^2 / 6 \tag{6-3-36}$$

在 t_2 时刻，车速为

$$u_{23} = u_0 - gu_0 t_2 / 2 \tag{6-3-37}$$

3）前、后轮同时抱死

前、后轮同时抱死时，汽车前、后轮路面制动力都达到了最大值，等于路面附着力。汽车做匀减速运动，直至汽车停止。在此过程中，汽车前、后轮路面制动力分别为

$$\begin{aligned}F_{x1} &= F_{\mu 1} = F_{z1}\mu \\ F_{x2} &= F_{\mu 2} = F_{z2}\mu\end{aligned} \tag{6-3-38}$$

在此过程内，汽车制动减速度为

$$a_j = g\mu \tag{6-3-39}$$

前、后车轮同时抱死过程的制动距离为

$$S_3 = \begin{cases} \dfrac{u_{21}^2}{2g\mu}, & \mu < \mu_0 \\[2mm] \dfrac{u_{22}^2}{2g\mu}, & \mu > \mu_0 \\[2mm] \dfrac{u_{23}^2}{2g\mu}, & \mu = \mu_0 \end{cases} \tag{6-3-40}$$

汽车总的制动距离为

$$S = \begin{cases} u_0(t_1+t_2) - \dfrac{g\mu_0}{2}t_2'^2\left(1-\dfrac{2t_2'}{3t_2}\right) - \dfrac{gb\mu}{l-h_g\mu}\times\dfrac{(t_2-t_2')^2}{2} - \\[2mm] \dfrac{gl\mu_0(1-\beta_b)}{6(l-h_g\mu)t_2}(t_2^3-3t_2 t_2'^2+2t_2'^3) + \dfrac{u_{21}^2}{2g\mu}, & \mu < \mu_0 \\[4mm] u_0(t_1+t_2) - \dfrac{g\mu_0}{2}t_2'^2\left(1-\dfrac{2t_2'}{3t_2}\right) - \dfrac{ga\mu}{l+h_g\mu}\times\dfrac{(t_2-t_2')^2}{2} - \\[2mm] \dfrac{gl\mu_0\beta_b}{6(l+h_g\mu)t_2}(t_2^3-3t_2 t_2'^2+2t_2'^3) + \dfrac{u_{22}^2}{2g\mu}, & \mu > \mu_0 \\[4mm] u_0(t_1+t_2) - \dfrac{g\mu_0}{6}t_2^2 + \dfrac{u_{23}^2}{2g\mu}, & \mu = \mu_0 \end{cases} \tag{6-3-41}$$

根据汽车制动过程数学模型，编写绘制汽车不同初速度下的制动距离与。路面附着

系数关系曲线的 MWORKS 程序。运行结果如图 6-3-8 所示，可以看出，路面附着系数越小，制动距离越长；初速度越大，制动距离越长。

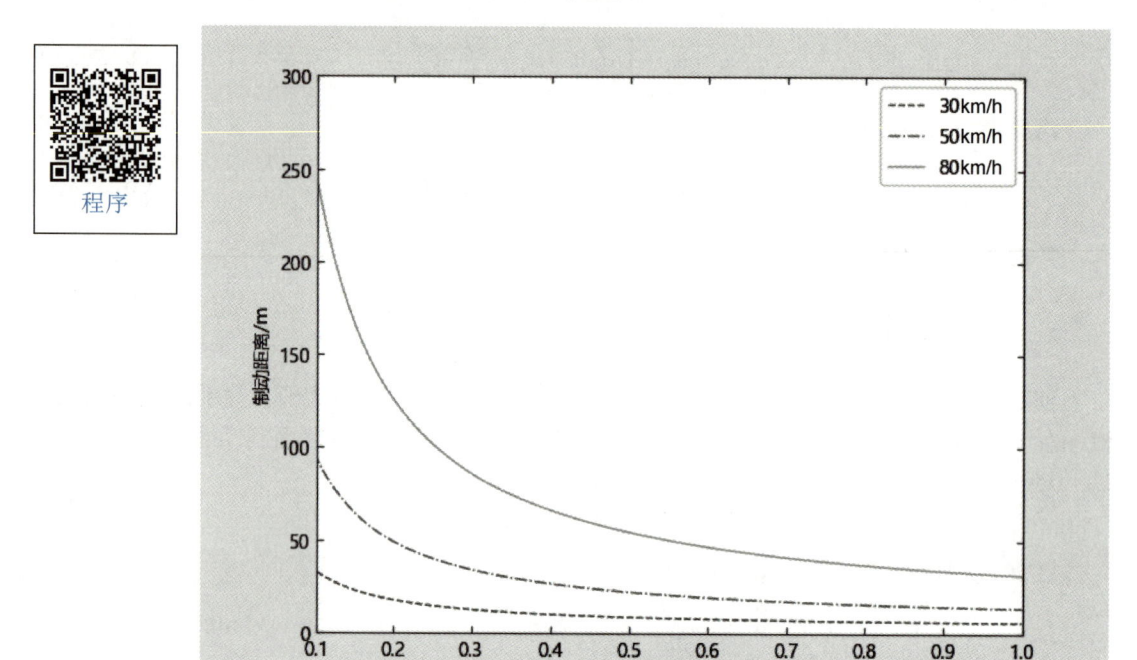

图 6-3-8　汽车制动距离与路面附着系数的关系曲线

实例 4　汽车防抱死制动系统仿真

汽车防抱死制动系统（ABS）可以在汽车制动过程中自动控制和调节车轮制动力，防止制动过程中车轮"抱死"，保持最大的路面附着系数，从而得到最佳制动效果，即最短的制动距离、最小的侧向滑移和最好的制动转向性能。

任务描述

1. 主要任务

（1）建立汽车 ABS 数学模型。
（2）绘制汽车 ABS 仿真曲线。

2. 仿真数据

汽车 ABS 仿真所需参数见表 6-4-1。

表 6-4-1　汽车 ABS 仿真所需参数

车轮质量/kg	车轮滚动半径/m	车轮转动惯量/(kg·m²)	峰值路面附着系数
364	0.25	12	0.82
车轮抱死附着系数	阈值滑移率	最小滑移率	最大滑移率
0.61	0.2	0.185	0.221
初始车轮中心前进速度/(m/s)	初始角速度/(rad/s)	初始制动力矩/(N·m)	增压速率/[N·(m/s)]
25	100	500	1500
减压速率/[N·(m/s)]	采样时间/s	仿真时间/s	
6000	0.02	5	

任务实施

1. 建立汽车 ABS 数学模型

当车轮在路面上滑动时，将会改变车轮与路面之间的附着系数，因而也会改变汽车的制动力。汽车制动时，车轮的滑移率为

$$s_b = \frac{u - \omega R}{u} \times 100\% \qquad (6\text{-}4\text{-}1)$$

式中，s_b 为车轮的滑移率，u 为车轮中心前进速度，ω 为车轮角速度，R 为车轮滚动半径。

路面附着系数与车轮滑移率的关系可写为

$$\mu = \begin{cases} \dfrac{\mu_H}{s_T} s_b, & s_b \leqslant s_T \\ \dfrac{\mu_H - \mu_G s_T}{1 - s_T} - \dfrac{\mu_H - \mu_G}{1 - s_T} s_b, & s_b > s_T \end{cases} \qquad (6\text{-}4\text{-}2)$$

式中，μ 为路面附着系数；μ_H 为纵向峰值附着系数；μ_G 为滑移率达到 100% 时的纵向附着系数，也称为滑动附着系数；s_T 为纵向峰值附着系数对应的滑移率。

在建立汽车 ABS 数学模型时，假设车轮载荷为常数，忽略迎风阻力和车轮滚动阻力。汽车制动时，车轮的受力情况如图 6-4-1 所示，其动力学方程为

$$\begin{aligned} I_w \dot{\omega} &= -T_b + F_x R \\ m_w \dot{u} &= -F_x \end{aligned} \qquad (6\text{-}4\text{-}3)$$

式中，I_w 为车轮转动惯量；$\dot{\omega}$ 为车轮角加速度；T_b 为制动力矩；F_x 为路面制动力；m_w 为作用在车轮上的汽车质量；$\dot{u}$ 为车辆加速度。

车轮中心前进速度为

$$u = u_0 - \dot{u}t \tag{6-4-4}$$

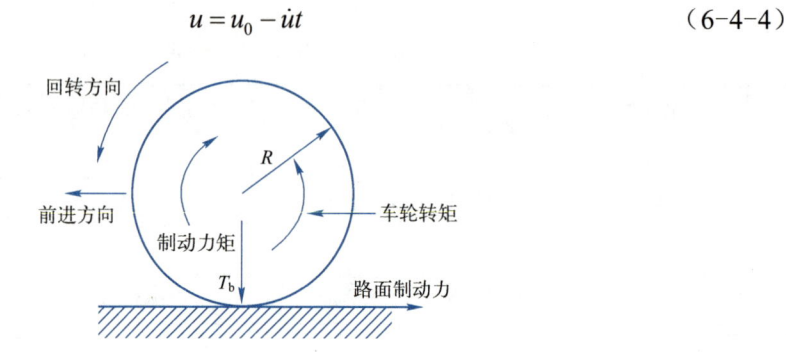

图 6-4-1　汽车制动时的车轮受力情况

式中，u_0 为初始速度，$\dot{u}$ 为车轮加速度。

车轮线速度为

$$u_x = \omega R = (\omega_0 + \dot{\omega}t)R \tag{6-4-5}$$

车辆加速度为

$$\dot{u} = \frac{F_x}{m_w} \tag{6-4-6}$$

路面制动力为

$$F_x = mg\mu \tag{6-4-7}$$

车轮角加速度为

$$\dot{\omega} = \frac{F_x R - T_b}{I_w} \tag{6-4-8}$$

车轮制动减速度为

$$\beta = F_x R - T_b$$

制动器制动力矩可以表示为

$$T_b(k+1) = T_b(k) + Ut_s \tag{6-4-9}$$

式中，$T_b(k+1)$ 为 $k+1$ 时刻的制动力矩，$T_b(k)$ 为 k 时刻的制动力矩；k 为采样时刻；U 为制动器增压速率或减压速率；t_s 为采样时间。

2. 绘制汽车 ABS 仿真曲线

根据汽车 ABS 数学模型，编写绘制车轮滑移率时域曲线、车轮中心前进速度-车轮线速度时域曲线、车轮法向载荷-路面制动力时域曲线、车轮制动力矩时域曲线、车轮制动减速度时域曲线的 MWORKS 程序。运行结果如图 6-4-2～图 6-4-6 所示。

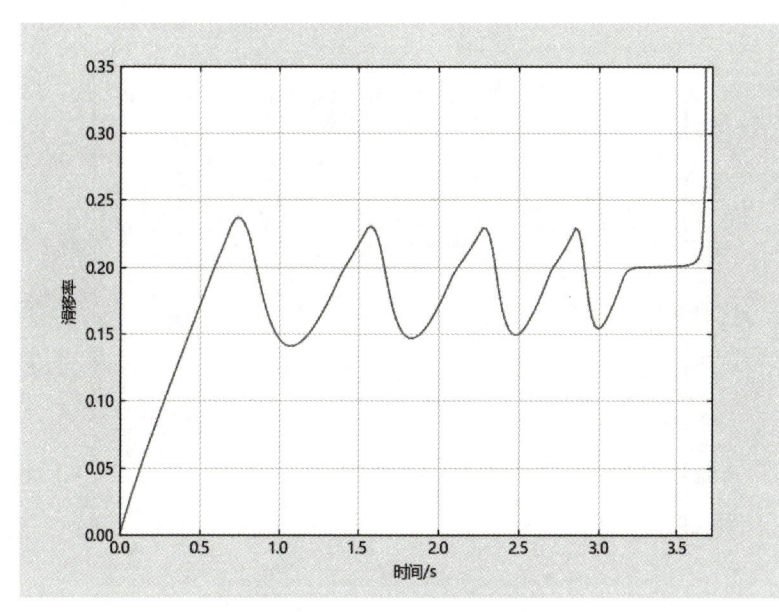

图 6-4-2 车轮滑移率时域曲线

从车轮滑移率时域曲线可以看出，车轮的滑移率随着时间的增加快速接近 0.2 后，开始振荡，在 3.2s 时，滑移率趋于平衡。

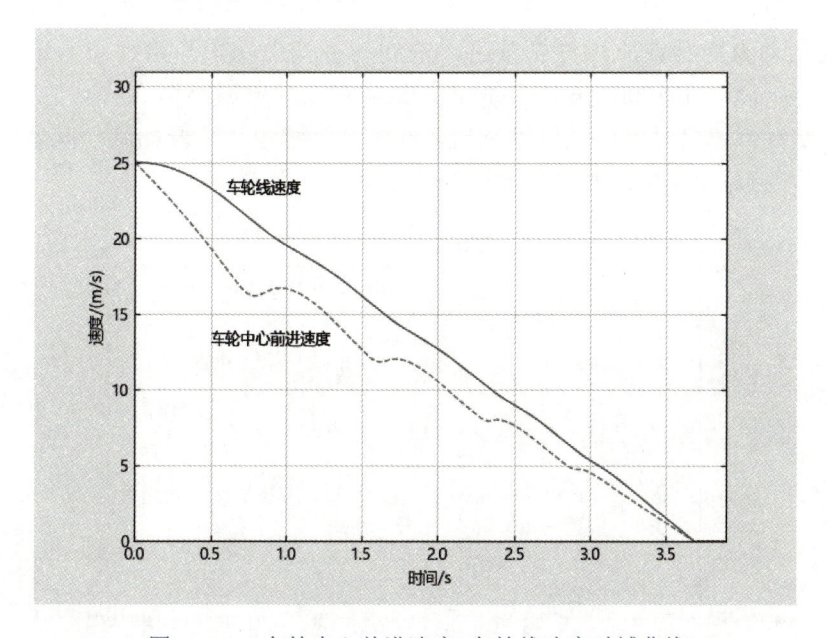

图 6-4-3 车轮中心前进速度-车轮线速度时域曲线

从车轮中心前进速度-车轮线速度时域曲线可以看出，车轮线速度随时间的增加而减小，车轮中心前进速度总体也在减小，但是有小幅振荡，在 3.6s 时均减小至 0，汽车完全制动。

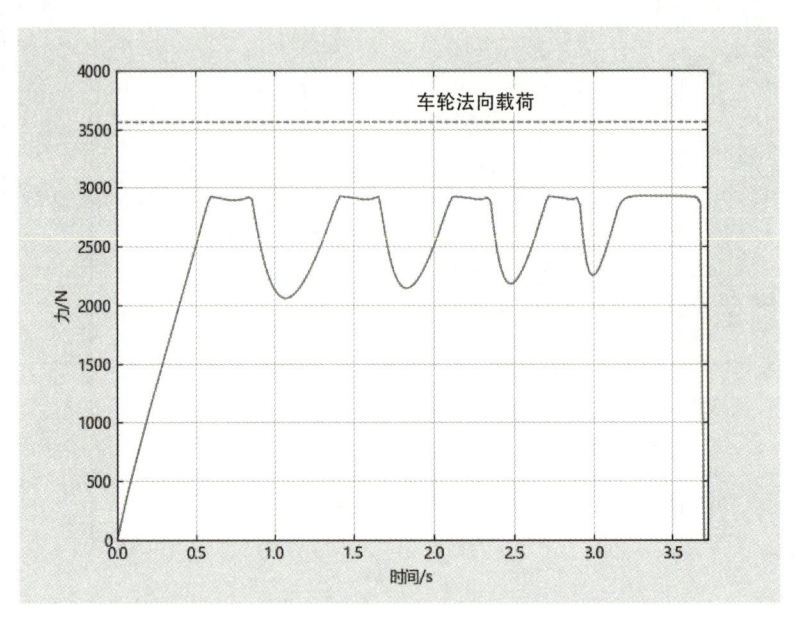

图 6-4-4　车轮法向载荷与路面制动力时域曲线

从车轮法向载荷与路面制动力时域曲线可以看出，在制动过程中，路面制动力快速上升到 3000N 附近，之后，由于 ABS 作用，其值在 2000～3000N 之间反复振荡。车轮法向载荷是一条直线，说明是不变的。

从车轮制动力矩时域曲线可以看出，在制动过程中，一开始制动力矩迅速升高至 1400N·m 附近，随后在 1000N·m 上下振荡，最后在 3.6s 时减小至 0。

从车轮制动减速度时域曲线可以看出，在制动过程中，一开始制动减速度迅速升高至 8m/s² 附近，随后稳定振荡变化，最后在 3.6s 时减小至 0。

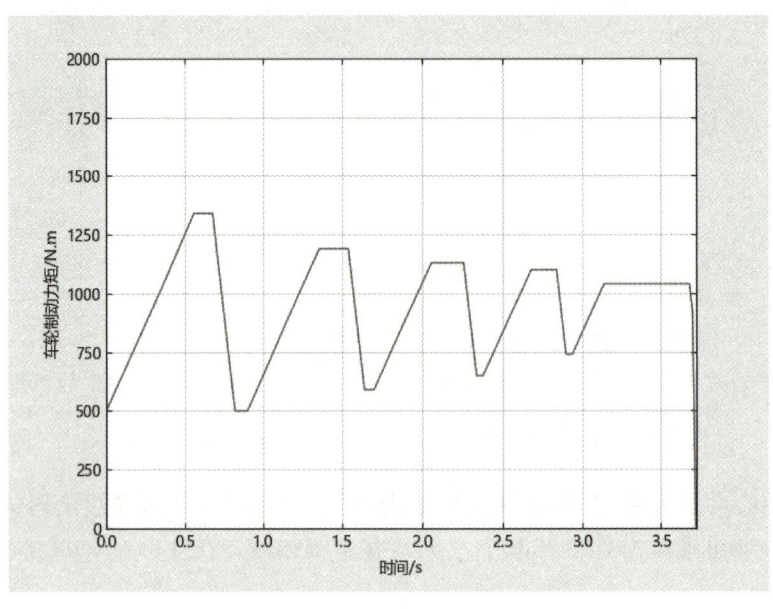

图 6-4-5　车轮制动力矩时域曲线

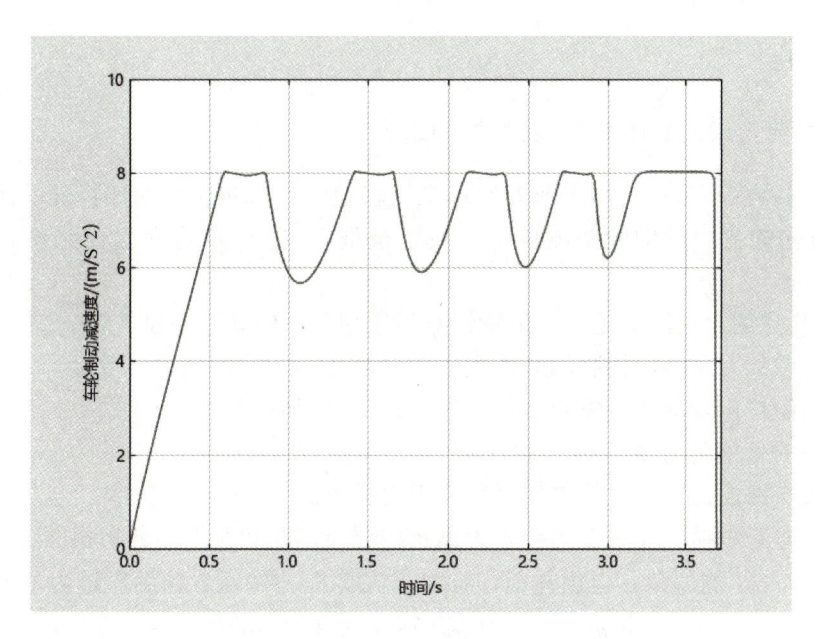

图 6-4-6 车轮制动减速度时域曲线

实例 5　自由滚动轮胎侧偏特性仿真

轮胎侧偏特性主要是指轮胎侧向力、回正力矩与侧偏角之间的关系，它是研究汽车操纵稳定性的基础。

任务描述

1. 主要任务

（1）建立自由滚动轮胎侧偏特性数学模型。
（2）绘制三种不同垂直载荷下的轮胎侧向力-侧偏角关系曲线。
（3）绘制三种不同垂直载荷下的轮胎回正力矩-侧偏角关系曲线。

2. 仿真数据

自由滚动轮胎侧偏特性仿真所需参数见表 6-5-1。

表 6-5-1　自由滚动轮胎侧偏特性仿真所需参数

轮胎侧向刚度/(kN/m³)	轮胎摩擦因数	轮胎印迹宽度/m
100000	0.8	0.1
垂直载荷/kN	轮胎印迹长度/m	轮胎侧偏角/(°)
3、5、8	0.09、0.12、0.14	0~10

任务实施

1. 建立自由滚动轮胎侧偏特性数学模型

轮胎侧偏特性模型主要用于研究汽车操纵稳定性。影响轮胎侧偏特性的因素很多，首先建立简化的自由滚动轮胎侧偏特性数学模型，为进一步建立比较完善的模型奠定基础。

在建立简化的自由滚动轮胎侧偏特性数学模型时，做如下假设。

① 轮胎胎体为刚性，轮胎的弹性集中在胎面。
② 轮胎做自由滚动，其纵向滑移和纵向力可以忽略。
③ 轮胎的外倾角为零。
④ 轮胎与路面之间各点的摩擦因数为固定常数。
⑤ 轮胎垂直载荷在印迹上的分布为抛物线分布，在宽度上的分布相同。

当轮胎以一定侧偏角 α 自由向前滚动时，在侧向力作用下轮胎印迹内的胎面变形如图 6-5-1 所示。O 为印迹起点，C 为印迹终点，OA 为附着区，AC 为滑移区，l 为印迹长度。Ox 为车轮中心旋转平面；印迹在 O 点开始与路面接触，经时间 后达到 P 点，轮胎继续向前滚动，达到 A 点后，胎面变形产生的侧向应力和摩擦侧向应力相等，轮胎开始滑移，最后回到不变形的初始位置 C。

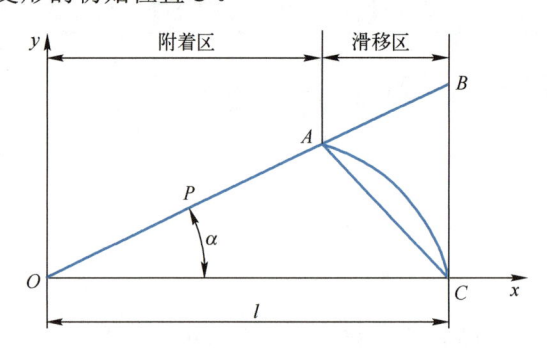

图 6-5-1 轮胎印迹内的胎面变形

附着区内胎面上任意一点 P 的侧向变形为

$$\Delta y = x\tan\alpha = s_\alpha x \tag{6-5-1}$$

式中，$s_\alpha = \tan\alpha$。

轮胎印迹内由胎面变形引起的侧向应力为

$$q_y = c_y\Delta y = c_y s_\alpha x \tag{6-5-2}$$

式中，c_y 为轮胎侧向分布刚度。

轮胎印迹内的侧向摩擦应力为

$$q_{\mu y} = \mu_y q_z \tag{6-5-3}$$

式中，μ_y 为轮胎侧向摩擦因数，q_z 为轮胎垂直载荷。

轮胎垂直载荷为抛物线分布，即

$$q_z = \frac{6F_z}{b_w l^2} x \left(1 - \frac{x}{l}\right) \tag{6-5-4}$$

式中，q_z 为轮胎垂直载荷，b_w 为轮胎印迹宽度。

当轮胎印迹内由胎面变形产生的侧向应力和侧向摩擦应力相等时，轮胎开始滑移，起滑点坐标为

$$x_s = l\left(1 - \frac{c_y s_\alpha b_w l^2}{6 F_z \mu_y}\right) \tag{6-5-5}$$

自由滚动轮胎侧向力为

$$\begin{aligned} F_y &= b_w \int_0^{x_s} q_y dx + b_w \int_{x_s}^l q_{\mu y} dx = b_w \int_0^{x_s} c_y s_\alpha x dx + b_w \int_{x_s}^l \frac{6\mu_y F_z}{b_w l^2} x \left(1 - \frac{x}{l}\right) dx \\ &= \frac{K_y}{l^2} s_\alpha x_s^2 + \mu_y F_z \left(1 - \frac{3x_s^2}{l^2} + \frac{2x_s^3}{l^3}\right) \end{aligned} \tag{6-5-6}$$

式中，$K_y = \frac{1}{2} b_w l^2 c_y$，为轮胎侧偏刚度。

自由滚动轮胎回正力矩为

$$\begin{aligned} M_z &= b_w \int_0^{x_s} \left(x - \frac{l}{2}\right) q_y dx + b_w \int_{x_s}^l \left(x - \frac{l}{2}\right) q_{\mu y} dx \\ &= b_w \int_0^{x_s} \left(x - \frac{l}{2}\right) c_y s_\alpha x dx + b_w \int_{x_s}^l \left(x - \frac{l}{2}\right) \frac{6\mu_y F_z}{b_w l^2} x \left(1 - \frac{x}{l}\right) dx \\ &= b_w c_y s_\alpha x_s^2 \left(\frac{x_s}{3} - \frac{l}{4}\right) + \frac{3\mu_y F_z}{2l^3} x_s^2 (l - x_s)^2 \end{aligned} \tag{6-5-7}$$

2. 绘制三种不同垂直载荷下的轮胎侧向力-侧偏角关系曲线

根据自由滚动轮胎侧偏特性数学模型，编写绘制三种不同垂直载荷下的轮胎侧向力-侧偏角关系曲线的 MWORKS 程序。运行结果如图 6-5-2 所示，可以看出，在小侧偏角时，侧向力随着侧偏角的增大而快速增大；随着侧偏角的增大，侧向力增大缓慢。侧向力随着垂直载荷的增大而增大；垂直载荷越大，侧向力越大。

3. 绘制三种不同垂直载荷下的轮胎回正力矩-侧偏角关系曲线

根据自由滚动轮胎回正力矩数学模型，编写绘制三种不同垂直载荷下的轮胎回正力矩-侧偏角关系曲线的 MWORKS 程序。运行结果如图 6-5-3 所示，可以看出，在小侧偏

角时，回正力矩随着侧偏角增大快速增大，到达某一个侧偏角时，回正力矩达到最大值；再继续增大侧偏角，回正力矩将会急剧减小，最后减小到零；回正力矩随着垂直载荷的增大而增大。

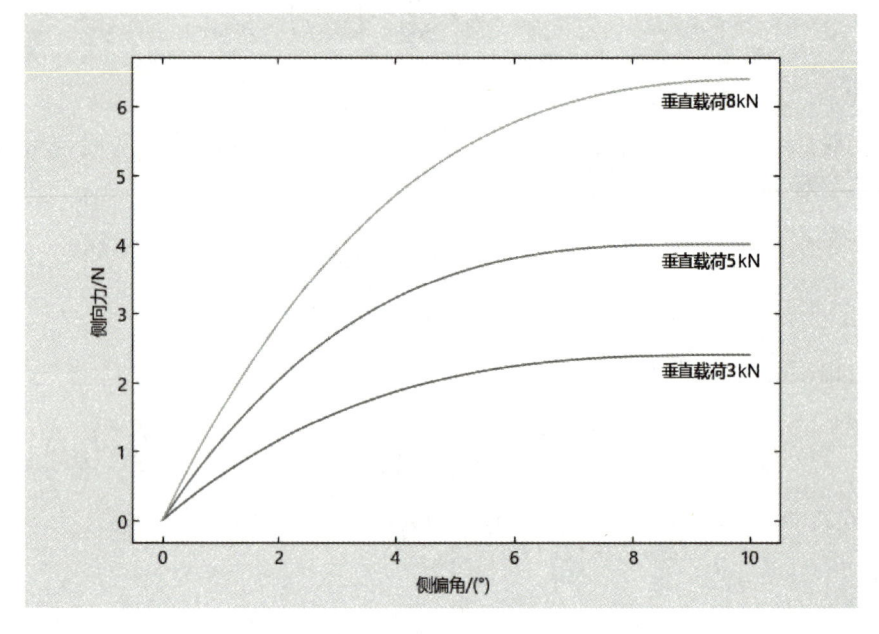

图 6-5-2　轮胎侧向力-侧偏角关系曲线

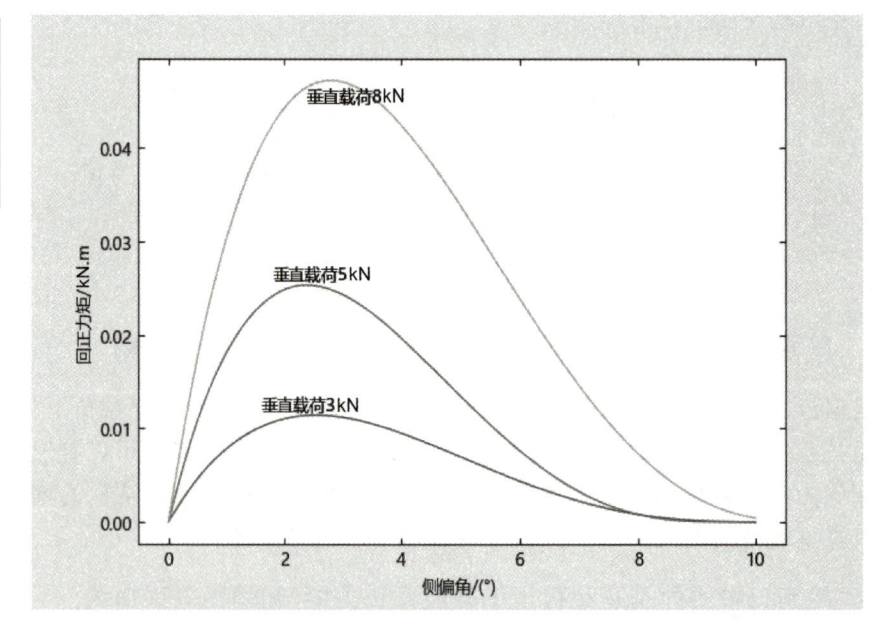

图 6-5-3　轮胎回正力矩-侧偏角关系曲线

实例 6 制动-驱动工况下的轮胎侧偏特性仿真

汽车时常在不同程度的制动或驱动工况下行驶,为了研究汽车在制动或驱动工况下的操纵稳定性,必须研究制动-驱动工况下的轮胎侧偏特性。

任务描述

1. 主要任务

(1)建立制动-驱动工况下的轮胎侧偏特性数学模型。
(2)绘制不同垂直载荷下的轮胎纵向力-滑移率关系曲线。
(3)绘制不同垂直载荷下的轮胎侧向力-滑移率关系曲线。

2. 仿真数据

制动-驱动工况下的轮胎侧偏特性仿真所需参数见表 6-6-1。

表 6-6-1 制动-驱动工况下的轮胎侧偏特性仿真所需参数

轮胎纵向刚度/(kN/m³)	轮胎侧向刚度/(kN/m³)	轮胎印迹宽度/m
1540000	1540000	0.1
轮胎摩擦因数	垂直载荷/kN	轮胎印迹长度/m
0.8	4、6、8	0.18

任务实施

1. 建立制动-驱动工况下的轮胎侧偏特性数学模型

仍然建立简化的制动-驱动工况下的轮胎侧偏特性数学模型,做如下假设。
① 轮胎胎体为刚性,轮胎的弹性集中在胎面。
② 轮胎的外倾角为零。
③ 轮胎与路面之间各点的摩擦因数为固定常数。
④ 轮胎垂直载荷在印迹上的分布为均匀分布,在宽度上的分布相同。

图 6-6-1 所示为制动-驱动工况下的轮胎印迹内胎面变形。O 为印迹起点,C 为印迹终点,OA 为附着区,AC 为滑移区,l 为印迹长度。Ox 为车轮中心旋转平面;路面相对于轮胎的运动速度 u 与 Ox 轴成一个侧偏角 α,路面上的一点以速度 u 沿直线 OAB 移动,胎面基上对应的点以速度 u_R 沿 OC 滚动。

在附着区,胎面上的一点由 O 点开始滚动,经时间 t 后达到 P 点,轮胎继续向前滚动,达到 A 点后,胎面变形产生的应力和摩擦应力相等,轮胎开始进入滑移区,最后回到不变形的初始位置 C;胎面基上的对应点由 O 点滚动至 Q 点,最后达到 C 点。

在附着区,轮胎制动时,胎面层在印迹内任意一点 P 的纵向变形为胎面上 P 点的纵

向坐标与胎面基上 Q 点的纵向坐标之差，即

$$\Delta x = x_1 - x = ut\cos\alpha\left(1 - \frac{u_R}{u\cos\alpha}\right) = s_{bc}x_1 \tag{6-6-1}$$

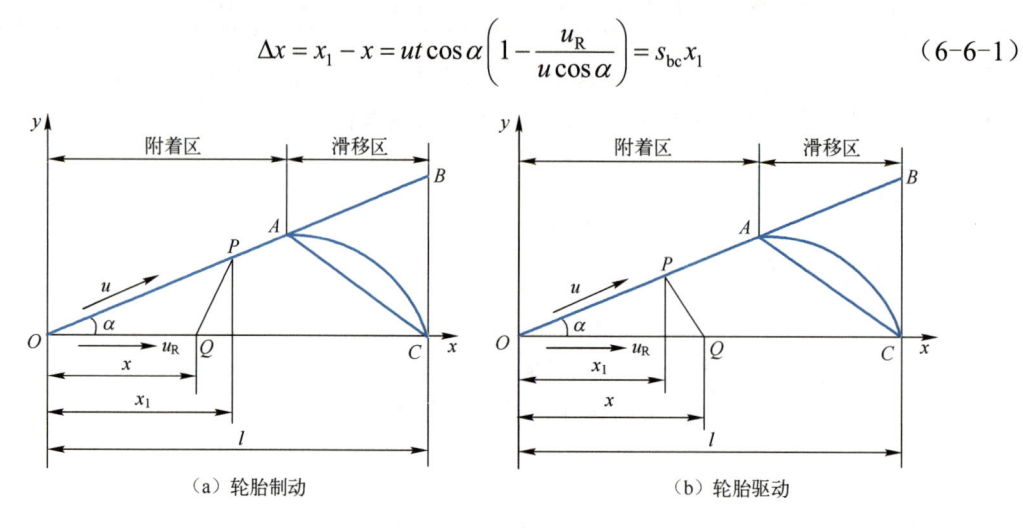

图 6-6-1 制动-驱动工况下的轮胎印迹内胎面变形

式中，$s_{bc} = 1 - \dfrac{u_R}{u\cos\alpha}$ 定义为轮胎侧偏时的制动滑移率；x_1 为胎面坐标。

在附着区，轮胎制动时，胎面层在印迹内任意一点 P 的侧向变形为

$$\Delta y = x_1 \tan\alpha = s_\alpha x_1 \tag{6-6-2}$$

如果用胎面基坐标 x 表示式（6-6-1）和式（6-6-2），则

$$\Delta x = s_{bx} x$$
$$\Delta y = s_{b\alpha} x \tag{6-6-3}$$

式中，$s_{bx} = \dfrac{s_{bc}}{1-s_{bc}}$，$s_{b\alpha} = \dfrac{s_\alpha}{1-s_{bc}}$。

在附着区，轮胎驱动时，胎面层在印迹内任意一点 P 的纵向变形为胎面上 P 点的纵向坐标与胎面基上 Q 点的纵向坐标之差，即

$$\Delta x = x_1 - x = u_R t\left(\frac{u\cos\alpha}{u_R} - 1\right) = s_{dc} x \tag{6-6-4}$$

式中，$s_{dc} = \dfrac{u\cos\alpha}{u_R} - 1$，定义为轮胎侧偏时的驱动滑移率。

在附着区，轮胎驱动时，胎面层在印迹内任意一点 P 的侧向变形为

$$\Delta y = ut\sin\alpha = s_{d\alpha} x \tag{6-6-5}$$

式中，$s_{d\alpha} = (1+s_{dc})s_\alpha$。

为了统一描述制动-驱动工况下的轮胎侧偏特性，定义轮胎纵向滑移率和侧向滑移率分别为

$$s_x = s_{bx} = s_{dc}$$
$$s_y = s_{b\alpha} = s_{d\alpha}$$
(6-6-6)

将 s_{bx} 和 s_{dc}、$s_{b\alpha}$ 和 $s_{d\alpha}$ 代入式（6-6-6），可以证明上述定义是成立的。

轮胎在制动-驱动工况下，胎面层在印迹内任意一点的纵向变形和侧向变形可统一表示为

$$\Delta x = s_x x$$
$$\Delta y = s_y x$$
(6-6-7)

由轮胎印迹内胎面变形产生的纵向应力和侧向应力分别为

$$q_x = c_x \Delta x = c_x s_x x$$
$$q_y = c_y \Delta y = c_y s_y x$$
(6-6-8)

由轮胎印迹内胎面变形产生的合成应力为

$$q = \sqrt{q_x^2 + q_y^2} = \sqrt{(c_x s_x)^2 + (c_y s_y)^2}\, x$$
(6-6-9)

在滑移区，轮胎印迹内胎面和路面之间的滑动速度 u_S、行驶速度 u 以及滚动速度 u_R 三者之间的关系如图 6-6-2 所示。

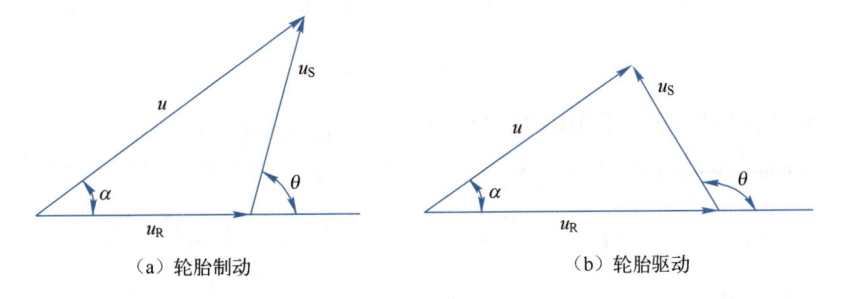

（a）轮胎制动　　　　　　　　　（b）轮胎驱动

图 6-6-2　轮胎印迹内滑动速度、行驶速度以及滚动速度之间的关系

轮胎制动时，滑移角 θ 的计算方法如下：

$$\tan\theta = \frac{u\sin\alpha}{u\cos\alpha - u_R} = \frac{s_\alpha}{s_{bc}}$$
$$\theta = \arctan\frac{s_\alpha}{s_{bc}}$$
(6-6-10)

轮胎驱动时，滑移角 θ 的计算方法如下：

$$\tan(\pi - \theta) = \frac{u\sin\alpha}{u_R - u\cos\alpha} = -\left(1 + \frac{1}{s_{dc}}\right) s_\alpha$$
$$\theta = \pi + \arctan\left(s_\alpha + \frac{s_\alpha}{s_{bc}}\right)$$
(6-6-11)

轮胎印迹内的摩擦应力为

$$q_\mathrm{m} = \mu q_z = \mu \frac{F_z}{b_\mathrm{w} l} \tag{6-6-12}$$

当轮胎印迹内由胎面变形产生的合成应力和摩擦应力相等时，轮胎开始滑移，起滑点坐标的计算方法如下：

$$\sqrt{(c_x s_x)^2 + (c_y s_y)^2}\, x_\mathrm{s} = \mu \frac{F_z}{b_\mathrm{w} l}$$

$$x_\mathrm{s} = \frac{\mu F_z}{b_\mathrm{w} l \sqrt{(c_x s_x)^2 + (c_y s_y)^2}} \tag{6-6-13}$$

轮胎的纵向力 F_x、侧向力 F_y 和回正力矩 M_z 分别等于附着区内的纵向力、侧向力和回正力矩与滑移区内的纵向力、侧向力和回正力矩之和，即

$$\begin{aligned}F_x &= F_{x\alpha} + F_{xs} \\ F_y &= F_{y\alpha} + F_{ys} \\ M_z &= M_{z\alpha} + M_{zs}\end{aligned} \tag{6-6-14}$$

轮胎附着区内的纵向力 $F_{x\alpha}$ 和侧向力 $F_{y\alpha}$ 由胎面变形产生的纵向应力和侧向应力在附着区内积分求得，即

$$\begin{aligned}F_{x\alpha} &= b_\mathrm{w} \int_0^x q_x \mathrm{d}x = b_\mathrm{w} c_x s_x x_\mathrm{s}^2 / 2 \\ F_{y\alpha} &= b_\mathrm{w} \int_0^x q_y \mathrm{d}x = b_\mathrm{w} c_y s_y x_\mathrm{s}^2 / 2\end{aligned} \tag{6-6-15}$$

轮胎附着区内的回正力矩由两部分组成，一部分是由侧向应力产生的，一部分是由纵向应力产生的，其表达式为

$$M_{z\alpha} = b_\mathrm{w} \left[\int_0^{x_\mathrm{s}} \left(x - \frac{l}{2}\right) q_y \mathrm{d}x - \int_0^{x_\mathrm{s}} \Delta y q_x \mathrm{d}x \right] = \frac{b_\mathrm{w} c_y s_y x_\mathrm{s}^2}{4}\left(\frac{4 x_\mathrm{s}}{3} - l\right) - \frac{b_\mathrm{w} c_x s_y s_x x_\mathrm{s}^3}{3} \tag{6-6-16}$$

轮胎滑移区内的纵向力和侧向力分别为

$$\begin{aligned}F_{xs} &= b_\mathrm{w} \int_{x_\mathrm{s}}^l q_\mathrm{m} \cos\theta\, \mathrm{d}x = \frac{\mu F_z}{l}(l - x_\mathrm{s})\cos\theta \\ F_{ys} &= b_\mathrm{w} \int_{x_\mathrm{s}}^l q_\mathrm{m} \sin\theta\, \mathrm{d}x = \frac{\mu F_z}{l^2}(l - x_\mathrm{s})\sin\theta\end{aligned} \tag{6-6-17}$$

轮胎滑移区内的回正力矩为

$$M_{zs} = b_\mathrm{w} \iint_{x_\mathrm{s}}^l \left(x - \frac{l}{2}\right) q_\mathrm{m} \sin\theta\, \mathrm{d}x - \int_{x_\mathrm{s}}^l y_1 q_\mathrm{m} \cos\theta\, \mathrm{d}x \tag{6-6-18}$$

根据两点坐标建直线方程，可得

$$y_1 = \frac{s_\alpha x_\mathrm{s}(l - x)}{l - x_\mathrm{s}} \tag{6-6-19}$$

将式（6-6-19）代入式（6-6-18）进行积分得

$$M_{zs} = \frac{\mu F_z x_\mathrm{s}}{2l}(l - x_\mathrm{s})\sin\theta - \frac{\mu F_z s_\alpha x_\mathrm{s}}{l(l - x_\mathrm{s})}\left(\frac{l^2}{2} - l x_\mathrm{s} + \frac{x_\mathrm{s}^2}{2}\right)\cos\theta \tag{6-6-20}$$

2. 绘制不同垂直载荷下的轮胎纵向力-滑移率关系曲线

取侧偏角为 5°，垂直载荷分别取 4kN、6kN、8kN，根据制动-驱动工况下轮胎纵向力数学模型，编写绘制不同垂直载荷下的轮胎纵向力-滑移率关系曲线的 MWORKS 程序。

运行结果如图 6-6-3 和图 6-6-4 所示，其中正的滑移率代表制动，负的滑移率代表驱动；正的纵向力代表制动力，负的纵向力代表驱动力。随着滑移率绝对值的增大，纵向力绝对值快速增大，当滑移率绝对值达到 0.2 左右时，纵向力绝对值达到最大值；再增大滑移率绝对值，纵向力基本保持不变。随着垂直载荷的增大，纵向力绝对值增大。

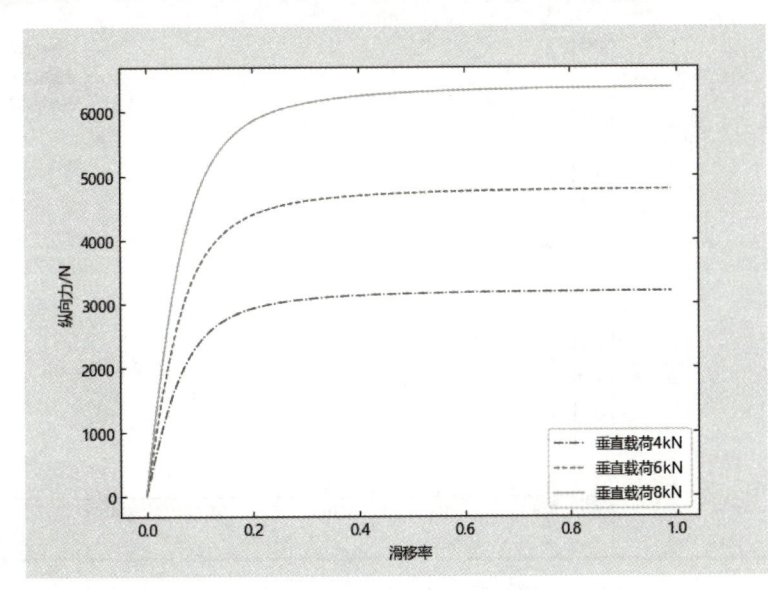

图 6-6-3 轮胎纵向力-滑移率关系曲线 1

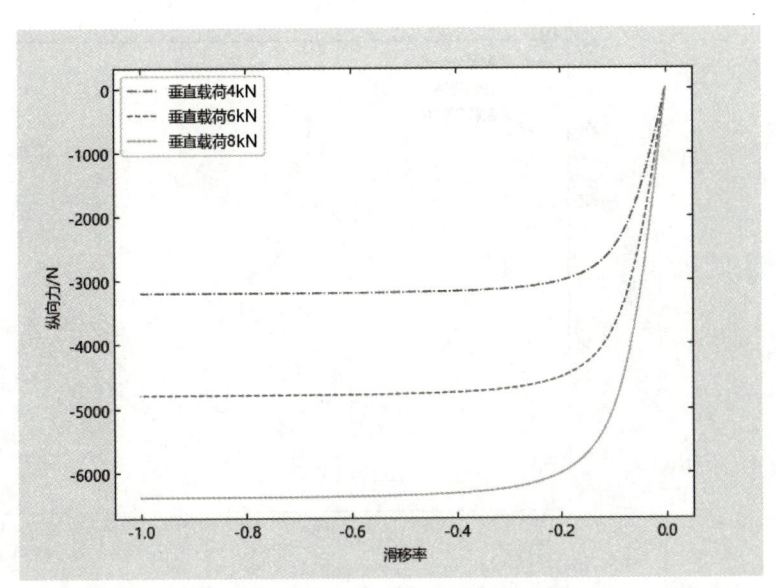

图 6-6-4 轮胎纵向力-滑移率关系曲线 2

3. 绘制不同垂直载荷下的轮胎侧向力-滑移率关系曲线

取侧偏角为 5°，垂直载荷分别取 4kN、6kN、8kN，根据制动-驱动工况下轮胎侧向力数学模型，编写绘制不同垂直载荷下的轮胎侧向力-滑移率关系曲线的 MWORKS 程序。

运行结果如图 6-6-5 和图 6-6-6 所示，可以看出，当滑移率为 0 时，侧向力最大；随着滑移率绝对值的增大，侧向力快速减小，最终趋近于 0。

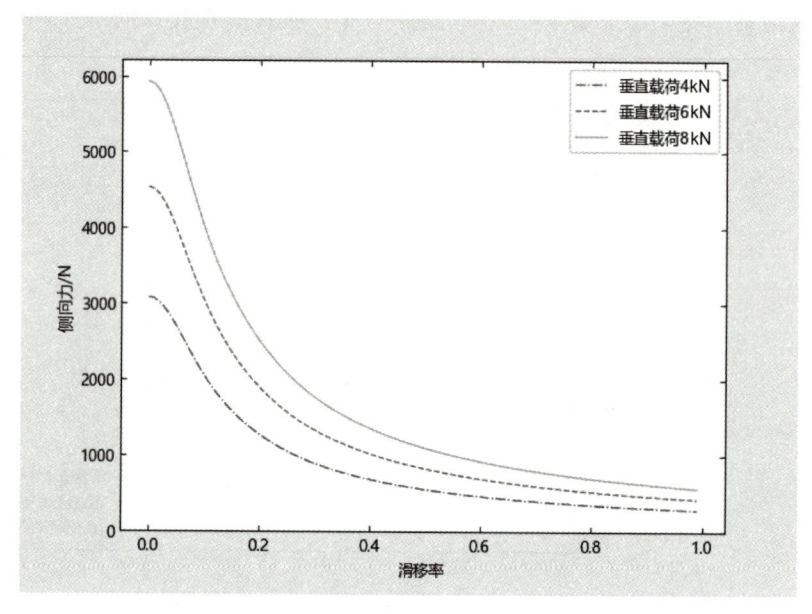

图 6-6-5　轮胎侧向力-滑移率关系曲线 1

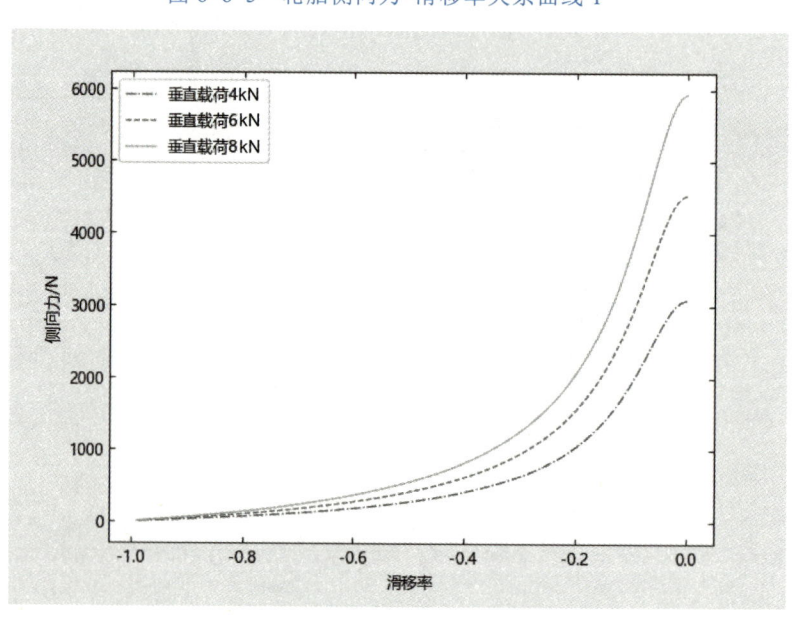

图 6-6-6　轮胎侧向力-滑移率关系曲线 2

实例 7　基于魔术公式的轮胎动力学仿真

轮胎魔术公式是典型的轮胎半经验模型，是目前应用最广泛的轮胎模型之一。魔术公式用三角函数的组合公式拟合轮胎试验数据，用一套形式相同的公式就可以完整地表达轮胎的纵向力、侧向力、回正力矩以及纵向力、侧向力的联合作用工况。魔术公式较好地描述了轮胎纵向力、侧向力、回正力矩以及联合工况下的轮胎特性，得到了广泛应用。

任务描述

1. 主要任务

（1）建立轮胎魔术公式数学模型。
（2）绘制不同载荷下的轮胎纵向力-滑移率关系曲线。
（3）绘制不同载荷下的轮胎侧向力-侧偏角关系曲线。
（4）绘制不同载荷下的轮胎回正力矩-侧偏角关系曲线。

2. 仿真数据

基于魔术公式的轮胎动力学仿真所需参数见表 6-7-1。

表 6-7-1　基于魔术公式的轮胎动力学仿真所需参数

纵向力参数	B_0	B_1	B_2	B_3	B_4	B_5	B_6
	2.37272	−9.46	1490	130	276	0.0886	0.00402
	B_7	B_8	B_9	B_{10}			
	−0.0615	1.2	0.0299	−0.176			
侧向力参数	A_0	A_1	A_2	A_3	A_4	A_5	A_6
	1.65	−34	1250	3036	12.8	0.00501	−0.02103
	A_7	A_8	A_9	A_{10}	A_{11}	A_{12}	A_{13}
	0.77394	0.002289	0.013442	0.003709	19.1656	1.21356	6.26206
回正力矩参数	C_0	C_1	C_2	C_3	C_4	C_5	C_6
	2.34	1.495	6.416654	−3.57403	−0.087737	0.09841	0.0027699
	C_7	C_8	C_9	C_{10}	C_{11}	C_{12}	C_{13}
	−0.0001151	0.1	−1.33329	0.025501	−0.02357	0.03027	−0.0647
	C_{14}	C_{15}	C_{16}	C_{17}			
	0.0211329	0.89469	−0.099443	−3.336941			

任务实施

1. 建立轮胎魔术公式数学模型

目前，轮胎魔术公式有多种模型，如 Pacejka89 轮胎模型、Pacejka94 轮胎模型、

MF-Tyre 轮胎模型、PAC2002 轮胎模型等，这里采用的是 Pacejka89 轮胎模型。

Pacejka89 轮胎模型采用 SAE 轮胎坐标系，遵守的符号协议为：纵向力与纵向滑移率符号一致；侧向力与侧偏角符号一致；小侧偏角时，回正力矩与侧偏角符号相反。

Pacejka89 轮胎模型是将纵向特征量描述为垂直载荷的函数，侧向特征量描述为垂直载荷与外倾角的函数。垂直载荷与外倾角一定时，Pacejka89 轮胎模型纵向力为纵向滑移率的正弦函数，侧向力与回正力矩为侧偏角的正弦函数，且纵向力、侧向力与回正力矩求解函数是相互独立的。

Pacejka89 轮胎模型采用的单位制有别于国际单位制，垂直载荷单位为 kN，纵向滑移率为 ，侧偏角单位为(°)，纵向力与侧向力单位为 N，回正力矩单位为 N·m。

Pacejka89 轮胎模型可统一描述为

$$Y(x) = y(x) + S_v$$
$$y(x) = D\sin(C\arctan(Bx - E(Bx - \arctan(Bx)))) \quad （6-7-1）$$
$$x = X + S_h$$

式中，$Y(x)$ 为轮胎纵向力、侧向力或回正力矩；x 为考虑水平偏移因子时的自变量；$y(x)$ 为不考虑垂直偏移因子的纵向力、侧向力或回正力矩；X 为纵向滑移率或侧偏角；D 为峰值因子，表征 $y(x)$ 曲线的峰值；C 为形状因子，表征 $y(x)$ 曲线的形状；B 为刚度因子，决定 $y(x)$ 曲线原点处的斜率；E 为曲率因子，表征 $y(x)$ 曲线峰值和渐进线附近的曲率；S_v 为垂直偏移因子，表征 $y(x)$ 曲线的垂直偏移程度；S_h 为水平偏移因子，表征 $y(x)$ 曲线的水平偏移程度。

S_v 和 S_h 是由轮胎的帘布层转向效应、轮胎的圆锥度效应、滚动阻力矩和外倾角引起的，用来描述特性曲线相对原点的偏移；BCD 决定 $x=0$ 处的斜率；B、C、D、S_v、S_h 等系数的意义如图 6-7-1 所示。

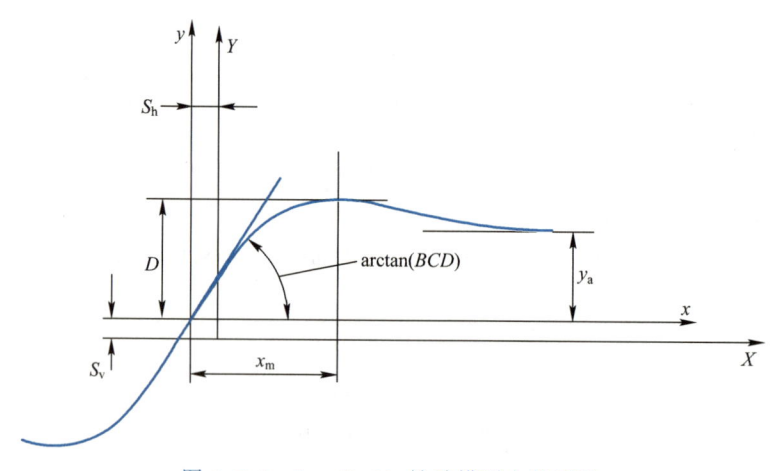

图 6-7-1 Pacejka89 轮胎模型中的系数

（1）轮胎纵向力。纯纵滑工况下，Pacejka89 轮胎模型纵向力表达式为

$$F_{x0} = D_x \sin(C_x \arctan(B_x s_{x0} - E_x(B_x s_{x0} - \arctan(B_x s_{x0})))) + S_{vx} \quad （6-7-2）$$

式中，$s_{x0} = s_x + S_{hx}$ 为纵向力组合自变量；s_x 为轮胎纵向滑移率，$s_x > 0$ 时为驱动滑移率，$s_x < 0$ 时为制动滑移率；C_x 为纵向力曲线形状因子，表示纵向力曲线的形状；D_x 为纵向力峰值因子，表示最大纵向力值；B_x 为纵向力曲线刚度因子；$B_x C_x D_x$ 为纵向力零点处的纵向刚度；E_x 为纵向力曲率因子，表示曲线峰值附近的形状；S_{vx} 为纵向力曲线垂直偏移因子；S_{hx} 为纵向力曲线水平偏移因子。

Pacejka89 轮胎模型纵向力表达式各项系数为

$$\begin{cases} C_x = B_0 \\ D_x = B_1 F_z^2 + B_2 F_z \\ B_x = (B_3 F_z^2 + B_4 F_z) e^{-B_5 F_z} / (C_x D_x) \\ E_x = B_6 F_z^2 + B_7 F_z + B_8 \\ S_{vx} = 0 \\ S_{hx} = B_9 F_z + B_{10} \end{cases} \quad (6\text{-}7\text{-}3)$$

式中，F_z 为轮胎垂直载荷；$B_0 \sim B_{10}$ 为纯纵滑工况下 Pacejka89 轮胎模型纵向力特性参数。

（2）轮胎侧向力。纯侧偏工况下，Pacejka89 轮胎模型侧向力表达式为

$$F_{y0} = D_y \sin(C_y \arctan(B_y \alpha_y - E_y (B_y \alpha_y - \arctan(B_y \alpha_y)))) + S_{vy} \quad (6\text{-}7\text{-}4)$$

式中，$\alpha_y = \alpha + S_{hy}$ 为侧向力组合自变量；α 为轮胎侧偏角；C_y 为侧向力曲线形状因子，表示侧向力曲线的形状；B_y 为侧向力曲线刚度因子；D_y 为侧向力峰值因子，表示最大侧向力值；$B_y C_y D_y$ 为侧向力零点处的侧向刚度；E_y 为侧向力曲率因子，表示曲线峰值附近的形状；S_{vy} 为侧向力曲线垂直偏移因子；S_{hy} 为侧向力曲线水平偏移因子。

Pacejka89 轮胎模型侧向力表达式各项系数为

$$\begin{cases} C_y = A_0 \\ D_y = A_1 F_z^2 + A_2 F_z \\ B_y = A_3 \sin(2 \arctan F_z / A_4)(1 - A_5 |\gamma|) / (C_y D_y) \\ E_y = A_6 F_z + A_7 \\ S_{hy} = A_8 \gamma + A_9 F_z + A_{10} \\ S_{vy} = A_{11} F_z \gamma + A_{12} F_z + A_{13} \end{cases} \quad (6\text{-}7\text{-}5)$$

式中，S_{hy} 为轮胎外倾角；$A_0 \sim A_{13}$ 为纯侧偏工况下 Pacejka89 轮胎模型侧向力特性参数。

（3）轮胎回正力矩。纯侧偏工况下，Pacejka89 轮胎模型回正力矩表达式为

$$M_{z0} = D_z \sin(C_z \arctan(B_z \alpha_z - E_z(B_z \alpha_z - \arctan(B_z \alpha_z)))) + S_{vz} \quad (6\text{-}7\text{-}6)$$

式中，$\alpha_z = \alpha + S_{hz}$ 为回正力矩组合自变量；C_z 为回正力矩曲线形状因子，表示回正

力矩曲线的形状；D_z 为回正力矩峰值因子，表示最大回正力矩值；B_z 为回正力矩曲线刚度因子；$B_zC_zD_z$ 为回正力矩零点处的扭转刚度；E_z 为回正力矩曲率因子，表示曲线峰值附近的形状；S_{vz} 为回正力矩曲线垂直偏移因子；S_{hz} 为回正力矩曲线水平偏移因子。

Pacejka89 轮胎模型回正力矩表达式各项系数为

$$\begin{cases} C_z = C_0 \\ D_z = C_1F_z^2 + C_2F_z \\ B_z = (C_3F_z^2 + C_4F_z)(1 - C_6|\gamma|)\mathrm{e}^{-C_5F_z}/(C_zD_z) \\ E_z = (C_7F_z^2 + C_8F_z + C_9)(1 - C_{10}|\gamma|) \\ S_{hz} = C_{11}\gamma + C_{12}F_z + C_{13} \\ S_{vz} = \gamma(C_{14}F_z^2 + C_{15}F_z) + C_{16}F_z + C_{17} \end{cases} \quad (6\text{-}7\text{-}7)$$

式中，$C_0 \sim C_{17}$ 为纯侧偏工况下 Pacejka89 轮胎模型回正力矩特性参数。

2. 绘制不同载荷下的轮胎纵向力-滑移率关系曲线

假设轮胎垂直载荷分别为 1kN、3kN、5kN、7kN，外倾角为 0°，滑移率为 -20%～20%。根据轮胎纵向力数学模型，编写绘制不同载荷下的轮胎纵向力-滑移率关系曲线的 MWORKS 程序。

运行结果如图 6-7-2 所示，可以看出，随着轮胎垂直载荷的增大，轮胎纵向力（绝对值）相应变大；在垂直载荷不变的情况下，轮胎纵向力（绝对值）随着滑移率（绝对值）的增大而迅速增大，在滑移率（绝对值）为 5% 附近时，达到一个峰值，然后下降。峰值处说明在此滑移率的时刻，轮胎会得到较好的纵向力。

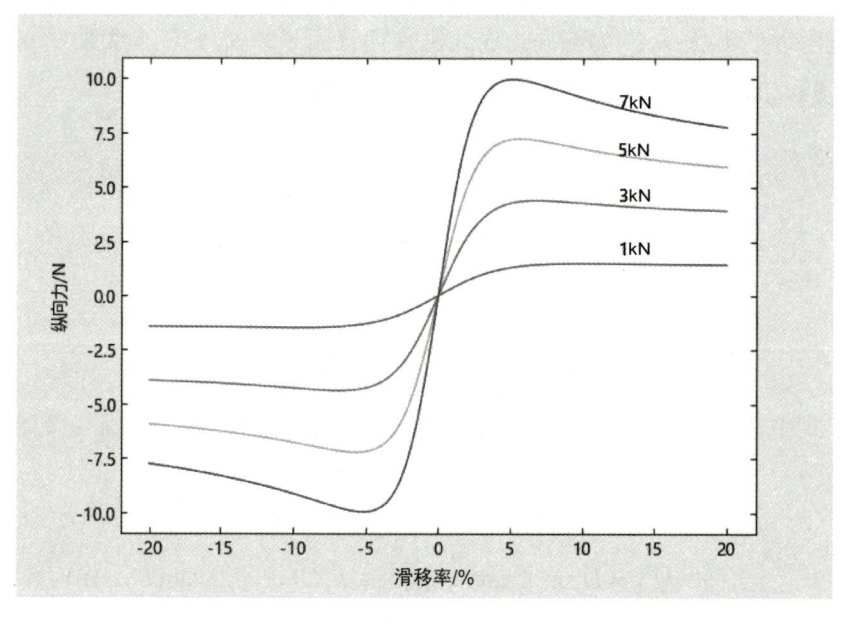

图 6-7-2 不同载荷下的轮胎纵向力-滑移率关系曲线

3. 绘制不同载荷下的轮胎侧向力-侧偏角关系曲线

假设轮胎垂直载荷分别为 1kN、3kN、5kN、7kN，外倾角为 0°，侧偏角为 −20°~20°。根据轮胎侧向力数学模型，编写绘制不同载荷下的轮胎侧向力-侧偏角关系曲线的 MWORKS 程序。

运行结果如图 6-7-3 所示，可以看出，轮胎垂直载荷的变化对轮胎侧向力有较大影响，当轮胎垂直载荷增大时，轮胎侧向力（绝对值）基本呈正比增长。同一垂直载荷情况下，在侧偏角（绝对值）较小时，轮胎侧向力与侧偏角基本为线性关系，在侧偏角（绝对值）达到 7°左右时，轮胎侧向力（绝对值）达到最大值，然后不再随着侧偏角（绝对值）的增大而增大，而是略有下降，说明轮胎侧向力有极限值，数值与路面的附着系数有关。

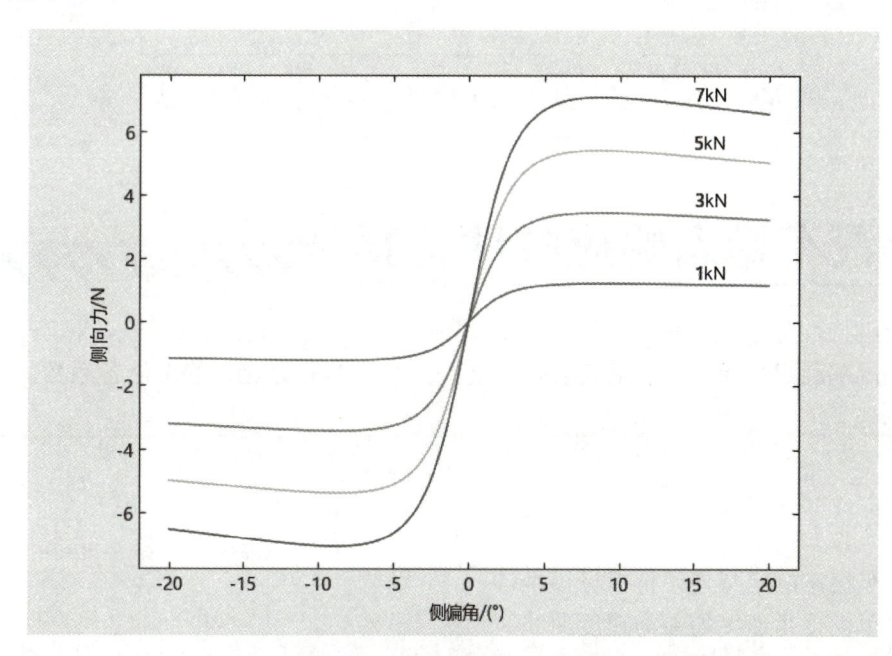

图 6-7-3　不同载荷下的轮胎侧向力-侧偏角关系曲线

4. 绘制不同载荷下的轮胎回正力矩-侧偏角关系曲线

假设轮胎垂直载荷分别为 1kN、3kN、5kN、7kN，外倾角为 0°，侧偏角为 −20°~20°。根据轮胎回正力矩数学模型，编写绘制不同载荷下的轮胎回正力矩-侧偏角关系曲线的 MWORKS 程序。

运行结果如图 6-7-4 所示，可以看出，轮胎回正力矩（绝对值）在侧偏角（绝对值）在 2°~3°范围内时最大，侧偏角（绝对值）继续增大时回正力矩（绝对值）渐渐减小。对比轮胎回正力矩和纵向力、侧向力的数值可以发现，回正力矩的数值较小，对汽车行驶动力学的影响较小，可作为动力学分析中的次要因素考虑。

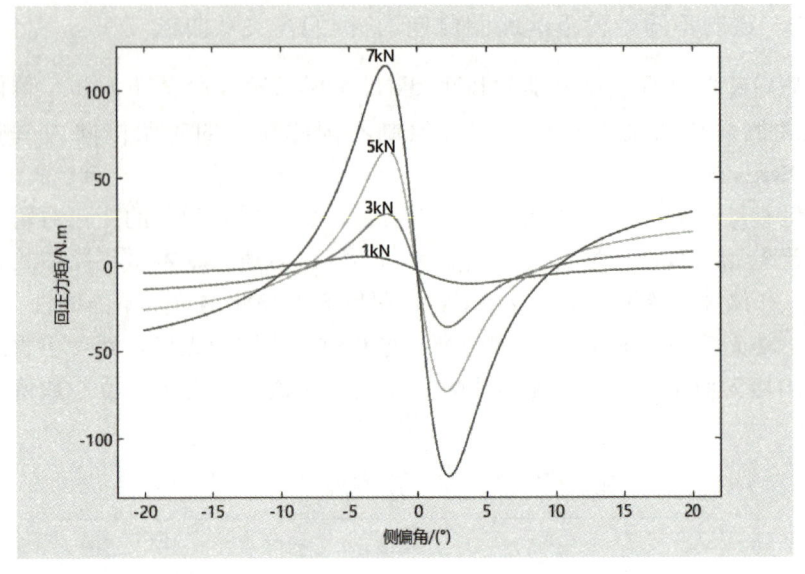

图 6-7-4　不同载荷下的轮胎回正力矩-侧偏角关系曲线

实例 8　汽车稳态响应特性仿真

汽车稳态响应特性是指汽车稳态状况下的运动响应，其评价指标主要有汽车稳态横摆角速度增益、汽车稳定性因数、前后轮侧偏角之差、转向半径之比、静态储备系数。

任务描述

1. 主要任务

（1）建立汽车稳态响应特性评价指标模型。
（2）绘制汽车横摆角速度增益与速度曲线。
（3）绘制汽车前后轮侧偏角之差与侧向加速度曲线。
（4）绘制汽车转向半径之比与速度平方曲线。
（5）计算汽车稳定性因数和静态储备系数。

2. 仿真数据

汽车稳态响应特性仿真所需参数见表 6-8-1。

表 6-8-1　汽车稳态响应特性仿真所需参数

汽车质量/kg	汽车转动惯量/kg·m²	汽车质心至前轴距离/m
3018	10437	1.84
汽车质心至后轴距离/m	前轮综合侧偏刚度/(N/rad)	后轮综合侧偏刚度/(N/rad)
1.88	−23147	−38318

任务实施

汽车稳态横摆角速度增益是指稳态横摆角速度与前轮转角之比，也称转向灵敏度。稳态横摆角速度增益不能太大，以免由于驾驶员无意识轻微转动转向盘而引起汽车很大的响应。稳态横摆角速度增益又不能太小，否则操纵困难。

图 6-8-1 为汽车稳态横摆角速度增益与行驶速度的关系曲线。其中，u_{ch} 为特征车速，u_{cr} 为临界车速，K 为汽车稳定性因数。

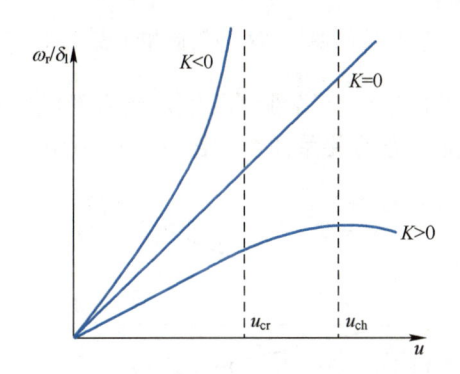

图 6-8-1　汽车稳态横摆角速度增益与行驶速度的关系曲线

汽车稳定性因数是表征汽车稳态转向特性的重要参数之一，根据汽车稳定性因数的数值，汽车的稳态响应可分为中性转向、不足转向和过度转向，如图 6-8-2 所示。

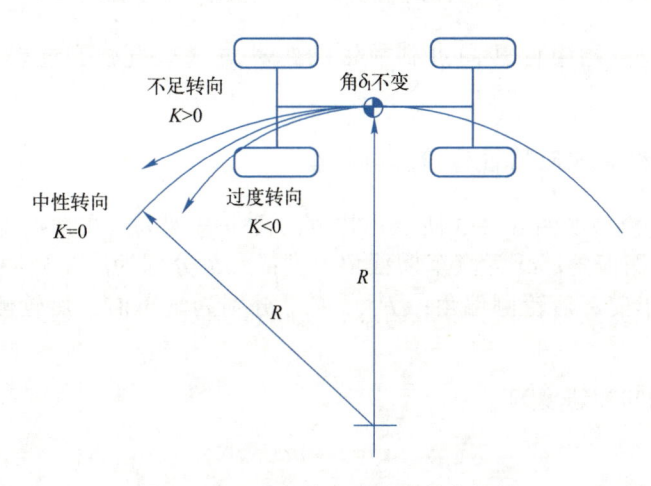

图 6-8-2　汽车的 3 种稳态转向特性

前后轮侧偏角之差（绝对值）是指汽车稳态转向特性试验中，前、后轴综合侧偏角的差值。前后轮侧偏角之差与侧向加速度的关系曲线如图 6-8-3 所示。其中，虚线表明并不是所有工况下前后轮侧偏角之差与侧向加速度之间都存在线性关系。当侧向加速度较大时，轮胎侧偏特性进入明显的非线性区域，汽车稳态响应会发生较大变化。

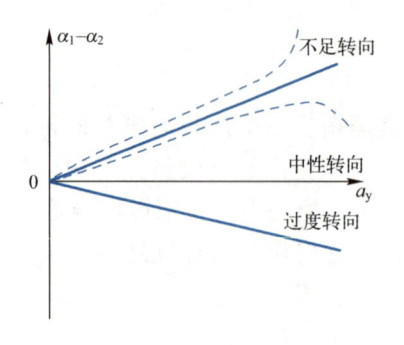

图 6-8-3 前后轮侧偏角之差与侧向加速度之间的关系曲线

转向半径之比是指汽车稳态转向特性试验中，质心瞬时转向半径与初始转向半径的比值。转向半径之比与速度平方的关系曲线如图 6-8-4 所示。

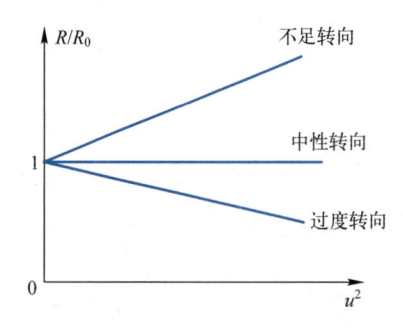

图 6-8-4 转向半径之比与速度平方的关系曲线

静态储备系数是指中性转向点到前轴的距离与汽车质心到前轴的距离之差与轴距之比。

1. 建立汽车稳态响应特性评价指标模型

汽车二自由度模型如图 6-8-5 所示。其中，v、u 分别为汽车质心侧向速度和纵向速度；β 为汽车质心侧偏角；ω_r 为汽车横摆角速度；a、b 分别为汽车质心至前、后轴距离；α_F、α_R 分别为汽车前、后轮侧偏角；F_{yBF}、F_{yBR} 分别为汽车前、后轮侧向力；δ 为前轮转向角。

汽车质心处侧向加速度为

$$a_y = \dot{v} + u\omega_r \tag{6-8-1}$$

汽车前轮和后轮的侧偏角分别为

$$\alpha_F = \beta + \frac{a\omega_r}{u} - \delta \tag{6-8-2}$$

$$\alpha_R = \beta - \frac{b\omega_r}{u}$$

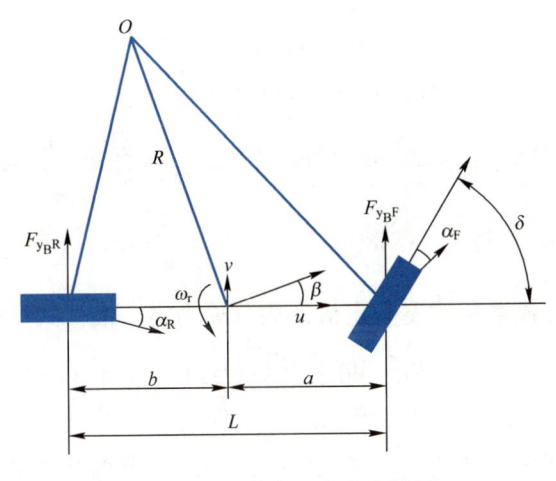

图 6-8-5 汽车二自由度模型

式中，$\beta = \dfrac{v}{u}$。

假设轮胎侧向力处于线性范围内，汽车前轮和后轮侧向力分别为

$$F_{y_BF} = k_1 \alpha_F \tag{6-8-3}$$

$$F_{y_BR} = k_2 \alpha_R$$

式中，k_1、k_2 分别为前轮和后轮综合侧偏刚度。

根据牛顿定律，可以列出二自由度汽车的微分方程为

$$m(\dot{v} + u\omega_r) = F_{y_BF} + F_{y_BR} \tag{6-8-4}$$

$$I_z \dot{\omega}_r = aF_{y_BF} - bF_{y_BR}$$

式中，m 为汽车质量；I_z 为汽车转动惯量。

将式（6-8-1）～式（6-8-3）代入式（6-8-4）得二自由度汽车运动微分方程为

$$(k_1 + k_2)\beta + \dfrac{1}{u}(ak_1 - bk_2)\omega_r - k_1\delta = m(\dot{v} + u\omega_r) \tag{6-8-5}$$

$$(ak_1 - bk_2)\beta + \dfrac{1}{u}(a^2 k_1 + b^2 k_2)\omega_r - ak_1\delta = I_z \dot{\omega}_r$$

由式（6-8-5）可得

$$\dot{\omega}_r = \dfrac{a^2 k_1 + b^2 k_2}{u I_z}\omega_r + \dfrac{ak_1 - bk_2}{I_z}\beta - \dfrac{ak_1}{I_z}\delta \tag{6-8-6}$$

$$\dot{\beta} = \dfrac{ak_1 - bk_2 - 1}{mu^2}\omega_r + \dfrac{k_1 + k_2}{mu}\beta - \dfrac{k_1}{mu}\delta \tag{6-8-7}$$

矩阵方程为

$$\begin{bmatrix} \dot{\beta} \\ \dot{\omega}_r \end{bmatrix} = \begin{bmatrix} a_{11} & a_{12} \\ a_{21} & a_{22} \end{bmatrix} \begin{bmatrix} \beta \\ \omega_r \end{bmatrix} + \begin{bmatrix} b_{11} \\ b_{21} \end{bmatrix} \delta_1 \qquad (6\text{-}8\text{-}8)$$

式中，$a_{11} = \dfrac{K_{\alpha1} + K_{\alpha2}}{mu}$；$a_{12} = \dfrac{aK_{\alpha1} - bK_{\alpha2} - mu^2}{mu^2}$；$a_{21} = \dfrac{aK_{\alpha1} - bK_{\alpha2}}{I_z}$；$a_{22} = \dfrac{a^2 K_{\alpha1} + b^2 K_{\alpha2}}{I_z u}$；$b_{11} = -\dfrac{K_{\alpha1}}{mu}$；$b_{21} = -\dfrac{aK_{\alpha1}}{I_z}$。

汽车稳态行驶时，横摆角速度为定值，微分项为零。根据式（6-8-8）可以得到

$$\begin{bmatrix} a_{11} & a_{12} \\ a_{21} & a_{22} \end{bmatrix} \begin{bmatrix} \beta \\ \omega_r \end{bmatrix} + \begin{bmatrix} b_{11} \\ b_{12} \end{bmatrix} \delta = 0 \qquad (6\text{-}8\text{-}9)$$

（1）汽车稳态横摆角速度增益。解式（6-8-9），可求得汽车稳态横摆角速度增益为

$$\left. \frac{\omega_r}{\delta_1} \right|_s = \frac{u/L}{1 + \dfrac{m}{L^2}\left(\dfrac{a}{K_{\alpha2}} - \dfrac{b}{K_{\alpha1}}\right)u^2} = \frac{u/L}{1 + Ku^2} \qquad (6\text{-}8\text{-}10)$$

式中，K 称为汽车稳定性因数，它是表征汽车稳态转向特性的重要参数之一；$K_{\alpha1}$、$K_{\alpha2}$ 分别为前、后轮综合侧偏刚度，其值为负值；$L = a + b$ 为汽车轴距。

（2）汽车稳定性因数。根据式（6-8-10），可得汽车稳定性因数为

$$K = \frac{m}{L^2}\left(\frac{a}{K_{\alpha2}} - \frac{b}{K_{\alpha1}}\right) \qquad (6\text{-}8\text{-}11)$$

根据汽车稳定性因数的数值，汽车的稳态响应可分为 3 类：$K = 0$ 时为中性转向；$K > 0$ 时为不足转向；$K < 0$ 时为过度转向。

（3）前后轮侧偏角之差。如果不知道轮胎侧偏刚度和汽车其他参数，可以通过试验判断汽车稳态响应。测出前后轮侧偏角之差，就可以求出稳定性因数 K。

前后轮侧偏角之差表达式为

$$\alpha_1 - \alpha_2 = a_y L K \qquad (6\text{-}8\text{-}12)$$

式中，a_y 为汽车侧向加速度（绝对值）。

由式（6-8-12）可知，当 $\alpha_1 - \alpha_2 = 0$ 时，汽车具有中性转向特性；当 $\alpha_1 - \alpha_2 > 0$ 时，汽车具有不足转向特性；当 $\alpha_1 - \alpha_2 < 0$ 时，汽车具有过度转向特性。

（4）转向半径之比。其表达式为

$$\frac{R}{R_0} = 1 + Ku^2 \qquad (6\text{-}8\text{-}13)$$

由式（6-8-13）可知，当转向半径之比等于 1 时，汽车具有中性转向特性；当转向半径之比大于 1 时，汽车具有不足转向特性；当转向半径之比小于 1 时，汽车具有过度转向特性。

（5）静态储备系数。其表达式为

$$S.M. = \frac{a' - a}{L} = \frac{K_{\alpha 2}}{K_{\alpha 1} + K_{\alpha 2}} - \frac{a}{L} \tag{6-8-14}$$

式中，a' 为中性转向点到前轴的距离。

由式（6-8-14）可知，当 $S.M. = 0$ 时，即中性转向点与汽车质心重合，汽车具有中性转向特性；当 $S.M. > 0$ 时，即中性转向点在汽车质心之后，汽车具有不足转向特性；当 $S.M. < 0$ 时，即中性转向点在汽车质心之前，汽车具有过度转向特性。

2. 绘制汽车横摆角速度增益与速度曲线

根据汽车稳态横摆角速度增益模型，编写绘制汽车横摆角速度增益与速度曲线的 MWORKS 程序。运行结果如图 6-8-6 所示，可以看出，随着车速的增加，汽车横摆角速度增益增大，达到某一车速时，汽车横摆角速度增益达到最大值；再继续增加车速，汽车横摆角速度增益减小。最大汽车横摆角速度增益所对应的车速称为特征车速。该车具有不足转向特性。汽车稳定性因数越大，汽车横摆角速度增益越小，不足转向量越大。

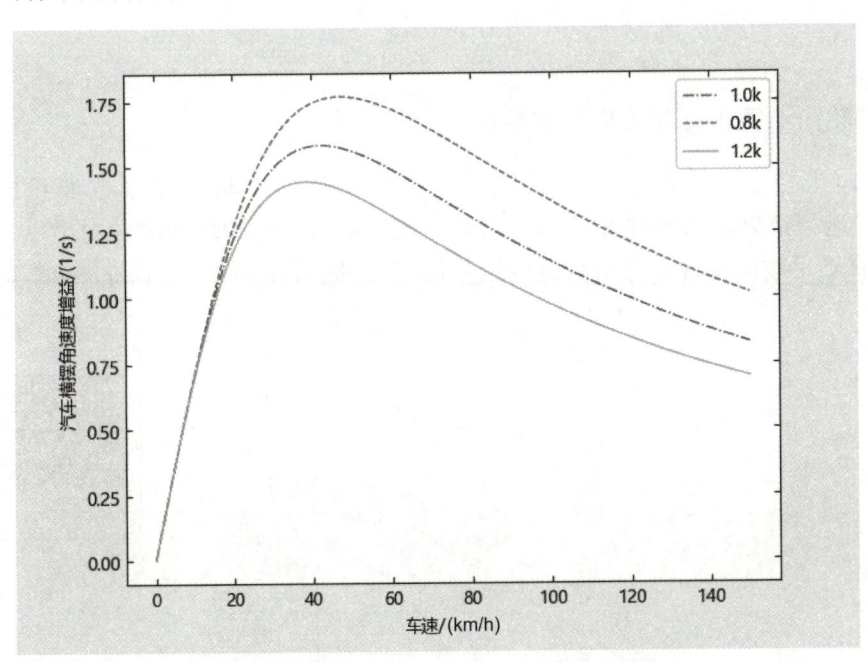

图 6-8-6　汽车横摆角速度增益与速度曲线

3. 绘制汽车前后轮侧偏角之差与侧向加速度曲线

根据汽车前后轮侧偏角之差模型，编写绘制汽车前后轮侧偏角之差与侧向加速度曲线的 MWORKS 程序。运行结果如图 6-8-7 所示，可以看出，随着侧向加速度的增大，汽车前后侧偏角之差增大。该车具有不足转向特性。汽车稳定性因数越大，汽车前后侧偏角之差越大，不足转向量越大。

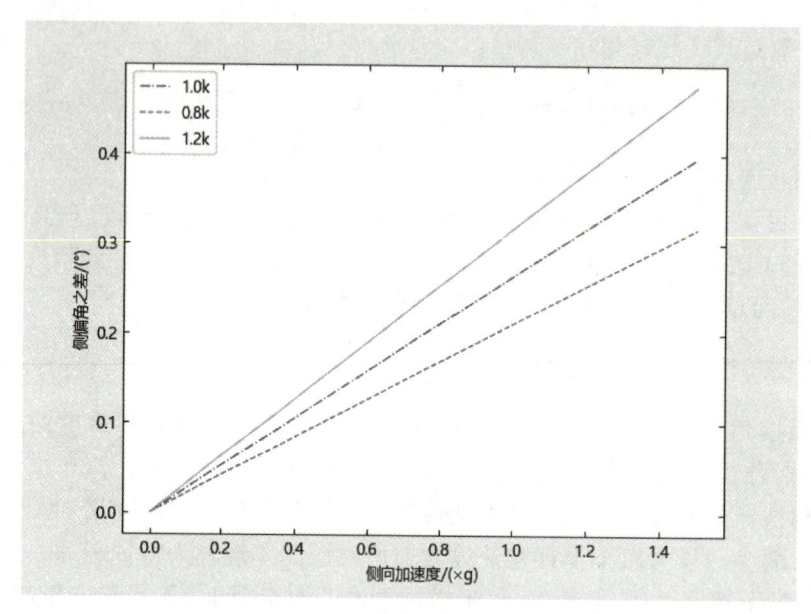

图 6-8-7　汽车前后轮侧偏角之差与侧向加速度曲线

注：g 表示重力加速度。

4. 绘制汽车转向半径之比与速度平方曲线

根据汽车转向半径之比模型，编写绘制汽车转向半径之比与速度平方曲线的 MWORKS 程序。运行结果如图 6-8-8 所示，可以看出，随着速度的增加，转向半径之比增大。该车具有不足转向特性。汽车稳定性因数越大，汽车转向半径之比越大，不足转向量越大。

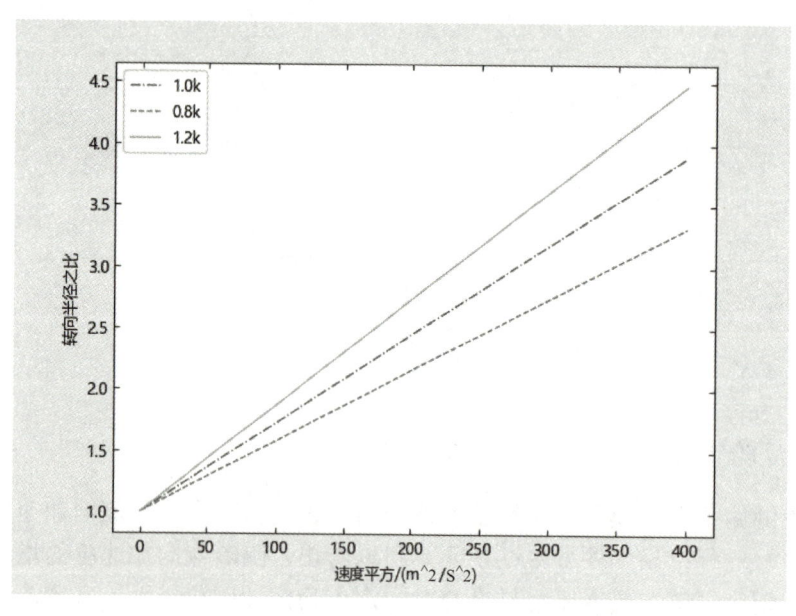

图 6-8-8　汽车转向半径之比与速度平方曲线

5. 计算汽车稳定性因数和静态储备系数

根据汽车稳定性因数和静态储备系数模型，编写计算汽车稳定性因数和静态储备系数的 MWORKS 程序，得出 $K = 0.0072 \text{s}^2/\text{m}^2$，S.M. = 0.1288，因为 $K > 0$，所以该车具有不足转向特性，因为 S.M. > 0，所以该车具有不足转向特性。

采用 5 种计算方式，结果都表明该车具有不足转向特性。

实例 9　汽车平顺性仿真

汽车平顺性是指汽车以正常车速行驶时能保证乘员不会因车身振动而引起不舒适和疲乏感觉以及保持运载货物完整无损的性能。由于汽车平顺性主要根据乘员的舒适程度来评价，所以它有时又称为乘坐舒适性。要获得良好的汽车行驶平顺性，需要对悬架系统进行合理设计和匹配。根据汽车整车性能对悬架系统的要求，通常用车身垂直加速度、悬架动挠度和车轮动载荷来评价悬架系统的优劣。

任务描述

1. 主要任务

（1）建立 1/2 汽车平顺性数学模型。
（2）绘制时域路面不平度曲线。
（3）绘制汽车输出变量随时间变化的曲线。

2. 仿真数据

汽车平顺性仿真所需参数见表 6-9-1。

表 6-9-1　汽车平顺性仿真所需参数

悬挂质量/kg	转动惯量/kg·m²	前非悬挂质量/kg	后非悬挂质量/kg
690	1222	40.5	45.4
前悬架刚度/(kN/m)	后悬架刚度/(kN/m)	前悬架阻尼系数/(kN·s/m)	后悬架阻尼系数/(kN·s/m)
17	22	1.5	1.5
前轮胎刚度/(kN/m)	后轮胎刚度/(kN/m)	车身质心至前轴距离/m	车身质心至后轴距离/m
192	192	1.25	1.51

任务实施

1. 建立 1/2 汽车平顺性数学模型

汽车平顺性模型包括整车模型和路面输入模型，其中整车模型以 1/2 汽车为例。

（1）1/2 汽车平顺性数学模型。

在建立 1/2 汽车平顺性数学模型时，假设汽车对称其纵轴线，且左、右车轮的路面不平度函数相等；不考虑非线性因素；认为轮胎不离开路面。

1/2 被动悬架汽车行驶动力学模型如图 6-9-1 所示。m_s 为悬挂质量；m_{sf}、m_{sr} 分别为悬挂质量等效在前、后车轮上的质量；$m_{\omega f}$、$m_{\omega r}$ 分别为非悬挂质量等效在前、后车轮上的质量；I_{sy} 为悬挂质量绕 y 轴的转动惯量；a、b、L 分别为车身质心至前、后轴距离和轴距；K_{sf}、K_{sr} 分别为前、后悬架刚度，C_{sf}、C_{sr} 分别为前、后悬架阻尼系数；K_{wf}、K_{wr} 分别为前、后轮胎刚度；φ 为车身俯仰角；q_f、q_r 分别为汽车前、后轮路面不平度的位移函数；z_{wf}、z_{wr} 分别为前、后轴非悬挂质量的垂直位移；z_{sf}、z_{sr} 分别为前、后车轮上方悬挂质量的垂直位移；z_s 为车身质心处的垂直位移，坐标原点在各自的平衡位置。

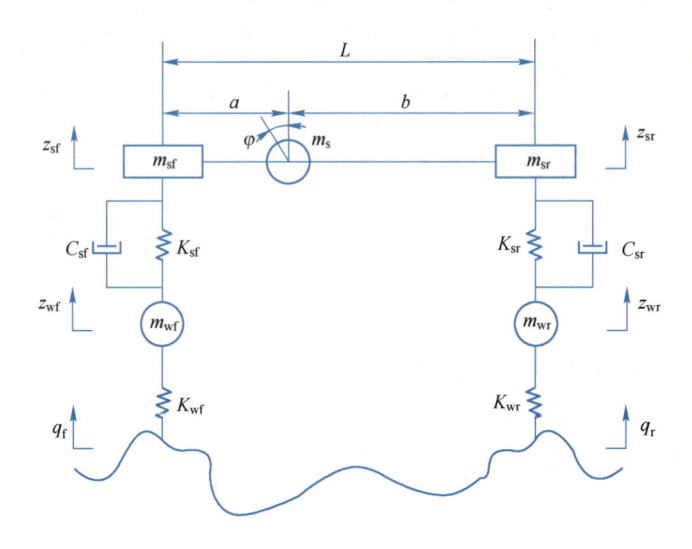

图 6-9-1　1/2 被动悬架汽车行驶动力学模型

1/2 被动悬架汽车行驶动力学模型包括 4 个自由度，即车身的垂直和俯仰运动以及前、后非悬挂质量的垂直运动。

以车身为研究对象，由垂直方向力的平衡和绕质心的力矩平衡得

$$\begin{aligned}m_s\ddot{z}_s &= K_{sf}(z_{wf}-z_{sf})+C_{sf}(\dot{z}_{wf}-\dot{z}_{sf})+K_{sr}(z_{wr}-z_{sr})+C_{sr}(\dot{z}_{wr}-\dot{z}_{sr}) \\ I_{sy}\ddot{\varphi} &= bK_{sr}(z_{wr}-z_{sr})+bC_{sr}(\dot{z}_{wr}-\dot{z}_{sr})-aK_{sf}(z_{wf}-z_{sf})-aC_{sf}(\dot{z}_{wf}-\dot{z}_{sf})\end{aligned} \quad (6\text{-}9\text{-}1)$$

以前、后非悬挂质量为研究对象，由垂直方向力的平衡得

$$\begin{aligned}m_{wf}\ddot{z}_{wf} &= K_{wf}(q_f-z_{wf})-K_{sf}(z_{wf}-z_{sf})-C_{sf}(\dot{z}_{wf}-\dot{z}_{sf}) \\ m_{wr}\ddot{z}_{wr} &= K_{wr}(q_r-z_{wr})-K_{sr}(z_{wr}-z_{sr})-C_{sr}(\dot{z}_{wr}-\dot{z}_{sr})\end{aligned} \quad (6\text{-}9\text{-}2)$$

当俯仰角较小时，前、后车轮上方悬挂质量的垂直位移与车身质心处的垂直位移、俯仰角之间的关系为

$$z_{sf} = z_s - a\phi$$
$$z_{sr} = z_s + b\phi \tag{6-9-3}$$

选取车身垂直位移、车身俯仰角、前轴和后轴非悬挂质量的垂直位移、前轮和后轮路面不平度的位移、车身垂直速度、车身俯仰角速度、前轴和后轴非悬挂质量的垂直速度为系统的状态变量，即 $\boldsymbol{X} = [z_s \ \phi \ z_{wf} \ z_{wr} \ q_f \ q_r \ \dot{z}_s \ \dot{\phi} \ \dot{z}_{wf} \ \dot{z}_{wr}]^T$，则由式（6-9-1）～式（6-9-3）可得1/2汽车系统状态方程式：

$$\dot{\boldsymbol{X}} = \boldsymbol{A}\boldsymbol{X} + \boldsymbol{B}\boldsymbol{u} \tag{6-9-4}$$

式中，$\boldsymbol{A}$ 为 10×10 阶系统矩阵，其中 $a_{71} = -(K_{sf} + K_{sr})/m_s$；$a_{72} = -(aK_{sf} - bK_{sr})/m_s$；$a_{73} = K_{sf}/m_s$；$a_{74} = K_{sr}/m_s$；$a_{77} = -(C_{sf} + C_{sr})/m_s$；$a_{78} = (aC_{sf} - bC_{sr})/m_s$；$a_{79} = C_{sf}/m_s$；$a_{710} = C_{sr}/m_s$；$a_{81} = (aK_{sf} - bK_{sr})/I_{sy}$；$a_{82} = -(a^2K_{sf} - b^2K_{sr})/I_{sy}$；$a_{83} = -aK_{sf}/I_{sy}$；$a_{84} = bK_{sr}/I_{sy}$；$a_{87} = (aC_{sf} - bC_{sr})/I_{sy}$；$a_{88} = -(a^2C_{sf} + b^2C_{sr})/I_{sy}$；$a_{89} = -aC_{sf}/I_{sy}$；$a_{810} = bC_{sr}/I_{sy}$；$a_{91} = K_{sf}/m_{wf}$；$a_{92} = -aK_{sf}/m_{wf}$；$a_{93} = -(K_{sf} + K_{wf})$；$a_{95} = K_{wf}/m_{wf}$；$a_{97} = C_{sf}/m_{wf}$；$a_{98} = -aC_{sf}/m_{wf}$；$a_{99} = -C_{sf}/m_{wf}$；$a_{101} = K_{sr}/m_{wr}$；$a_{102} = bK_{sr}/m_{wr}$；$a_{104} = -(K_{sr} + K_{wr})/m_{wr}$；$a_{106} = K_{wr}/m_{wr}$；$a_{107} = C_{sr}/m_{wr}$；$a_{108} = bC_{sr}/m_{wr}$；$a_{110} = -C_{sr}/m_{wr}$；$a_{17} = a_{28} = a_{39} = a_{410} = 1$；其余为 0；$\boldsymbol{B}$ 为 10×2 阶扰动矩阵，其中 $b_{51} = 1$；$b_{62} = 1$；其余为 0；$\boldsymbol{u} = (\dot{q}_f \ \dot{q}_r)^T$ 为扰动向量。

设前、后悬架动挠度分别为 $z_{swf} = z_{sf} - z_{wf}$ 和 $z_{swr} = z_{sr} - z_{wr}$，前、后轮胎动变形分别为 $z_{qwf} = q_f - z_{wf}$ 和 $z_{qwr} = q_r - z_{wr}$，选择车身垂直加速度、车身俯仰角加速度、前悬架和后悬架动挠度、前轮胎和后轮胎动载荷为系统输出变量，即 $\boldsymbol{Y} = [\ddot{z}_s \ \ddot{\phi} \ z_{swf} \ z_{swr} \ K_{wl}z_{qwf} \ K_{wr}z_{qwr}]^T$，则1/2汽车系统输出方程式为

$$\boldsymbol{Y} = \boldsymbol{C}\boldsymbol{X} \tag{6-9-5}$$

式中，$\boldsymbol{C}$ 为 6×10 阶输出矩阵。

输出矩阵为

$$\boldsymbol{C} = \begin{bmatrix} a_{71} & a_{72} & a_{73} & a_{74} & 0 & 0 & a_{77} & a_{78} & a_{79} & a_{710} \\ a_{81} & a_{82} & a_{83} & a_{84} & 0 & 0 & a_{87} & a_{88} & a_{89} & a_{810} \\ 1 & -a & -1 & 0 & 0 & 0 & 0 & 0 & 0 & 0 \\ 1 & b & -1 & 0 & 0 & 0 & 0 & 0 & 0 & 0 \\ 0 & 0 & -K_{wf} & 0 & K_{wf} & 0 & 0 & 0 & 0 & 0 \\ 0 & 0 & 0 & -K_{wr} & 0 & K_{wr} & 0 & 0 & 0 & 0 \end{bmatrix} \tag{6-9-6}$$

式（6-9-6）中 a_{ij} 的表达式与式（6-9-4）中的相对应。

（2）汽车路面输入模型。

汽车路面输入模型采用滤波白噪声时域路面输入模型，即

$$\dot{q}(t) = -2\pi f_0 q(t) + 2\pi \sqrt{S_q(n_0)u}\, w(t) \tag{6-9-7}$$

式中，$\dot{q}(t)$ 为路面位移；f_0 为下截止频率；$S_q(n_0)$ 为路面不平度系数，与路面等级有关；u 为汽车行驶速度；$w(t)$ 为均值为 0、强度为 1 的均匀分布白噪声。

下截止频率计算式为

$$f_0 = 2\pi n_{00} u \tag{6-9-8}$$

式中，n_{00} 为路面空间截止频率，$n_{00} = 0.011 m^{-1}$。

2. 绘制时域路面不平度曲线

根据式（6-9-7）和式（6-9-8），编写绘制时域路面不平度曲线的 MWORKS 程序。运行结果如图 6-9-2 所示，可以看出，得到了不同速度下的时域路面不平度曲线。

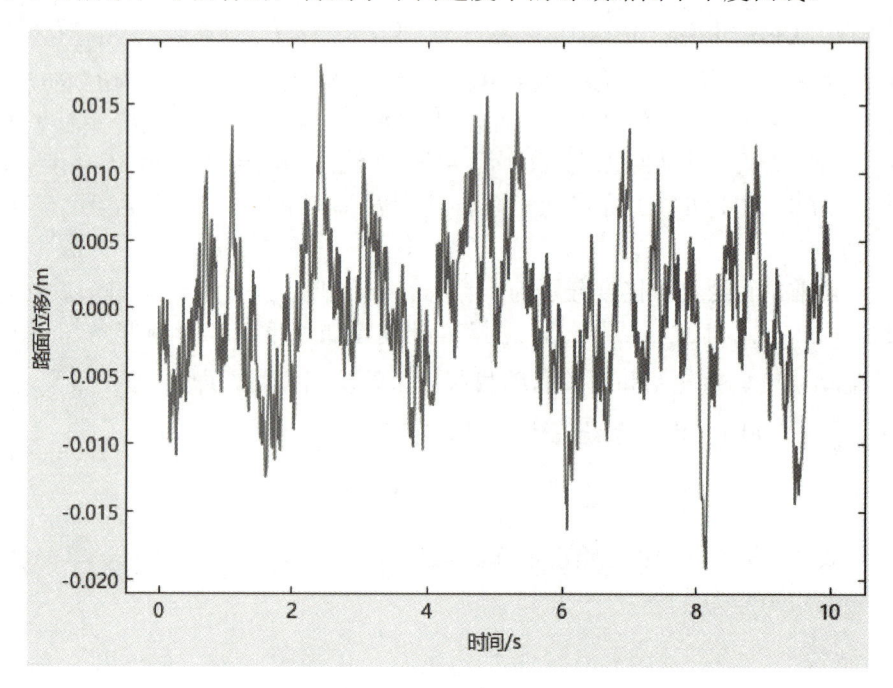

图 6-9-2　时域路面不平度曲线

3. 绘制汽车输出变量随时间变化的曲线

根据车身垂直加速度数学模型和路面输入模型，编写绘制汽车输出变量随时间变化的曲线的 MWORKS 程序。运行程序，车身垂直加速度随时间变化曲线如图 6-9-3 所示，车身俯仰角加速度随时间变化曲线如图 6-9-4 所示，前悬架动挠度随时间变化曲线如图 6-9-5 所示，后悬架动挠度随时间变化曲线如图 6-9-6 所示，前轮胎动载荷随时间变化曲线如图 6-9-7 所示，后轮胎动载荷随时间变化曲线如图 6-9-8 所示。

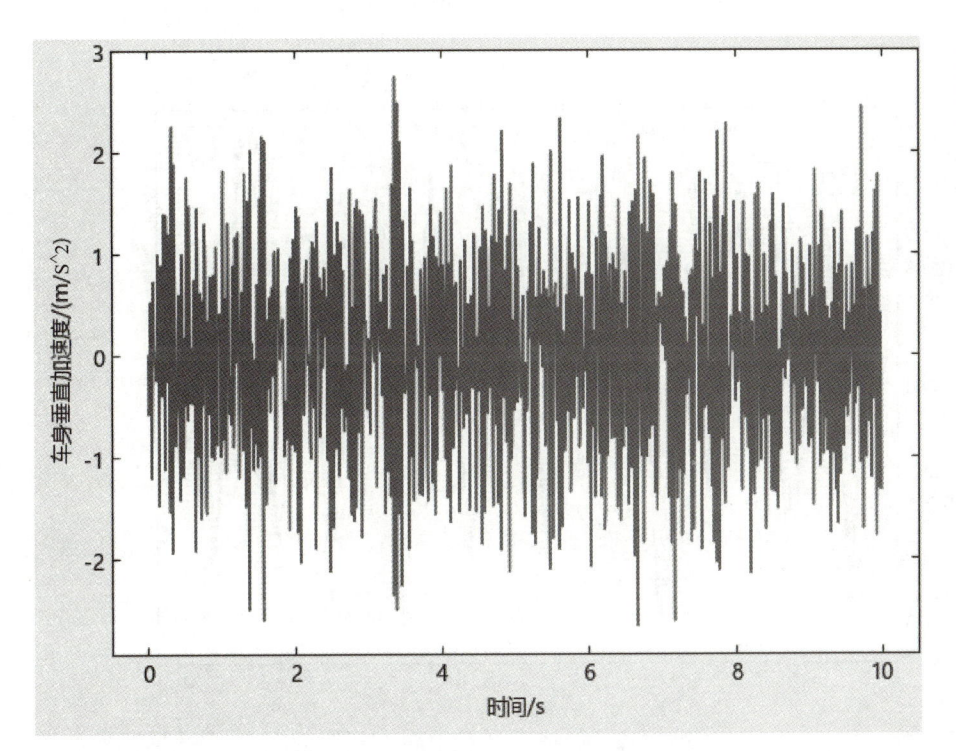

图 6-9-3　车身垂直加速度随时间变化曲线

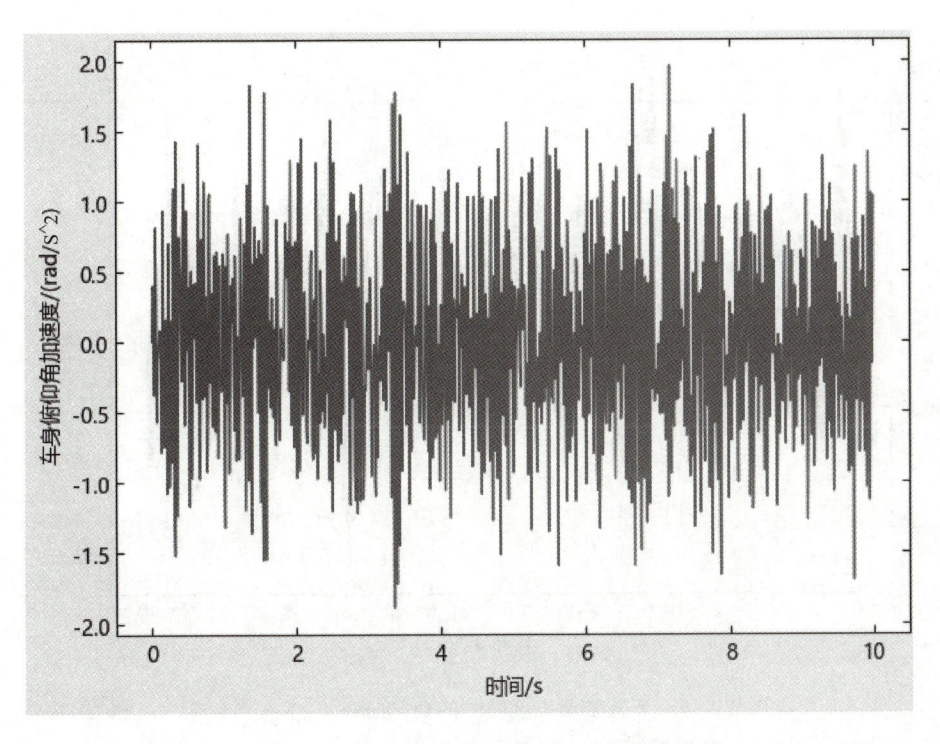

图 6-9-4　车身俯仰角加速度随时间变化曲线

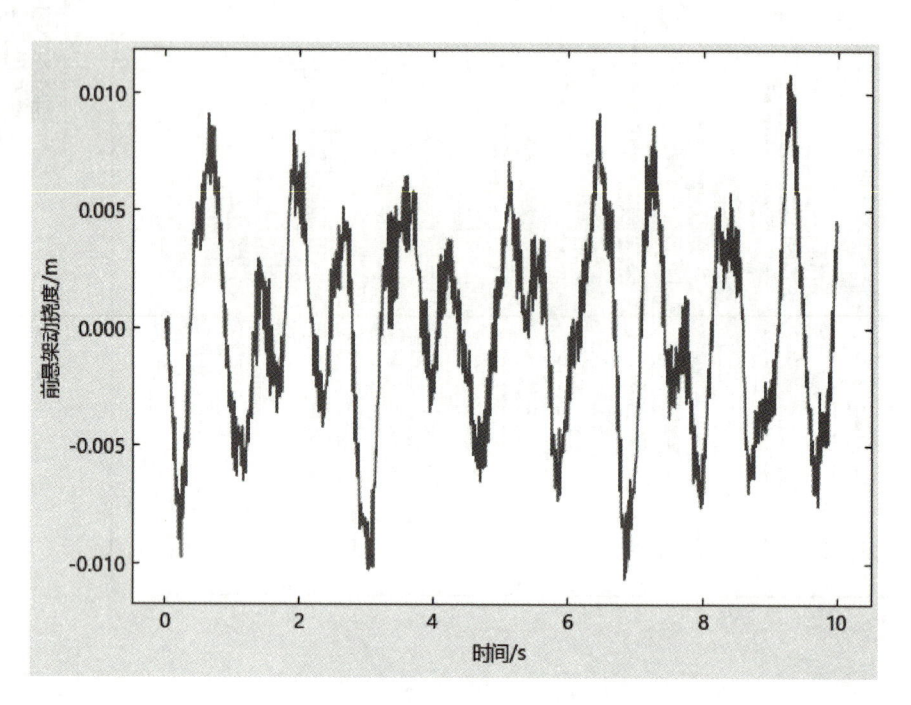

图 6-9-5 前悬架动挠度随时间变化曲线

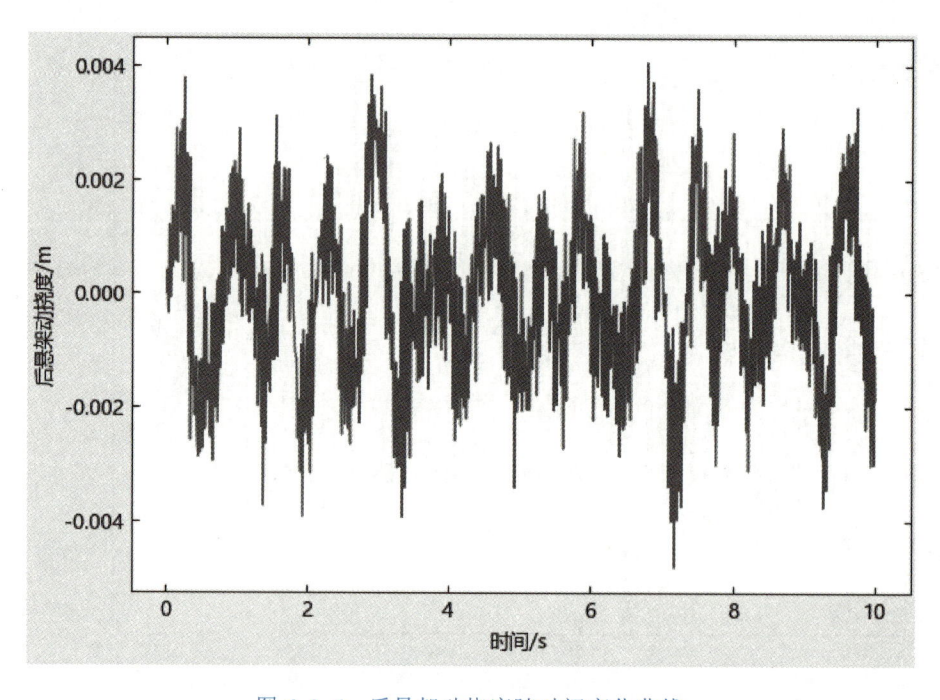

图 6-9-6 后悬架动挠度随时间变化曲线

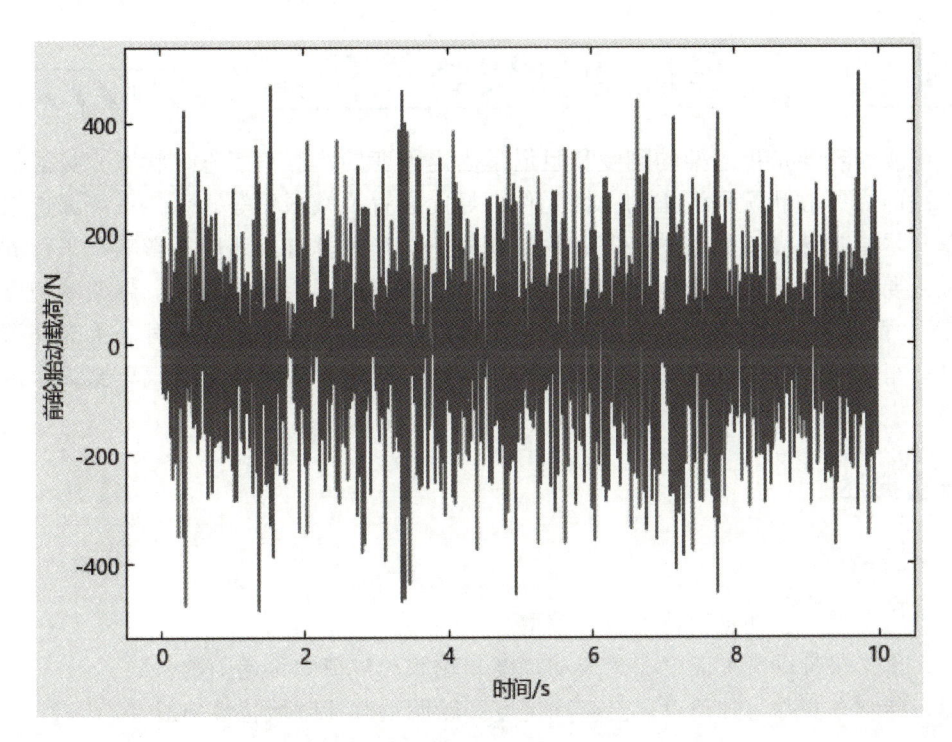

图 6-9-7　前轮胎动载荷随时间变化曲线

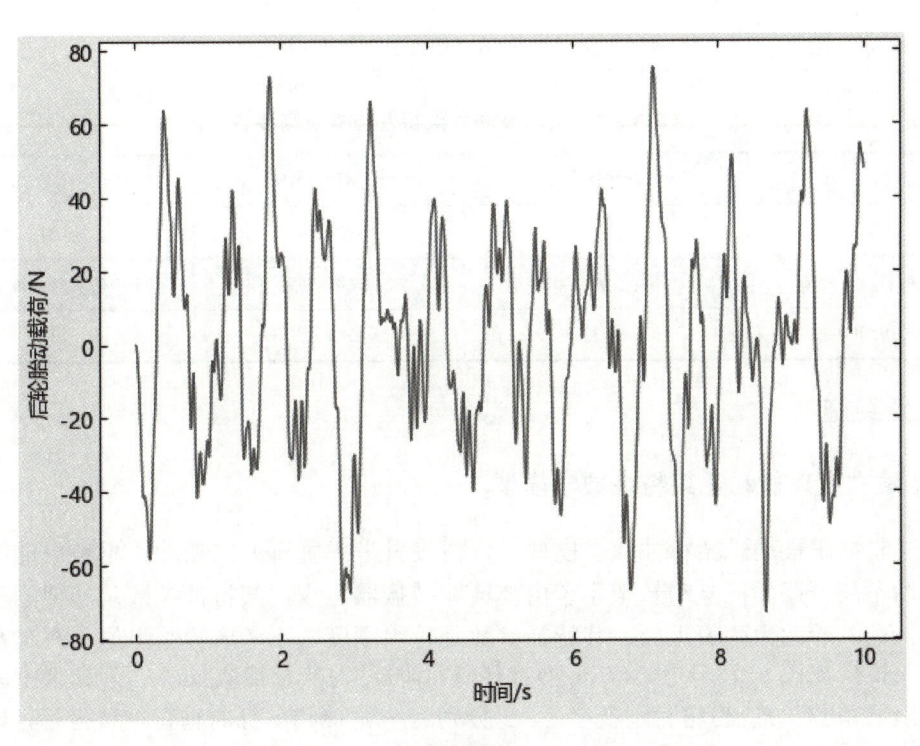

图 6-9-8　后轮胎动载荷随时间变化曲线

实例 10　汽车被动悬架特性仿真

汽车被动悬架是指悬架的刚度和阻尼是固定不变的，汽车姿态（状态）只能被动地取决于路面、行驶状况和汽车的弹性元件、导向装置及减振器等。悬架系统评价指标主要有车身垂直加速度、悬架动挠度、轮胎动载荷。车身垂直加速度是影响汽车行驶平顺性的最主要指标，降低车身垂直加速度幅值，也就提高了乘坐舒适性；悬架动挠度与其限位行程有关，过大的动挠度会导致撞击限位块，因此，减小动挠度有利于提高汽车的平顺性；车轮与路面的动载荷直接影响车轮与路面的附着效果，这与汽车操纵稳定性有关，在一定范围内降低轮胎动载荷，有利于提高汽车操纵稳定性。

任务描述

1. 主要任务

（1）建立汽车被动悬架特性数学模型。
（2）建立车身垂直加速度、悬架动挠度和轮胎动载荷的传递函数。
（3）绘制车身垂直加速度、悬架动挠度和轮胎动载荷时域特性曲线。

2. 仿真数据

汽车被动悬架特性仿真所需参数见表 6-10-1。

表 6-10-1　汽车被动悬架特性仿真所需参数

悬挂质量/kg	非悬挂质量/kg	悬架刚度/(N/m)	悬架阻尼系数/(N·s/m)
320	50	22000	1500
轮胎刚度/(N/m)	下截止频率/Hz	路面不平度系数	仿真时间/s
195000	0.07	5×10^{-6}	10

任务实施

1. 建立汽车被动悬架特性数学模型

在建立汽车被动悬架特性数学模型时，假设只考虑垂直方向振动；不考虑非线性因素；轮胎不离开路面；被动悬架系统由弹簧和减振器组成，其特征参数是悬架刚度和悬架阻尼系数。轮胎由弹簧组成，其特征参数是轮胎刚度，不考虑轮胎阻尼。汽车被动悬架动力学模型如图 6-10-1 所示。m_s 为悬挂质量，m_w 为非悬挂质量；K_s 为悬架刚度，C_s 为悬架阻尼系数；K_w 为轮胎刚度；z_w、z_s 分别为车轮轴和车身的垂直位移坐标，坐标原点在各自平衡位置；q 为路面不平度的位移函数。

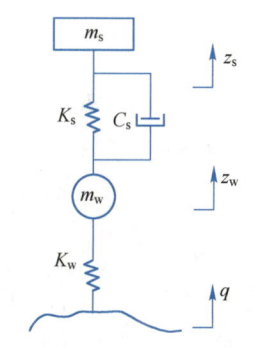

图 6-10-1 汽车被动悬架动力学模型

汽车被动悬架动力学模型包括两个自由度,即悬挂质量和非悬挂质量的垂直运动。根据图 6-10-1,被动悬架动力学方程式为

$$m_s \ddot{z}_s = K_s(z_w - z_s) + C_s(\dot{z}_w - \dot{z}_s)$$
$$m_w \ddot{z}_w = K_w(q - z_w) - K_s(z_w - z_s) - C_s(\dot{z}_w - \dot{z}_s)$$

(6-10-1)

根据式(6-10-1),汽车被动悬架系统动力学方程式可以写成矩阵形式,即

$$\begin{bmatrix} m_w & 0 \\ 0 & m_s \end{bmatrix} \begin{bmatrix} \ddot{z}_w \\ \ddot{z}_s \end{bmatrix} + \begin{bmatrix} C_s & -C_s \\ -C_s & C_s \end{bmatrix} \begin{bmatrix} \dot{z}_w \\ \dot{z}_s \end{bmatrix} + \begin{bmatrix} K_w + K_s & -K_s \\ -K_s & K_s \end{bmatrix} \begin{bmatrix} z_w \\ z_s \end{bmatrix} = \begin{bmatrix} K_w q \\ 0 \end{bmatrix}$$

(6-10-2)

选取滤波白噪声作为路面输入模型,即

$$\dot{q}(t) = -2\pi f_0 q(t) + 2\pi \sqrt{S_q(n_0) u} w(t)$$

(6-10-3)

式中,$\dot{q}(t)$ 为路面位移;f_0 为下截止频率;$S_q(n_0)$ 为路面不平度系数,与路面等级有关;u 为汽车行驶速度;$w(t)$ 为均值为 0、强度为 1 的均匀分布白噪声。

在现代控制理论中,利用系统状态方程式可以进行计算机仿真,是研究系统动态特性最常用的方法。

设悬架动挠度为 $z_{sw} = z_s - z_w$,轮胎动变形为 $z_{qw} = q - z_w$,选取悬架动挠度、车身垂直速度、轮胎动变形、车轮轴垂直速度为系统状态变量,即 $X = [z_{sw} \ \dot{z}_s \ z_{qw} \ \dot{z}_w]^T$,则被动悬架系统状态方程式为

$$\begin{bmatrix} \dot{z}_{sw} \\ \ddot{z}_s \\ \dot{z}_{qw} \\ \ddot{z}_w \end{bmatrix} = \begin{bmatrix} 0 & 1 & 0 & -1 \\ -K_s/m_s & -C_s/m_s & 0 & C_s/m_s \\ 0 & 0 & 0 & -1 \\ K_s/m_w & C_s/m_w & K_w/m_w & -C_s/m_w \end{bmatrix} \begin{bmatrix} z_{sw} \\ \dot{z}_s \\ z_{qw} \\ \dot{z}_w \end{bmatrix} + \begin{bmatrix} 0 \\ 0 \\ 1 \\ 0 \end{bmatrix} [\dot{q}]$$

(6-10-4)

选取车身垂直加速度、悬架动挠度、轮胎动载荷为系统输出变量,即 $Y = [\ddot{z}_s \ z_{sw} \ K_w z_{qw}]^T$,则被动悬架系统输出方程式为

$$\begin{bmatrix} \ddot{z}_s \\ z_{sw} \\ K_w z_{qw} \end{bmatrix} = \begin{bmatrix} -K_s/m_s & -C_s/m_s & 0 & C_s/m_s \\ 1 & 0 & 0 & 0 \\ 0 & 0 & K_w & 0 \end{bmatrix} \begin{bmatrix} z_{sw} \\ \dot{z}_s \\ z_{qw} \\ \dot{z}_w \end{bmatrix}$$

(6-10-5)

被动悬架系统状态方程矩阵为

$$\dot{X} = AX + BU$$
$$Y = CX$$
（6-10-6）

式中，$A = \begin{bmatrix} 0 & 1 & 0 & -1 \\ -K_s/m_s & -C_s/m_s & 0 & C_s/m_s \\ 0 & 0 & 0 & -1 \\ K_s/m_w & C_s/m_w & K_w/m_w & -C_s/m_w \end{bmatrix}$；$B = \begin{bmatrix} 0 \\ 0 \\ 1 \\ 0 \end{bmatrix}$；$U = [\dot{q}]$；

$C = \begin{bmatrix} -K_s/m_s & -C_s/m_s & 0 & C_s/m_s \\ 1 & 0 & 0 & 0 \\ 0 & 0 & K_w & 0 \end{bmatrix}$。

2. 建立车身垂直加速度、悬架动挠度和轮胎动载荷的传递函数

对式（6-10-1）取拉普拉斯变换，可以得到车身垂直加速度对路面位移的传递函数为

$$G_1(s) = \frac{\ddot{z}_s(s)}{q(s)} = \frac{s^2 z_s(s)}{q(s)} = \frac{K_w(C_s s + K_s)s^2}{\Delta(s)}$$
（6-10-7）

式中，$\Delta(s) = m_s m_w s^4 + (m_s + m_w)C_s s^3 + (m_s K_s + m_s K_w + m_w K_s)s^2 + C_s K_w s + K_w K_s$。

悬架动挠度对路面位移的传递函数为

$$G_2(s) = \frac{z_s(s) - z_w(s)}{q(s)} = \frac{-m_w K_w s^2}{\Delta(s)}$$
（6-10-8）

轮胎动载荷对路面位移的传递函数为

$$G_3(s) = \frac{K_w[q(s) - z_w(s)]}{q(s)} = \frac{[m_s m_w s^2 + (m_s + m_w)C_s s + (m_s + m_w)K_s]K_w s^2}{\Delta(s)}$$
（6-10-9）

3. 绘制车身垂直加速度、悬架动挠度和轮胎动载荷时域特性曲线

根据汽车被动悬架特性数学模型，编写 MWORKS 程序，得到路面位移时域特性曲线（见图 6-10-2）、车身垂直加速度时域特性曲线（见图 6-10-3）、悬架动挠度时域特性曲线（见图 6-10-4）、轮胎动载荷时域特性曲线（见图 6-10-5），可以看出，路面输入为随机信号时，被动悬架的车身垂直加速度、悬架动挠度、轮胎动载荷均为随机信号，而且均值接近为 0。通过改变车速，可以求得不同车速下的被动悬架的车身垂直加速度、悬架动挠度、轮胎动载荷随时间的变化曲线。

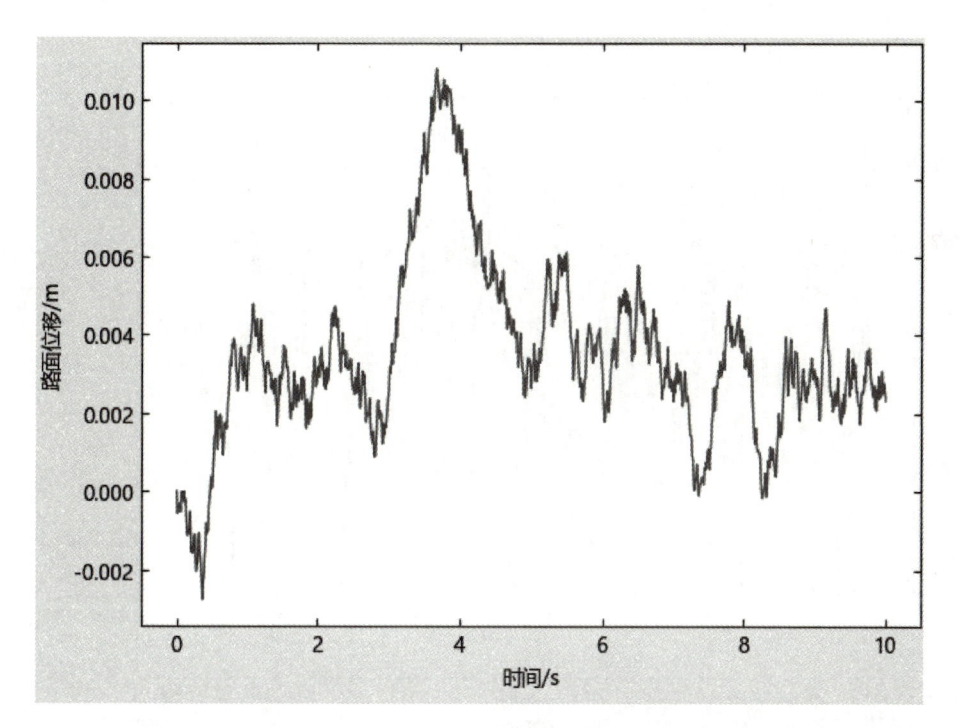

图 6-10-2　路面位移时域特性曲线

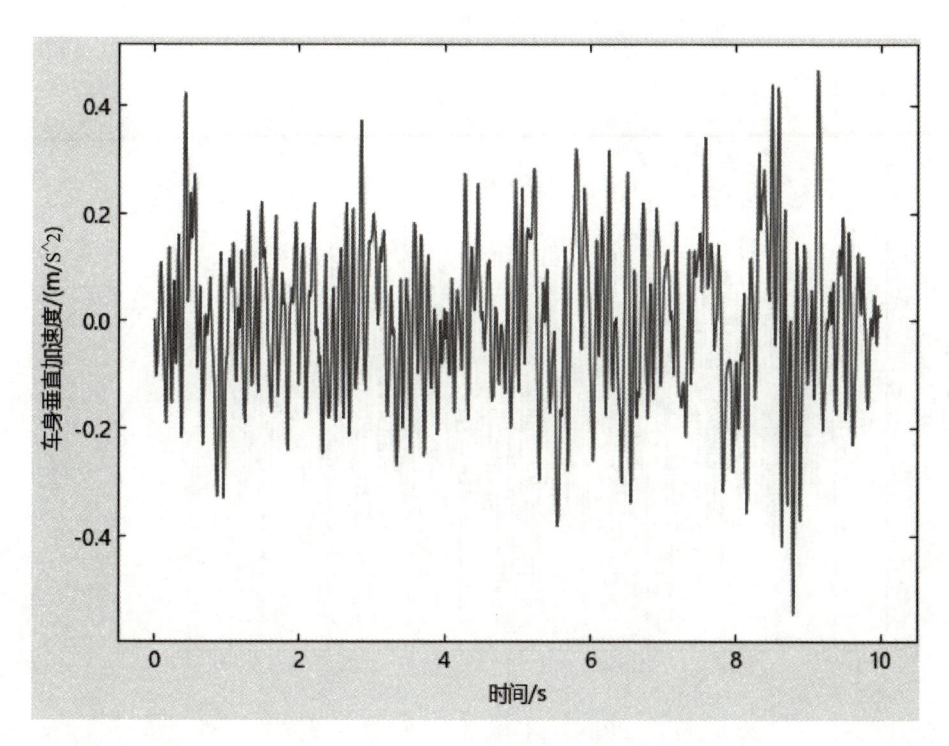

图 6-10-3　车身垂直加速度时域特性曲线

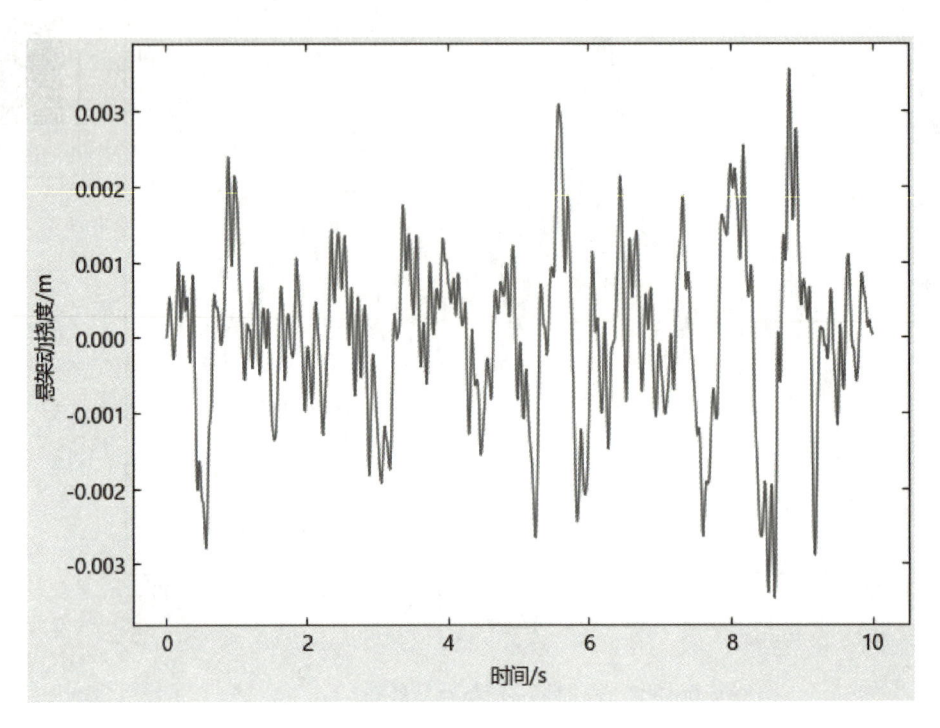

图 6-10-4　悬架动挠度时域特性曲线

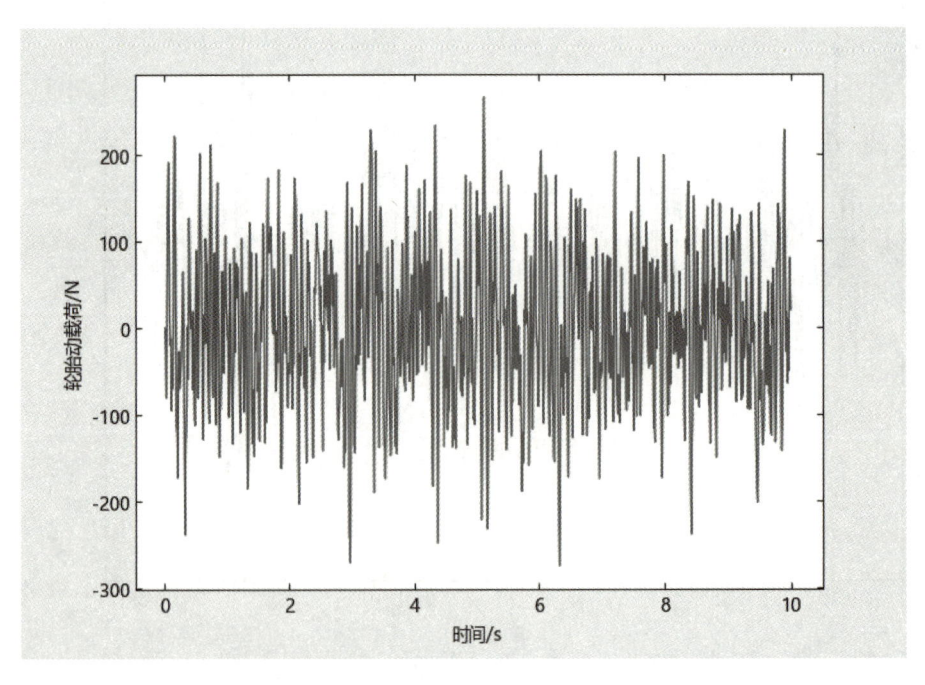

图 6-10-5　轮胎动载荷时域特性曲线

实例 11 汽车半主动悬架最优控制仿真

半主动悬架介于被动悬架和全主动悬架之间，它通过改变减振器的阻尼特性来适应不同的道路和行驶状况的需要，改善乘坐舒适性和操纵稳定性。由于半主动悬架在控制品质上接近全主动悬架，且结构简单，不需要力源，能量损耗小，因此被广泛使用。

任务描述

1. 主要任务

（1）建立汽车半主动悬架数学模型。
（2）建立汽车半主动悬架最优控制数学模型。
（3）求汽车半主动悬架最优控制参数。
（4）绘制汽车半主动悬架输出变量的时域特性曲线。

2. 仿真数据

汽车半主动悬架最优控制仿真所需参数见表 6-11-1。

表 6-11-1 汽车半主动悬架最优控制仿真所需参数

悬挂质量/kg	非悬挂质量/kg	悬架刚度/(N/m)	悬架不变阻尼系数/(N·s/m)
280	50	19000	1400
轮胎刚度/(N/m)	下截止频率/Hz	路面不平度系数	仿真时间/s
180000	0.07	5×10^{-6}	10

任务实施

1. 建立汽车半主动悬架数学模型

假设半主动悬架系统由弹簧和减振器组成，其中弹簧刚度是不变的，减振器阻尼系数包括不变阻尼系数和可变阻尼系数。半主动悬架系统动力学模型如图 6-11-1 所示。m_s 为悬挂质量；m_w 为非悬挂质量；K_s 为悬架刚度；C_s 为半主动悬架不变阻尼系数；F_{uc} 为半主动悬架可变阻尼力；K_w 为轮胎刚度；z_w、z_s 分别为车轮轴和车身的垂直位移坐标，坐标原点在各自的平衡位置；q 为路面不平度的位移函数。

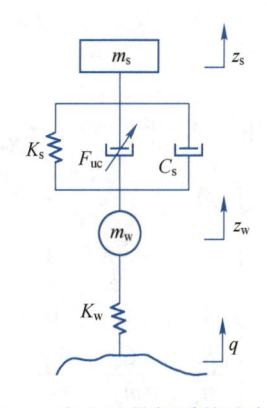

根据牛顿定律，半主动悬架系统动力学方程式为

图 6-11-1 半主动悬架系统动力学模型

$$m_s\ddot{z}_s = K_s(z_w - z_s) + C_s(\dot{z}_w - \dot{z}_s) + F_{uc}$$
$$m_w\ddot{z}_w = K_w(q - z_w) - K_s(z_w - z_s) - C_s(\dot{z}_w - \dot{z}_s) - F_{uc}$$
(6-11-1)

选取悬架动挠度、车身垂直速度、轮胎动变形、车轮轴垂直速度为系统状态变量，即 $\boldsymbol{X} = [z_{sw} \quad \dot{z}_s \quad z_{qw} \quad \dot{z}_w]^T$，则半主动悬架系统状态方程式为

$$\begin{bmatrix} \dot{z}_{sw} \\ \ddot{z}_s \\ \dot{z}_{qw} \\ \ddot{z}_w \end{bmatrix} = \begin{bmatrix} 0 & 1 & 0 & -1 \\ -\dfrac{K_s}{m_s} & -\dfrac{C_s}{m_s} & 0 & \dfrac{C_s}{m_s} \\ 0 & 0 & 0 & -1 \\ \dfrac{K_s}{m_w} & \dfrac{C_s}{m_w} & \dfrac{K_w}{m_w} & -\dfrac{C_s}{m_w} \end{bmatrix} \begin{bmatrix} z_{sw} \\ \dot{z}_s \\ z_{qw} \\ \dot{z}_w \end{bmatrix} + \begin{bmatrix} 0 \\ \dfrac{1}{m_s} \\ 0 \\ -\dfrac{1}{m_w} \end{bmatrix} [F_{uc}] + \begin{bmatrix} 0 \\ 0 \\ 1 \\ 0 \end{bmatrix} [\dot{q}]$$
(6-11-2)

选取车身垂直加速度、悬架动挠度、轮胎动载荷为系统输出变量，即 $\boldsymbol{Y} = [\ddot{z}_s \quad z_{sw} \quad K_w z_{qw}]^T$，则半主动悬架系统输出方程式为

$$\begin{bmatrix} \ddot{z}_s \\ z_{sw} \\ K_w z_{qw} \end{bmatrix} = \begin{bmatrix} -\dfrac{K_s}{m_s} & -\dfrac{C_s}{m_s} & 0 & \dfrac{C_s}{m_s} \\ 1 & 0 & 0 & 0 \\ 0 & 0 & K_w & 0 \end{bmatrix} \begin{bmatrix} z_{sw} \\ \dot{z}_s \\ z_{qw} \\ \dot{z}_w \end{bmatrix} + \begin{bmatrix} \dfrac{1}{m_s} \\ 0 \\ 0 \end{bmatrix} [F_{uc}]$$
(6-11-3)

选取滤波白噪声作为路面输入模型，即

$$\dot{q}(t) = -2\pi f_0 q(t) + 2\pi \sqrt{S_q(n_0)u}\, w(t)$$
(6-11-4)

式中，$\dot{q}(t)$ 为路面位移；f_0 为下截止频率；$S_q(n_0)$ 为路面不平度系数，与路面等级有关；u 为汽车行驶速度；$w(t)$ 为均值为 0、强度为 1 的均匀分布白噪声。

根据式（6-11-2）和式（6-11-3），可得汽车半主动悬架系统状态方程式和输出方程式为

$$\dot{\boldsymbol{X}} = \boldsymbol{AX} + \boldsymbol{BU} + \boldsymbol{EW}$$
$$\boldsymbol{Y} = \boldsymbol{CX} + \boldsymbol{DU}$$
(6-11-5)

式中，$\boldsymbol{X} = [z_{sw} \quad \dot{z}_s \quad z_{qw} \quad \dot{z}_w]^T$；$\boldsymbol{Y} = [\ddot{z}_s \quad z_{sw} \quad K_w z_{qw}]^T$；

$$\boldsymbol{A} = \begin{bmatrix} 0 & 1 & 0 & -1 \\ -\dfrac{K_n}{m_s} & -\dfrac{C_n}{m_s} & 0 & \dfrac{C_n}{m_s} \\ 0 & 0 & 0 & -1 \\ \dfrac{K_s}{m_w} & \dfrac{C_s}{m_w} & \dfrac{K_w}{m_w} & -\dfrac{C_s}{m_w} \end{bmatrix}; \quad \boldsymbol{B} = \begin{bmatrix} 0 \\ \dfrac{1}{m_s} \\ 0 \\ -\dfrac{1}{m_w} \end{bmatrix}; \quad \boldsymbol{E} = \begin{bmatrix} 0 \\ 0 \\ 1 \\ 0 \end{bmatrix};$$

$$C = \begin{bmatrix} -\dfrac{K_s}{m_s} & -\dfrac{C_s}{m_s} & 0 & \dfrac{C_s}{m_s} \\ 1 & 0 & 0 & 0 \\ 0 & 0 & K_w & 0 \end{bmatrix}; \quad D = \begin{bmatrix} \dfrac{1}{m_s} \\ 0 \\ 0 \end{bmatrix}; \quad U = [F_{uc}]; \quad W = [\dot{q}]_\circ$$

2. 建立汽车半主动悬架最优控制数学模型

半主动悬架系统性能的目标函数取为

$$J = \int_0^\infty [q_1 \ddot{z}_s^2 + q_2 z_{sw}^2 + q_3 (K_w z_{qw})^2 + q_4 F_{uc}^2] \mathrm{d}t \tag{6-11-6}$$

式中，q_1、q_2、q_3、q_4 为权重系数。

式（6-11-6）还可表示为二次型目标函数

$$J = \int_0^\infty (Y^T Q Y + U^T R U) \mathrm{d}t \tag{6-11-7}$$

式中，$Q = \mathrm{diag}(q_1 \; q_2 \; q_3)$ 为状态变量的加权矩阵；$R = (q_4)$ 为控制变量的加权矩阵。

将式（6-11-5）中的 Y 表达式代入式（6-11-7）得

$$J = \int_0^\infty (X^T Q_d X + 2 X^T N_d U + U^T R_d U) \mathrm{d}t \tag{6-11-8}$$

式中，$Q_d = C^T Q C = \begin{bmatrix} \dfrac{q_1 K_s^2}{m_s^2} + q_2 & \dfrac{q_1 K_s C_s}{m_s^2} & 0 & -\dfrac{q_1 K_s C_s}{m_s^2} \\ \dfrac{q_1 K_s C_s}{m_s^2} & \dfrac{q_1 C_s^2}{m_s^2} & 0 & -\dfrac{q_1 C_s^2}{m_s^2} \\ 0 & 0 & q_3 K_s^2 & 0 \\ -\dfrac{q_1 K_s C_s}{m_s^2} & -\dfrac{q_1 C_s^2}{m_s^2} & 0 & \dfrac{q_1 C_s^2}{m_s^2} \end{bmatrix}$;

$N_d = C^T Q D = \left[-\dfrac{q_1 K_s}{m_s^2} \; -\dfrac{q_1 C_s}{m_s^2} \; 0 \; \dfrac{q_1 C_s}{m_s^2} \right]^T$；$R_d = R + D^T Q D = q_4 + q_1 / m_s^2$。

取控制律 $U = -KX$ 可满足给定条件下系统性能指标最小，此时 $K = R_d^{-1}(N_d^T + B^T P)$。矩阵 P 由黎卡提方程求得。

$$PA + A^T P - PBR_d^{-1}B^T P + Q_d = 0 \tag{6-11-9}$$

最优控制规律可由状态变量的线性函数给出，即

$$F_{uc}(t) = -[k_1 z_{sw}(t) + k_2 \dot{z}_s(t) + k_3 z_{qw}(t) + k_4 \dot{z}_w(t)] \tag{6-11-10}$$

将式（6-11-10）带入式（6-11-5）可得

$$\begin{aligned} \dot{X} &= A_1 X + EW \\ Y &= C_1 X \end{aligned} \tag{6-11-11}$$

式中，$X = [z_{sw} \; \dot{z}_s \; z_{qw} \; \dot{z}_w]^T$；$Y = [\ddot{z}_s \; z_{sw} \; K_w z_{qw}]^T$；

$$A_1 = \begin{bmatrix} 0 & 1 & 0 & -1 \\ -\dfrac{K_s}{m_s}-\dfrac{k_1}{m_s} & -\dfrac{C_s}{m_s}-\dfrac{k_2}{m_s} & -\dfrac{k_3}{m_s} & \dfrac{C_s}{m_s}-\dfrac{k_4}{m_s} \\ 0 & 0 & 0 & -1 \\ \dfrac{K_s}{m_w}+\dfrac{k_1}{m_w} & \dfrac{C_s}{m_w}+\dfrac{k_2}{m_w} & \dfrac{K_w}{m_w}+\dfrac{k_3}{m_w} & -\dfrac{C_s}{m_w}+\dfrac{k_4}{m_w} \end{bmatrix}; \quad E = \begin{bmatrix} 0 \\ 0 \\ 1 \\ 0 \end{bmatrix};$$

$$C = \begin{bmatrix} -\dfrac{K_s}{m_s}-\dfrac{k_1}{m_s} & -\dfrac{C_s}{m_s}-\dfrac{k_2}{m_s} & -\dfrac{k_3}{m_s} & \dfrac{C_s}{m_s}-\dfrac{k_4}{m_s} \\ 1 & 0 & 0 & 0 \\ 0 & 0 & K_w & 0 \end{bmatrix}; \quad W = [\dot{q}]_\circ$$

3. 求汽车半主动悬架最优控制参数

根据汽车半主动悬架最优控制数学模型，编写求汽车半主动悬架最优控制参数的 MWORKS 程序。可得汽车半主动悬架最优控制参数如下：

$$k_1 = -17548.95, \quad k_2 = -366.26, \quad k_3 = -91.11, \quad k_4 = 1312.93$$

4. 绘制汽车半主动悬架输出变量的时域特性曲线

根据汽车半主动悬架特性数学模型，编写绘制路面位移、车身垂直加速度、悬架动挠度和轮胎动载荷时域特性曲线的 MWORKS 程序，得到路面位移时域特性曲线（见图 6-11-2）、车身垂直加速度时域特性曲线（见图 6-11-3）、悬架动挠度时域特性曲线（见图 6-11-4）、轮胎动载荷时域特性曲线（见图 6-11-5）。

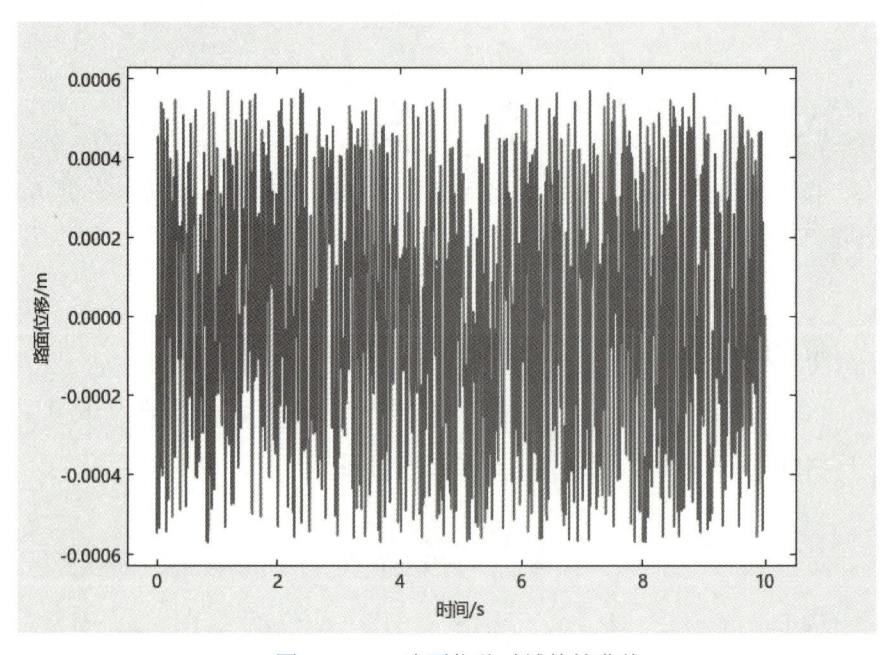

图 6-11-2 路面位移时域特性曲线

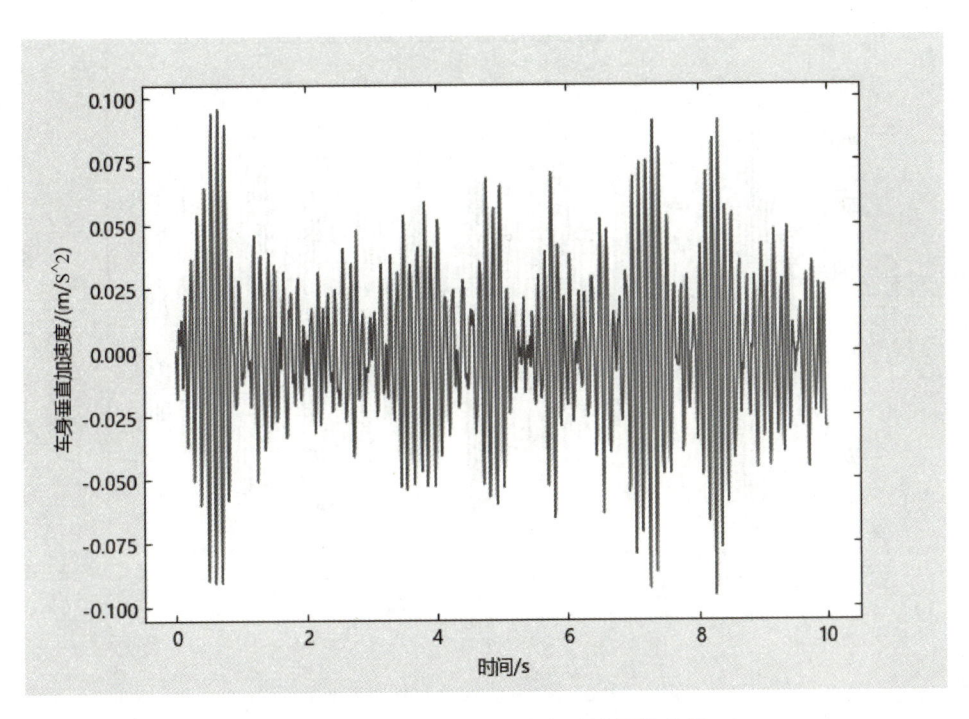

图 6-11-3　车身垂直加速度时域特性曲线

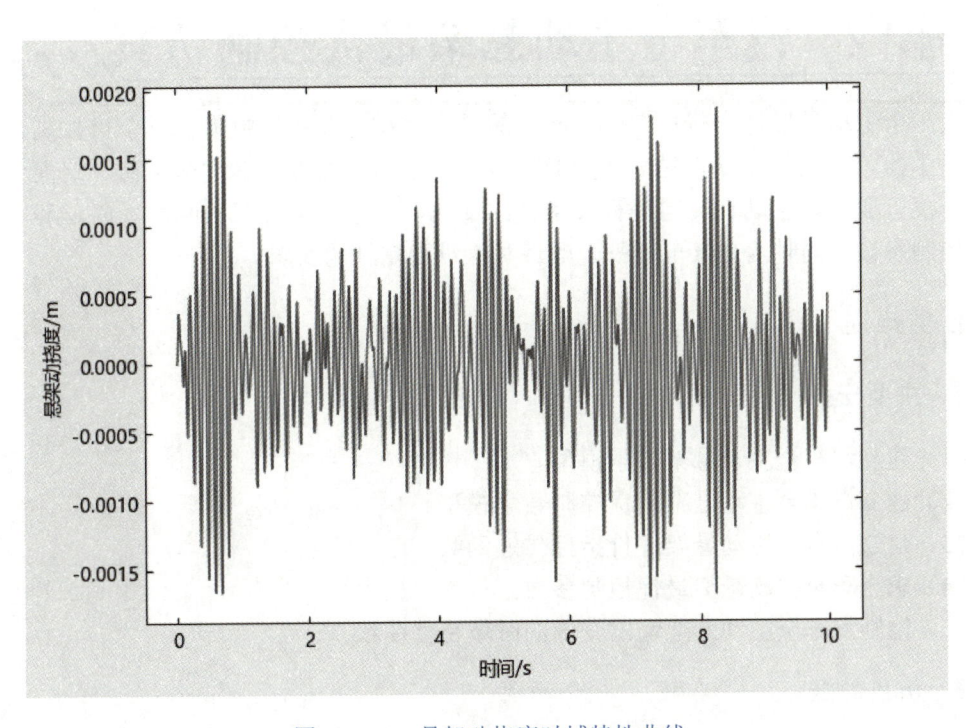

图 6-11-4　悬架动挠度时域特性曲线

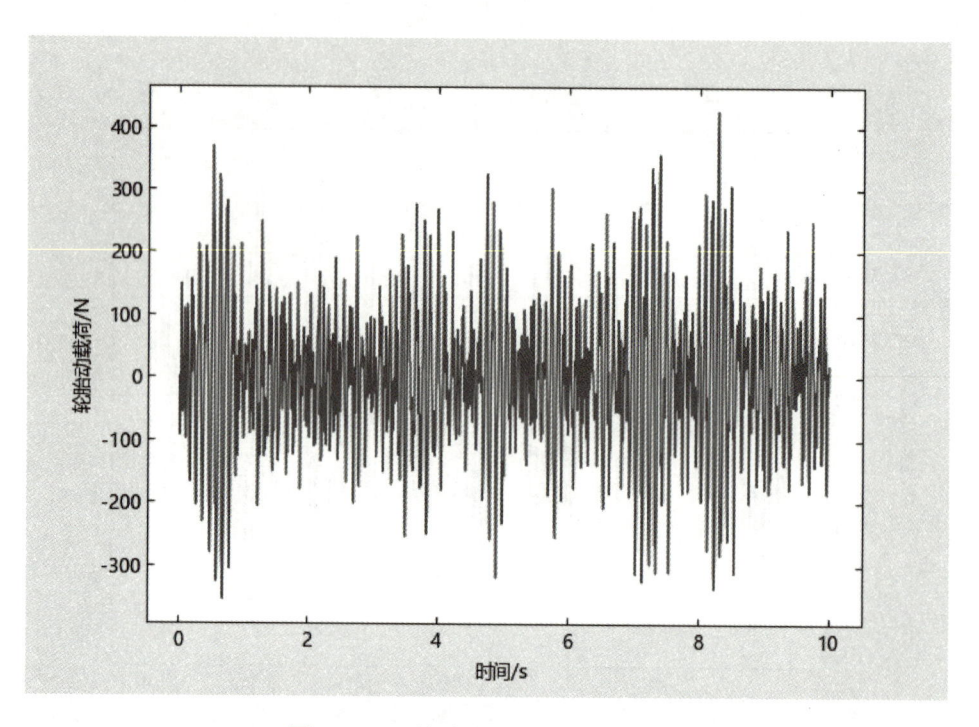

图 6-11-5　轮胎动载荷时域特性曲线

实例 12　汽车全主动悬架最优控制仿真

汽车全主动悬架是一种具有做功能力的悬架，在悬架系统中附加一个可控制作用力的力发生器，因此需要一套提供能量的设备。全主动悬架可根据汽车载荷、路面状况、行驶速度、驱动、制动、转向等行驶条件的变化，自动调节悬架的刚度、阻尼和车身高度等控制参数，同时满足汽车行驶平顺性和操纵稳定性的要求。

任务描述

1. 主要任务

（1）建立汽车全主动悬架数学模型。
（2）建立汽车全主动悬架最优控制数学模型。
（3）建立汽车全主动悬架评价指标传递函数。
（4）求汽车全主动悬架最优控制参数。
（5）绘制汽车全主动悬架输出变量的时域特性曲线。

2. 仿真数据

汽车全主动悬架最优控制仿真所需参数见表 6-12-1。

表 6-12-1 汽车全主动悬架最优控制仿真所需参数

悬挂质量/kg	非悬挂质量/kg	轮胎刚度/(N/m)	下截止频率/Hz
280	50	180000	0.07
路面不平度系数	车速/(km/h)	仿真时间/s	
5×10^{-6}	60	10	

任务实施

1. 建立汽车全主动悬架数学模型

假设全主动悬架系统在悬挂质量和非悬挂质量之间安装力发生器,通过力发生器产生的控制力来调节悬架刚度和阻尼系数,以适应汽车对悬架系统的要求。全主动悬架动力学模型如图 6-12-1 所示。m_s 为悬挂质量;m_w 为非悬挂质量;F_u 为力发生器产生的控制力;K_w 为轮胎刚度;z_w、z_s 分别为车轮轴和车身的垂直位移坐标,坐标原点在各自的平衡位置;q 为路面不平度的位移函数。

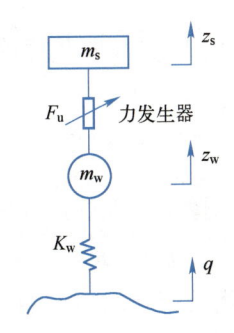

图 6-12-1 全主动悬架动力学模型

根据牛顿定律,全主动悬架汽车系统动力学方程式为

$$m_w \ddot{z}_w = K_w(q - z_w) - F_u \\ m_s \ddot{z}_s = F_u \tag{6-12-1}$$

选取悬架动挠度、车身垂直速度、轮胎动变形、车轮轴垂直速度为系统状态变量,即 $X = [z_{sw} \quad \dot{z}_s \quad z_{qw} \quad \dot{z}_w]^T$,则全主动悬架汽车系统状态方程式为

$$\begin{bmatrix} \dot{z}_{sw} \\ \ddot{z}_s \\ \dot{z}_{qw} \\ \ddot{z}_w \end{bmatrix} = \begin{bmatrix} 0 & 1 & 0 & -1 \\ 0 & 0 & 0 & 0 \\ 0 & 0 & 0 & -1 \\ 0 & 0 & K_w/m_w & 0 \end{bmatrix} \begin{bmatrix} z_{sw} \\ \dot{z}_s \\ z_{qw} \\ \dot{z}_w \end{bmatrix} + \begin{bmatrix} 0 \\ 1/m_s \\ 0 \\ -1/m_w \end{bmatrix} [F_u] + \begin{bmatrix} 0 \\ 0 \\ 1 \\ 0 \end{bmatrix} [\dot{q}] \tag{6-12-2}$$

选取车身垂直加速度、悬架动挠度、轮胎动载荷为系统输出变量,即 $Y = [\ddot{z}_s \quad z_{sw} \quad K_w z_{qw}]^T$,

则全主动悬架汽车系统输出方程式为

$$\begin{bmatrix} \ddot{z}_s \\ z_{sw} \\ K_w z_{qw} \end{bmatrix} = \begin{bmatrix} 0 & 0 & 0 & 0 \\ 1 & 0 & 0 & 0 \\ 0 & 0 & K_w & 0 \end{bmatrix} \begin{bmatrix} z_{sw} \\ \dot{z}_s \\ z_{qw} \\ \dot{z}_w \end{bmatrix} + \begin{bmatrix} 1/m_s \\ 0 \\ 0 \end{bmatrix} [F_u] \qquad (6\text{-}12\text{-}3)$$

根据式（6-12-2）和式（6-12-3），可得全主动悬架系统状态方程式和输出方程式的标准形式为

$$\begin{aligned} \dot{X} &= AX + BU + EW \\ Y &= CX + DU \end{aligned} \qquad (6\text{-}12\text{-}4)$$

式中，$A = \begin{bmatrix} 0 & 1 & 0 & -1 \\ 0 & 0 & 0 & 0 \\ 0 & 0 & 0 & -1 \\ 0 & 0 & K_w/m_w & 0 \end{bmatrix}$；$B = \begin{bmatrix} 0 \\ 1/m_s \\ 0 \\ -1/m_w \end{bmatrix}$；$E = \begin{bmatrix} 0 \\ 0 \\ 1 \\ 0 \end{bmatrix}$；

$C = \begin{bmatrix} 0 & 0 & 0 & 0 \\ 1 & 0 & 0 & 0 \\ 0 & 0 & K_w & 0 \end{bmatrix}$；$D = \begin{bmatrix} 1/m_s \\ 0 \\ 0 \end{bmatrix}$；$U = [F_u]$；$W = [\dot{q}]$。

2. 建立汽车全主动悬架最优控制数学模型

根据最优控制理论，认为控制规律是线性的，控制力可表示为

$$U = -KX \qquad (6\text{-}12\text{-}5)$$

式中，$K = [k_1, k_2, k_3, k_4]$ 称为最优反馈（增益）矩阵。

主动悬架的最优控制目标是使汽车获得高的行驶平顺性和操纵稳定性，反映在物理量上就是尽可能降低车身垂直加速度和轮胎动载荷，同时限制悬架动挠度，防止悬架冲击缓冲块。此外，为了降低控制能量的消耗，需要对控制力进行约束。因此，主动悬架性能的目标函数取为

$$J = \int_0^\infty [q_1 \ddot{z}_s^2 + q_2 z_{sw}^2 + q_3 (K_w z_{qw})^2 + q_4 F_u^2] dt \qquad (6\text{-}12\text{-}6)$$

式中，q_1、q_2、q_3、q_4 为各对应物理量的权重系数。

权重系数可以根据对性能指标各分量的不同要求程度而定。如果认为某一分量特别需要约束，就加大对它所加的权重系数；如果认为某一个分量无关紧要，可以不加约束，对它所加的权重系数是零。实践证明，正确选取权重系数是非常重要的，取不同的权重系数就会得到不同的系统性能。

式（6-12-6）还可以表示为二次型目标函数，即

$$J = \int_0^\infty (Y^T Q Y + U^T R U) dt \qquad (6\text{-}12\text{-}7)$$

式中，$Q = \mathrm{diag}(q_1 \quad q_2 \quad q_3)$ 为状态变量的加权矩阵；$R = (q_4)$ 为控制变量的加权矩阵。

将式（6-12-4）中的 Y 表达式代入式（6-12-7）得

$$J = \int_0^\infty (X^T Q_d X + 2X^T N_d U + U^T R_d U) \mathrm{d}t \tag{6-12-8}$$

式中，$Q_d = C^T Q C = \begin{bmatrix} q_2 & 0 & 0 & 0 \\ 0 & 0 & 0 & 0 \\ 0 & 0 & q_3 K_w^2 & 0 \\ 0 & 0 & 0 & 0 \end{bmatrix}$；$N_d = C^T Q D = [0 \quad 0 \quad 0 \quad 0]^T$；$R_d = q_4 + q_1 / m_s^2$。

式（6-12-8）可以写为

$$J = \int_0^\infty (X^T Q_d X + U^T R_d U) \mathrm{d}t \tag{6-12-9}$$

取控制律 $U = -KX$ 可满足给定条件下系统性能指标最小，此时 $K = R_d^{-1} B^T P$。矩阵 P 由黎卡提方程求得。

$$PA + A^T P - PBR_d^{-1} B^T P + Q_d = 0 \tag{6-12-10}$$

3. 建立汽车全主动悬架评价指标传递函数

全主动悬架力发生器产生的控制力不同，建立的传递函数也不同。设全主动悬架的控制力 $F_u = -(k_1 z_{sw} + k_2 \dot{z}_s + k_3 z_{qw} + k_4 \dot{z}_w)$，$k_1$、$k_2$、$k_3$、$k_4$ 为控制力的控制系数。由式（6-12-2）和式（6-12-3）可得

$$\begin{bmatrix} \dot{z}_{sw} \\ \ddot{z}_s \\ \dot{z}_{qw} \\ \ddot{z}_w \end{bmatrix} = \begin{bmatrix} 0 & 1 & 0 & -1 \\ -k_1/m_s & -k_2/m_s & -k_3/m_s & -k_4/m_s \\ 0 & 0 & 0 & -1 \\ k_1/m_w & k_2/m_w & (k_3+K_w)/m_w & k_4/m_w \end{bmatrix} \begin{bmatrix} z_{sw} \\ \dot{z}_s \\ z_{qw} \\ \dot{z}_w \end{bmatrix} + \begin{bmatrix} 0 \\ 0 \\ 1 \\ 0 \end{bmatrix} \dot{q} \tag{6-12-11}$$

$$\begin{bmatrix} \ddot{z}_s \\ z_{sw} \\ K_w z_{qw} \end{bmatrix} = \begin{bmatrix} -k_1/m_s & -k_2/m_s & -k_3/m_s & -k_4/m_s \\ 1 & 0 & 0 & 0 \\ 0 & 0 & K_w & 0 \end{bmatrix} \begin{bmatrix} z_{sw} \\ \dot{z}_s \\ z_{qw} \\ \dot{z}_w \end{bmatrix} \tag{6-12-12}$$

全主动悬架系统状态方程矩阵为

$$\begin{aligned} \dot{X} &= A_1 X + BU \\ Y &= C_1 X \end{aligned} \tag{6-12-13}$$

式中，$X = [z_{sw} \quad \dot{z}_s \quad z_{qw} \quad \dot{z}_w]^T$；$Y = [\ddot{z}_s \quad z_{sw} \quad K_w z_{qw}]^T$；

$A_1 = \begin{bmatrix} 0 & 1 & 0 & -1 \\ -k_1/m_s & -k_2/m_s & -k_3/m_s & -k_4/m_s \\ 0 & 0 & 0 & -1 \\ k_1/m_w & k_2/m_w & (k_3+K_w)/m_w & k_4/m_w \end{bmatrix}$；$B = \begin{bmatrix} 0 \\ 0 \\ 1 \\ 0 \end{bmatrix}$；$U = [\dot{q}]$；

$$C_1 = \begin{bmatrix} -k_1/m_s & -k_2/m_s & -k_3/m_s & -k_4/m_s \\ 1 & 0 & 0 & 0 \\ 0 & 0 & K_w & 0 \end{bmatrix}。$$

对式（6-12-11）进行拉普拉斯变换得全主动悬架车身垂直加速度对路面位移的传递函数为

$$G_1(s) = \frac{\ddot{z}_s(s)}{q(s)} = \frac{s^2 z_s(s)}{q(s)} = \frac{-m_w k_3 s^4 - K_w k_4 s^3 + K_w k_1 s^2}{D(s)} \qquad (6\text{-}12\text{-}14)$$

式中，$D(s) = m_s m_w s^4 + (m_w k_2 - m_s k_4) s^3 + [m_s(K_w + k_1 + k_3) + m_w k_1] s^2 + k_2 K_w s + k_1 K_w$。

全主动悬架动挠度对路面位移的传递函数为

$$G_2(s) = \frac{z_{sw}(s)}{q(s)} = \frac{-(m_s K_w + m_s k_3 + m_w k_3) s^2 - k_2 K_w s - k_4 K_w s}{D(s)} \qquad (6\text{-}12\text{-}15)$$

轮胎动载荷对路面位移的传递函数为

$$G_3(s) = \frac{K_w z_{qw}(s)}{q(s)} = \frac{[m_s m_w s^2 + (m_w k_2 - m_s k_4) s + (m_s + m_w) k_1] K_w s^2}{D(s)} \qquad (6\text{-}12\text{-}16)$$

汽车路面模型采用滤波白噪声时域路面输入模型，即

$$q(t) = -2\pi f_0 q(t) + 2\pi \sqrt{S_q(n_0) u} w(t) \qquad (6\text{-}12\text{-}17)$$

式中，$q(t)$ 为路面位移；f_0 为下截止频率；$S_q(n_0)$ 为路面不平度系数，与路面等级有关；u 为汽车行驶速度；$w(t)$ 为均值为 0、强度为 1 的均匀分布白噪声。

4. 求汽车全主动悬架最优控制参数

根据汽车全主动悬架最优控制数学模型，编写求汽车全主动悬架最优控制参数的 MWORKS 程序，得到汽车全主动悬架最优控制参数：

$$k_1 = 33.59, \quad k_2 = 146.74, \quad k_3 = 5637.28, \quad k_4 = -888.41$$

5. 绘制汽车全主动悬架输出变量的时域特性曲线

根据汽车全主动悬架特性数学模型，编写绘制路面位移、车身垂直加速度、悬架动挠度和轮胎动载荷时域特性曲线的 MWORKS 程序，得到路面位移时域特性曲线（见图 6-12-2）、车身垂直加速度时域特性曲线（见图 6-12-3）、悬架动挠度时域特性曲线（见图 6-12-4）、轮胎动载荷时域特性曲线（见图 6-12-5）。由于路面位移是随机产生的，所以每次运行得到的图形都会不同。

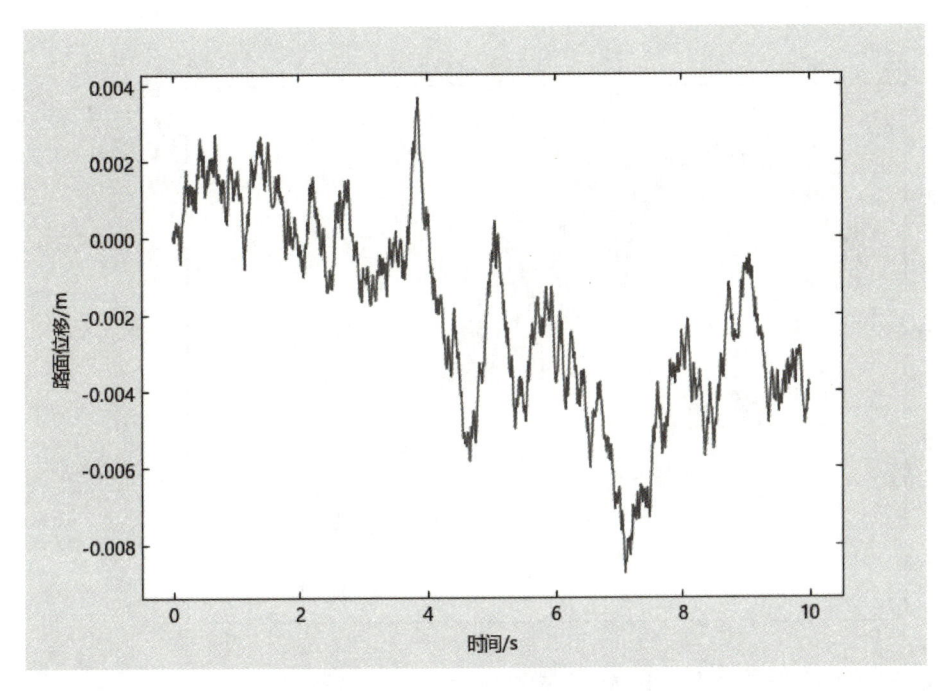

图 6-12-2　路面位移时域特性曲线

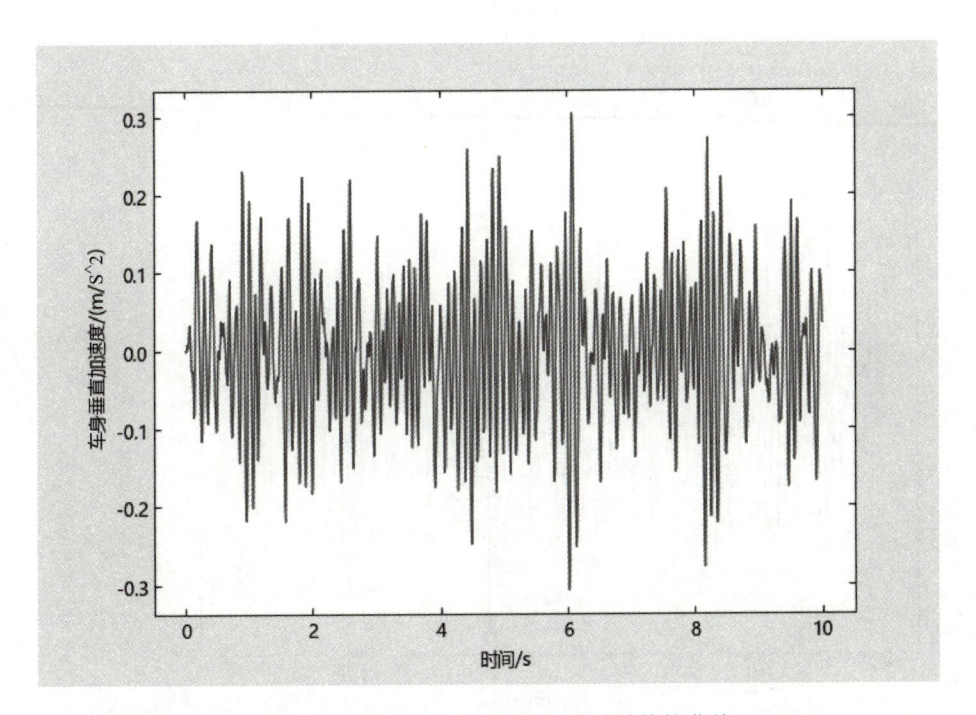

图 6-12-3　车身垂直加速度时域特性曲线

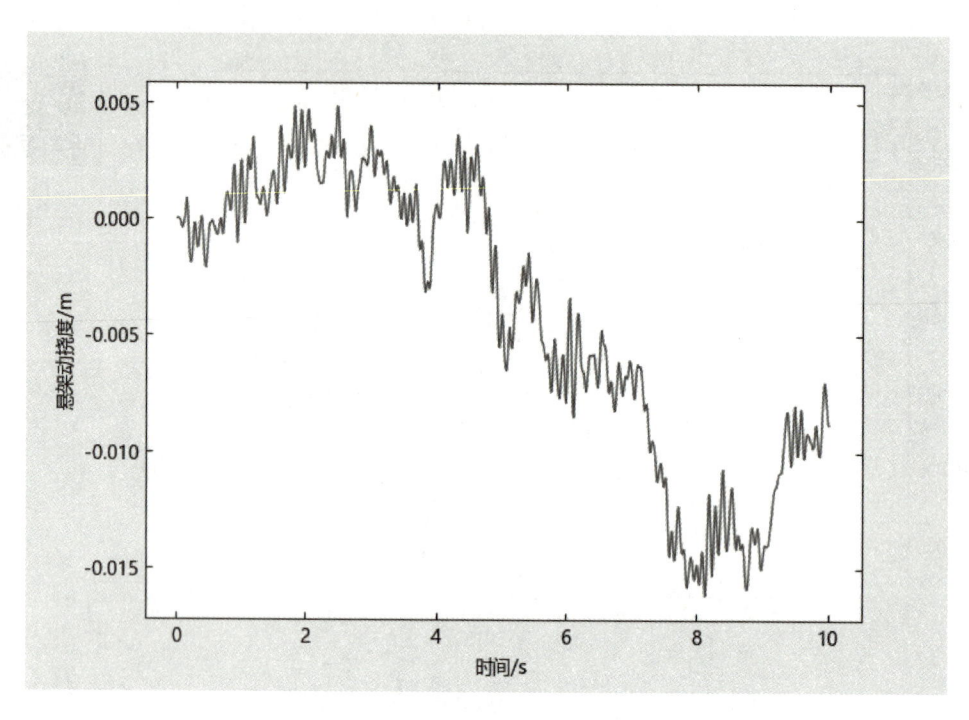

图 6-12-4　悬架动挠度时域特性曲线

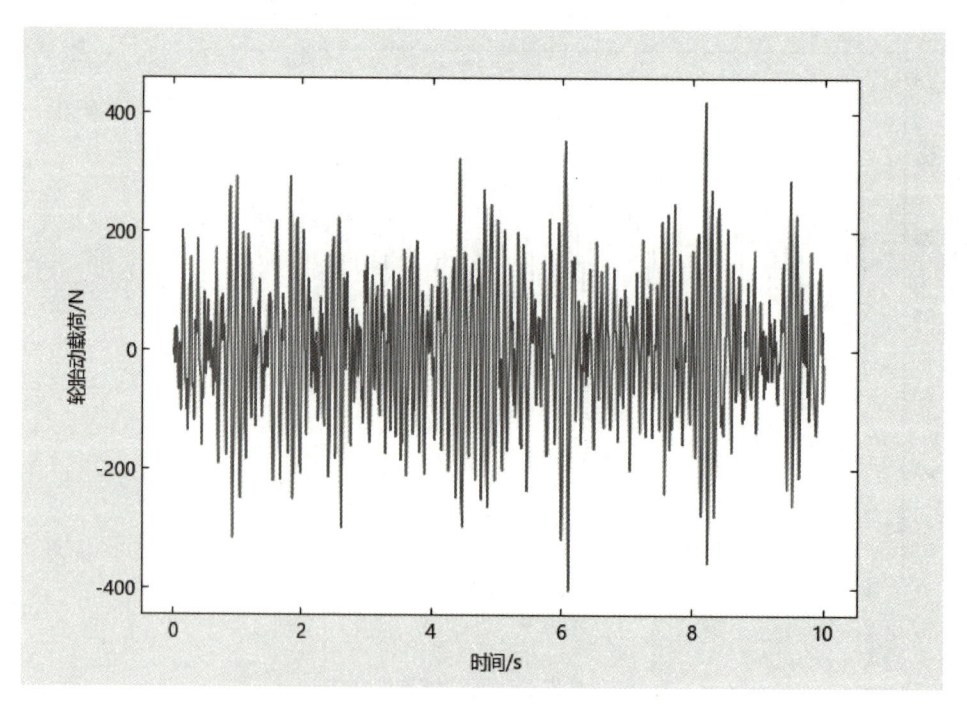

图 6-12-5　轮胎动载荷时域特性曲线

实例 13　膜片弹簧离合器优化设计及特性仿真

自调式膜片弹簧离合器是离合器技术发展的新产品，它能在使用过程中自动补偿由于摩擦片磨损引起的工作压紧力变化，使膜片弹簧保持初始角位置，从而使离合器转矩容量保持稳定，减小最大分离力，提高驾驶舒适度。

任务描述

1. 主要任务

（1）建立自调式膜片弹簧离合器基本参数优化数学模型。
（2）建立膜片弹簧优化数学模型。
（3）对自调式膜片弹簧离合器基本参数进行优化。
（4）对膜片弹簧进行优化。
（5）绘制膜片弹簧的载荷-变形关系曲线。

2. 仿真数据

膜片弹簧离合器优化设计和特性仿真所需参数见表 6-13-1。

表 6-13-1　膜片弹簧离合器优化设计和特性仿真所需参数

参数	数值
发动机最大转矩/N·m	290
发动机最大转矩对应的转速/(r/min)	2000
发动机最大功率/kW	92.6
发动机最大功率对应的转速/(r/min)	4000
汽车质量/kg	2185
驱动轮滚动半径/m	0.35
变速器第一挡传动比	3.917
主减速器传动比	4.0

任务实施

自调式膜片离合器由离合器盖、压盘、传动片、膜片弹簧等组成，如图 6-13-1 所示。

1. 建立自调式膜片弹簧离合器基本参数优化数学模型

自调式膜片弹簧离合器基本参数的优化设计变量取压盘施加在摩擦面上的工作压力 F、摩擦片外径 D、摩擦片内径 d，即 $X = [x_1, x_2, x_3]^T = [F, D, d]^T$。

自调式膜片弹簧离合器基本参数优化设计的目标是在保证离合器性能要求的条件下

使其结构尺寸尽可能小，其目标函数为

$$f(x) = \min\left[\frac{\pi}{4}(D^2 - d^2)\right] \tag{6-13-1}$$

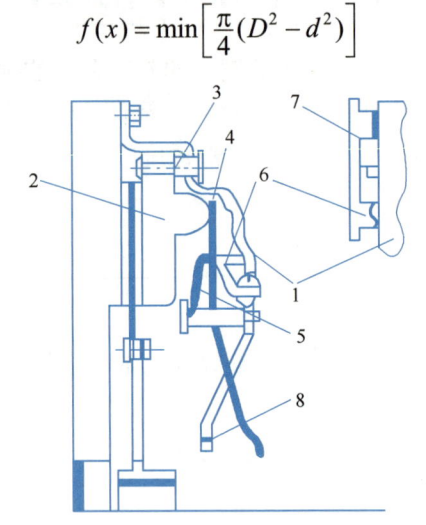

图 6-13-1　自调式膜片离合器

1—离合器盖；2—压盘；3—传动片；4—膜片弹簧；5—力感应弹簧；
6—楔形自调机构(自调环)；7—螺旋弹簧；8—限止块

采用以下 5 个约束条件。

（1）摩擦片内、外径之比应在 0.53～0.7 范围内，即

$$0.53 \leqslant d/D \leqslant 0.7 \tag{6-13-2}$$

（2）为了保证离合器可靠传递发动机的转矩，并防止传动系统过载，不同车型的离合器后备系数 β 应在一定范围内，这里取 1.2～1.75，即

$$1.2 \leqslant \beta \leqslant 1.75 \tag{6-13-3}$$

离合器后备系数为离合器最大摩擦转矩与发动机最大转矩之比，即

$$\beta = \frac{T_{cmax}}{T_{emax}} = \frac{fFZ(D+d)}{4T_{emax}} \tag{6-13-4}$$

式中，T_{cmax} 为离合器最大摩擦转矩；T_{emax} 为发动机最大转矩；f 为摩擦面间的静摩擦因数，一般取 0.25～0.3；Z 为摩擦面数，单片离合器为 2，双片离合器为 4。

（3）为反映离合器传递转矩并保护过载的能力，单位摩擦面积传递的转矩应小于其许用值，即

$$T_{e0} = \frac{4T_{cmax}}{\pi Z(D^2 - d^2)} = \frac{fF(D+d)}{\pi(D^2 - d^2)} \leqslant [T_{e0}] \tag{6-13-5}$$

式中，T_{e0} 为单位摩擦面积传递的转矩；$[T_{e0}]$ 为单位摩擦面积传递的转矩许用值。

（4）为降低离合器滑摩时的热负荷，防止摩擦片损坏，对于不同车型，单位压力根据所用材料在一定范围内选择，最大范围为 0.10～1.50MPa，即

$$0.10 \leqslant p_0 = \frac{4F}{\pi(D^2 - d^2)} \leqslant 1.50 \tag{6-13-6}$$

式中，p_0 为摩擦面承受的单位压力。

（5）为了减少汽车起步过程中离合器的滑摩，防止摩擦片表面因温度过高而发生烧伤，离合器每一次接合的单位摩擦面积滑摩功应小于其许用值，即

$$w = \frac{4W}{\pi Z(D^2 - d^2)} \leqslant [w] \qquad (6\text{-}13\text{-}7)$$

式中，w 为单位摩擦面积滑摩功；$[w]$ 为单位摩擦面积滑摩功许用值；W 为离合器起步接合一次产生的滑摩功。

汽车离合器滑摩功为

$$W = \frac{\pi^2 n_e^2}{1800} \times \frac{mR_r^2}{i_g^2 i_0^2} \qquad (6\text{-}13\text{-}8)$$

式中，m 为汽车质量；R_r 为车轮滚动半径；i_g 为变速器传动比，一般取第一挡传动比；i_0 为主减速器传动比；n_e 为发动机最大转矩对应的转速。

2. 建立膜片弹簧优化数学模型

膜片弹簧载荷-变形曲线如图 6-13-2 所示，可以看出，膜片弹簧的变形和载荷并不成线性关系。新摩擦片工作点为 B 点，工作压紧力为 F_{1B}。当摩擦片磨损量达到允许的极限值 $\Delta\lambda$ 时，膜片弹簧工作点移动到 A 点，其工作压紧力为 F_{1A}。当分离时，膜片弹簧工作点由 B 变到 C。在压紧状态时，通过支撑环和压盘作用在膜片弹簧上的载荷 F_1 集中在支承处，其表达式为

$$F_1 = f(\lambda_1) = \frac{\pi E h \lambda_1}{6(1-\mu^2)} \times \frac{\log(R/r)}{(R_1 - r_1)^2} \left[\left(H - \lambda_1 \frac{R-r}{R_1 - r_1}\right)\left(H - \frac{\lambda_1}{2} \times \frac{R-r}{R_1 - r_1}\right) + h^2 \right] \qquad (6\text{-}13\text{-}9)$$

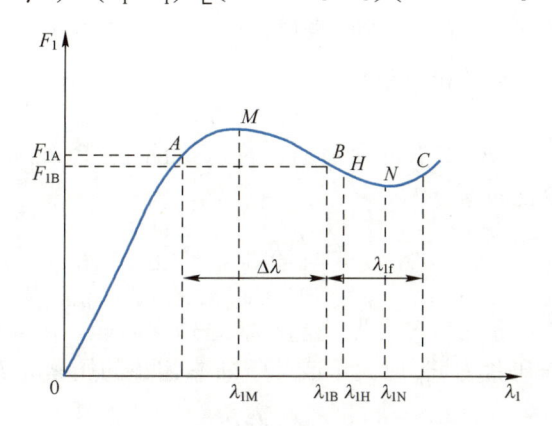

图 6-13-2 膜片弹簧载荷-变形曲线

式中，F_1 为作用在膜片弹簧上的载荷；λ_1 为膜片弹簧加载处的轴向变形；E 为材料的弹性模量，对于钢，$E = 210\text{GPa}$；μ 为材料泊松比，对于钢，$\mu = 0.3$；R 为膜片弹簧外半径；r 为膜片弹簧内半径；R_1 为膜片弹簧外支撑半径；r_1 为膜片弹簧内支撑半径；H 为膜片弹簧高度；h 为膜片弹簧厚度。

分离轴承推力 F_2 与膜片弹簧变形 λ_2 的关系为

$$F_2 = f(\lambda_2) = \frac{\pi E h \lambda_2}{6(1-\mu^2)} \times \frac{\log(R/r)}{(r_1 - r_f)^2}\left[\left(H - \lambda_2 \frac{R-r}{r_1 - r_f}\right)\left(H - \frac{\lambda_2}{2} \times \frac{R-r}{r_1 - r_f}\right) + h^2\right] \tag{6-13-10}$$

$$\lambda_2 = \frac{r_1 - r_f}{R_1 - r_1}\lambda_1$$

式中，r_f 为分离轴承和分离指的接触半径。

根据膜片弹簧特性，选取膜片弹簧高度 H、膜片弹簧厚度 h、膜片弹簧外半径 R、膜片弹簧内半径 r、膜片弹簧外支撑半径 R_1、膜片弹簧内支撑半径 r_1 以及接合工作点弹簧大端加载时所对应的变形量 λ_{1B} 为优化设计变量，即

$$\boldsymbol{X} = [x_1, x_2, x_3, x_4, x_5, x_6, x_7]^T = [H, h, R, r, R_1, r_1, \lambda_{1B}]^T \tag{6-13-11}$$

为了保证离合器使用过程中传递转矩的稳定性，又不致严重过载，且能保证操纵省力，在摩擦片磨损范围内，以弹簧压紧力变化绝对值的平均值最小和在分离过程中驾驶员作用在分离轴承上的分离操纵力的平均值最小作为双目标函数，即

$$f(\boldsymbol{X}) = \omega_1 f_1(\boldsymbol{X}) + \omega_2 f_2(\boldsymbol{X}) \tag{6-13-12}$$

式中，$f(\boldsymbol{X})$ 为膜片弹簧优化目标函数；$f_1(\boldsymbol{X})$ 为弹簧压紧力变化绝对值的平均值；$f_2(\boldsymbol{X})$ 为分离操纵力的平均值；ω_1、ω_2 为权重系数，分别取 0.7 和 0.3。

$f_1(\boldsymbol{X})$ 和 $f_2(\boldsymbol{X})$ 分别为

$$f_1(\boldsymbol{X}) = \frac{1}{10}\sum_{k=1}^{10}\left|F_{1B}\left(x_1, x_2, x_3, x_4, x_5, x_6, x_7 - \frac{k}{10}\Delta\lambda\right) - F_{1B}(x_1, x_2, x_3, x_4, x_5, x_6, x_7)\right|$$

$$f_2(\boldsymbol{X}) = \frac{1}{10}\sum_{k=1}^{10}\left|F_{2B}\left(x_1, x_2, x_3, x_4, x_5, x_6, x_7 + \lambda_{1f} - \frac{k}{10}\Delta\lambda\right)\right| \tag{6-13-13}$$

式中，λ_{1f} 为压盘的分离行程，常用取值范围为 1.8～2.2mm；$\Delta\lambda$ 为摩擦片允许的最大磨损量，常用取值范围为 1.6～2mm。

采用以下约束条件。

（1）为保证工作点 A、B、C 有较合适的位置，应正确选择 λ_{1B} 相对于拐点 λ_{1H} 的位置，一般 $\lambda_{1B}/\lambda_{1H} = 0.8 \sim 1.0$，即

$$0.8 \leqslant \frac{\lambda_{1B}}{H}\left(\frac{R-r}{R_1 - r_1}\right) \leqslant 1.0 \tag{6-13-14}$$

（2）为了保证摩擦片磨损后离合器仍能可靠地传递转矩，并考虑到摩擦因数的减小，摩擦片磨损后弹簧工作压紧力 F_{1A} 应大于或等于新摩擦片的压紧力 F_{1B}，即

$$F_{1B} \leqslant F_{1A} \tag{6-13-15}$$

（3）为使所设计的膜片弹簧满足离合器使用性能的特性曲线，弹簧的高厚比与初始底锥角应在一定范围内，即

$$1.6 \leqslant H/h \leqslant 2.2$$
$$9 \leqslant \alpha = \frac{H}{R-r} \leqslant 15 \tag{6-13-16}$$

（4）弹簧各部分有关尺寸的比值应符合一定的范围，即
$$1.2 \leqslant R/r \leqslant 1.35$$
$$70 \leqslant 2R/h \leqslant 100$$
（6-13-17）

（5）根据膜片弹簧结构布置要求，其大端半径 R 与支撑环半径 R_1 之差及离合器接合时的加载半径 r_1 与内径 r 之差应在一定范围内，即
$$2 \leqslant R - R_1 \leqslant 6$$
$$1 \leqslant r_1 - r \leqslant 4$$
（6-13-18）

（6）膜片弹簧的分离起分离杠杆的作用，因此其杠杆比应在一定范围内，即
$$2.3 \leqslant \frac{r_1 - r_f}{R_1 - r_1} \leqslant 4.5 \qquad (6\text{-}13\text{-}19)$$

（7）弹簧在工作过程中，B 点最大压应力应不超过其许用应力，即
$$\sigma_{\text{tAmax}} \leqslant [\sigma_{\text{tB}}] \qquad (6\text{-}13\text{-}20)$$

（8）弹簧在工作过程中，A 点最大拉应力应不超过其许用应力，即
$$\sigma_{\text{tAmax}} \leqslant [\sigma_{\text{tA}}] \qquad (6\text{-}13\text{-}21)$$

（9）在离合器装配误差范围内引起的弹簧压紧力的相对偏差，也不应超过某一范围，即
$$\left|\frac{\Delta F_{1B}}{F_{1B}}\right| \leqslant 0.05 \qquad (6\text{-}13\text{-}22)$$

式中，ΔF_{1B} 为离合器装配误差引起的弹簧压紧力的相对偏差。

3. 对自调式膜片弹簧离合器基本参数进行优化

根据自调式膜片弹簧离合器基本参数优化数学模型，编制对自调式膜片弹簧离合器基本参数进行优化的 MWORKS 程序，得到自调式膜片弹簧离合器基本参数优化结果：摩擦面上的工作压力 $F = 6525.0\text{N}$，摩擦片外径 $D = 250.0\text{mm}$，摩擦片内径 $d = 150.0\text{mm}$。实际设计时，应对优化结果进行圆整。

4. 对膜片弹簧进行优化

根据膜片弹簧优化数学模型，编制对膜片弹簧进行优化的 MWORKS 程序。

```
# 定义目标函数
function f(x)
    f1 = 0
    for k = 1:1:10
        # 计算 f1 的值
        f1 = 0.1 * 120830.77 * abs(x[2] * (x[7] - 0.18 * k) * log(x[3] / x[4]) * ((x[1] - x[7] - 0.18 * k) * (x[3] - x[4]) / (x[5] - x[6])) * (x[1] - 0.5 * (x[7] - 0.18 * k) * (x[3] - x[4]) / (x[5] - x[6])) + x[2]^2) / (x[5] - x[6])^2)- (x[2] * x[7] * log(x[3] / x[4]) * ((x[1] - x[7]) * (x[3] - x[4])/(x[5] - x[6])) * (x[1] - 0.5 * x[7] * (x[3] - x[4])/(x[5] - x[6])) + x[2]^2)/(x[5] - x[6])^2)
```

```
            end
        f2 = 0
        for k = 1:1:10
                # 计算 f2 的值
                f2 = 0.1 * 120830.77 * abs(x[2] * (x[7] + 2 - 0.18 * k) * log(x[3] / x[4]) * ((x[1] - (x[7]
+ 2 - 0.18 * k) * (x[3] - x[4]) / (x[6] - 32)) * (x[1] - 0.5 * (x[7] + 2 - 0.18 * k) * (x[3] - x[4]) / (x[6] - 32))
+ x[2]^2) / (x[6] - 32)^2)
            end

            # 计算最终目标函数值
            f = 0.7 * f1 + 0.3 * f2
    end
```

在 MWORKS 编辑器中输入程序，单击运行按钮，就会得到膜片弹簧优化结果。膜片弹簧高度 H = 5.0mm，膜片弹簧厚度 h = 2.5mm，膜片弹簧外半径 R = 106.0mm，膜片弹簧内半径 r = 84.0mm，膜片弹簧外支撑半径 R_1 = 102.0mm，膜片弹簧内支撑半径 r_1 = 86.0mm，接合工作点弹簧大端加载时所对应的变形量 λ_{1B} = 3.636mm。

程序

5. 绘制膜片弹簧的载荷-变形关系曲线

根据膜片弹簧载荷数学模型，编写绘制膜片弹簧的载荷-变形关系曲线的 MWORKS 程序。优化前、后膜片弹簧的载荷-变形关系曲线如图 6-13-3 所示，可以看出，膜片弹簧离合器优化后，大幅度减小了弹簧工作时的最大压力，很大程度上改善了分离踏板力，并且在工作范围内摩擦片压紧力变化较小。因此，优化后的膜片弹簧参数更合理，性能更优越。

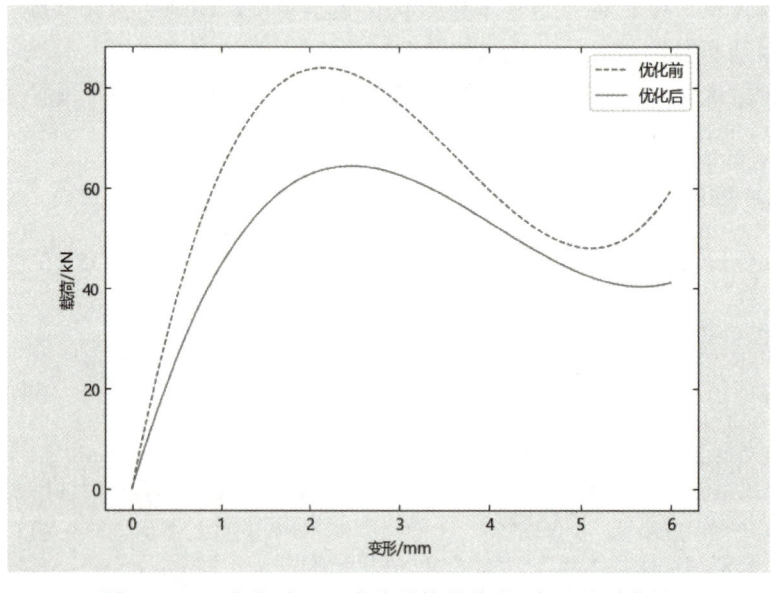

程序

图 6-13-3 优化前、后膜片弹簧的载荷-变形关系曲线

第 7 章

基于 MWORKS.Syslab 的智能汽车系统仿真计算

实例 1　直流电机运行特性仿真

直流电机就是将直流电能转换成机械能的电机，是电机的主要类型之一，具有结构简单、技术成熟、控制容易等特点，在低速电动汽车、场地用电动车辆和专用电动车辆上应用广泛。

任务描述

1. 主要任务

（1）并励直流电机的运行特性仿真。
（2）串励直流电机的运行特性仿真。

2. 仿真数据

并励直流电机的运行特性仿真所需参数见表 7-1-1。

表 7-1-1　并励直流电机的运行特性仿真所需参数

电机电源电压/V	电枢电阻/Ω	每极磁通量/Wb
220	0.17	0.0103
极对数	电枢导体总数	串联电阻/Ω
2	398	0

串励直流电机的运行特性仿真所需参数见表 7-1-2。

表 7-1-2　串励直流电机的运行特性仿真所需参数

电机电源电压/V	电枢电阻/Ω	比例系数
220	0.2	0.002
极对数	电枢导体总数	励磁电阻/Ω
2	120	0.12

任务实施

直流电机由定子与转子两大部分构成，其中定子部分主要由磁极、磁轭、永磁体、电刷等组成；转子部分由转子铁芯、转子绕组、换向器等组成，如图 7-1-1 所示。

直流电机根据励磁方式的不同，可分为他励直流电机、并励直流电机、串励直流电机和复励直流电机 4 种类型，它们的电路如图 7-1-2 所示。图 7-1-2 中，U 为电源电压；U_f 为励磁电压；I 为负载电流；I_a 为电枢电流；I_f 为励磁电流。

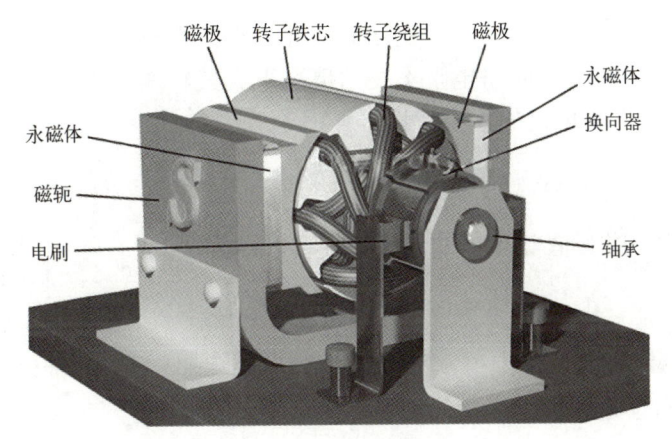

图 7-1-1 直流电机结构

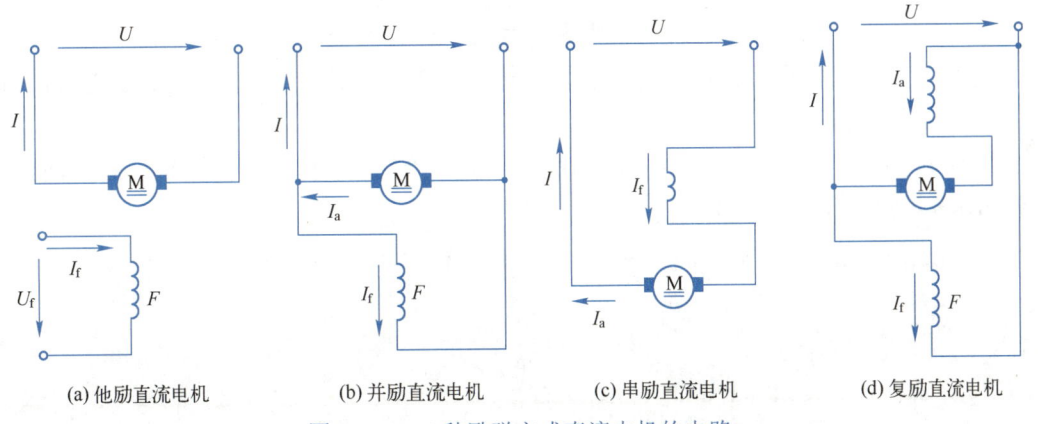

(a) 他励直流电机　(b) 并励直流电机　(c) 串励直流电机　(d) 复励直流电机

图 7-1-2 4 种励磁方式直流电机的电路

他励直流电机的励磁绕组由独立的励磁电源供电，励磁绕组与电枢绕组没有连接关系，因此励磁电流不受电枢端电压或电枢电流的影响。

并励直流电机的励磁绕组和电枢绕组并联，其电源电压 U、电枢电压 U_a、励磁电压 U_f 之间的关系，以及负载电流 I、电枢电流 I_a、励磁电流 I_f 之间的关系为

$$U = U_a = U_f$$
$$I = I_a + I_f \tag{7-1-1}$$

串励直流电机的励磁绕组和电枢绕组串联，其电源电压 U、电枢电压 U_a、励磁电压 U_f 之间的关系，以及负载电流 I、电枢电流 I_a、励磁电流 I_f 之间的关系为

$$U = U_a + U_f$$
$$I = I_a = I_f \tag{7-1-2}$$

复励直流电机既有并励绕组又有串励绕组，其特性介于并励式和串励式之间。

直流电机的运行特性主要包括直流电机的工作特性和直流电机的机械特性。直流电机的工作特性是指电机的转速特性、转矩特性和效率特性，即在保持额定电压、额定励磁电流（他励、并励）或励磁调节不变（串励、复励）的情况下，电机的转速、电磁转

矩和效率随电枢电流（或输出功率）变化的特性。直流电机的机械特性是指在电源电压恒定、励磁调节电阻和电枢回路电阻不变的情况下，其转速与电磁转矩之间的关系，又称为转矩-转速特性，是电机的重要特性。

1. 并励直流电机的运行特性仿真

（1）转速特性。并励直流电机的转速特性可表示为

$$n = \frac{U - R_a I_a}{C_e \Phi} \tag{7-1-3}$$

式中，n 为电机转速；U 为电源电压；R_a 为电枢电阻；I_a 为电枢电流；C_e 为电动势常数，与电机结构有关；Φ 为每极磁通量。

电动势常数为

$$C_e = \frac{pN}{60a} \tag{7-1-4}$$

式中，p 为极对数；a 为电枢绕组并联支路对数，单叠绕组 $a = p$，单波绕组 $a = 1$；N 为电枢绕组导体总数。

根据并励直流电机转速特性数学模型，编写绘制并励直流电机转速特性曲线的 MWORKS 程序如下：

```
Ia=0:0.1:100;#定义电枢电流范围
U=220;#电源电压赋值
Ra=0.17;#电枢电阻赋值
p=2;#极对数赋值
N=398;#电枢导体总数赋值
a=1;#电枢绕组支路对数赋值
Ce=p*N/60/a;#计算电动势常数
figure(1)#设置图形窗口1
fa=[0.0053 0.0103 0.0153];#设置每极磁通量
for i = 1:3#循环开始
n=(U.- Ra * Ia)./Ce/fa[i];#计算电机转速
gss = ["-" ":" "--"];#定义线型
plot(Ia,n,string(gss[i]))#绘制电机转速特性曲线
hold(true)#保存图形
end#循环结束
axis([0 100 500 4000])#定义坐标轴
xlabel("电枢电流/A")#x 轴标注
ylabel("电机转速/(r/min)")#y 轴标注
legend(["磁通量 0.0053wb","磁通量 0.0103wb","磁通量 0.0153wb"])#曲线标注
figure(2)#设置图形窗口2
fa=0.0103;#每极磁通量赋值
Ra=[0.07 0.17 0.27];#设置电枢电阻
for i=1:3#循环开始
n=(U.-Ra[i]*Ia)./Ce/fa;#计算电机转速
gss = ["-" ":" "--"];#定义线型
plot(Ia,n,string(gss[i]))#绘制电机转速特性曲线
hold(true)#保存图形
end#循环结束
```

```
axis([0 100 1000 2000])#定义坐标轴 xlabel("电枢电流/A")#x 轴标注
ylabel("电机转速/(r/min)")#y 轴标注
legend(["电枢电阻 0.07Ω","电枢电阻 0.17Ω","电枢电阻 0.27Ω"])#曲线标注
```

运行程序，得到并励直流电机转速特性曲线，如图 7-1-3 和图 7-1-4 所示。可以看出，并励直流电机的转速随电枢电流增大稍有下降，并励直流电机的转速随磁通量增大而快速下降。但并励直流电机的转速随电枢电阻增大而下降较小。

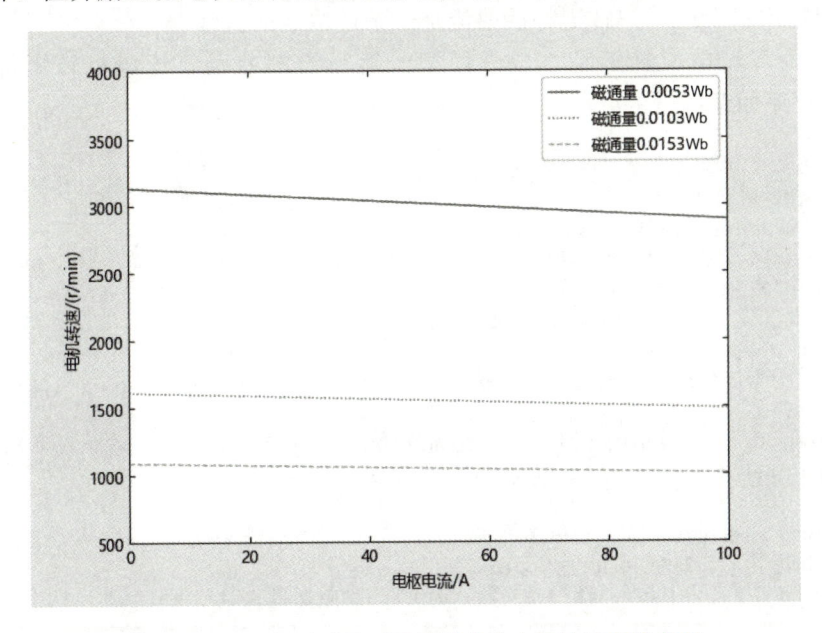

图 7-1-3　改变磁通量时的并励直流电机转速特性曲线

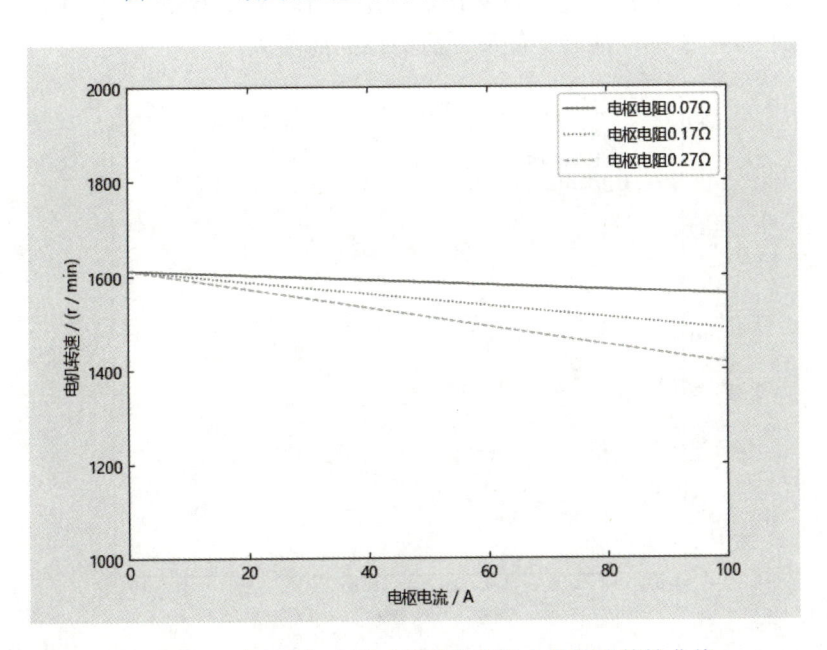

图 7-1-4　改变电枢内阻时的并励直流电机转速特性曲线

（2）转矩特性。并励直流电机的转矩特性可表示为

$$T_e = C_T \Phi I_a \tag{7-1-5}$$

式中，T_e 为电磁转矩；C_T 为转矩常数，与电机结构有关。

转矩常数为

$$C_T = \frac{pN}{2\pi a} \tag{7-1-6}$$

如果忽略电枢反应，则转矩特性曲线是一条过原点的直线。

根据并励直流电机转矩特性数学模型，编写绘制并励直流电机转矩特性曲线的 MWORKS 程序如下：

```
Ia=0:0.1:100;#定义电枢电流范围
p=2;#极对数赋值
N=398;#电枢导体总数赋值
a=1;#电枢绕组支路对数赋值
CT=p*N/2/pi/a;#计算转矩常数
fa=[0.0053 0.0103 0.0153];#每极磁通量赋值
for i=1:3#循环开始
Te=CT*fa[i]*Ia;#计算电机电磁转矩
gss= ["-" ":" "--"];#定义线型
plot(Ia,Te,string(gss[i]))#绘制电机转矩特性曲线
hold(true)#保存图形
end#循环结束
xlabel("电枢电流/A")#x 轴标注
ylabel("电磁转矩/N.m")#y 轴标注
legend(["磁通量 0.0053Wb","磁通量 0.0103Wb","磁通量 0.0153Wb"])#曲线标注
```

运行结果如图 7-1-5 所示，可以看出，并励直流电机的电磁转矩随电枢电流的增大而增大，并励直流电机的电磁转矩随磁通量的增大而增大。

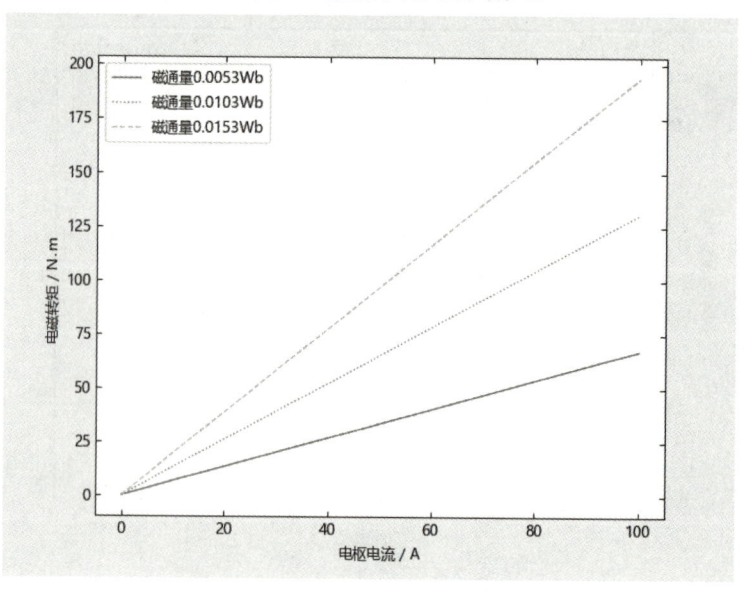

图 7-1-5 并励直流电机转矩特性曲线

（3）机械特性。并励直流电机的机械特性可表示为

$$n = \frac{U}{C_e \Phi} - \frac{R_a + R_j}{C_e C_T \Phi^2} T_e \quad (7-1-7)$$

式中，R_j 为电枢回路外的串联电阻。

根据并励直流电机机械特性数学模型，编写绘制并励直流电机机械特性曲线的 MWORKS 程序如下：

```
Te=0:0.1:200;#定义电枢电流范围
Ra=0.17;#电枢绕组赋值
Rj=0;#串联电阻赋值
fa=0.0103;#每极磁通量赋值
p=2;#极对数赋值
N=398;#电枢导体总数赋值
a=1;#电枢绕组支路对数赋值
Ce=p*N/60/a;#计算电动势常数
CT=p*N/2/pi/a;#计算转矩常数
U= [200 220 240];#设置电源电压
for i=1:3#循环开始
n=U[i]./Ce/fa.-(Ra+Rj) * Te/Ce/CT/fa^2;#计算电机转速
figure(1)#设置图形窗口 1
gss= ["-" ":" "--"];#定义线型
plot(Te,n, string(gss[i]))#绘制机械特性曲线
hold(true)#保存图形
end#循环结束
xlabel("电磁转矩/N.m")#x 轴标注
ylabel("电机转速/(r/min)")#y 轴标注
legend(["电源电压 200V","电源电压 220V","电源电压 240V"])#曲线标注
figure(2)#设置图形窗口 2
U=220;#电源电压赋值
Ra=[0.07 0.17 0.27];#设置电枢电阻
for i=1:3#循环开始
n=U/Ce/fa.-(Ra[i]+Rj)* Te/Ce/CT/fa^2;#计算电机转速
gss= ["-" ":" "--"];#定义线型
plot(Te,n, string(gss[i]))#绘制机械特性曲线
hold(true)#保存图形
end#循环结束
xlabel("电磁转矩/N.m")#x 轴标注
ylabel("电机转速/(r/min)")#y 轴标注
legend(["电枢电阻 0.07Ω","电枢电阻 0.17Ω","电枢电阻 0.27Ω"])#曲线标注
figure(3)#设置图形窗口 3
```

```
Ra=0.17;#电枢电阻赋值
Rj= [0 0.2 0.4];#设置串联电阻
for i=1:3#循环开始
n=U/Ce/fa.-(Ra+Rj[i])* Te/Ce/CT/fa^2;#计算电机转速
gss= ["-" ":" "--"];#定义线型
plot(Te,n, string(gss[i]))#绘制机械特性曲线
hold(true)#保存图形
end#循环结束
xlabel("电磁转矩/N.m")#x 轴标注
ylabel("电机转速/(r/min)")#y 轴标注
legend(["串联电阻 0Ω","串联电阻 0.2Ω","串联电阻 0.4Ω"])#曲线标注
```

图 7-1-6 为改变电枢电压时的并励直流电机机械特性曲线，可以看出，逐渐减小电源电压时，理想空载转速逐渐下降，但从空载到满载转速变化很小，这种特性称为硬机械特性。这使并励直流电机具有优良的调速性能。

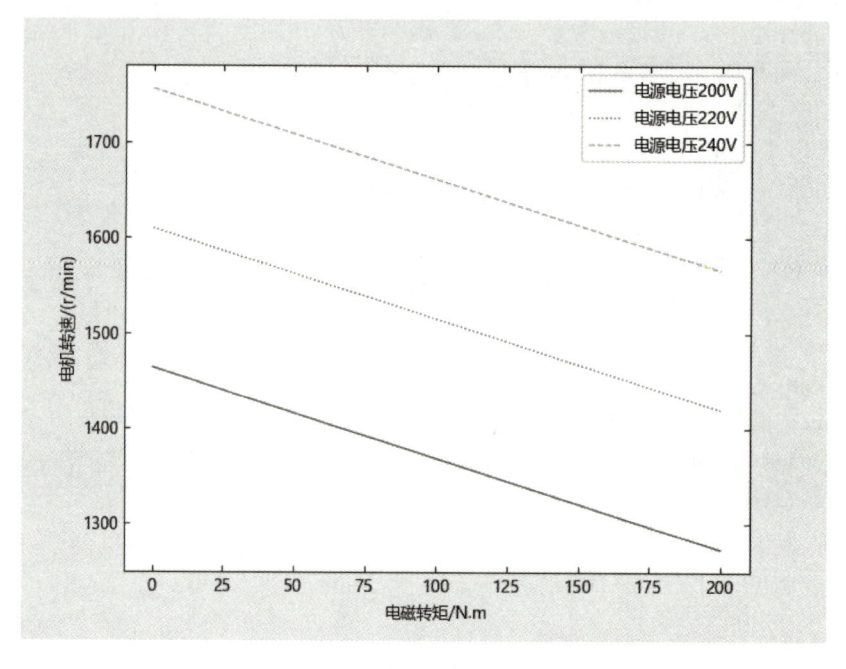

图 7-1-6　改变电枢电压时的并励直流电机机械特性曲线

图 7-1-7 为改变电枢电阻时的并励直流电机机械特性曲线。可以看出，当电枢电阻增大时，机械特性曲线的斜率（绝对值）逐渐增大，转速降低，使特性逐渐变软，但电机的理想空载转速不变。

图 7-1-8 为改变串联电阻时的并励直流电机机械特性曲线。可以看出，当串联电阻增大时，机械特性曲线的斜率（绝对值）逐渐增大，电机转速降低，使特性逐渐变软，但电机的理想空载转速不变。

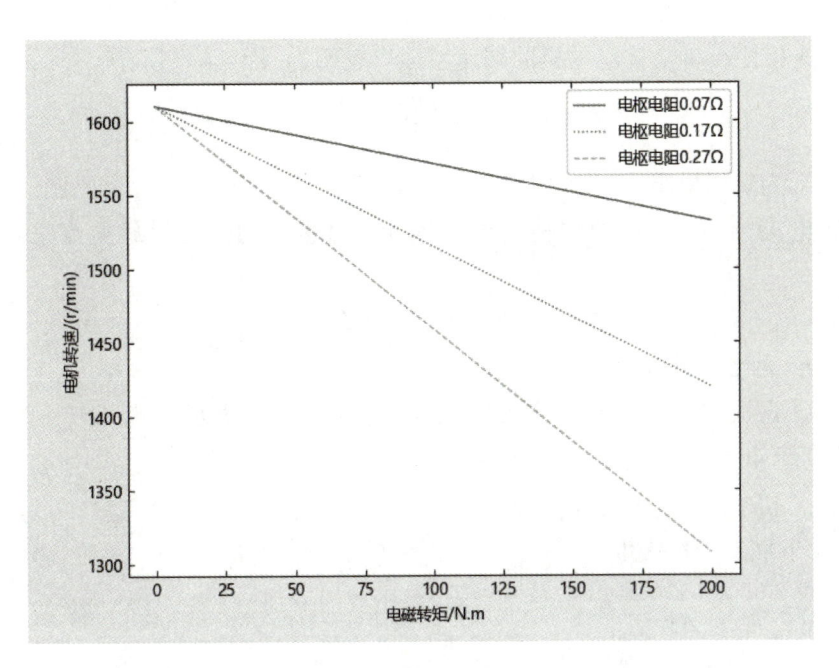

图 7-1-7　改变电枢电阻时的并励直流电机机械特性曲线

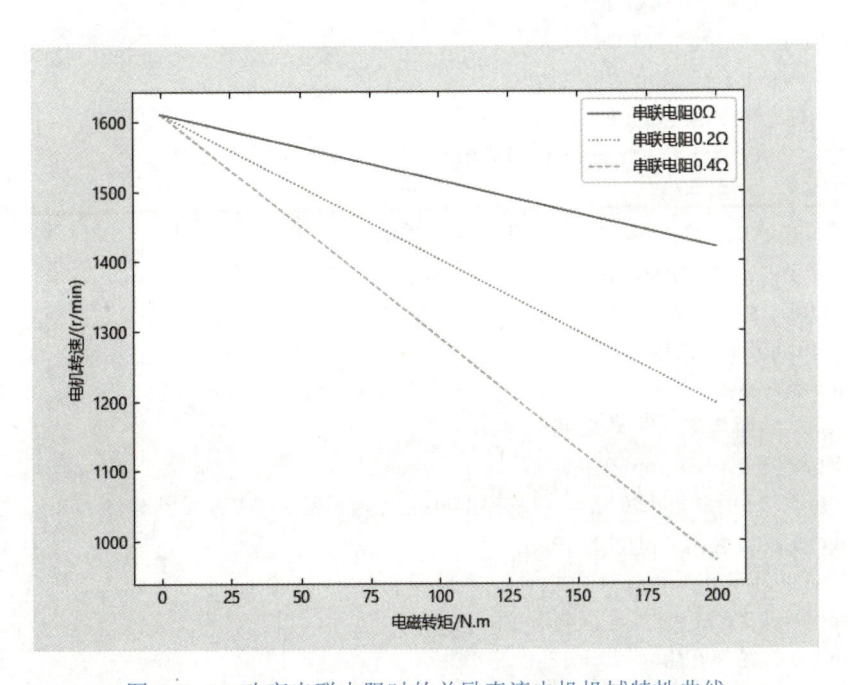

图 7-1-8　改变串联电阻时的并励直流电机机械特性曲线

2. 串励直流电机的运行特性仿真

串励直流电机的特点是负载电流、电枢电流和励磁电流是一个电流，即 $I=I_a=I_f$，气隙主磁通随电枢电流的变化而变化，同时对电机转速产生较大影响。

（1）转速特性。串励直流电机的转速特性可表示为

$$n = \frac{U - (R_a + R_f)I_a}{C_e \Phi} \qquad (7-1-8)$$

式中，R_f 为励磁电阻。

当负载电流较小时，电机的磁路没有饱和，每极磁通量与励磁电流呈线性变化关系，即

$$\Phi = K_f I_f = K_f I_a \qquad (7-1-9)$$

式中，K_f 为比例系数。

根据串励直流电机转速特性数学模型，编写绘制串励直流电机转速特性曲线的 MWORKS 程序如下：

```
Ia=20:0.1:120;#定义电枢电流范围
U=220;#电源电压赋值
Ra=0.2;#电枢电阻赋值
Rf=0.12;#励磁电阻赋值
p=2;#极对数赋值
N=120;#电枢导体总数赋值
a=1;#电枢绕组支路对数赋值
Ce=p*N/60/a;#计算电动势常数
figure(1)#设置图形窗口 1
Kf=[0.001 0.002 0.003];#设置比例系数
for i=1:3#循环开始
    n=U./(Ce*Kf[i]*Ia).-(Ra+Rf)./Ce/Kf[i];#计算电机转速
    gss= ["-" ":" "--"];#设置线型
    plot(Ia,n, string(gss[i]))#绘制电机转速特性曲线
    hold(true)#保存图形
end#循环结束
xlabel("电枢电流/A")#x 轴标注
ylabel("电机转速/(r/min)")#y 轴标注
legend(["比例系数 0.001","比例系数 0.002","比例系数 0.003"])#曲线标注
figure(2)#设置图形窗口 2
Kf=0.002;#比例系数赋值
Ra=[0.1 0.2 0.3];#设置电枢电阻
for i=1:3#循环开始
    n=U./(Ce*Kf*Ia).-(Ra[i]+Rf)./Ce/Kf;#计算电机转速
    gss= ["-" ":" "--"];#设置线型
    plot(Ia,n, string(gss[i]))#绘制电机转速特性曲线
    hold(true)#保存图形
end#循环结束
xlabel("电枢电流/A")#x 轴标注
```

```
ylabel("电机转速/(r/min)")#y 轴标注
legend(["电枢电阻 0.1Ω","电枢电阻 0.2Ω","电枢电阻 0.3Ω"])#曲线标注
figure(3)#设置图形窗口 3
Ra=0.2;#电枢电阻赋值
Rf=[0 0.12 0.24];#设置励磁电阻
for i=1:3#循环开始
n=U./(Ce*Kf*Ia).-(Ra+Rf[i])./Ce/Kf;#计算电机转速
gss= ["-" ":" "--"];#设置线型
plot(Ia,n, string(gss[i]))#绘制电机转速特性曲线
hold(true)#保存图形
end#循环结束
xlabel("电枢电流/A")#x 轴标注
ylabel("电机转速/(r/min)")#y 轴标注
legend(["励磁电阻 0Ω","励磁电阻 0.12Ω","励磁电阻 0.24Ω"])#曲线标注
```

图 7-1-9 为改变比例系数时的串励直流电机转速特性曲线，可以看出，串励直流电机的转速随电枢电流的增大而下降，而且比例系数增大，电机转速下降。

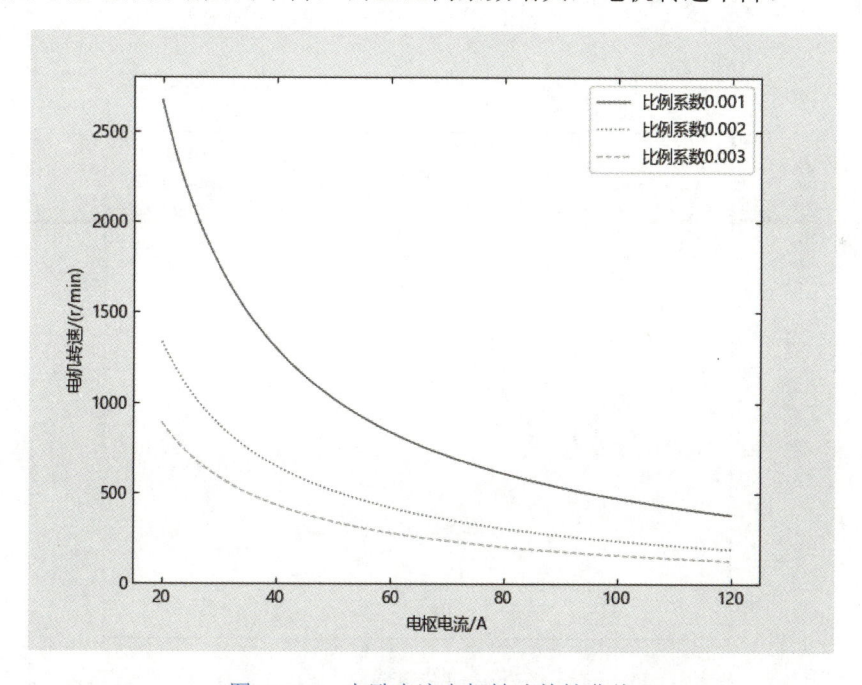

图 7-1-9 串励直流电机转速特性曲线

图 7-1-10 为改变电枢电阻时的串励直流电机转速特性曲线，可以看出，电枢电阻增大，电机转速有所下降。

图 7-1-11 为改变励磁电阻时的串励直流电机转速特性曲线。可以看出，励磁电阻增大，转速有所下降。

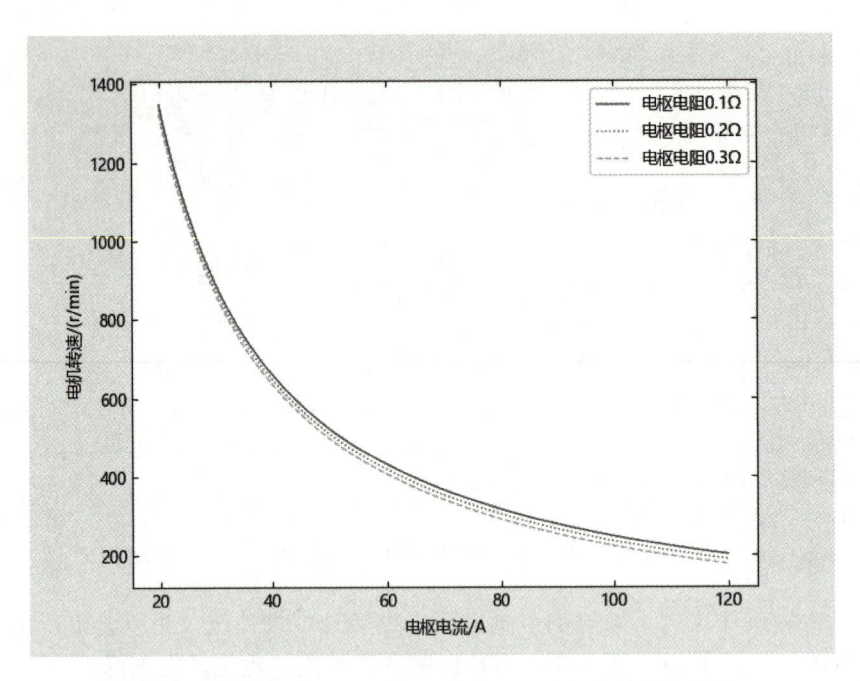

图 7-1-10　改变电枢电阻时的串励直流电机转速特性曲线

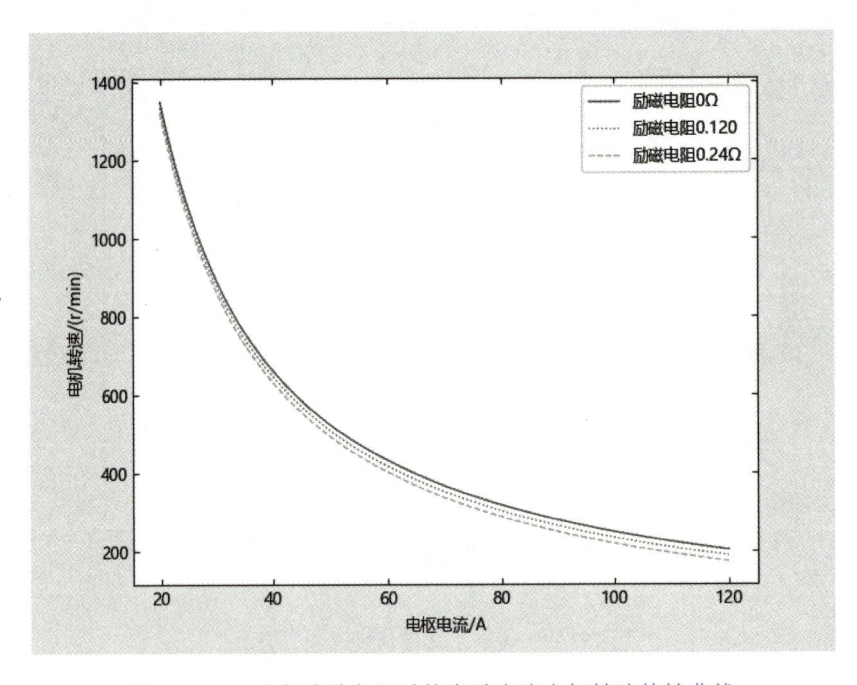

图 7-1-11　改变励磁电阻时的串励直流电机转速特性曲线

（2）转矩特性。串励直流电机的转矩特性可表示为

$$T_e = C_T \Phi I = C_T K_f I_a^2 \tag{7-1-10}$$

根据串励直流电机转矩特性数学模型，编写绘制串励直流电机转矩特性曲线的

MWORKS 程序如下：

```
Ia=20:0.1:120;#定义电枢电流范围
p=2;#极对数赋值
N=120;#电枢导体总数赋值
CT=p*N/2/pi;#计算转矩常数
Kf=[0.001 0.002 0.003];#设置比例系数
for i=1:3#循环开始
Te=CT*Kf[i]*Ia.^2;#计算电机转矩
gss= ["-" ":" "--"];#设置线型
plot(Ia,Te,string(gss[i]))#绘制电机转矩特性曲线
hold(true)#保存图形
end#循环结束
xlabel("电枢电流/A")#x 轴标注
ylabel("电磁转矩/N.m")#y 轴标注
legend(["比例系数 0.0001","比例系数 0.0002","比例系数 0.0003"])#曲线标注
```

运行结果如图 7-1-12 所示，可以看出，当电枢电流增大时，串励直流电机的电磁转矩快速增大，与此同时，转速却快速下降，因此基本保持了功率恒定，即串励直流电机具有恒功率特性。比例系数增大，电磁转矩也增大。

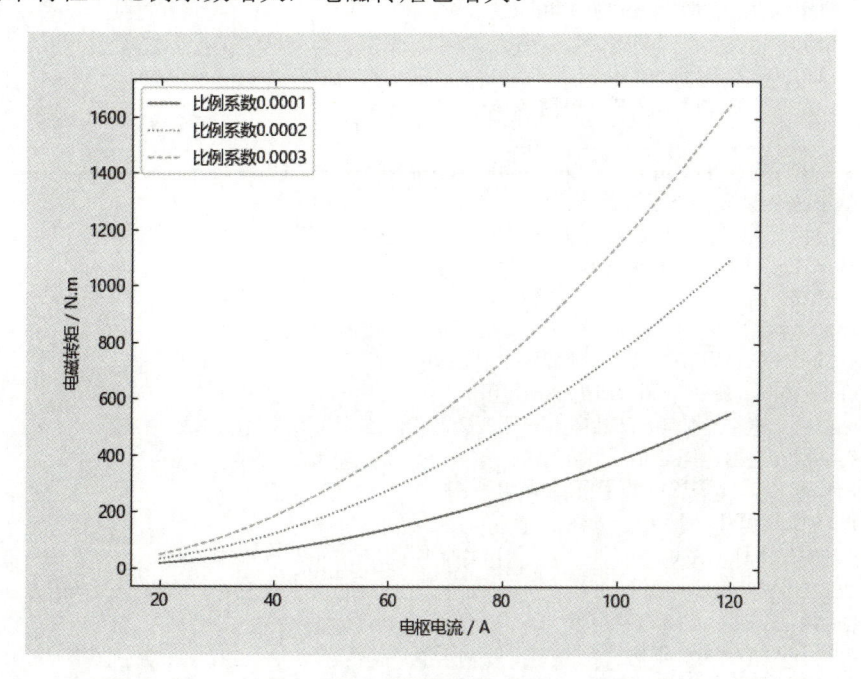

图 7-1-12 串励直流电机转矩特性曲线

（3）机械特性。串励直流电机的机械特性可表示为

$$n=\frac{1}{C_e K_f}\left(\sqrt{\frac{C_T K_f}{T_e}}U-R_a-R_f\right) \tag{7-1-11}$$

根据串励直流电机机械特性数学模型,编写绘制串励直流电机机械特性曲线的MWORKS程序如下:

```
Te=10:0.1:300;#定义电枢电流范围
Ra=0.2;#电枢电阻赋值
Rf=0.12;#励磁电阻赋值
p=2;#极对数赋值
N=120;#电枢导体总数赋值
a=1;#电枢绕组支路对数赋值
Ce=p*N/60/a;#计算电动势常数
CT=p*N/2/pi;#计算转矩常数
Kf=0.001;#比例系数赋值
U=[200 250 300];#设置电源电压范围
for i=1:3#循环开始
n=1/(Ce *Kf) *(U[i]*sqrt.((CT*Kf)./Te).-Ra.-Rf);#计算电机转速
figure(1)#设置图形窗口1
gss= ["-" ":" "--"];#设置线型
plot(Te,n, string(gss[i]))#绘制机械特性曲线
hold(true)#保存图形
end#循环结束
xlabel("电磁转矩/N.m")#x 轴标注
ylabel("电机转速/(r/min)")#y 轴标注
legend(["电源电压 200V","电源电压 250V","电源电压 300V"])#曲线标注
U=220;#电源电压赋值
Ra=[0.2 1.2 2.2];#设置电枢电阻范围
for i=1:3#循环开始
n=1/(Ce *Kf) *(U*sqrt.((CT*Kf)./Te).-Ra[i].-Rf);#计算电机转速
figure(2)#设置图形窗口2
gss= ["-" ":" "--"];#设置线型
plot(Te,n, string(gss[i]))#绘制机械特性曲线
hold(true)#保存图形
end#循环结束
xlabel("电磁转矩/N.m")#x 轴标注
ylabel("电机转速/(r/min)")#y 轴标注
legend(["电枢电阻 0.2Ω","电枢电阻 1.2Ω","电枢电阻 2.2Ω"])#曲线标注
Ra=0.2;#电枢电阻赋值
Rf= [0.12 1.12 2.12];#设置励磁电阻范围
for i=1:3#循环开始
n=1/(Ce*Kf)*(U* sqrt.((CT*Kf)./Te).-Ra.-Rf[i]);#计算电机转速
figure(3)#设置图形窗口3
gss= ["-" ":" "--"];#设置线型
plot(Te,n, string(gss[i]))#绘制机械特性曲线
hold(true)#保存图形
end#循环结束
xlabel("电磁转矩/N.m")#x 轴标注
ylabel("电机转速/(r/min)")#y 轴标注
legend(["励磁电阻 0.12Ω","励磁电阻 1.12Ω","励磁电阻 2.12Ω"])#曲线标注
```

图 7-1-13 为改变电源电压时的串励直流电机机械特性曲线,可以看出,串励直流电

机转速随电磁转矩的增大迅速下降，这种特性称为软机械特性。当电源电压减小时，机械特性曲线向下移动，其特性曲线逐渐变软。

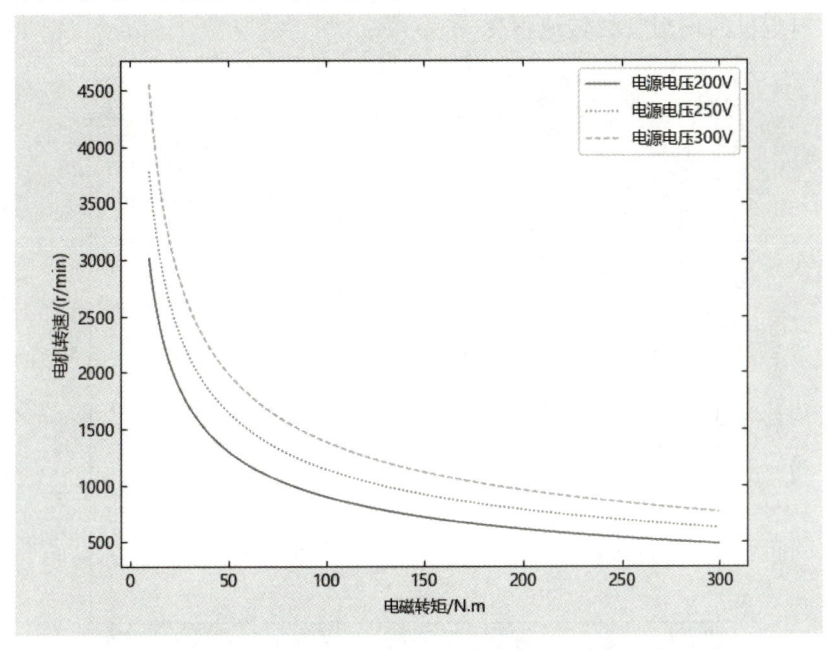

图 7-1-13　改变电源电压时的串励直流电机机械特性曲线

图 7-1-14 为改变电枢电阻时的串励直流电机机械特性曲线，可以看出，当电枢电阻增大时，机械特性曲线向下移动，其斜率（绝对值）很快增大，电机转速降低，使特性快速变软，但电机的理想空载转速不变。

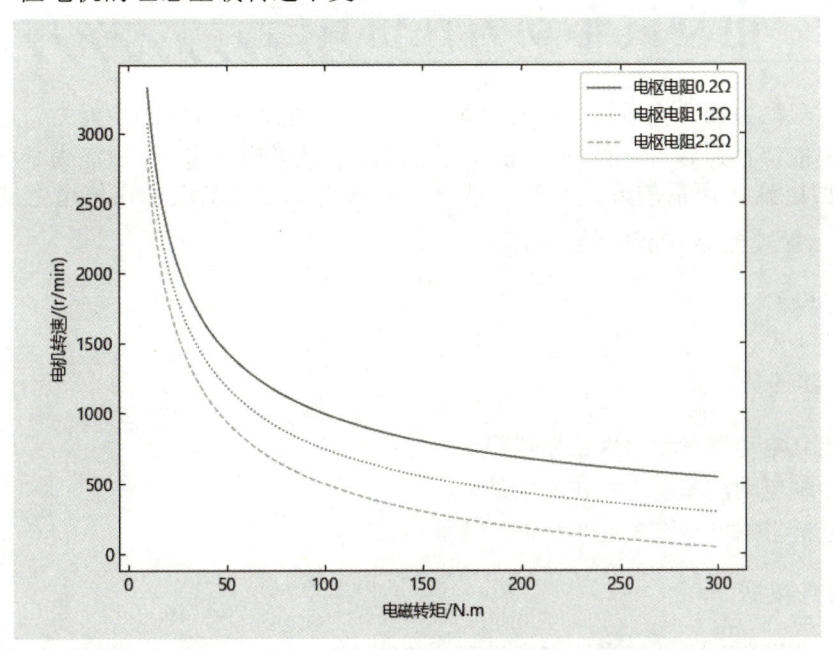

图 7-1-14　改变电枢电阻时的串励直流电机机械特性曲线

图 7-1-15 为改变励磁电阻时的串励直流电机机械特性曲线。可以看出，当励磁电阻增大时，机械特性曲线向下移动，其斜率（绝对值）很快增大，电机转速降低，使特性快速变软，但电机的理想空载转速不变。

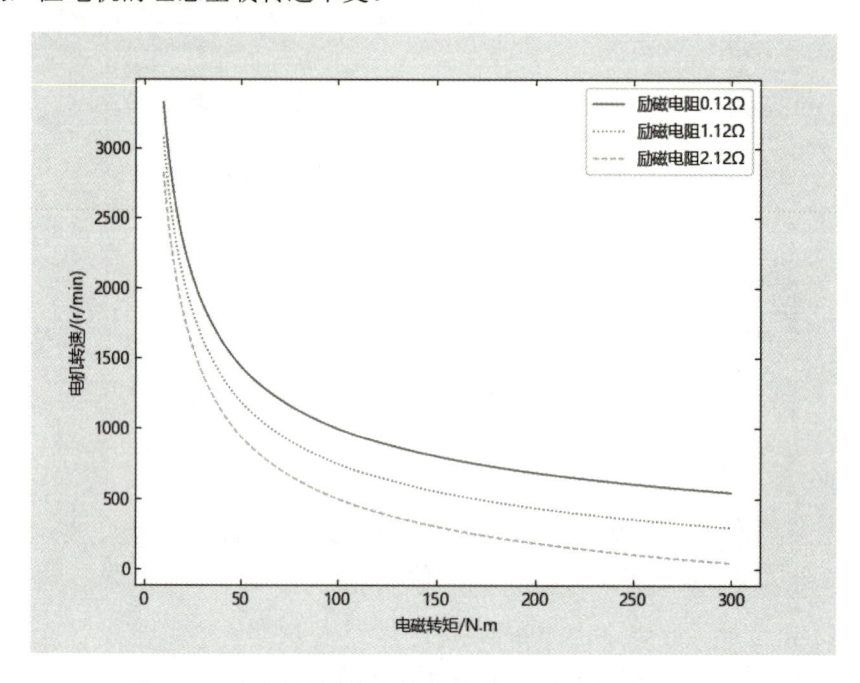

图 7-1-15　改变励磁电阻时的串励直流电机机械特性曲线

实例 2　电动汽车动力性仿真

电动汽车动力性评价指标主要有最高车速、加速能力和坡道起步能力。最高车速是指电动汽车能够往返各持续行驶 1km 以上距离的最高平均车速；加速能力是指电动汽车从速度 u_1 加速到 u_2 所需的最短时间；坡道起步能力是指电动汽车在坡道上能够启动且 1min 内向上行驶至少 10m 的最短时间。

任务描述

1. 主要任务

（1）建立电动汽车动力性数学模型。
（2）绘制电动汽车动力性仿真曲线。
（3）分析影响电动汽车动力性的因素。

2. 仿真数据

完成电动汽车动力性仿真所需参数见表 7-2-1。

表 7-2-1　电动汽车动力性仿真所需参数

整车质量/kg	轮胎滚动半径/m	迎风面积/m²	总传动比
1575	0.318	2.5	8.3
峰值功率/kW	峰值转矩/N·m	额定功率/kW	额定转矩/N·m
70	210	35	105
传动系统效率	空气阻力系数	滚动阻力系数	旋转质量换算系数
0.9	0.3	0.012	1.1

任务实施

1. 建立电动汽车动力性数学模型

电动汽车动力性主要取决于作用在电动汽车行驶方向上的外力，即电动汽车驱动力和行驶阻力。

电动汽车驱动力是由电机的输出转矩经传动系统传至驱动轮上得到的。电动汽车驱动力与电机输出转矩之间的关系为

$$F_t = \frac{T_e i_t \eta_t}{r} \tag{7-2-1}$$

式中，F_t 为电动汽车驱动力；T_e 为电机输出转矩；i_t 为传动系统总传动比；η_t 为传动系统效率；r 为轮胎滚动半径。

电机输出转矩与转速之间的关系是进行汽车动力性计算的主要依据。电机驱动具有低速恒转矩、高速恒功率的特点，故可以由电机转速计算电机转矩，计算公式为

$$T_c = \begin{cases} T_c, & n \leqslant n_b \\ \dfrac{9550 P_c}{n}, & n > n_b \end{cases} \tag{7-2-2}$$

式中，T_c 为电机的低速恒转矩；P_c 为电机的高速恒功率；n 为电机转速；n_b 为电机基速。

电动汽车行驶速度与电机转速之间的关系为

$$u = \frac{0.377 rn}{i_t} \tag{7-2-3}$$

式中，u 为电动汽车行驶速度。

电动汽车行驶过程中，受到的阻力主要有滚动阻力、空气阻力、坡度阻力和加速阻力。

电动汽车滚动阻力是指轮胎行驶单位距离的能量损失，主要是由轮胎和路面的变形引起的，其表达式为

$$F_f = mgf\cos\alpha_G \tag{7-2-4}$$

式中，F_f 为电动汽车滚动阻力；m 为电动汽车质量；f 为滚动阻力系数；α_G 为坡度角。

电动汽车空气阻力指电动汽车直线行驶时受到的空气作用力在行驶方向上的分力，它不仅与行驶速度有关，还与电动汽车迎风面积、空气阻力系数有关，其表达式为

$$F_w = \frac{C_D A u^2}{21.15} \tag{7-2-5}$$

式中，F_w 为电动汽车空气阻力；C_D 为空气阻力系数；A 为汽车迎风面积。

电动汽车上坡行驶时，其重力沿坡道的分力称为电动汽车坡度阻力，表达式为

$$F_i = mg\sin\alpha_G \tag{7-2-6}$$

式中，F_i 为电动汽车坡度阻力。

电动汽车加速阻力是指电动汽车加速行驶时，需要克服其质量加速运动时的惯性力，其表达式为

$$F_j = \delta m \frac{du}{dt} \tag{7-2-7}$$

式中，F_j 为电动汽车加速阻力；δ 为汽车旋转质量换算系数；$\frac{du}{dt}$ 为电动汽车行驶加速度。

电动汽车行驶方程式为

$$\frac{T_e i_t \eta_t}{r} = mgf\cos\alpha_G + \frac{C_D A u^2}{21.15} + mg\sin\alpha_G + \delta m \frac{du}{dt} \tag{7-2-8}$$

（1）最高车速。当电动汽车在平坦道路上达到最高车速时，电机处于恒功率区域运行，电动汽车的驱动力与滚动阻力和空气阻力之和处于平衡状态。

$$u_{\max} = \sqrt{\frac{21.15}{C_D A}\left(\frac{T_e i_t \eta_t}{r} - mgf\right)} \tag{7-2-9}$$

式中，$u_{\max}$ 为电动汽车最高车速。

当电动汽车驱动力与滚动阻力和空气阻力之和处于平衡时，即驱动力曲线与滚动阻力和空气阻力之和曲线有交点，交点对应的车速就是电动汽车的最高车速。

当电动汽车驱动力始终大于滚动阻力和空气阻力之和时，驱动力曲线与滚动阻力和空气阻力之和曲线没有交点，电动汽车的最高车速由电机的最高车速决定，即

$$u_{\max} = \frac{0.377 r n_{\max}}{i_t} \tag{7-2-10}$$

式中，$n_{\max}$ 为电机最高转速。

（2）加速能力。电动汽车在平坦路面上的加速度为

$$a_j = \frac{F_t - F_f - F_w}{\delta m} \tag{7-2-11}$$

电动汽车加速时间为

$$t = \int_{u_1}^{u_2} \frac{1}{a_j} du = \int_{u_1}^{u_2} \frac{\delta m}{3.6(F_t - F_f - F_w)} du \qquad (7\text{-}2\text{-}12)$$

式中，t 为电动汽车加速时间；u_1 为电动汽车加速起始车速；u_2 为电动汽车加速终了车速。

（3）坡道起步能力。电动汽车动力因数为

$$D = \frac{F_t - F_w}{mg} \qquad (7\text{-}2\text{-}13)$$

电动汽车最大爬坡度为

$$i_{\max} = \tan\left(\arcsin\frac{D - f\sqrt{1 - D^2 + f^2}}{1 + f^2}\right) \times 100\% \qquad (7\text{-}2\text{-}14)$$

2. 绘制电动汽车动力性仿真曲线

根据电动汽车动力性数学模型，编写绘制电动汽车动力性仿真曲线的 MWORKS 程序。运行程序，得到电动汽车驱动力-行驶阻力平衡图（见图 7-2-1）、电动汽车最大加速度曲线（见图 7-2-2）、电动汽车加速时间曲线（见图 7-2-3）、电动汽车最大爬坡度曲线（见图 7-2-4）。可见，最高车速为 176km/h，百公里加速时间为 11.8s，最大爬坡度为 32.3%。

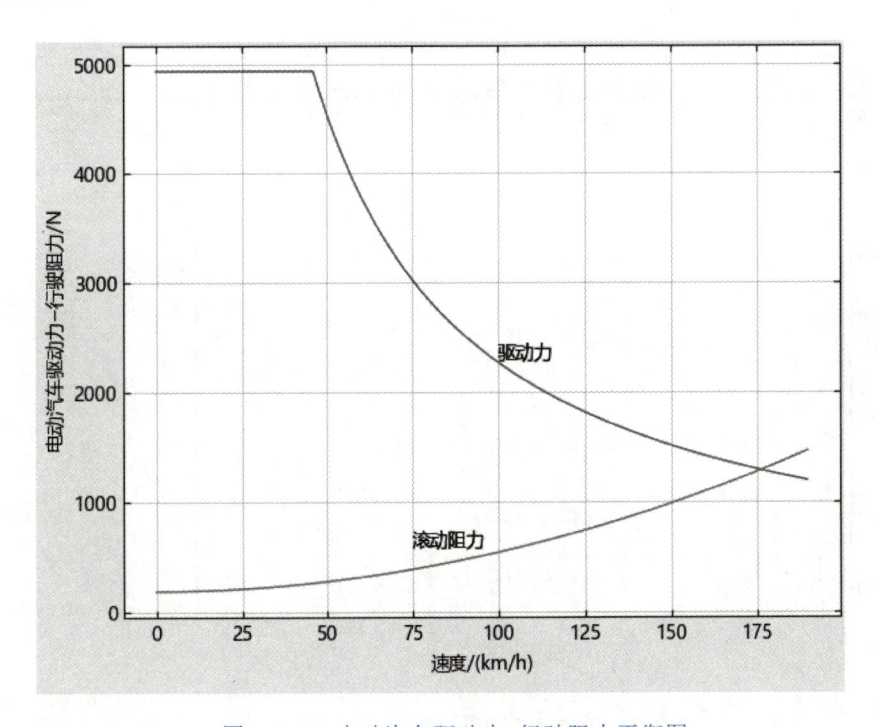

图 7-2-1 电动汽车驱动力-行驶阻力平衡图

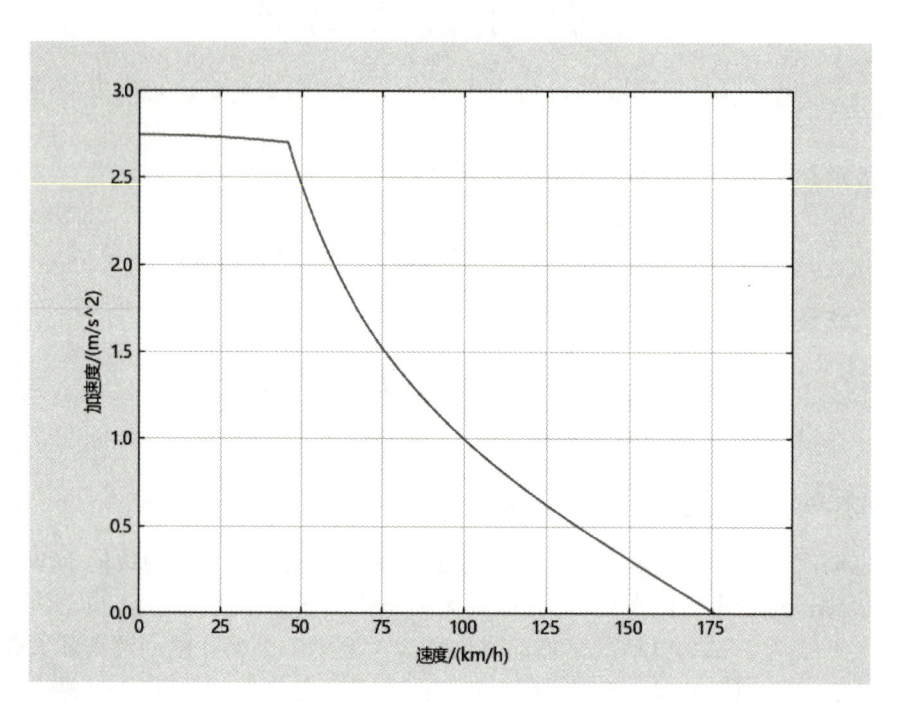

图 7-2-2　电动汽车最大加速度曲线

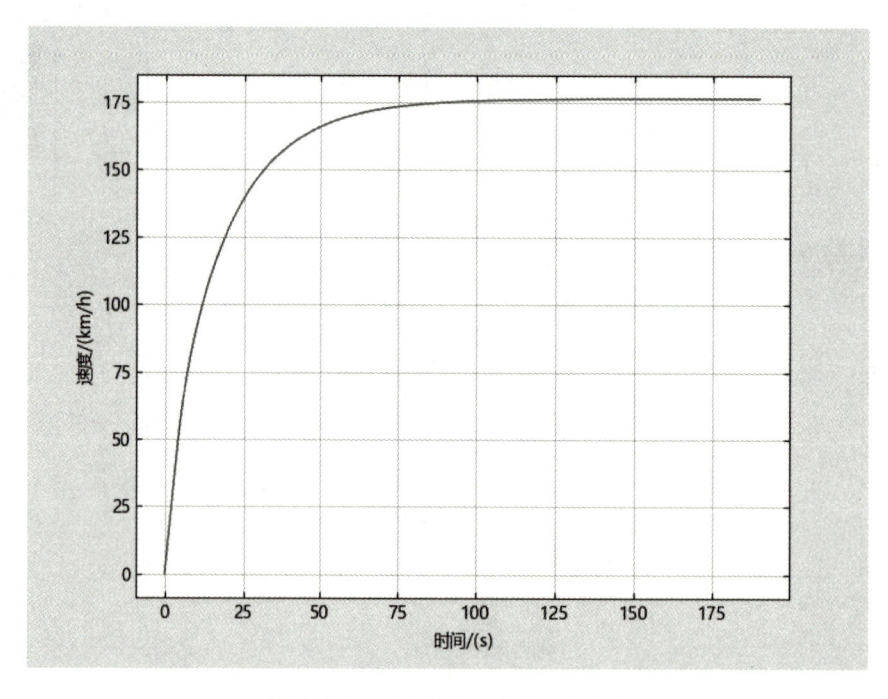

图 7-2-3　电动汽车加速时间曲线

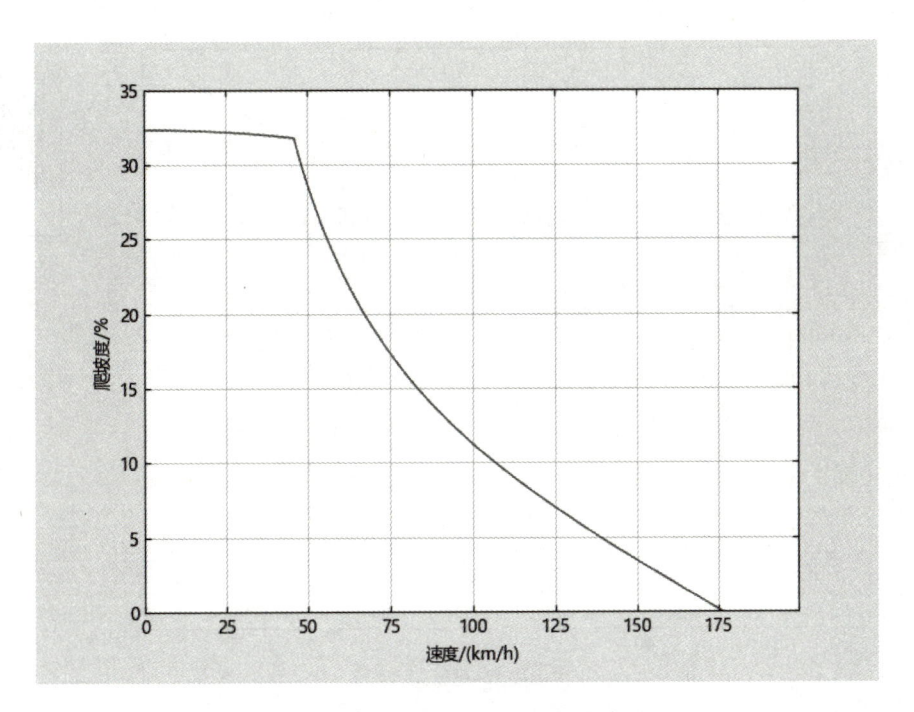

图 7-2-4　电动汽车最大爬坡度曲线

3. 分析影响电动汽车动力性的因素

（1）对最高车速的影响。主要因素有电机峰值功率、整车质量、空气阻力系数等。电机峰值功率与最高车速之间的关系为

$$P_\mathrm{m} = \left(mgf + \frac{C_\mathrm{D} A u_\mathrm{max}^2}{21.15}\right)\frac{u_\mathrm{max}}{3600\eta_\mathrm{t}} \tag{7-2-15}$$

式中，P_m 为电机峰值功率。

整车质量与最高转速之间的关系为

$$m = \frac{3600\eta_\mathrm{t} P_\mathrm{m}}{gf u_\mathrm{max}} - \frac{C_\mathrm{D} A u_\mathrm{max}^2}{21.15 gf} \tag{7-2-16}$$

空气阻力系数与最高车速之间的关系为

$$C_\mathrm{D} = \frac{21.15}{A u_\mathrm{max}^2}\left(\frac{3600\eta_\mathrm{t} P_\mathrm{m}}{u_\mathrm{max}} - mgf\right) \tag{7-2-17}$$

根据式（7-2-15）～式（7-2-17），编写分析电机峰值功率、整车质量、空气阻力系数对电动汽车最高车速影响的 MWORKS 程序。

从如图 7-2-5 所示的电动汽车最高车速与电机峰值功率的关系曲线可以看出，电机峰值功率越大，电动汽车最高车速越大。

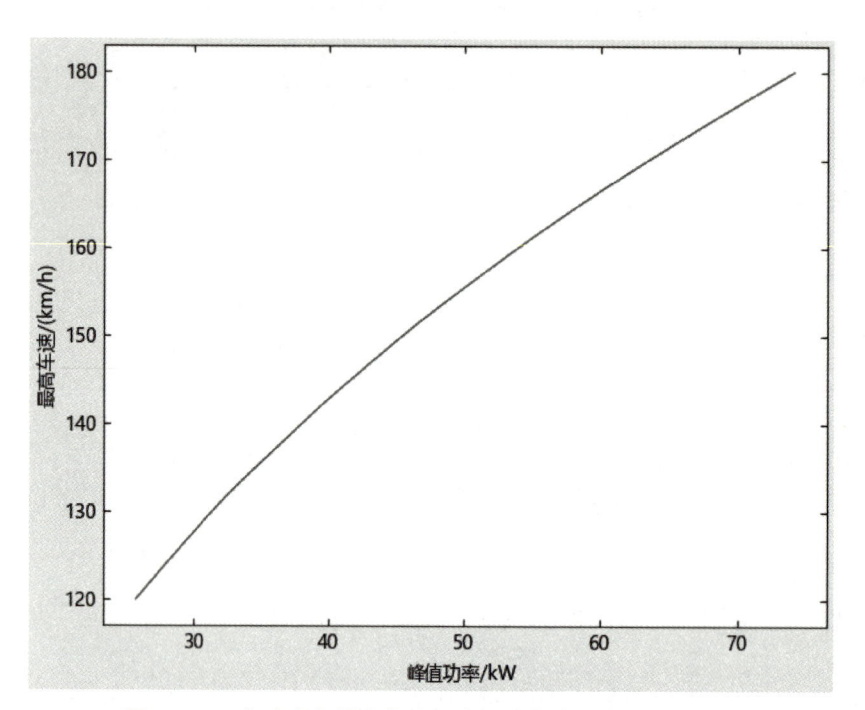

图 7-2-5　电动汽车最高车速与电机峰值功率的关系曲线

从如图 7-2-6 所示的电动汽车最高车速与整车质量的关系曲线可以看出，整车质量越大，电动汽车最高车速越小。

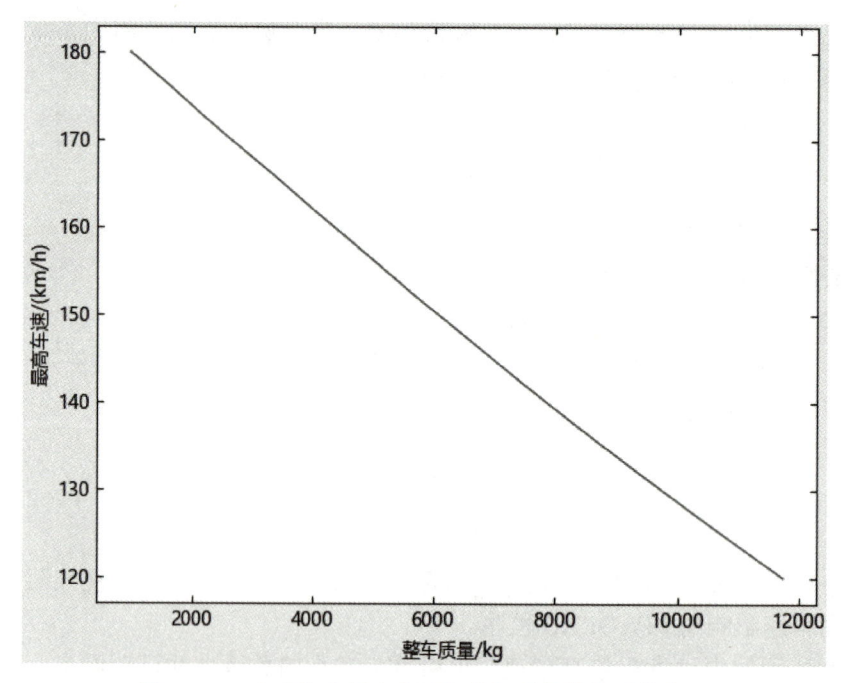

图 7-2-6　电动汽车最高车速与整车质量的关系曲线

从如图 7-2-7 所示的电动汽车最高车速与空气阻力系数的关系曲线可以看出，空气阻力系数越大，电动汽车最高车速越小。

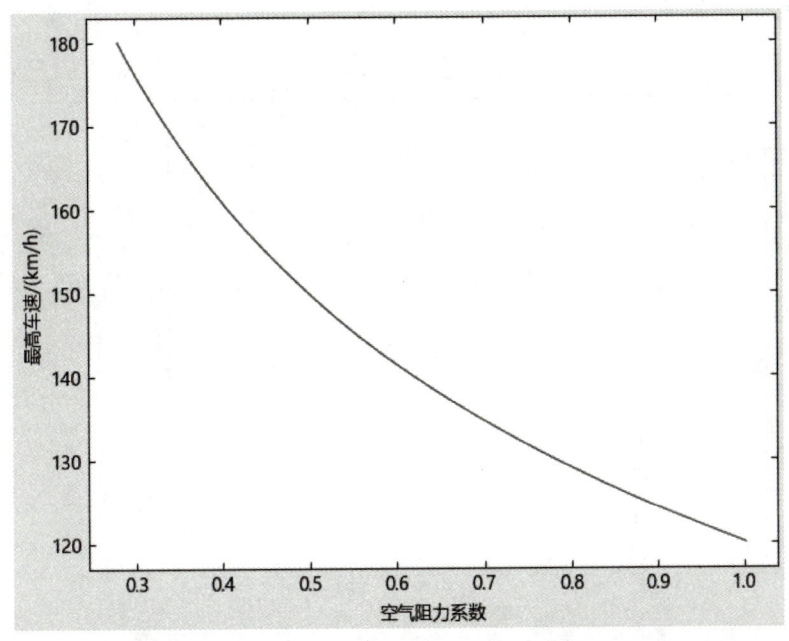

图 7-2-7　电动汽车最高车速与空气阻力系数的关系曲线

（2）对加速能力的影响。利用加速时间数学模型，编写分析电机峰值功率、整车质量、空气阻力系数对电动汽车加速时间影响的 MWORKS 程序。

从如图 7-2-8 所示的电动汽车加速时间与电机峰值功率的关系曲线可以看出，电机峰值功率越大，电动汽车加速时间越短。

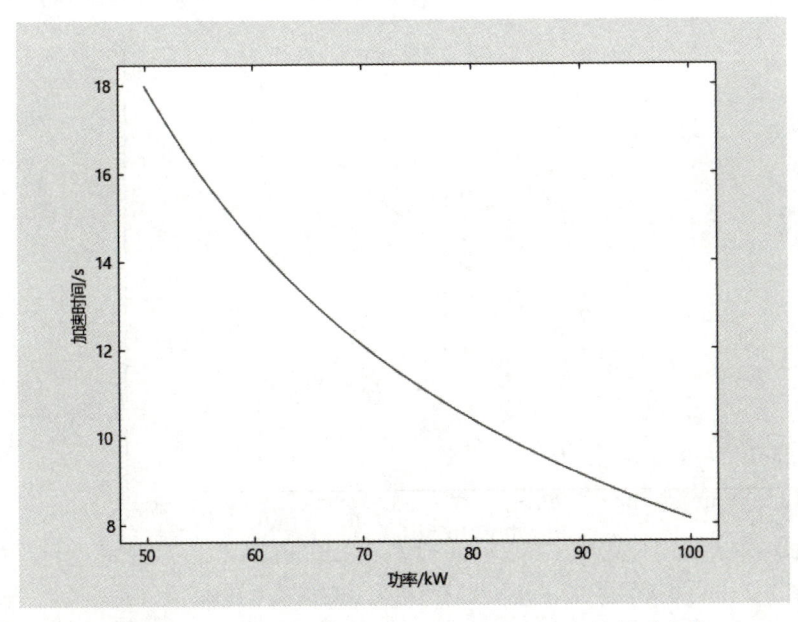

程序

图 7-2-8　电动汽车加速时间与电机峰值功率的关系曲线

从如图 7-2-9 所示的电动汽车加速时间与整车质量的关系曲线可以看出，整车质量越大，电动汽车加速时间越长。

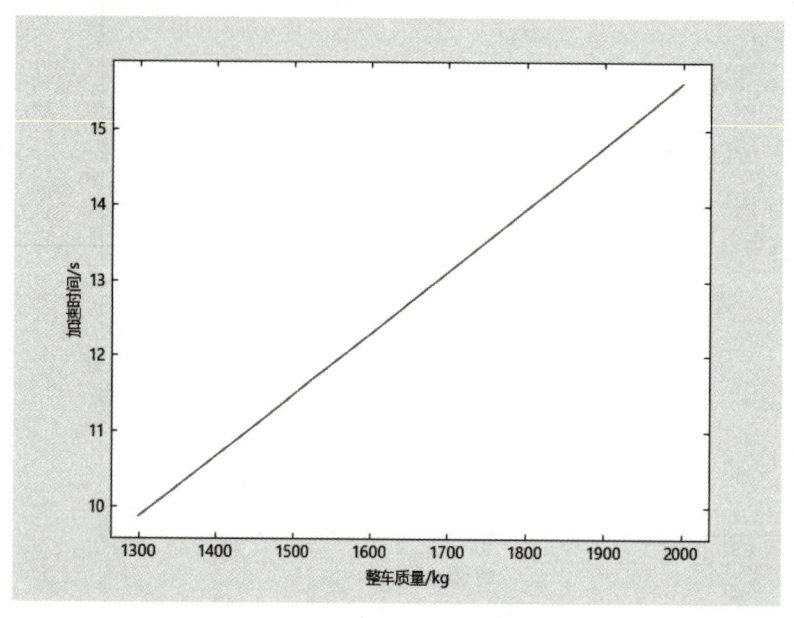

图 7-2-9　电动汽车加速时间与整车质量的关系曲线

从如图 7-2-10 所示的电动汽车加速时间与空气阻力系数的关系曲线可以看出，空气阻力系数越大，电动汽车加速时间越长。

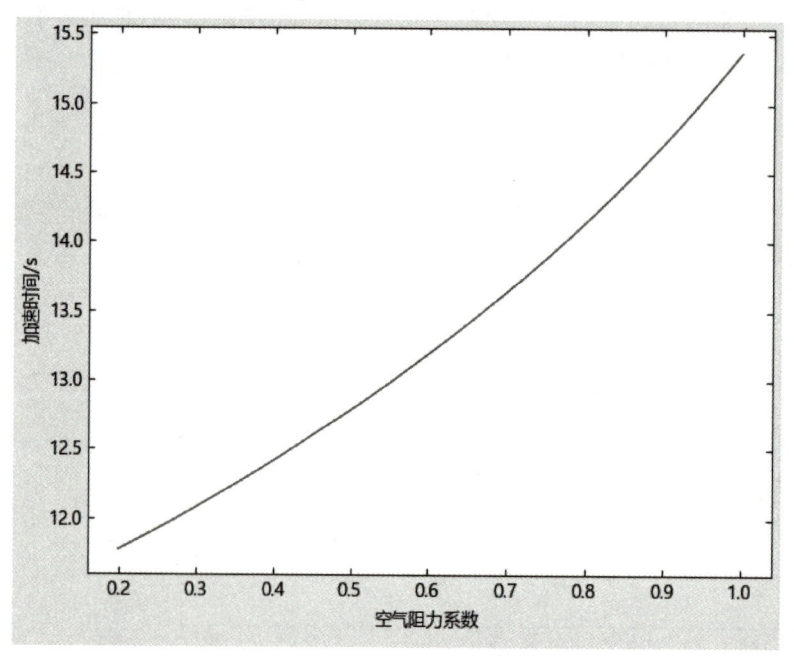

图 7-2-10　电动汽车加速时间与空气阻力系数的关系曲线

（3）对坡道起步能力的影响。根据最大爬坡度数学模型，编制分析电机峰值功率、整车质量、空气阻力系数对电动汽车最大爬坡度影响的 MWORKS 程序。

从如图 7-2-11 所示的电动汽车最大爬坡度与电机峰值功率的关系曲线可以看出，电机峰值功率越大，电动汽车最大爬坡度越大；爬坡速度越高，最大爬坡度越小。

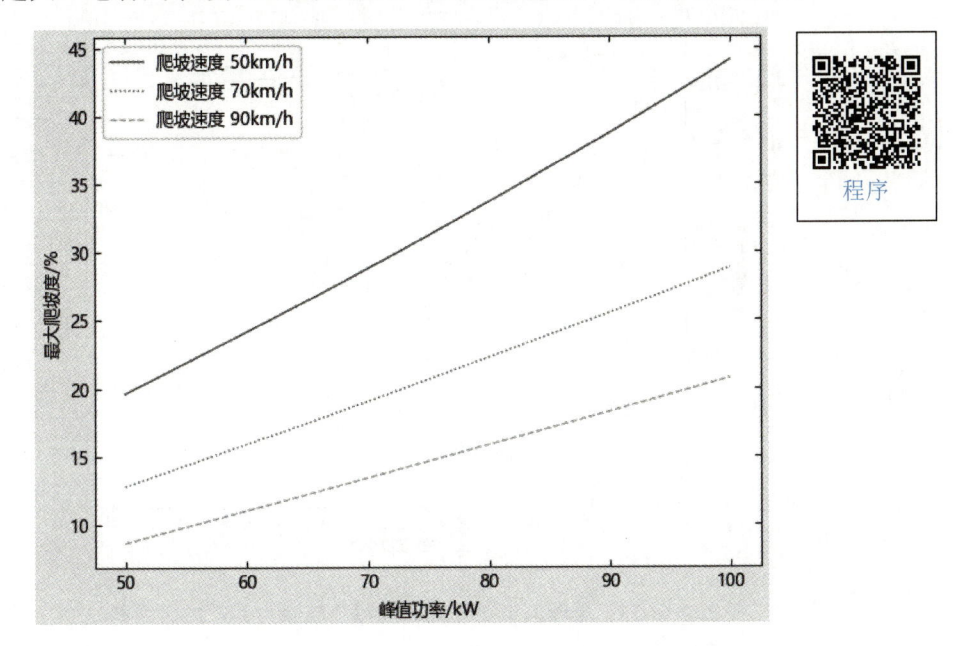

图 7-2-11　电动汽车最大爬坡度与电机峰值功率的关系曲线

从如图 7-2-12 所示的电动汽车最大爬坡度与整车质量的关系曲线可以看出，整车质量越大，电动汽车最大爬坡度越小。

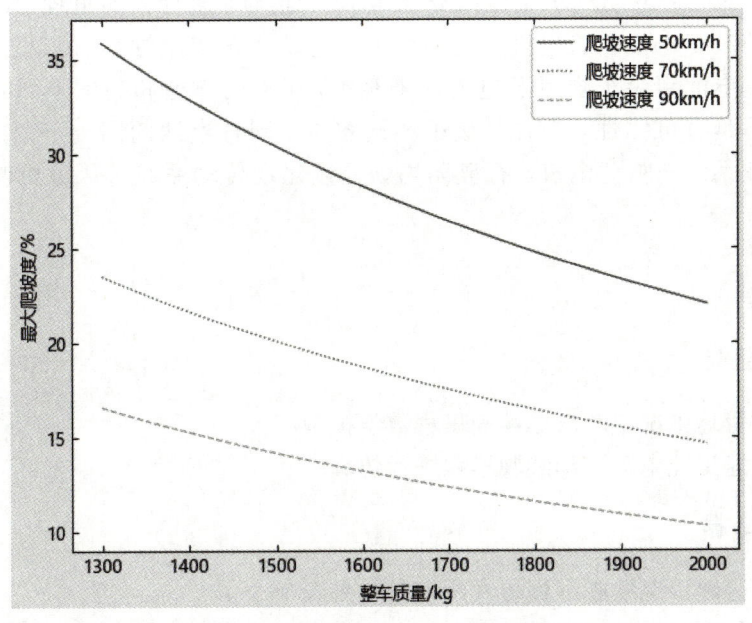

图 7-2-12　电动汽车最大爬坡度与整车质量的关系曲线

从如图 7-2-13 所示的电动汽车最大爬坡度与空气阻力系数的关系曲线可以看出,空气阻力系数越大,电动汽车最大爬坡度越小。

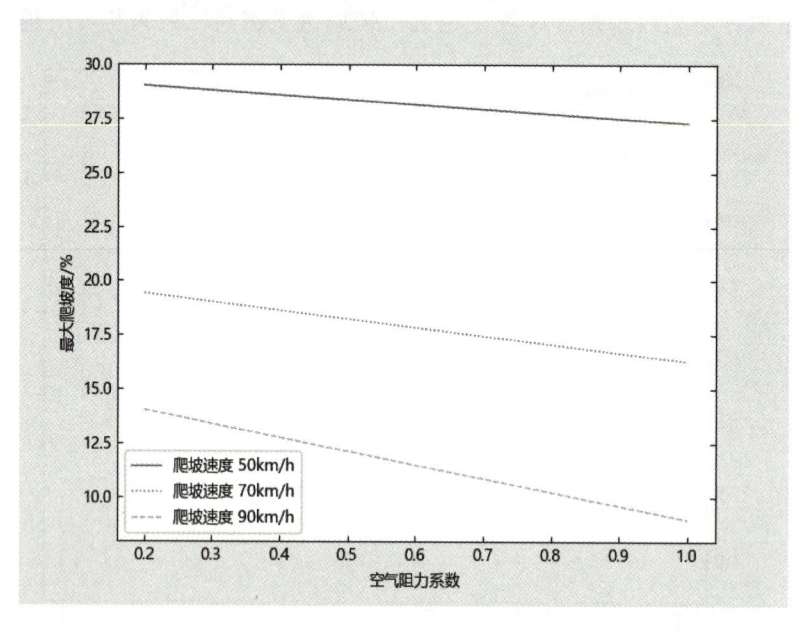

图 7-2-13　电动汽车最大爬坡度与空气阻力系数的关系曲线

实例 3　电动汽车等速工况续驶里程仿真

等速续驶里程是电动汽车电池组充满电后可连续等速行驶的里程,此项指标对于综合评价电动汽车电池组、电机及传动效率、电动汽车实用性具有积极意义。但此指标与电动汽车电池组装车容量及电池水平有关,在不同车型和装配不同容量电池组的同种车型间不具有可比性。即使是装配相同容量、同种电池的同一车型,续驶里程也受到电池管理系统、驱动电机、行驶阻力、轻量化及传动系统等因素影响而有一定的波动。

任务描述

1. 主要任务

(1) 建立等速工况电动汽车续驶里程数学模型。
(2) 对等速工况电动汽车续驶里程进行仿真。

2. 仿真数据

电动汽车等速工况续驶里程仿真所需参数见表 7-3-1。

表 7-3-1　电动汽车等速工况续驶里程仿真所需参数

整车质量/kg	滚动阻力系数	空气阻力系数	迎风面积/m²	轮胎滚动半径/m
1200	0.012	0.28	2.0	0.3
电机效率	机械传动效率	电池放电效率	电池组容量/A·h	电池组额定电压/V
0.9	0.92	0.95	100	320

任务实施

1. 建立等速工况电动汽车续驶里程数学模型

电动汽车在良好的水平路面上一次充电后等速行驶直至消耗掉全部携带的电能为止所行驶的里程，称为等速行驶的续驶里程。它是电动汽车的经济性指标之一。

电动汽车在平坦道路上等速行驶时所需的功率为

$$P_\mathrm{d} = \frac{u}{3600\eta_\mathrm{d}\eta_\mathrm{j}}\left(mgf + \frac{C_\mathrm{D}Au^2}{21.15}\right) \quad (7\text{-}3\text{-}1)$$

式中，P_d 为电动汽车在平坦道路上等速行驶时所需的功率；u 为电动汽车等速行驶速度；m 为电动汽车整车质量；f 为滚动阻力系数；C_D 为空气阻力系数；A 为迎风面积；η_d 为电机效率；η_j 为机械传动效率。

电池携带的总能量为

$$E = Q_\mathrm{m}U_\mathrm{e} = G_\mathrm{e}q \quad (7\text{-}3\text{-}2)$$

式中，E 为电池携带的总能量；Q_m 为电池的额定容量；U_e 为电池的端电压；G_e 为电动汽车携带的电池总质量；q 为电池比能量。

电动汽车等速行驶续驶里程为

$$S_\mathrm{d} = \frac{Eu}{1000P_\mathrm{d}}\eta_\mathrm{e} = \frac{76.14 Q_\mathrm{m}U_\mathrm{e}\eta_\mathrm{d}\eta_\mathrm{j}\eta_\mathrm{e}}{21.15mgf + C_\mathrm{D}Au^2} \quad (7\text{-}3\text{-}3)$$

式中，S_d 为电动汽车等速行驶续驶里程；η_e 为电池放电效率。

2. 对等速工况电动汽车续驶里程进行仿真

根据表 7-3-1 中的数据和电动汽车等速工况续驶里程数学模型，编写电动汽车等速工况续驶里程仿真的 MWORKS 程序。运行程序，得到不同影响因素下的电动汽车续驶里程随车速变化的曲线。

如图 7-3-1 所示为电池容量对续驶里程的影响。可以看出，电池容量越大，续驶里程越长；车速越高，续驶里程越短。

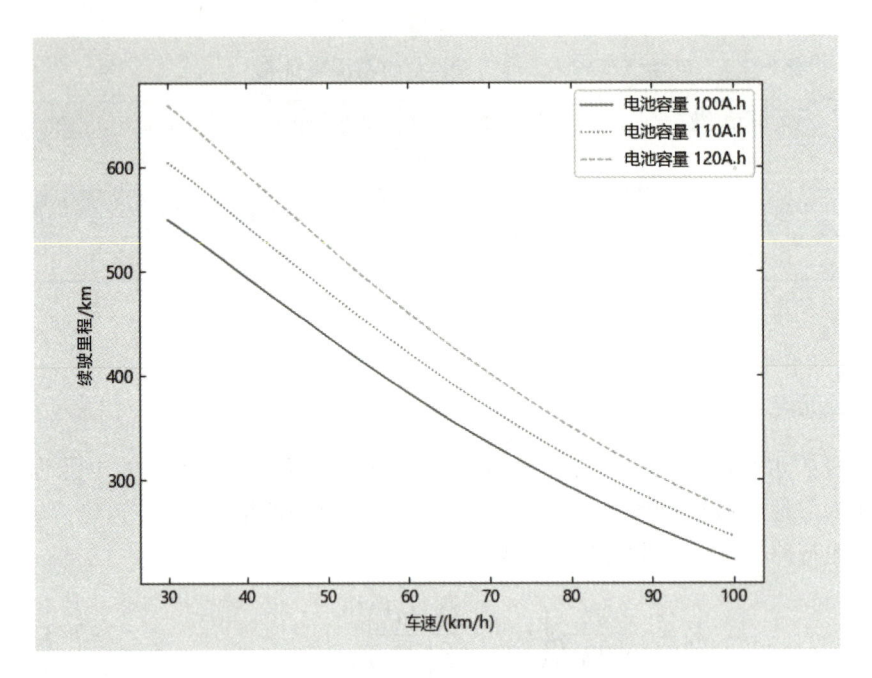

图 7-3-1　电池容量对续驶里程的影响

如图 7-3-2 所示为电动汽车整车质量对续驶里程的影响。可以看出，电动汽车整车质量越小，续驶里程越长。因此，应该采用轻量化技术，降低整车质量，延长续驶里程。

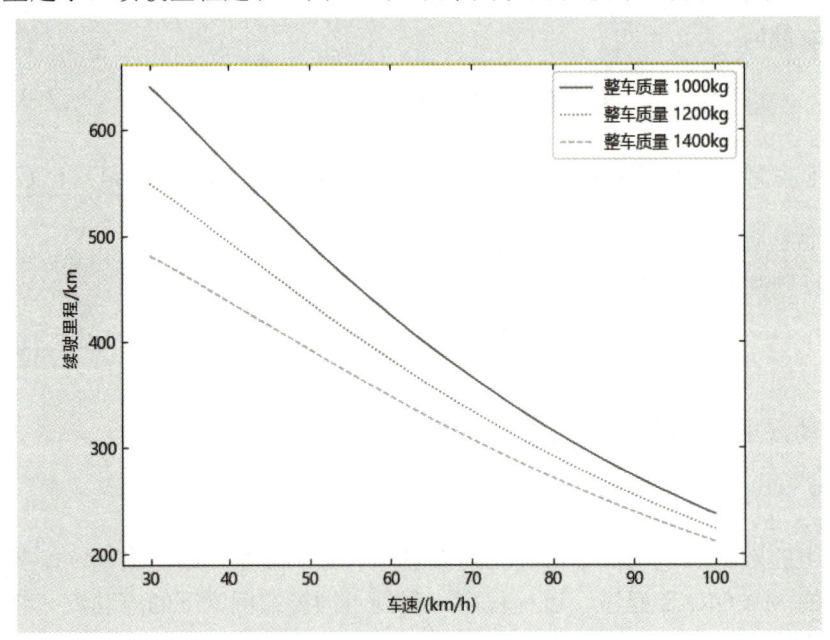

图 7-3-2　电动汽车整车质量对续驶里程的影响

如图 7-3-3 所示为滚动阻力系数对续驶里程的影响。可以看出，滚动阻力系数越小，续驶里程越长。因此，应该采用滚动阻力小的轮胎，延长续驶里程。

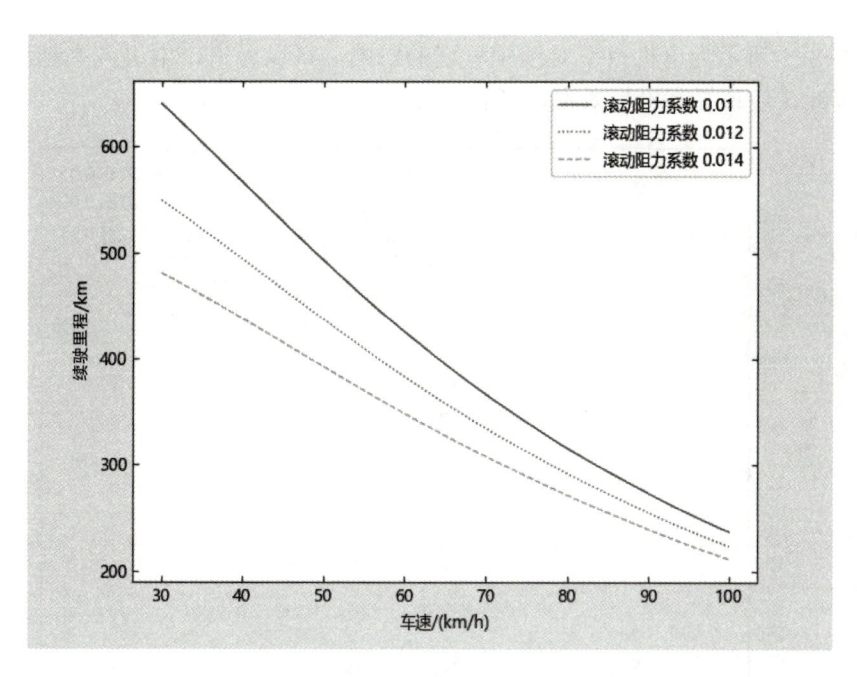

图 7-3-3 滚动阻力系数对续驶里程的影响

如图 7-3-4 所示为空气阻力系数对续驶里程的影响。可以看出，空气阻力系数越小，续驶里程越长。因此，应该优化电动汽车造型设计，减小空气阻力系数，延长续驶里程。

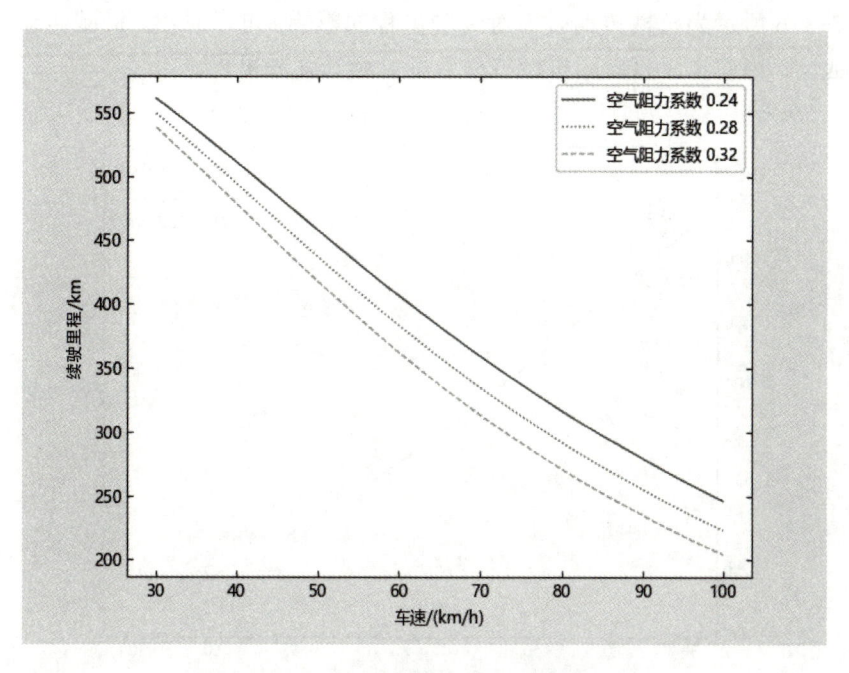

图 7-3-4 空气阻力系数对续驶里程的影响

如图 7-3-5 所示为电机效率对续驶里程的影响。可以看出，电机效率越高，续驶里程越长。因此，应该提高电机效率，延长续驶里程。

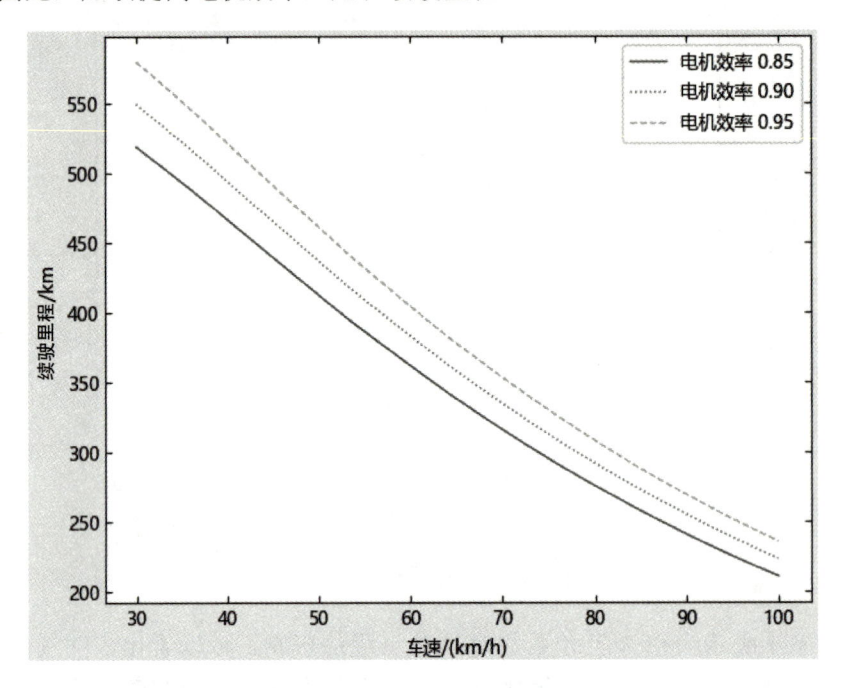

图 7-3-5　电机效率对续驶里程的影响

如图 7-3-6 所示为机械传动效率对续驶里程的影响。可以看出，机械传动效率越高，续驶里程越长。因此，应该提高机械传动效率，延长续驶里程。

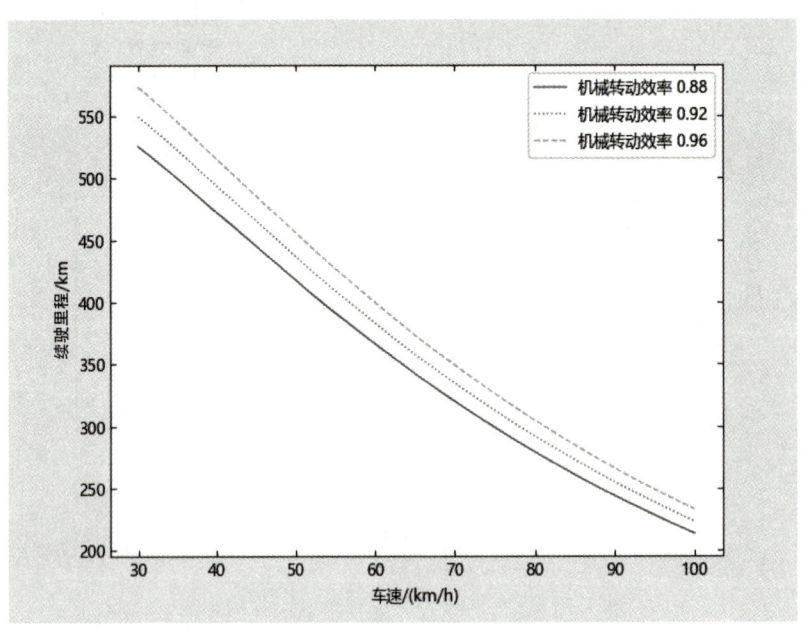

图 7-3-6　机械转动效率对续驶里程的影响

如图 7-3-7 所示为电池放电效率对续驶里程的影响。可以看出，电池放电效率越高，续驶里程越长。因此，应该提高电池放电效率，延长续驶里程。

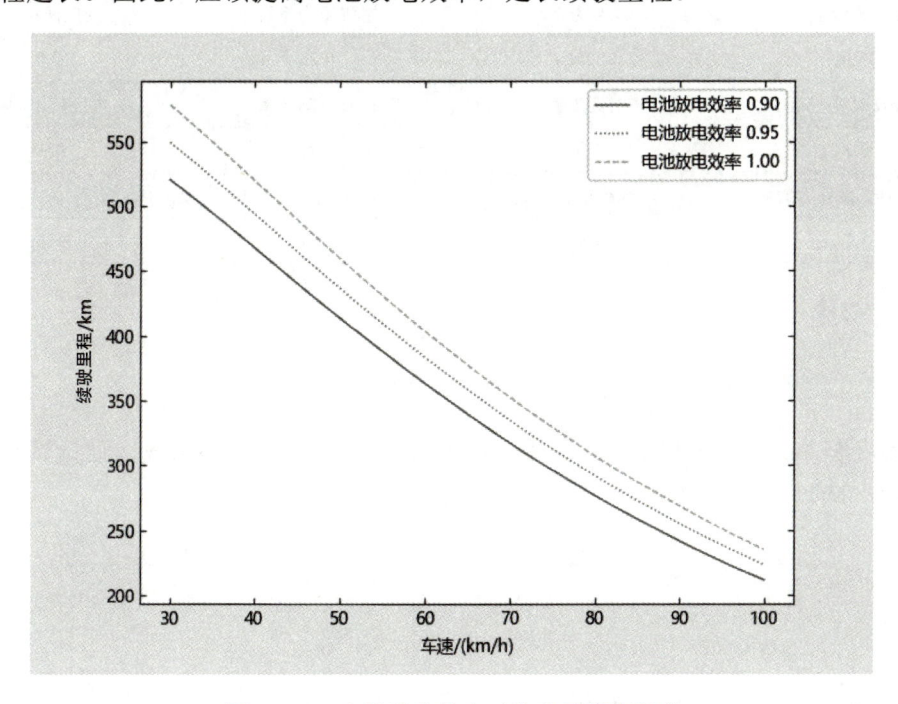

图 7-3-7　电池放电效率对续驶里程的影响

实例 4　电动汽车循环工况续驶里程仿真

GB/T 18386—2017《电动汽车　能量消耗率和续驶里程　试验方法》中规定了电动汽车续驶里程的试验方法，其工况包括 NEDC 工况和等速 60km/h 工况。

循环工况续驶里程是指充满电后，基于 NEDC 工况行驶，其所能实现的最大行驶里程。

任务描述

1. 主要任务

（1）建立电动汽车循环工况续驶里程数学模型。
（2）对电动汽车循环工况续驶里程进行仿真。

2. 仿真数据

电动汽车循环工况续驶里程仿真所需参数见表 7-4-1。

表 7-4-1　电动汽车循环工况续驶里程仿真所需参数

整车质量/kg	滚动阻力系数	空气阻力系数	迎风面积/m²
1300	0.012	0.28	2.0
轮胎滚动半径/m	电机效率	机械传动效率	电池放电效率
0.3	0.9	0.92	0.95
旋转质量换算系数	电池组容量/A·h	电池组额定电压/V	
1.1	100	320	

任务实施

1. 建立电动汽车循环工况续驶里程数学模型

电动汽车 NEDC 循环工况由 4 个市区循环和 1 个市郊循环组成，理论试验距离为 11.022km，试验时间为 1180s，如图 7-4-1 所示。

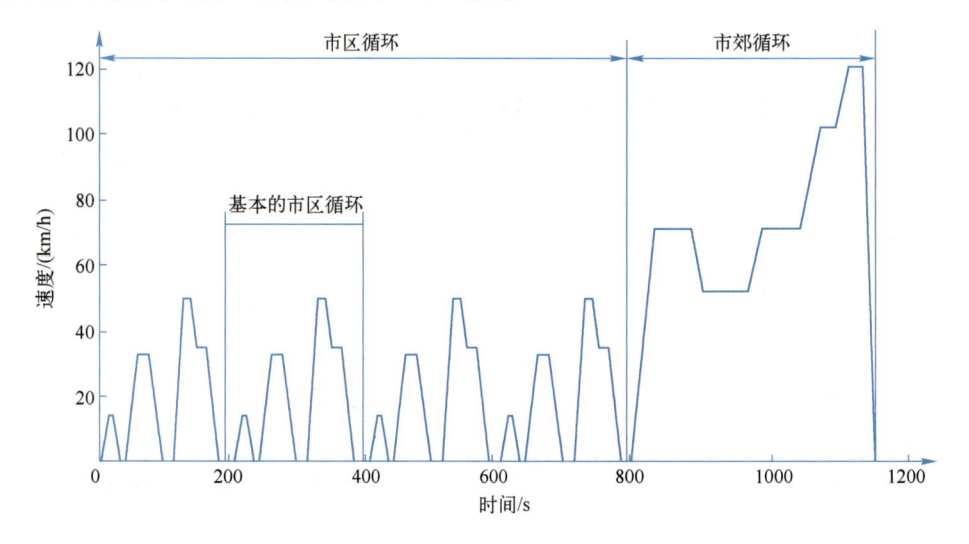

图 7-4-1　电动汽车 NEDC 循环工况图

电动汽车运行工况主要包括等速、加速、减速、停车，分别建立这些工况下的电动汽车续驶里程数学模型。

（1）等速行驶工况的电动汽车续驶里程。电动汽车在平坦道路上等速行驶时所需的功率为

$$P_\mathrm{d} = \frac{u}{3600\eta_\mathrm{d}\eta_\mathrm{j}}\left(mgf + \frac{C_\mathrm{D}Au^2}{21.15}\right) \quad (7\text{-}4\text{-}1)$$

式中，P_d 为电动汽车在平坦道路上等速行驶时所需的功率；u 为等速行驶速度；m 为电动汽车整车质量；f 为滚动阻力系数；C_D 为空气阻力系数；A 为迎风面积；η_d 为电机效率；η_j 为机械传动效率。

等速行驶工况动力电池所消耗的能量为

$$E_\mathrm{d} = \frac{P_\mathrm{d} S_\mathrm{d}}{u \eta_\mathrm{e}} \tag{7-4-2}$$

式中，E_d 为等速行驶工况动力电池所消耗的能量；S_d 为电动汽车等速行驶里程；η_e 为电池放电效率。

电动汽车等速行驶里程为

$$S_\mathrm{d} = \frac{ut}{3600} \tag{7-4-3}$$

式中，t 为汽车等速行驶时间。

（2）加速行驶工况的电动汽车续驶里程。电动汽车在平坦道路上加速行驶时所需求的功率为

$$P_\mathrm{j} = \frac{u(t)}{3600 \eta_\mathrm{d} \eta_\mathrm{j}} \left[mgf + \frac{C_\mathrm{D} A u^2(t)}{21.15} + \delta m a_\mathrm{j} \right] \tag{7-4-4}$$

式中，P_j 为电动汽车在平坦道路上加速行驶时所需的功率；$u(t)$ 为电动汽车加速行驶速度；δ 为电动汽车旋转质量换算系数；a_j 为电动汽车加速度。

电动汽车加速行驶速度为

$$u(t) = u_0 + 3.6 a_\mathrm{j} t \tag{7-4-5}$$

式中，u_0 为加速起始速度。

加速行驶工况动力电池所消耗的能量为

$$E_\mathrm{j} = \frac{P_\mathrm{j} S_\mathrm{j}}{u(t) \eta_\mathrm{e}} \tag{7-4-6}$$

式中，E_j 为加速行驶工况动力电池所消耗的能量；S_j 为电动汽车加速行驶里程。

电动汽车加速行驶里程为

$$S_\mathrm{j} = \frac{u_\mathrm{j}^2 - u_0^2}{25920 a_\mathrm{j}} \tag{7-4-7}$$

式中，u_j 为加速终了速度。

（3）对于减速工况，电动汽车减速行驶包含两种情况：一种是滑行减速或无再生制动功能下的制动减速，此时电机处于关断状态，电能输出为零，动力电池能量消耗为零；另一种是有再生制动功能下的制动减速，此时车轮拖动电机，电机处于发电机工作状态，电动汽车能量消耗为负，即动力电池处于充电工作状态。

（4）对于停车工况，电机处于关断状态，动力电池能量消耗为零。

因此，动力电池能量消耗主要发生在加速和等速运行工况，减速和停车阶段能量消耗可忽略不计，而且不考虑制动能量回收。市区基本循环试验参数见表 7-4-2。

表 7-4-2 市区基本循环试验参数

运转次序	操作状态	工况序号	加速度/(m/s²)	速度/(km/h)	操作时间/s	工况时间/s	累计时间/s
1	停车	1	0.00	0	11	11	11
2	加速	2	1.04	0→15	4	4	15
3	等速	3	0.00	15	8	8	23
4	减速	4	−0.83	15→0	5	5	28
5	停车	5	0.00	0	21	21	49
6	加速	6	0.69	0→15	6	12	55
7	加速		0.79	15→32	6		61
8	等速	7	0.00	32	24	24	85
9	减速	8	−0.81	32→0	11	11	96
10	停车	9	0.00	0	21	21	117
11	加速	10	0.69	0→15	6	26	123
12	加速		0.51	15→35	11		134
13	加速		0.46	35→50	9		143
14	等速	11	0.00	50	12	12	155
15	减速	12	−0.52	50→35	8	8	163
16	等速	13	0.00	35	15	15	178
17	减速	14	−0.97	35→0	10	10	188
18	停车	15	0.00	0	7	7	195

市郊循环试验参数见表 7-4-3。

表 7-4-3 市郊循环试验参数

运转次序	操作状态	工况序号	加速度/(m/s²)	速度/(km/h)	操作时间/s	工况时间/s	累计时间/s
1	停车	1	0.00	0	20	20	20
2	加速	2	0.69	0→15	6	41	26
3	加速		0.51	15→35	11		37
4	加速		0.42	35→50	10		47
5	加速		0.40	50→70	14		61
6	等速	3	0.00	70	50	50	111
7	减速	4	−0.69	70→50	8	8	119
8	等速	5	0.00	50	69	69	188
9	加速	6	0.43	50→70	13	13	201
10	等速	7	0.00	70	50	50	251

续表

运转次序	操作状态	工况序号	加速度 /(m/s²)	速度 /(km/h)	操作时间 /s	工况时间 /s	累计时间 /s
11	加速	8	0.24	70→100	35	35	286
12	等速	9	0.00	100	30	30	316
13	加速	10	0.28	100→120	20	20	336
14	等速	11	0.00	120	10	10	346
15	减速	12	-0.69	120→80	16	34	362
16	减速		-1.04	80→50	8		370
17	减速		-1.39	50→0	10		380
18	停车	13	0.00	0	20	20	400

电池携带的总能量为

$$E = \frac{Q_m U_e}{1000} \tag{7-4-8}$$

式中，E 为电池携带的总能量；Q_m 为电池的额定容量；U_e 为电池的端电压。

一个 NEDC 循环工况的行驶里程为

$$S_1 = \sum_{i=1}^{k} S_i \tag{7-4-9}$$

式中，S_1 为一个 NEDC 循环工况的行驶里程；S_i 为每个状态行驶的距离；k 为电动汽车能够完成的状态总数。

一个 NEDC 循环工况行驶动力电池所消耗的能量为

$$E_1 = \sum_{i=1}^{k} E_i \tag{7-4-10}$$

式中，E_1 为一个 NEDC 循环工况行驶动力电池所消耗的能量；E_i 为每个状态动力电池所消耗的能量。

电动汽车循环工况续驶里程为

$$S = \frac{S_1 E}{E_1} \tag{7-4-11}$$

式中，S 为电动汽车循环工况续驶里程。

2. 对电动汽车循环工况续驶里程进行仿真

根据表 7-4-2 和表 7-4-3 中的数据及电动汽车循环工况续驶里程数学模型，编写电动汽车循环工况续驶里程仿真的 MWORKS 程序。电动汽车续驶里程随整车质量变化的曲线如图 7-4-2 所示，可以看出，整车质量越大，续驶里程越短。因此，应采用轻量化技术降低整车质量，提高续驶里程。

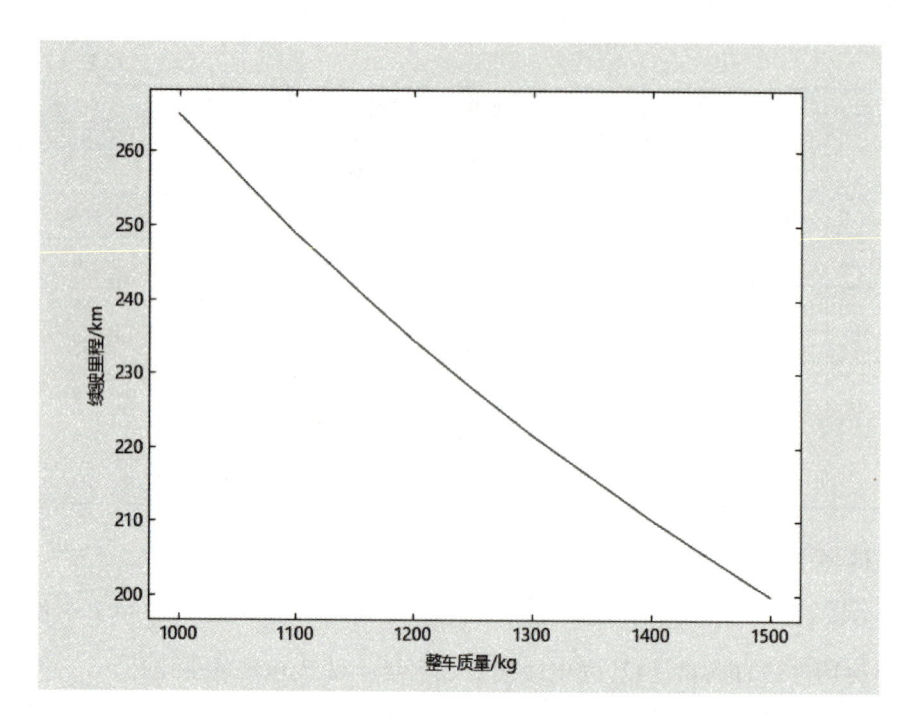

图 7-4-2　续驶里程与整车质量的关系

同理可求滚动阻力系数、空气阻力系数、机械传动效率、电机效率、电池放电效率、电池能量等对续驶里程的影响。

实例 5　基于工况法的电动汽车传动系统匹配仿真

基于工况法对电动汽车驱动电机和动力电池进行匹配更符合实际。本实例采用电动汽车 NEDC 循环工况对驱动电机和动力电池参数进行匹配。

任务描述

1. 主要任务

（1）利用 MWORKS 绘制电动汽车 NEDC 循环工况图。
（2）基于工况法匹配驱动电机参数。
（3）基于工况法匹配动力电池参数。
（4）利用 MWORKS 仿真电动汽车动力性。
（5）利用 MWORKS 仿真电动汽车循环工况续驶里程。

2. 仿真数据

基于工况法的电动汽车传动系统匹配仿真所需参数见表 7-5-1。

表 7-5-1　基于工况法的电动汽车传动系统匹配仿真所需参数

整车质量/kg	滚动阻力系数	空气阻力系数	迎风面积/m²	轮胎滚动半径/m
1300	0.013	0.32	2.1	0.285
旋转质量换算系数	传动系统效率	电池放电效率	传动系统传动比	电池组端电压/V
1.02	0.95	0.95	5.3	320

电动汽车设计目标：

最高车速不低于 120km/h；工况法续驶里程不低于 300km；0～100km/h 加速时间不大于 20s；40km/h 行驶通过的最大爬坡度不低于 20%。

任务实施

1. 利用 MWORKS 绘制电动汽车 NEDC 循环工况图

电动汽车 NEDC 循环工况由市区循环和市郊循环组成，其中市区循环由 4 个市区基本循环组成，如图 7-5-1 所示。

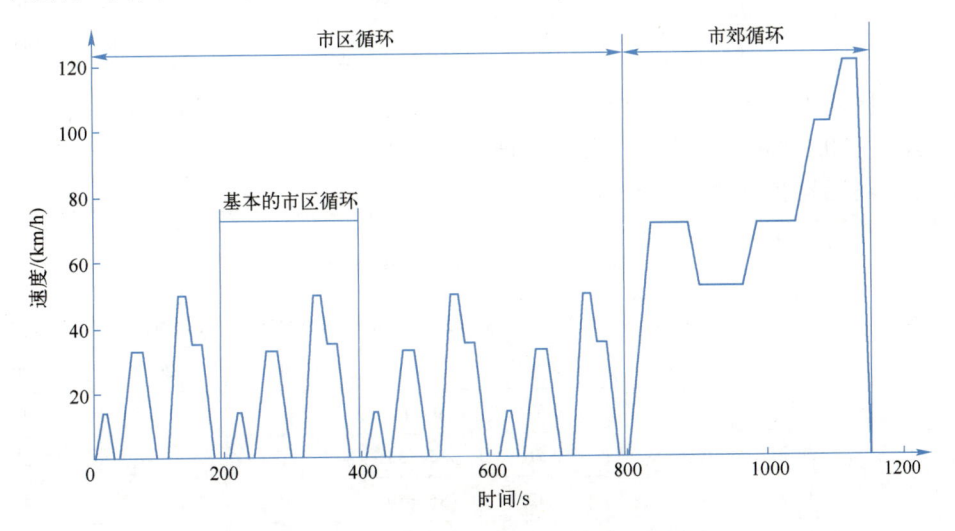

图 7-5-1　电动汽车 NEDC 循环工况图

市区基本循环试验参数见表 7-5-2。

表 7-5-2　市区基本循环试验参数

运转次序	操作状态	工况序号	加速度/(m/s²)	速度/(km/h)	操作时间/s	工况时间/s	累计时间/s
1	停车	1	0.00	0	11	11	11
2	加速	2	1.04	0→15	4	4	15
3	等速	3	0.00	15	8	8	23
4	减速	4	-0.83	15→0	5	5	28

续表

运转次序	操作状态	工况序号	加速度/(m/s²)	速度/(km/h)	操作时间/s	工况时间/s	累计时间/s
5	停车	5	0.00	0	21	21	49
6	加速	6	0.69	0→15	6	12	55
7	加速		0.79	15→32	6		61
8	等速	7	0.00	32	24	24	85
9	减速	8	-0.81	32→0	11	11	96
10	停车	9	0.00	0	21	21	117
11	加速	10	0.69	0→15	6	26	123
12	加速		0.51	15→35	11		134
13	加速		0.46	35→50	9		143
14	等速	11	0.00	50	12	12	155
15	减速	12	-0.52	50→35	8	8	163
16	等速	13	0.00	35	15	15	178
17	减速	14	-0.97	35→0	10	10	188
18	停车	15	0.00	0	7	7	195

一个市区基本循环时间是195s，其中，停车60s，占30.77%；加速42s，占21.54%；等速59s，占30.26%；减速34s，占17.44%。

市郊循环试验参数见表7-5-3。

表7-5-3　市郊循环试验参数

运转次序	操作状态	工况序号	加速度/(m/s²)	速度/(km/h)	操作时间/s	工况时间/s	累计时间/s
1	停车	1	0.00	0	20	20	20
2	加速	2	0.69	0→15	6	41	26
3	加速		0.51	15→35	11		37
4	加速		0.42	35→50	10		47
5	加速		0.40	50→70	14		61
6	等速	3	0.00	70	50	50	111
7	减速	4	-0.69	70→50	8	8	119
8	等速	5	0.00	50	69	69	188
9	加速	6	0.43	50→70	13	13	201
10	等速	7	0.00	70	50	50	251
11	加速	8	0.24	70→100	35	35	286
12	等速	9	0.00	100	30	30	316
13	加速	10	0.28	100→120	20	20	336

续表

运转次序	操作状态	工况序号	加速度/(m/s²)	速度/(km/h)	操作时间/s	工况时间/s	累计时间/s
14	等速	11	0.00	120	10	10	346
15	减速	12	-0.69	120→80	16	34	362
16	减速		-1.04	80→50	8		370
17	减速		-1.39	50→0	10		380
18	停车	13	0.00	0	20	20	400

一个市郊循环时间是 400s，其中，停车 40s，占 10%；加速 109s，占 27.25%；等速 209s，占 52.25%；减速 42s，占 10.50%。

根据表 7-5-2 和表 7-5-3，编写绘制电动汽车 NEDC 循环工况图的程序，运行结果如图 7-5-2 所示。

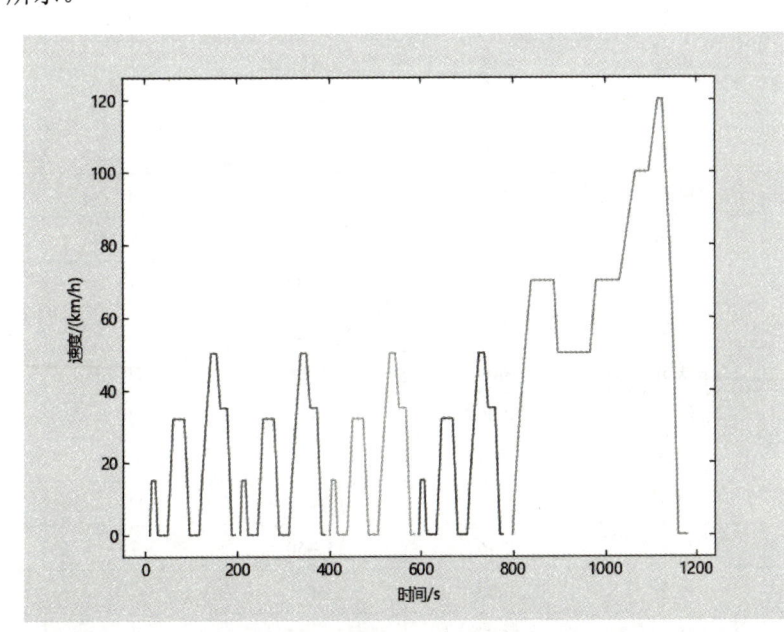

图 7-5-2　电动汽车 NEDC 循环工况图

2. 基于工况法匹配驱动电机参数

电动汽车 NEDC 循环工况主要包括匀速行驶、加速行驶和减速行驶。

电动汽车在平坦道路上匀速行驶所需的电机功率为

$$P_{m1} = \frac{u_1}{3600\eta_t}\left(mgf + \frac{C_D A u_1^2}{21.15}\right) \quad (7\text{-}5\text{-}1)$$

式中，P_{m1} 为电动汽车在平坦道路上匀速行驶所需的电机功率；m 为整车质量；f 为滚动阻力系数；C_D 为迎风阻力系数；A 为迎风面积；u_1 为匀速行驶车速；η_t 为传动系统效率。

电动汽车加（减）速行驶所需的电机功率为

$$P_{m2} = \frac{u(t)}{3600\eta_t}\left[mgf + \frac{C_D A u^2(t)}{21.15} + \delta m a_j\right] \qquad (7\text{-}5\text{-}2)$$

式中，P_{m2} 为电动汽车加（减）速行驶所需的电机功率；$u(t)$ 为电动汽车行驶速度；δ 为电动汽车旋转质量换算系数；a_j 为电动汽车加（减）速度。

汽车行驶速度为

$$u(t) = u_0 + 3.6 a_j t \qquad (7\text{-}5\text{-}3)$$

式中，u_0 为起始速度；t 为加（减）速时间。

市区基本循环试验参数及功率需求见表 7-5-4。

表 7-5-4　市区基本循环试验参数及功率需求

运转次序	操作状态	加速度/(m/s²)	速度/(km/h)	操作时间/s	功率需求/kW
1	停车	0.00	0	11	0
2	加速	1.04	0→15	4	6.8062
3	等速	0.00	15	8	0.7578
4	减速	-0.83	15→0	5	-4.0693
5	停车	0.00	0	21	0
6	加速	0.69	0→45	6	4.7707
7	加速	0.79	15→32	6	11.6556
8	等速	0.00	32	24	1.8541
9	减速	-0.81	32→0	11	-8.1956
10	停车	0.00	0	21	0
11	加速	0.69	0→15	6	4.7707
12	加速	0.51	15→35	11	9.0141
13	加速	0.46	35→50	9	12.5002
14	等速	0.00	50	12	3.5826
15	减速	-0.52	50→35	8	-6.4981
16	等速	0.00	35	15	2.0933
17	减速	-0.97	35→0	10	-11.0698
18	停车	0.00	0	7	0

市郊循环试验参数及功率需求见表 7-5-5。

表 7-5-5　市郊循环试验参数及功率需求

运转次序	操作状态	加速度/(m/s²)	速度/(km/h)	操作时间/s	功率需求/kW
1	停车	0.00	0	20	0
2	加速	0.69	0→15	6	4.7707

续表

运转次序	操作状态	加速度/(m/s²)	速度/(km/h)	操作时间/s	功率需求/kW
3	加速	0.51	15→35	11	9.0141
4	加速	0.42	35→50	10	11.7247
5	加速	0.40	50→70	14	17.4326
6	等速	0.00	70	50	6.5765
7	减速	-0.69	70→50	8	-12.1504
8	等速	0.00	50	69	3.5826
9	加速	0.43	50→70	13	18.2468
10	等速	0.00	70	50	6.5765
11	加速,	0.24	70→100	35	23.4383
12	等速	0.00	100	30	14.1331
13	加速	0.28	100→120	20	34.8923
14	等速	0.00	120	10	21.8650
15	减速	-0.69	120→80	16	-10.2382
16	减速	-1.04	80→50	8	-23.6274
17	减速	-1.39	50→0	10	-23.3639
18	停车	0.00	0	20	0

根据表 7-5-4 和表 7-5-5，编写电动汽车 NEDC 循环工况需求功率图的 MWORKS 程序，运行结果如图 7-5-3 所示。

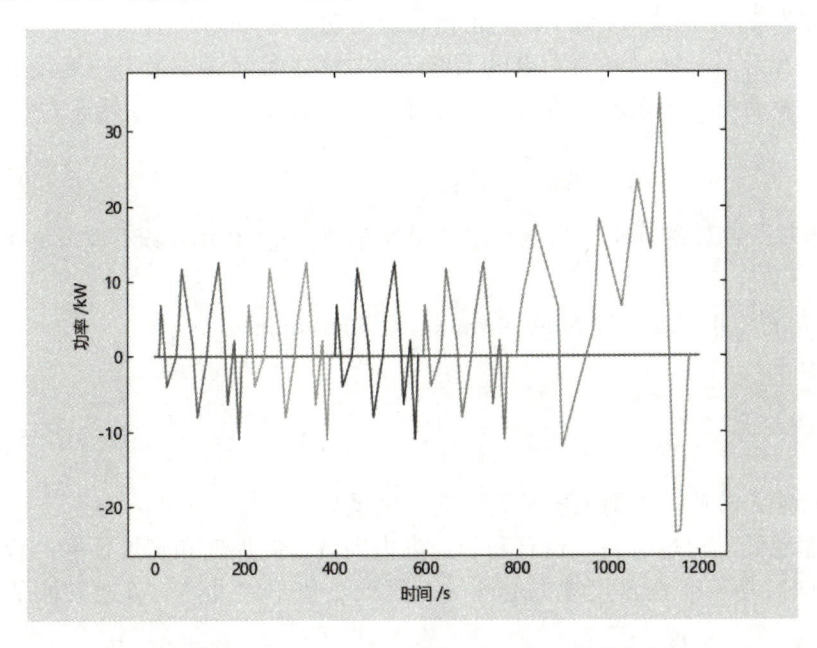

图 7-5-3 电动汽车 NEDC 循环工况功率需求功率图

可以看出，电动汽车 NEDC 循环工况下，在 100～120km/h 加速末时刻，电动汽车所需功率达到最大值，为 34.8923kW，可初步选择电机的峰值功率为 35kW。

电动汽车在实际道路行驶过程中，道路坡度对功率需求也有较大影响。满足最大爬坡度所需的电机功率为

$$P_{m3} = \frac{mgu_p}{3600\eta_t}\left(f\cos\alpha_{max} + \sin\alpha_{max} + \frac{C_D A u_p^2}{21.15mg}\right) \quad (7\text{-}5\text{-}4)$$

式中，P_{m3} 为电动汽车最大爬坡度运行所需的电机功率；u_p 为电动汽车爬坡速度；α_{max} 为最大坡度角。

当以 40km/h 行驶速度通过 20%坡度时，由式（7-5-4）可得电机功率需求约为 32kW，电机峰值功率满足要求。

满足加速时间所需的电机功率为

$$P_{m4} = \frac{1}{3600\eta_t}\left(mgf\frac{u_e}{1.5} + \frac{C_D A u_e^3}{52.875} + \delta m\frac{u_e^2}{7.2t_e}\right) \quad (7\text{-}5\text{-}5)$$

式中，u_e 为加速终止速度；t_e 为加速时间。

根据设计要求，0～100km 加速时间不大于 20s，由式（7-5-5）可得满足加速时间所需的电机功率为 33.9kW，电机峰值功率满足要求。

电机峰值功率与额定功率的关系为

$$P_{emax} = \lambda P_e \quad (7\text{-}5\text{-}6)$$

式中，P_{emax} 为电机峰值功率；P_e 为电机额定功率；λ 为电机过载系数。

取电机过载系数为 2.2，由式（7-5-6）可得电机额定功率为 16kW。

当电动汽车运行在最高车速时，驱动电机工作在恒功率区且转速在最高转速附近，根据电动汽车车速和驱动电机转速之间的关系，可得到驱动电机所需的最高转速为

$$n_{max} = \frac{u_{max} i}{0.377 r} \quad (7\text{-}5\text{-}7)$$

式中，n_{max} 为电机最高转速；u_{max} 为电动汽车最高车速；i 为传动系统传动比；r 为轮胎滚动半径。

由式（7-5-7）可得电机最高转速为 5919r/min，取 6000r/min。

电机额定转速为

$$n_e = \frac{n_{max}}{\beta} \quad (7\text{-}5\text{-}8)$$

式中，n_e 为电机额定转速；β 为电机扩大恒功率区系数。

β 值越大，转速越低，转矩越高，越有利于提高电动汽车的加速和爬坡性能，稳定运行性能越好，但同时功率变换器尺寸也会增大，因此 β 值不宜过高。β 通常取值为 2～4。

取 $\beta=3$，则由式（7-5-8）可得电机额定转速为2000r/min。

电动汽车在不同的工况下对驱动电机有不同的输出需求。高速时驱动电机以输出功率为主，在启动和加速时以输出转矩为主。根据转矩、功率和转速之间的关系，可知驱动电机的额定转矩为

$$T_e = \frac{9550 P_e}{n_e} \qquad (7\text{-}5\text{-}9)$$

式中，T_e 为电机额定转矩。

电机峰值转矩为

$$T_{emax} = \frac{9550 P_{emax}}{n_e} \qquad (7\text{-}5\text{-}10)$$

式中，T_{emax} 为电机峰值转矩。

由式（7-5-9）可求得电机额定转矩为 76N·m，由式（7-5-10）可求得电机峰值转矩为167N·m。

综上所述，驱动电机匹配参数见表7-5-6。

表 7-5-6　驱动电机匹配参数

额定功率/kW	峰值功率/kW	额定转矩/N·m
16	35	76
峰值转矩/N·m	额定转速/(r/min)	最高转速/(r/min)
167	2000	6000

3. 基于工况法匹配动力电池参数

电动汽车在平坦道路上匀速行驶时动力电池所需存储的容量为

$$C_{m1} = \frac{P_{m1} t_{m1}}{3.6 V} \qquad (7\text{-}5\text{-}11)$$

式中，t_{m1} 为电动汽车匀速行驶时间；V 为动力电池端电压。

电动汽车加速行驶时动力电池所需存储的容量为

$$C_{m2} = \frac{P_{m2} t_{m2}}{3.6 V} \qquad (7\text{-}5\text{-}12)$$

式中，t_{m2} 为电动汽车加速行驶时间。

市区基本循环试验参数及动力电池容量需求见表7-5-7。

表 7-5-7　市区基本循环试验参数及动力电池容量需求

运转次序	操作状态	加速度/(m/s²)	速度/(km/h)	操作时间/s	容量需求/A·h
1	停车	0.00	0	11	0
2	加速	1.04	0→15	4	0.0236
3	等速	0.00	15	8	0.0072

续表

运转次序	操作状态	加速度/(m/s²)	速度/(km/h)	操作时间/s	容量需求/A·h
4	减速	−0.83	15→0	5	−0.0177
5	停车	0.00	0	21	0
6	加速	0.69	0→15	6	0.0248
7	加速	0.79	15→32	6	0.0607
8	等速	0.00	32	24	0.0386
9	减速	−0.81	32→0	11	−0.0783
10	停车	0.00	0	21	0
11	加速	0.69	0→15	6	0.0248
12	加速	0.51	15→35	11	0.0861
13	加速	0.46	35→50	9	0.0977
14	等速	0.00	50	12	0.0373
15	减速	−0.52	50→35	8	−0.0451
16	等速	0.00	35	15	0.0273
17	减速	−0.97	35→0	10	−0.0961
18	停车	0.00	0	7	0

根据表 7-5-7 中的容量需求，可得在一个市区基本循环中，为维护电动汽车匀速行驶和加速行驶，动力电池需要输出 0.4281A·h 的容量；电动汽车制动时，制动产生的能量中可供动力电池使用的容量为 0.2372A·h。假设制动能量回收率为 20%，则电动汽车完成一个标准市区循环运行，动力电池必须提供 0.3807A·h 的容量。电动汽车完成 4 个标准市区基本循环运行，动力电池必须提供 1.5228A·h 的容量。

市郊循环试验参数及动力电池容量需求见表 7-5-8。

表 7-5-8　市郊循环试验参数及动力电池容量需求

运转次序	操作状态	加速度/(m/s²)	速度/(km/h)	操作时间/s	容量需求/A·h
1	停车	0.00	0	20	0
2	加速	0.69	0→15	6	0.0248
3	加速	0.51	15→35	11	0.0861
4	加速	0.42	35→50	10	0.1018
5	加速	0.40	50→70	14	0.2119
6	等速	0.00	70	50	0.2854
7	减速	−0.69	70→50	8	−0.0844
8	等速	0.00	50	69	0.2146
9	加速	0.43	50→70	13	0.2059

续表

运转次序	操作状态	加速度/(m/s²)	速度/(km/h)	操作时间/s	容量需求/A·h
10	等速	0.00	70	50	0.2854
11	加速	0.24	70→100	35	0.7121
12	等速	0.00	100	30	0.3680
13	加速	0.28	100→120	20	0.6058
14	等速	0.00	120	10	0.1898
15	减速	-0.69	120→80	16	-0.1422
16	减速	-1.04	80→50	8	-0.1641
17	减速	-1.39	50→0	10	-0.2028
18	停车	0.00	0	20	0

根据表 7-5-8 中的容量需求，可得在市郊工况循环中，为维护电动汽车匀速行驶和加速行驶，动力电池需要输出 3.2916A·h 的容量；电动汽车制动时，制动产生的能量中可供动力电池使用的容量为 0.5935A·h。假设制动能量回收率为 20%，则电动汽车完成市郊循环运行，动力电池必须提供 3.1729A·h 的容量。

电动汽车完成 NEDC 循环运行，动力电池必须提供 4.6957A·h 的容量。

电动汽车一个 NEDC 循环的行驶距离为 11.022km，假设要求电动汽车循环工况续驶里程为 300km，则动力电池至少需要配置 128A·h 的容量。

实际电动汽车动力电池匹配时，还要考虑传动系统效率、电机效率、电池放电效率、电池放电深度等。

根据表 7-5-7 和表 7-5-8，编写电动汽车 NEDC 循环工况动力电池容量需求图的 MWORKS 程序，运行结果如图 7-5-4 所示。

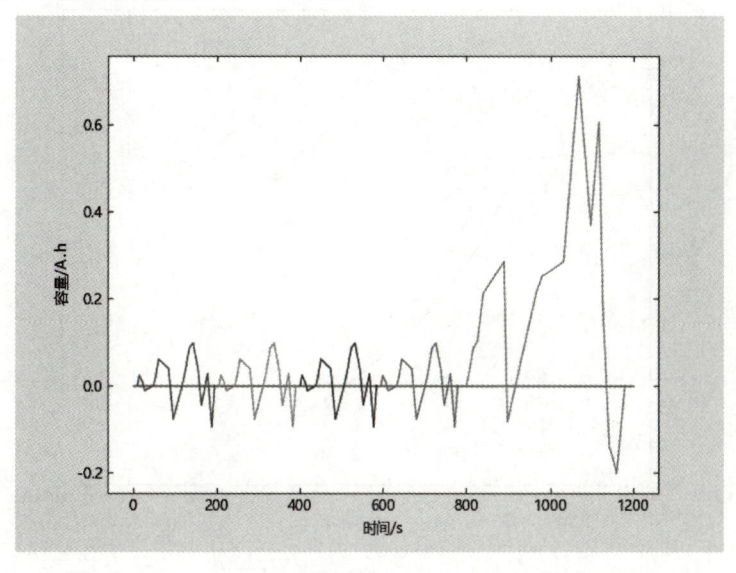

图 7-5-4 电动汽车 NEDC 循环工况动力电池容量需求图

4. 利用 MWORKS 仿真电动汽车动力性

根据电动汽车动力性数学模型，编写绘制电动汽车动力性仿真曲线的 MWORKS 程序。运行程序，得到电动汽车驱动力-行驶阻力平衡图（见图 7-5-5）、电动汽车加速度-速度曲线（见图 7-5-6）、电动汽车速度-加速时间曲线（见图 7-5-7）、电动汽车爬坡度-速度曲线（见图 7-5-8）。可见，最高车速为 144km/h，百公里加速时间为 22.5s，最大爬坡度大于 20%，满足设计要求。

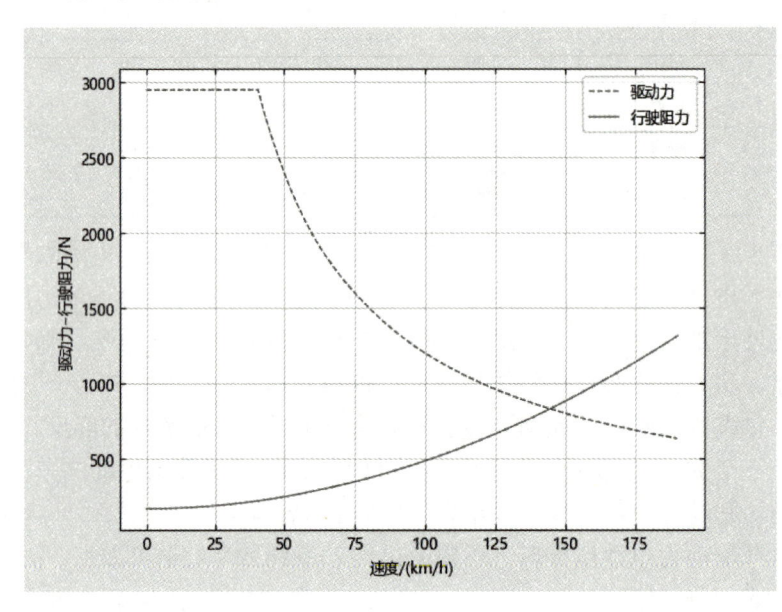

图 7-5-5 电动汽车驱动力-行驶阻力平衡图

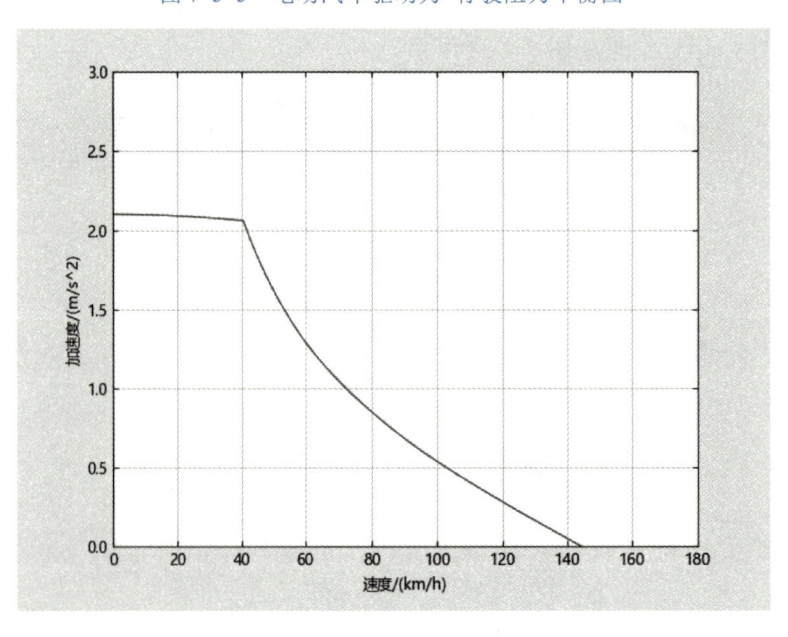

图 7-5-6 电动汽车加速度-速度曲线

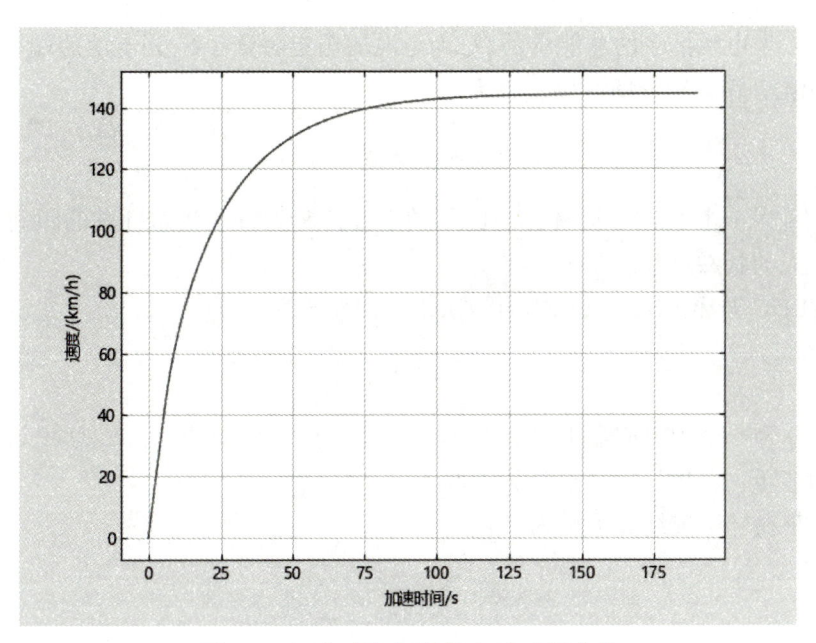

图 7-5-7 电动汽车速度-加速时间曲线

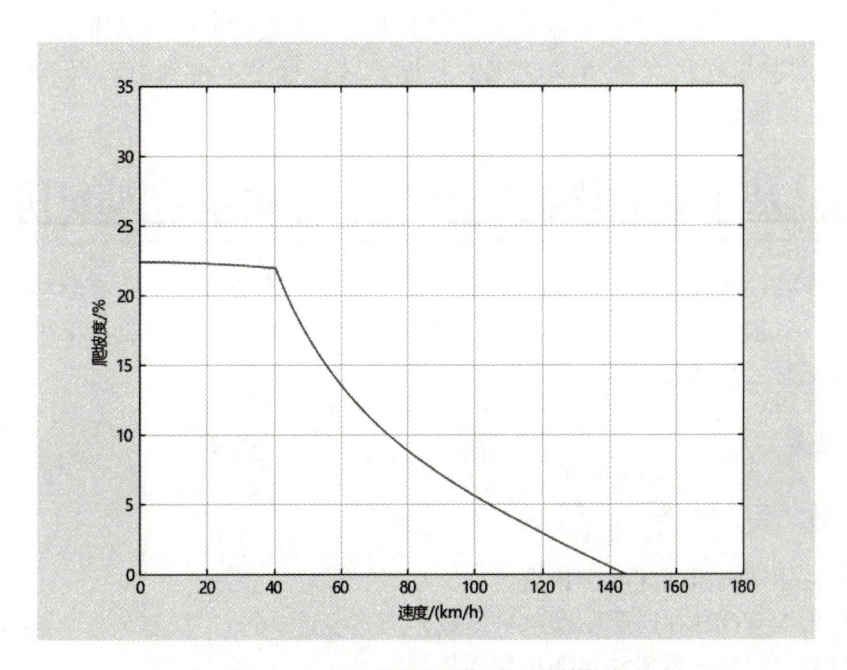

图 7-5-8 电动汽车爬坡度-速度曲线

5. 利用 MWORKS 仿真电动汽车循环工况续驶里程

电池携带的总能量为

$$E = \frac{Q_{\mathrm{m}} U_{\mathrm{e}}}{1000} \quad (7\text{-}5\text{-}13)$$

式中，E 为电池携带的总能量；Q_m 为电池的额定容量；U_e 为电池的端电压。

一个 NEDC 循环工况的行驶里程为

$$S_1 = \sum_{i=1}^{k} S_i \qquad (7\text{-}5\text{-}14)$$

式中，S_1 为一个 NEDC 循环工况的行驶里程；S_i 为每个状态行驶的距离；k 为电动汽车能够完成的状态总数。

一个 NEDC 循环工况行驶动力电池所消耗的能量为

$$E_1 = \sum_{i=1}^{k} E_i \qquad (7\text{-}5\text{-}15)$$

式中，E_1 为一个 NEDC 循环工况行驶动力电池所消耗的能量；E_i 为每个状态动力电池所消耗的能量，具体计算方法参见实例 4。

电动汽车循环工况续驶里程为

$$S = \frac{S_1 E}{E_1} \qquad (7\text{-}5\text{-}16)$$

式中，S 为电动汽车循环工况续驶里程。

根据表 7-5-2 和表 7-5-3 数据及循环工况电动汽车续驶里程数学模型，编写循环工况电动汽车续驶里程仿真的 MWORKS 程序。运行程序，得到电动汽车续驶里程为 308km，满足设计要求。

实例 6　基于动力性的电动汽车传动系统匹配仿真

电动汽车传动系统主要包括驱动电机和变速装置，其动力性主要与驱动电机参数和变速装置传动比有关，因此，为了满足电动汽车的动力性，需要对驱动电机参数和变速装置传动比进行合理匹配。

任务描述

1. 主要任务

（1）建立驱动电机匹配数学模型。
（2）利用 MWORKS 匹配驱动电机参数。
（3）建立二挡变速器传动比匹配数学模型。
（4）利用 MWORKS 匹配二挡变速器传动比。
（5）建立电动汽车动力性数学模型。
（6）利用 MWORKS 仿真电动汽车动力性。

2. 仿真数据

基于动力性的电动汽车传动系统匹配仿真所需参数见表 7-6-1。

表 7-6-1　基于动力性的电动汽车传动系统匹配仿真所需参数

整车质量/kg	滚动阻力系数	空气阻力系数	迎风面积/m²	轮胎滚动半径/m
1500	0.012	0.33	2.16	0.281
旋转质量换算系数	传动系统效率	主减速器传动比	汽车质心至后轴距离/m	汽车轴距/m
1.05（一挡），1.27（二挡）	0.92	4.55	1.6	2.8

电动汽车设计目标：最高车速不低于 110km/h；最大爬坡度不低于 20°；百公里加速时间不超过 15s。

任务实施

1. 建立驱动电机匹配数学模型

驱动电机参数主要包括电机的额定功率、峰值功率、额定转矩、峰值转矩、额定转速、最高转速及额定电压等。

电机是电动汽车行驶的动力源，对整车的动力性有直接影响。所选的电机功率越大，整车的动力性也就越好，但是如果功率过大，电机的质量和体积也会增大，且电机的工作效率不高，这样就不能充分利用有限的车载能源，从而使续驶里程降低。电机功率参数匹配通常依据电动汽车的最高车速、最大爬坡度和加速性能。

（1）根据电动汽车最高车速确定电机功率。电机的额定功率应不小于电动汽车以最高车速行驶时行驶阻力消耗的功率之和，电动汽车以最高车速在平坦道路上行驶所需的电机功率为

$$P_{m1} = \frac{u_{max}}{3600\eta_t}\left(mgf + \frac{C_D A u_{max}^2}{21.15}\right) \qquad (7\text{-}6\text{-}1)$$

式中，P_{m1} 为电动汽车以最高车速行驶所需的电机功率；m 为整车质量；f 为滚动阻力系数；C_D 为迎风阻力系数；A 为迎风面积；u_{max} 为最高车速；η_t 为传动系统效率。

（2）根据电动汽车最大爬坡度确定电机功率。电动汽车以某一车速爬上最大坡度所需的电机功率为

$$P_{m2} = \frac{u_p}{3600\eta_t}\left(mgf\cos\alpha_{max} + mg\sin\alpha_{max} + \frac{C_D A u_p^2}{21.15}\right) \qquad (7\text{-}6\text{-}2)$$

式中，P_{m2} 为电动汽车以某一车速爬上最大坡度所需的电机功率；u_p 为电动汽车爬坡速度；α_{max} 为最大坡度角。

（3）根据电动汽车加速性能确定电机功率。电动汽车在水平道路上加速行驶所需的电机功率为

$$P_{m3} = \frac{u}{3600\eta_t}\left(mgf + \frac{C_D A}{21.15}u^2 + \delta m\frac{du}{dt}\right) \qquad (7\text{-}6\text{-}3)$$

式中，P_{m3} 为电动汽车在水平道路上加速行驶所需的电机功率；δ 为电动汽车旋转质量换算系数；u 为电动汽车行驶速度；$\dfrac{du}{dt}$ 为电动汽车行驶加速度。

电动汽车由静止起步加速过程中，行驶速度为

$$u = u_e \left(\dfrac{t}{t_e}\right)^{0.5} \quad (7\text{-}6\text{-}4)$$

式中，u_e 为加速终止时的速度；t_e 为加速时间。

满足电动汽车加速时间所需的电机功率为

$$P_{m3} = \dfrac{1}{3600\eta_t}\left(mgf\dfrac{u_e}{1.5} + \dfrac{C_D A u_e^3}{52.875} + \delta m \dfrac{u_e^2}{7.2 t_e}\right) \quad (7\text{-}6\text{-}5)$$

电机的额定功率应满足电动汽车对最高车速的要求，峰值功率应能同时满足电动汽车对最高车速、最大爬坡度和加速时间的要求。因此，电动汽车电机的额定功率和峰值功率分别为

$$P_e \geqslant P_{m1} \quad (7\text{-}6\text{-}6)$$

$$P_{emax} \geqslant \max(P_{m1} \quad P_{m2} \quad P_{m3}) \quad (7\text{-}6\text{-}7)$$

式中，P_e 为电机的额定功率；P_{emax} 为电机的峰值功率。电机的峰值功率与额定功率的关系为

$$P_{emax} = \lambda P_e \quad (7\text{-}6\text{-}8)$$

式中，λ 为电机的过载系数。电动汽车最高车速与电机最高转速之间的关系为

$$n_{max} = \dfrac{u_{max} i_{max}}{0.377 r} \quad (7\text{-}6\text{-}9)$$

式中，n_{max} 为电机的最高转速；i_{max} 为传动系统最大传动比，是变速器最大传动比和主减速器传动比的乘积；r 为轮胎滚动半径。

电机的额定转速为

$$n_e = \dfrac{n_{max}}{\beta} \quad (7\text{-}6\text{-}10)$$

式中，n_e 为电机的额定转速；β 为电机扩大恒功率区系数。

β 值越大，转速越低，转矩越高，有利于提高车辆的加速和爬坡性能，稳定运行性能越好，但同时功率变换器尺寸也会越大，因此 β 值不宜过高。β 通常取值为 $2\sim4$。电机的额定转矩为

$$T_e = \dfrac{9550 P_e}{n_e} \quad (7\text{-}6\text{-}11)$$

式中，T_e 为电机的额定转矩。

电机的峰值转矩应满足电动汽车启动转矩和最大爬坡角的要求，同时结合传动系统最大传动比来确定。

$$T_{emax} \geqslant \frac{mg(f\cos\alpha_{max} + \sin\alpha_{max})r}{\eta_t i_{max}} \quad (7\text{-}6\text{-}12)$$

式中，T_{emax} 为电机的峰值转矩；i_{max} 为传动系统最大传动比。

电机的额定电压与电机的额定功率成正比，额定功率越大，额定电压也就越大。电机的额定电压选择与电动汽车电池组的电压有密切的关系，要选择合适的电池组的电压和电流以满足整车能源的需要，不过最终都是由所选取的电机的参数来决定额定电压的。

2. 利用 MWORKS 匹配驱动电机参数

利用驱动电机功率数学模型，编写驱动电机功率匹配的 MWORKS 程序。运行程序，得到根据电动汽车最高车速、最大爬坡度和加速时间所生成的电机功率曲线。

如图 7-6-1 所示为电机功率-最高车速曲线。可以看出，最高车速越高，所需的电机功率越大。最高车速为 110km/h 时，所需的电机功率 $P_{m1} = 19.4$kW。

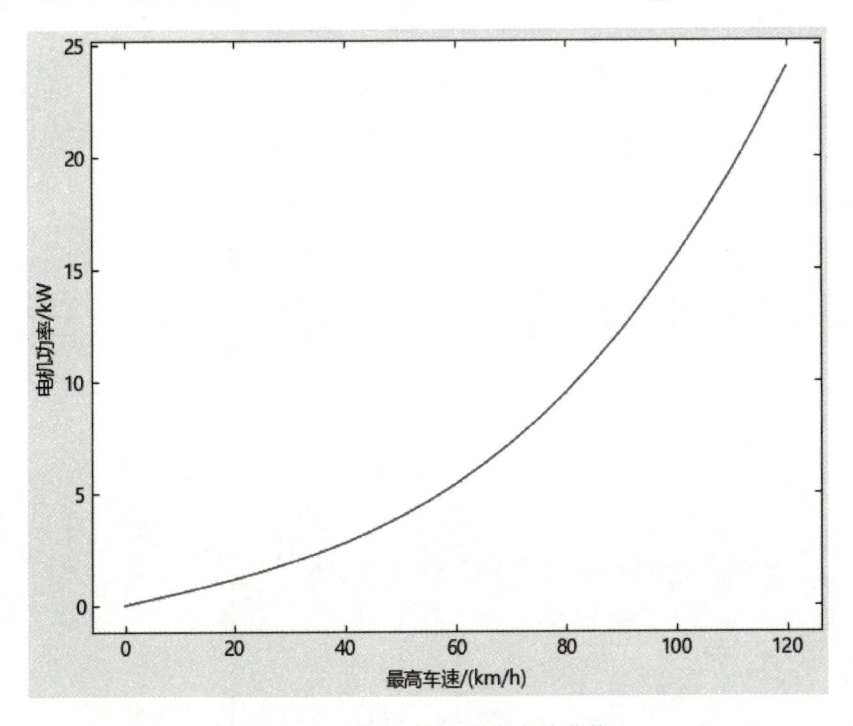

图 7-6-1　电机功率-最高车速曲线

如图 7-6-2 所示为满足 3 种不同爬坡速度的电机功率-爬坡度曲线。可以看出，爬坡度越大，所需的电机功率越大；爬坡速度越高，所需的电机功率越大。以 20km/h 速度爬 20°坡时所需的电机功率为 $P_{m2} = 30.31$kW。

如图 7-6-3 所示为电机功率-加速时间曲线。可以看出，电机功率越大，加速时间越短。加速时间 14s 所需的电机功率为 $P_{m3} = 54.8$kW。

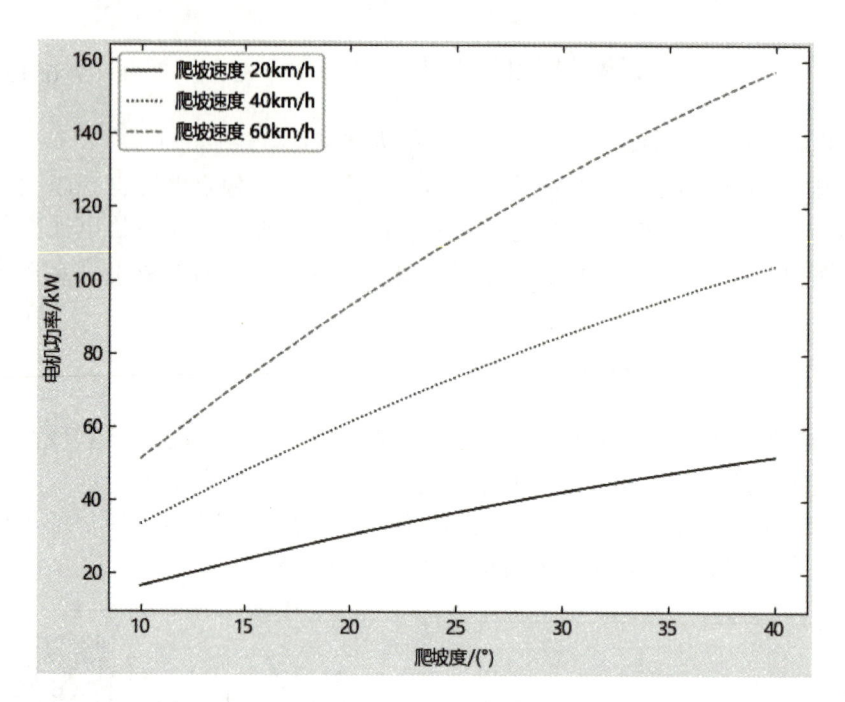

图 7-6-2　3 种不同爬坡速度的电机功率-爬坡度曲线

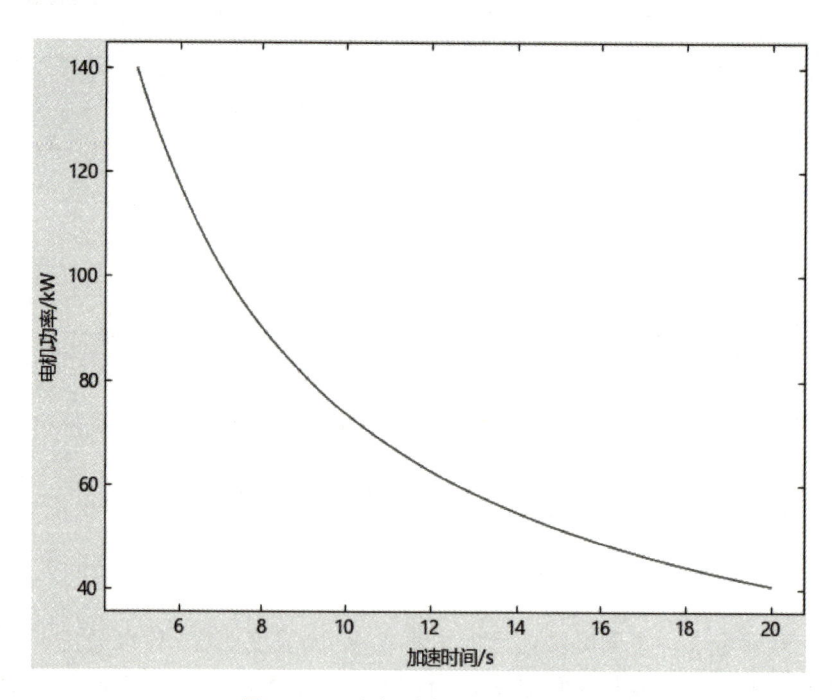

图 7-6-3　电机功率-加速时间曲线

本实例选择电机类型为永磁同步电机，峰值功率取 55kW，过载系数取 2.5，额定功率为 22kW。

利用驱动电机转速数学模型，编写驱动电机转速匹配的 MWORKS 程序，得到电机最高转速与最高车速、传动比的关系曲线。

如图 7-6-4 所示为电机最高转速-最高车速曲线。可以看出，最高车速越高，电机最高转速越高。

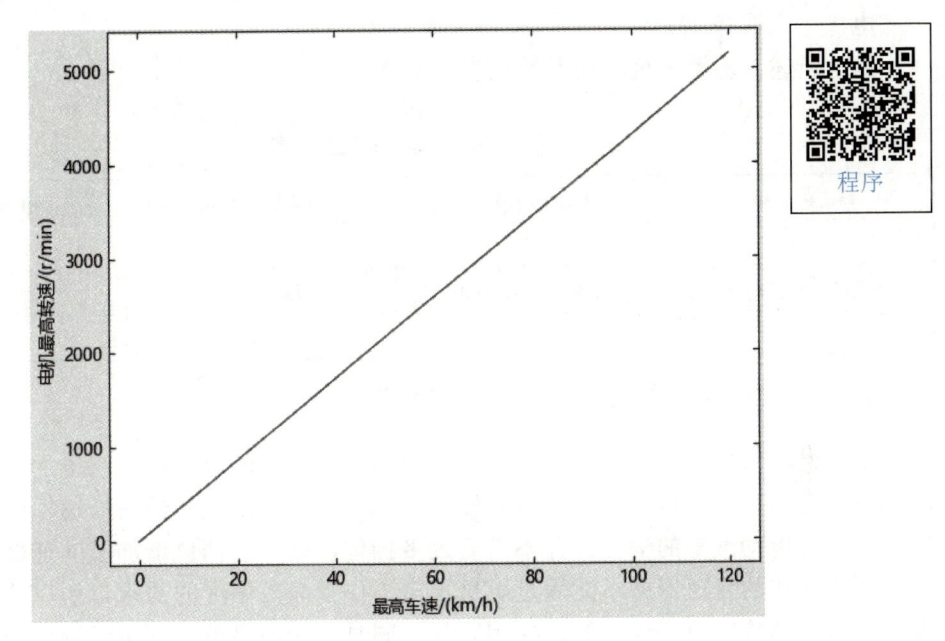

图 7-6-4　电机最高转速-最高车速曲线

如图 7-6-5 所示为电机最高转速-传动比曲线。可以看出，传动比越大，电机最高转速越高。

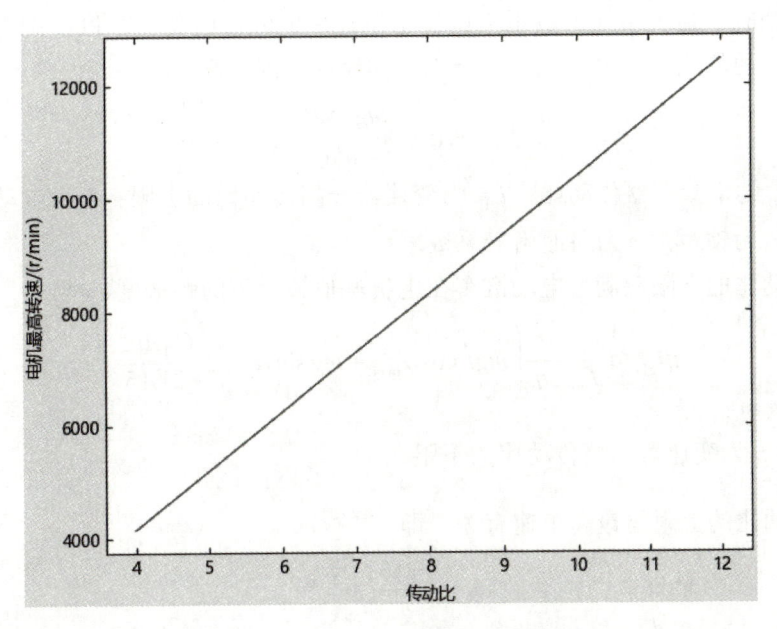

图 7-6-5　电机最高转速-传动比曲线

电机的最高转速取 8000r/min，额定转速取 3000r/min。

根据式（7-6-11）可以选取电机的额定转矩为 70N·m，根据式（7-6-12）可以选取电机的峰值转矩为 175N·m。

电机电压选择 336V。

综上所述，驱动电机匹配参数见表 7-6-2。

表 7-6-2　驱动电机匹配参数

额定功率/kW	峰值功率/kW	额定转矩/N·m	峰值转矩/N·m
22	55	70	175
额定转速/(r/min)	最高转速/(r/min)	额定电压/V	
3000	8000	336	

3. 建立二挡变速器传动比匹配数学模型

在电机输出性能一定的前提下，传动比的选择主要取决于电动汽车的动力性。电动汽车的动力来自驱动电机，电机具有较宽的工作范围。电机特性为低速恒转矩、高速恒功率，适合电动汽车的运行，并不需要过多挡位，过多的挡位增加了变速器的结构复杂性。固定速比的变速器并不能满足电机正常工作于高效率区的需求，所以选择二挡变速器，可以使结构简单，成本低，控制容易，同时又能满足电动汽车经济性的要求。其挡位的选择原则：一挡传动比应该满足电动汽车的爬坡性能，同时要兼顾电机低速区工作的效率；二挡传动比应该满足电动汽车行驶的最高车速，同时尽量降低电机输入轴的转速，兼顾电机高转速工况下的效率。

一挡驱动时，最大驱动力应小于或等于驱动轮的峰值附着力，以此确定一挡传动比的上限。对于前轮驱动的电动汽车，一挡传动比的上限应满足

$$i_0 i_{g12} \leqslant \frac{mgrb\varphi}{T_{emax}\eta_t L} \quad (7\text{-}6\text{-}13)$$

式中，i_0 为主减速器传动比；i_{g12} 为变速器一挡传动比的上限；b 为电动汽车质心至后轴距离；L 为轴距；φ 为路面附着系数。

一挡传动比的下限应满足电动汽车在电机峰值转矩下的爬坡度，即

$$i_0 i_{g11} \geqslant \frac{r}{T_{emax}\eta_t}\left(mgf\cos\alpha_{max} + mg\sin\alpha_{max} + \frac{C_D A u_p^2}{21.15}\right) \quad (7\text{-}6\text{-}14)$$

式中，i_{g11} 为变速器一挡传动比的下限。

二挡传动比的上限与最高车速有关，即

$$i_0 i_{g22} \leqslant \frac{0.377 r n_{max}}{u_{max}} \quad (7\text{-}6\text{-}15)$$

式中，i_{g22} 为变速器二挡传动比的上限。

二挡传动比的下限与汽车以最高车速行驶时的阻力有关，即

$$i_0 i_{g21} \geqslant \frac{r}{T_{umax}\eta_t}\left(mgf + \frac{C_D A u_{max}^2}{21.15}\right) \tag{7-6-16}$$

式中，i_{g21} 也为变速器二挡传动比的下限；T_{umax} 为最高车速对应的输出转矩。

对于二挡变速器，两挡位传动比之间应该分配合理。否则可能由于一、二挡驱动力不连续导致换挡切换时的动力中断，进而影响驾驶体验。因此，二挡时电机基速下的驱动力应大于或等于一挡时电机最高转速下对应的驱动力，即

$$\frac{9550 P_{emax} i_{g2} i_0}{n_e} \geqslant \frac{9550 P_{emax} i_{g1} i_0}{n_{max}} \tag{7-6-17}$$

整理式（7-6-17）可得

$$\frac{i_{g1}}{i_{g2}} \leqslant \frac{n_{max}}{n_e} \tag{7-6-18}$$

4. 利用 MWORKS 匹配二挡变速器传动比

利用变速装置传动比匹配数学模型，编写变速装置传动比匹配的 MWORKS 程序。运行程序，得到一挡传动比范围为 $1.93 \leqslant i_{g1} \leqslant 2.26$；二挡传动比范围为 $0.22 \leqslant i_{g2} \leqslant 1.69$。综合考虑，选择一挡传动比为 1.98，二挡传动比为 1。

程序

5. 建立电动汽车动力性数学模型

电机输出转矩为

$$T_s = \begin{cases} T_{emax}, & n \leqslant n_e \\ \dfrac{9550 P_{emax}}{n}, & n > n_e \end{cases} \tag{7-6-19}$$

式中，T_s 为电机输出转矩；n 为电机转速。电动汽车在行驶过程中的驱动力为

$$F_t = \frac{T_s i_t \eta_t}{r} \tag{7-6-20}$$

式中，F_t 为电动汽车驱动力；i_t 为传动系统总传动比。

电动汽车行驶速度与电机转速之间的关系为

$$u = \frac{0.377 r n}{i_t} \tag{7-6-21}$$

电动汽车在平坦路面匀速行驶过程中，受到的阻力主要有滚动阻力和空气阻力。电动汽车受到的滚动阻力为

$$F_f = mgf \tag{7-6-22}$$

式中，F_f 为电动汽车滚动阻力。

电动汽车受到的空气阻力为

$$F_w = \frac{C_D A u^2}{21.15} \quad (7\text{-}6\text{-}23)$$

式中，F_w 为电动汽车空气阻力。

电动汽车动力因数为

$$D = \frac{F_t - F_w}{mg} \quad (7\text{-}6\text{-}24)$$

电动汽车最大爬坡度为

$$i = \tan\left(\arcsin\frac{D - f\sqrt{1 - D^2 + f^2}}{1 + f^2}\right) \quad (7\text{-}6\text{-}25)$$

电动汽车加速度为

$$\frac{du}{dt} = \frac{g}{\delta}(D - f) \quad (7\text{-}6\text{-}26)$$

6. 利用 MWORKS 仿真电动汽车动力性

根据电动汽车动力性数学模型，编写绘制电动汽车动力性仿真的 MWORKS 程序。电动汽车驱动力-行驶阻力平衡图如图 7-6-6 所示，可以看出，电动汽车最高车速约为 167km/h，也就是一挡驱动力和行驶阻力相交点所对应的车速。

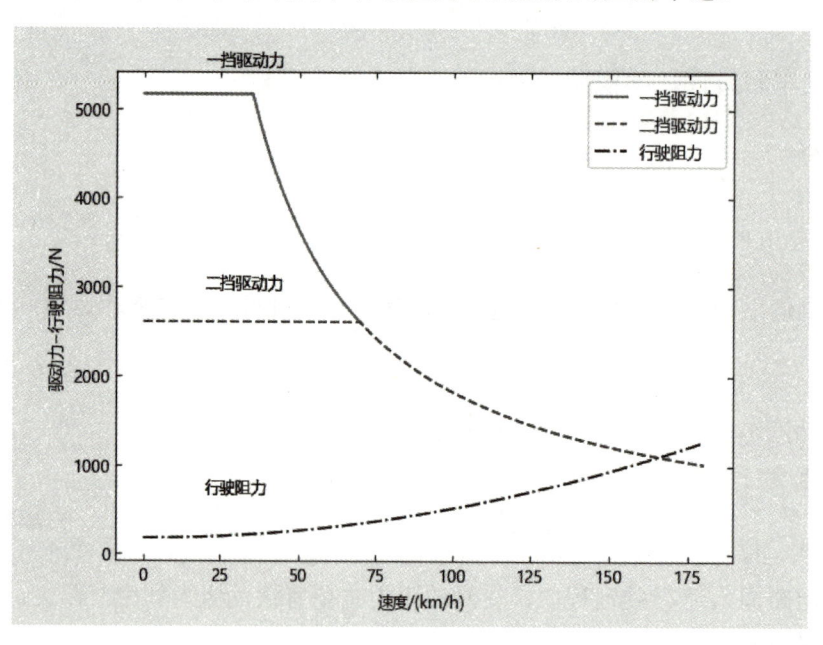

图 7-6-6 电动汽车驱动力-行驶阻力平衡图

如图 7-6-7 所示为电动汽车加速度-速度曲线，可以看出，一挡加速度大于二挡加速度，加速度出现负值是因为速度超过了最高车速，是无效的。

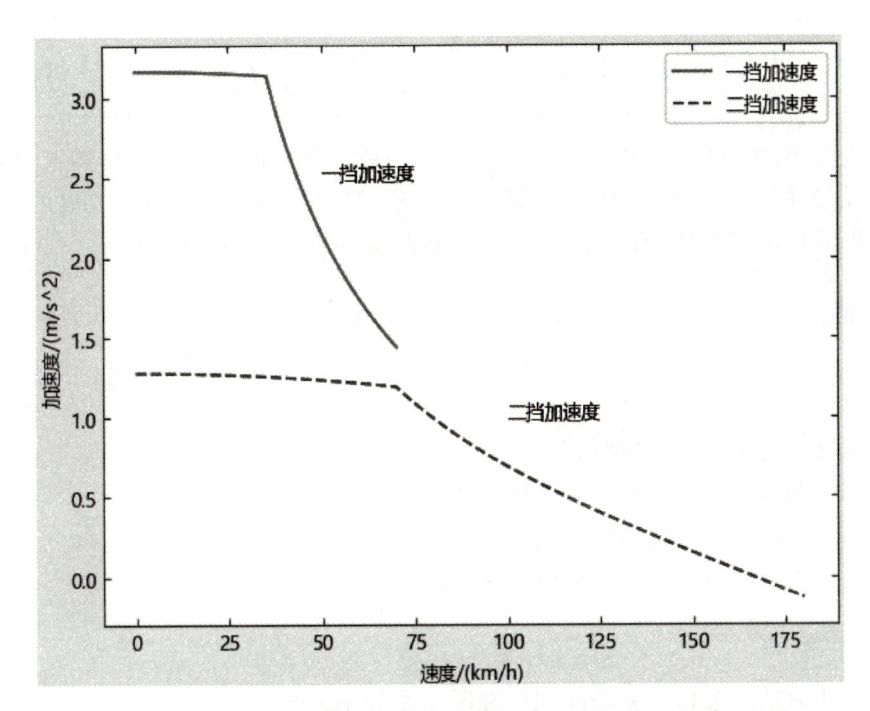

图 7-6-7　电动汽车加速度-速度曲线

如图 7-6-8 所示为电动汽车爬坡度-速度曲线。可以看出，一挡爬坡度大于二挡爬坡度，爬坡度出现负值是因为速度超过了最高车速，是无效的。

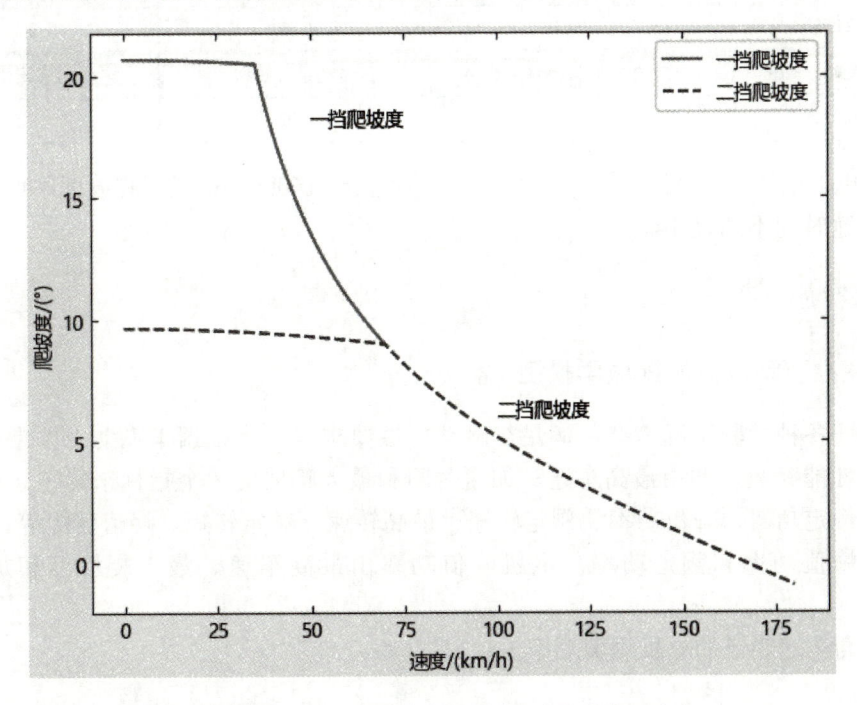

图 7-6-8　电动汽车爬坡度-速度曲线

实例 7　燃料电池电动汽车传动系统匹配仿真

燃料电池电动汽车是指以燃料电池系统作为单一动力源或者是以燃料电池系统与可充电储能系统作为混合动力源的电动汽车。目前，燃料电池电动汽车主要以后一种为主。

燃料电池电动汽车传动系统匹配主要是匹配驱动电机和燃料电池。

任务描述

1. 主要任务

（1）建立驱动电机匹配数学模型。
（2）利用 MWORKS 匹配驱动电机参数。
（3）建立燃料电池匹配数学模型。
（4）利用 MWORKS 匹配燃料电池参数。

2. 仿真数据

燃料电池电动汽车传动系统匹配仿真所需参数见表 7-7-1。

表 7-7-1　燃料电池电动汽车传动系统匹配仿真所需参数

整车质量/kg	滚动阻力系数	空气阻力系数	迎风面积/m²
2175	0.012	0.32	2.1
轮胎滚动半径/m	旋转质量换算系数	传动系统效率	传动系统传动比
0.281	1.05	0.92	8.5

燃料电池电动汽车设计目标：最高行驶车速不低于 160km/h；最大爬坡度不低于 20°；百公里加速时间不超过 14s。

任务实施

1. 建立驱动电机匹配数学模型

为保证各种行驶工况需要，满足车辆动力性要求，必须根据车辆动力性指标来确定驱动电机性能参数，即由最高车速、加速时间和最大爬坡度 3 个指标来确定。电机参数主要包括额定功率、峰值功率、额定转速、最高转速、额定转矩、峰值转矩等。

（1）峰值功率和额定功率。电机峰值功率由最高车速、最大爬坡度和加速时间确定。

由最高车速确定的电机峰值功率为

$$P_{\max 1} = \frac{u_{\max}}{3600\eta_t}\left(mgf + \frac{C_D A u_{\max}^2}{21.15}\right) \tag{7-7-1}$$

式中，$P_{\max 1}$ 为由最高车速确定的电机峰值功率；m 为整车质量；f 为滚动阻力系数；C_D 为迎风阻力系数；A 为迎风面积；$u_{\max}$ 为最高车速；η_t 为传动系统效率。

由最大爬坡度确定的电机峰值功率为

$$P_{\max 2} = \frac{u_p}{3600\eta_t}\left(mgf\cos\alpha_{\max} + mg\sin\alpha_{\max} + \frac{C_D A u_p^2}{21.15}\right) \quad (7\text{-}7\text{-}2)$$

式中，$P_{\max 2}$ 为由最大爬坡度确定的电机峰值功率；u_p 为电动汽车爬坡车速；$\alpha_{\max}$ 为最大坡度角。

由加速时间确定的电机峰值功率为

$$P_{\max 3} = \frac{1}{3600\eta_t}\left(mgf\frac{u_e}{1.5} + \frac{C_D A u_e^3}{52.875} + \delta m \frac{u_e^2}{7.2 t_e}\right) \quad (7\text{-}7\text{-}3)$$

式中，$P_{\max 3}$ 为由加速时间确定的电机峰值功率；u_e 为加速终止时的速度；t_e 为加速时间。

电机额定功率应满足电动汽车对最高车速的要求，峰值功率应能同时满足电动汽车对最高车速、最大爬坡度和加速时间的要求。所以电动汽车电机的额定功率和峰值功率分别为

$$P_e \geqslant P_{\max 1} \quad (7\text{-}7\text{-}4)$$

$$P_{e\max} \geqslant \max(P_{\max 1} \quad P_{\max 2} \quad P_{\max 3}) \quad (7\text{-}7\text{-}5)$$

电动汽车电机的峰值功率与额定功率的关系为

$$P_{e\max} = \lambda P_e \quad (7\text{-}7\text{-}6)$$

式中，$P_{e\max}$ 为电机的峰值功率；P_e 为电机的额定功率；λ 为电机的过载系数。

（2）额定转速和最高转速。电机的最高转速由最高车速和机械传动系统传动比来确定。电机的最高转速为

$$n_{\max} = \frac{u_{\max} i_t}{0.377 r} \quad (7\text{-}7\text{-}7)$$

式中，$n_{\max}$ 为电机最高转速；$u_{\max}$ 为汽车最高车速；i_t 传动系统传动比；r 为轮胎滚动半径。

电机的额定转速为

$$n_e = \frac{n_{\max}}{\beta} \quad (7\text{-}7\text{-}8)$$

式中，n_e 为电机额定转速；β 为扩大恒功率区系数，通常取值为 2~4。

（3）额定转矩和峰值转矩。电机额定转矩为

$$T_e = \frac{9550 P_e}{n_e} \quad (7\text{-}7\text{-}9)$$

式中，T_e 为电机额定转矩。

电机峰值转矩的选择需要满足最大爬坡度的要求，同时结合传动系统最大传动比来确定。

$$T_{max} \geqslant \frac{mg\left(f\cos\alpha_{max} + \sin\alpha_{max} + \dfrac{C_D A u_p^2}{21.15 mg}\right) r}{\eta_t i_{max}} \tag{7-7-10}$$

式中，T_{max} 为电机峰值转矩；i_{max} 为传动系统最大传动比。

（4）工作电压。工作电压的选择涉及用电安全、元器件的工作条件等问题。工作电压过低，导致电流过大，从而导致系统电阻损耗增大；而工作电压过高，对逆变器的安全性造成威胁。一般燃料电池汽车工作电压为 280～400V，但目前工作电压的设计有增高的趋势。

2. 利用 MWORKS 匹配驱动电机参数

利用驱动电机匹配数学模型，编写驱动电机功率匹配的 MWORKS 程序。运行程序，得到电机功率-最高车速曲线（见图 7-7-1）、电机功率-爬坡车速曲线（见图 7-7-2）、电机功率-加速时间曲线（见图 7-7-3），同时输出满足最高车速 160km/h 所需的电机功率 $P_{max1} = 51.65$kW，满足以 30km/h 速度爬 20°的坡度所需的电机功率 $P_{max2} = 66.08$kW，满足百公里加速时间 14s 所需的电机功率 $P_{max3} = 77.39$kW。

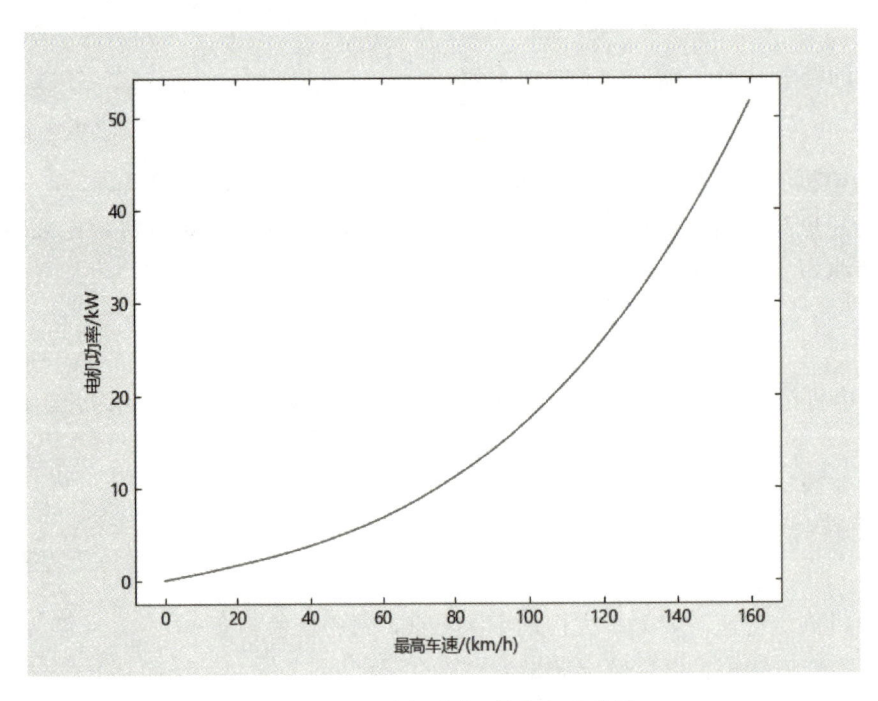

程序

图 7-7-1 电机功率-最高车速曲线

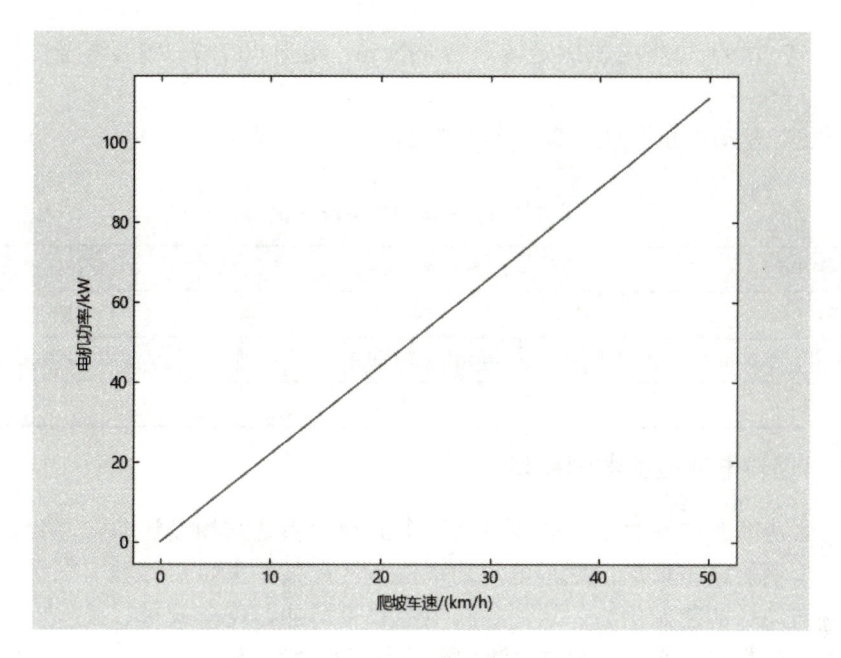

图 7-7-2　电机功率-爬坡车速曲线

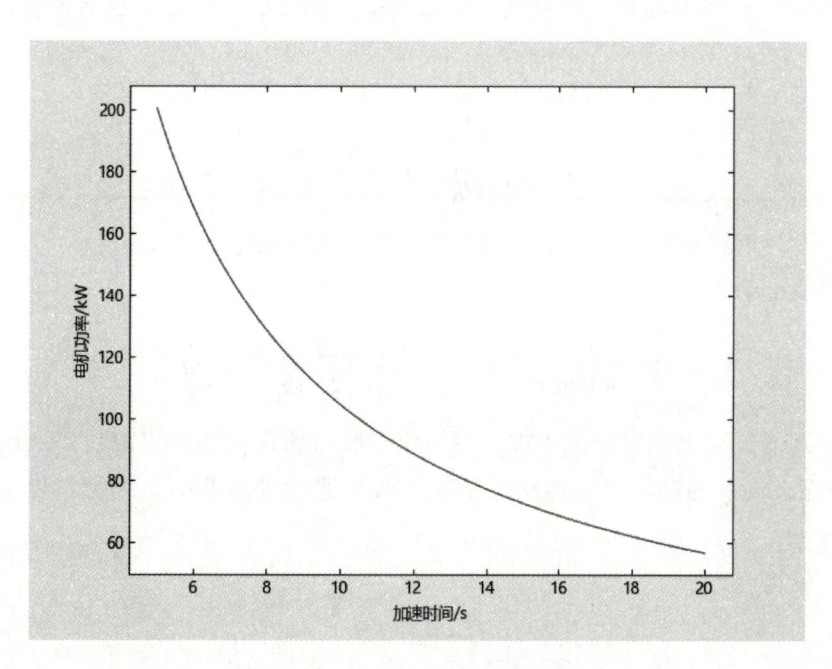

图 7-7-3　电机功率-加速时间曲线

本实例选择的电机类型为永磁同步电机，电机峰值功率选 80kW，过载系数取 2，电机额定功率为 40kW。

由式（7-7-7）可得电机最高转速为 12838r/min，取 12900r/min；扩大恒功率区系数取 3，则额定转速为 4300r/min。

根据式（7-7-9）可得电机额定转矩为89N·m；根据式(7-7-10)可得电机峰值转矩为262N·m。

综上所述，驱动电机匹配参数见表7-7-2。

表 7-7-2 驱动电机匹配参数

额定功率/kW	峰值功率/kW	额定转矩/N·m
40	80	89
峰值转矩/N·m	额定转速/(r/min)	最高转速/(r/min)
262	4300	12900

3. 建立燃料电池匹配数学模型

燃料电池功率的选择对燃料电池电动汽车的动力系统结构设计非常重要。燃料电池功率偏大，车辆的成本增加；燃料电池功率偏小，在某些大负荷行驶工况（如加速、爬坡等）需要辅助增加能源供给，这使燃料电池数量增加，整车质量、成本上升，系统效率下降，整车布置难度增大，燃料电池均衡控制难度增大等。

根据NEDC循环工况确定燃料电池输出功率。NEDC工况主要包括等速、加速、减速、停车。

燃料电池电动汽车在平坦路面上等速行驶时所需的燃料电池功率为

$$P_\mathrm{i} = \frac{u}{3600\eta_\mathrm{t}}\left(mgf + \frac{C_\mathrm{D}Au^2}{21.15}\right) \tag{7-7-11}$$

式中，P_i为燃料电池电动汽车等速行驶时所需的燃料电池功率。

燃料电池电动汽车加（减）速行驶时所需的燃料电池功率为

$$P_\mathrm{j} = \frac{u(t)}{3600\eta_\mathrm{d}\eta_\mathrm{t}}\left[mgf + mgi + \frac{C_\mathrm{D}Au^2(t)}{21.15} + \delta ma_\mathrm{j}\right] \tag{7-7-12}$$

式中，P_j为燃料电池电动汽车加（减）速行驶时所需的燃料电池功率；η_d为电机效率；i为坡度；$u(t)$为燃料电池电动汽车加（减）速行驶速度；a_j为燃料电池电动汽车加（减）速度。

汽车行驶速度为

$$u(t) = u_0 + 3.6a_\mathrm{j}t \tag{7-7-13}$$

式中，$u(t)$为汽车行驶速度；u_0为加速起始速度；t为行驶时间。

4. 利用MWORKS匹配燃料电池参数

根据表7-7-1中的数据和NEDC循环工况燃料电池匹配数学模型，编写绘制NEDC循环工况燃料电池功率需求图的MWORKS程序，运行结果如图7-7-4所示。

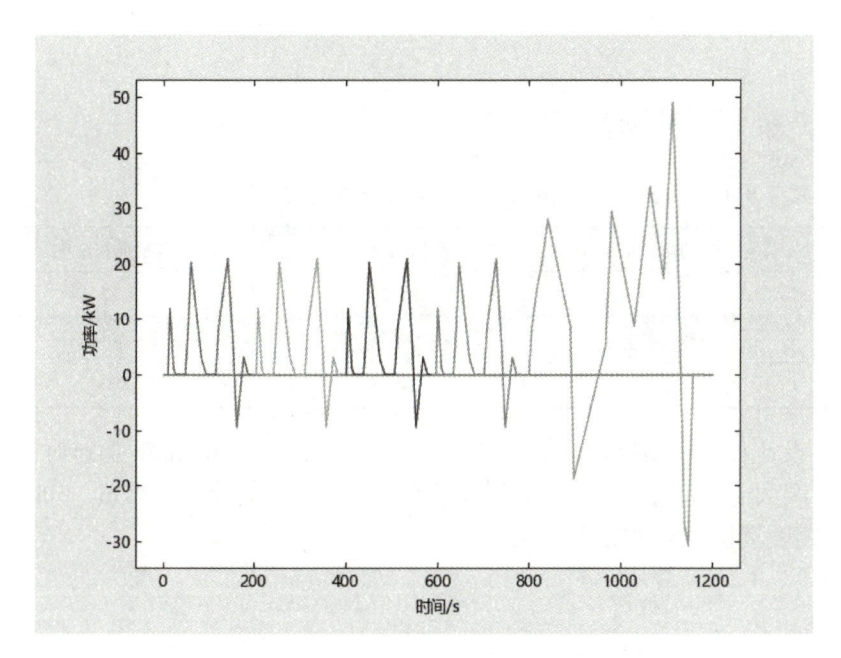

图 7-7-4　NEDC 循环工况燃料电池功率需求图

可以看出，燃料电池电动汽车 NEDC 循环工况下，在 100～120km/h 加速末时刻，燃料电池需求功率达到最大值，为 49.0131kW，可选择燃料电池的峰值输出功率为 50kW。

实例 8　增程式电动汽车传动系统匹配仿真

增程式电动汽车（Extended-Range Electric Vehicle，E-REV）是以电能为主要驱动能源、发动机为辅助动力源的一种新型电动汽车。其动力系统主要由动力电池和小型发电机组组成。在日常行驶时，增程式电动汽车类似于纯电动汽车，发动机完全关闭，处于纯电动模式，该模式完全可以满足城市日常上下班行驶需求，而不需要启动发动机。而在动力电池荷电状态（SOC）达到较低水平时，发动机启动作为主动力源，补充车辆行驶所需的电能，多余的电能对动力电池进行充电。

增程式电动汽车传动系统匹配原则是根据整车动力总成结构特点和整车设计指标（动力性、经济性、续驶里程等），对整车动力总成的参数进行匹配。

任务描述

1. 主要任务

（1）驱动电机参数匹配。
（2）蓄电池参数匹配。
（3）增程器参数匹配。

2. 仿真数据

增程式电动汽车传动系统匹配仿真所需参数见表 7-8-1。

表 7-8-1 增程式电动汽车传动系统匹配仿真所需参数

整车质量/kg	滚动阻力系数	空气阻力系数	迎风面积/m²
1700	0.015	0.29	1.97
轮胎滚动半径/m	旋转质量换算系数	传动系统效率	主减速器传动比
0.334	1.2	0.95	6.058

增程式电动汽车设计目标：最高车速大于或等于 120km/h；0～100km/h 加速时间不大于 14s；最大爬坡度大于或等于 30%；纯电动行驶里程城市工况小于 60km，90km/h 巡航大于 60km；总续驶里程大于或等于 300km。

任务实施

1. 驱动电机参数匹配

增程式电动汽车对驱动电机系统的要求更加严格，因此选取的驱动电机应该具备更高的功率密度，而且在较宽的转速和转矩范围内具备更好的效率特性，同时驱动电机控制器能实现双向控制，以实现制动能量回收。

驱动电机是增程式电动汽车行驶的动力源，增程式电动汽车要求驱动电机在爬坡或低速行驶时提供较大的转矩，在加速时提供较大的功率，同时需要比较大的调速范围。其中电机峰值转矩应满足整车爬坡度需求，在减速比、车轮半径等参数固定的情况下，电机转矩决定爬坡性能。

需要确定的特性参数主要包括电机的最高转速和额定转速、峰值功率和额定功率、峰值转矩和额定转矩等。最高转速与最高车速和主减速器传动比相关，峰值功率主要体现在车辆加速和爬坡工况，额定功率体现在车辆平稳运行工况。

（1）电机的转速。电动汽车最高车速与电机最高转速之间的关系为

$$n_{\max} = \frac{u_{\max} i_t}{0.377 r} \quad (7\text{-}8\text{-}1)$$

式中，$n_{\max}$ 为电机的最高转速；$u_{\max}$ 为电动汽车的最高车速；i_t 为传动系统传动比；r 为轮胎滚动半径。

电机的最高转速与额定转速之比称为扩大恒功率区系数，一般用 β 来表示，即

$$\beta = \frac{n_{\max}}{n_e} \quad (7\text{-}8\text{-}2)$$

式中，n_e 为电机的额定转速。

β 值越大，转速越低，转矩越高，越有利于提高车辆的加速和爬坡性能，稳定运行性能越好，但同时功率变换器尺寸也会增大，因此 β 值不宜过高，通常取值为 2～4。

根据表 7-8-1 中的数据和式（7-8-1），取最高车速为 140km/h，可以计算出电机的最高转速为 6735.5r/min。β 取 2.5，则电机的额定转速为 2649.2r/min。

因此，电机的额定转速和最高转速分别取 3000r/min 和 7000r/min。

（2）电机的功率。驱动电机的功率对整车的动力性具有直接影响，电机功率越大，整车运行时的后备功率也越大，加速以及爬坡能力越强，但同时也会增加电机本身的体积和质量，进而影响整车的质量。驱动电机的额定功率一般由最高车速确定，峰值功率由整车的设计目标来确定，峰值功率应该达到最高车速、加速时间以及爬坡性能分别对应的最大功率需求。

电动汽车以最高车速在平坦道路上行驶所需的电机功率为

$$P_{m1} = \frac{u_{\max}}{3600\eta_1}\left(mgf + \frac{C_D A u_{\max}^2}{21.15}\right) \quad (7\text{-}8\text{-}3)$$

式中，P_{m1} 为电动汽车以最高车速在平坦道路上行驶所需的电机功率；$u_{\max}$ 为最高车速；m 为整车质量；η_1 为传动系统效率；f 为滚动阻力系数；C_D 为迎风阻力系数；A 为迎风面积。

电动汽车以某一车速爬上最大坡度所需的电机功率为

$$P_{m2} = \frac{u_p}{3600\eta_t}\left(mgf\cos\alpha_{\max} + mg\sin\alpha_{\max} + \frac{C_D A u_p^2}{21.15}\right) \quad (7\text{-}8\text{-}4)$$

式中，P_{m2} 为电动汽车以某一车速爬上最大坡度所需的电机功率；u_p 为电动汽车爬坡速度；$\alpha_{\max}$ 为最大坡度角。

加速时间所需要的电机功率完全由车辆的加速性能、电机特性和传输特性来确定，即

$$P_{m3} = \frac{1}{1000\eta_t}\left[\frac{2}{3}mgfu_f + \frac{1}{5}\rho_a C_D A u_f^3 + \frac{\delta m}{2t_a}(u_f^2 + u_b^2)\right] \quad (7\text{-}8\text{-}5)$$

式中，P_{m3} 为加速时间所需的电机功率；u_f 为加速终止车速；u_b 为驱动电机额定转速对应的车速；t_a 为预期的加速时间；δ 为旋转质量换算系数；ρ_a 为空气密度。

式（7-8-4）的第 1 项、第 2 项分别代表克服滚动阻力和空气阻力的平均功率，第 3 项功率代表用来加速车辆质量的能力。

综合考虑电动汽车动力性各项指标，电机的额定功率和峰值功率分别为

$$P_e \geqslant P_{m1} \quad (7\text{-}8\text{-}6)$$

$$P_{e\max} \geqslant \max(P_{m1} \quad P_{m2} \quad P_{m3}) \quad (7\text{-}8\text{-}7)$$

电机的峰值功率与额定功率的关系为

$$P_{e\max} = \lambda P_e \quad (7\text{-}8\text{-}8)$$

式中，P_e 为电机的额定功率；$P_{e\max}$ 为电机的峰值功率；λ 为电机的过载系数。

正确选择驱动电机的额定功率非常重要。如果选择过小，电机会经常在过载状态下运行；相反，如果选择过大，电机会经常在欠载状态下运行，效率及功率因数降低，不仅浪费电能，还增加了动力电池的容量，综合经济效益下降。

根据电机功率需求表达式，编写驱动电机功率需求仿真的 MWORKS 程序。运行程序，得到电机功率-最高车速曲线（见图 7-8-1）、电机功率-爬坡度曲线（见图 7-8-2）、电机功率-加速时间曲线（见图 7-8-3），同时，输出满足最高车速所需的电机功率 $P_{m1} = 31.9$kW、满足最大爬坡度所需的电机功率 $P_{m2} = 44.19$kW、满足加速时间所需的电机功率 $P_{m3} = 103.92$kW。

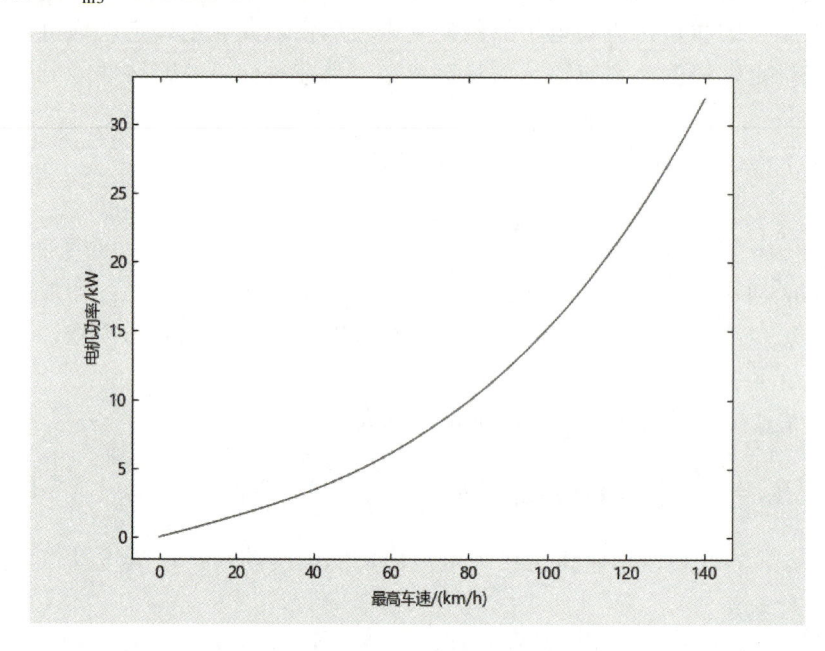

图 7-8-1　电机功率-最高车速曲线

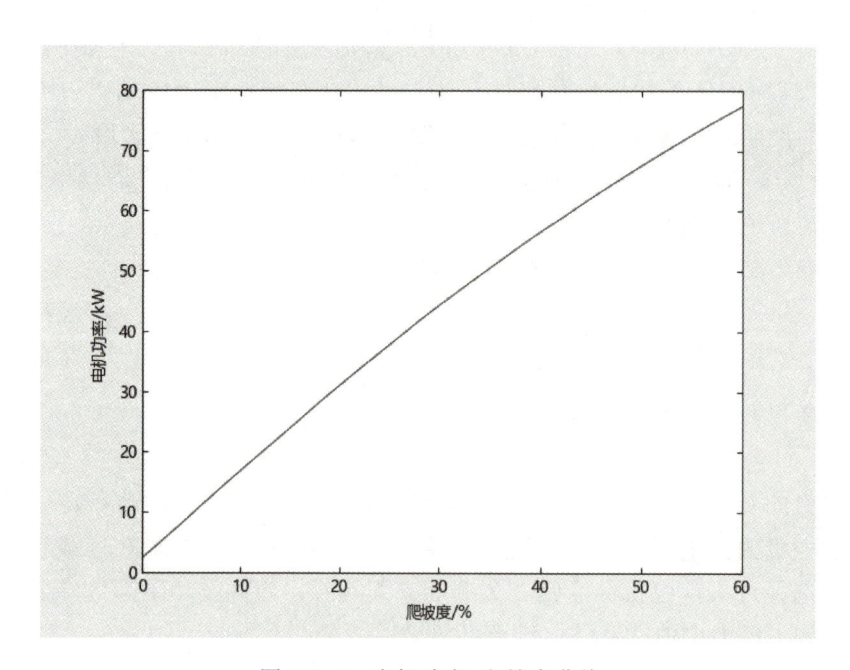

图 7-8-2　电机功率-爬坡度曲线

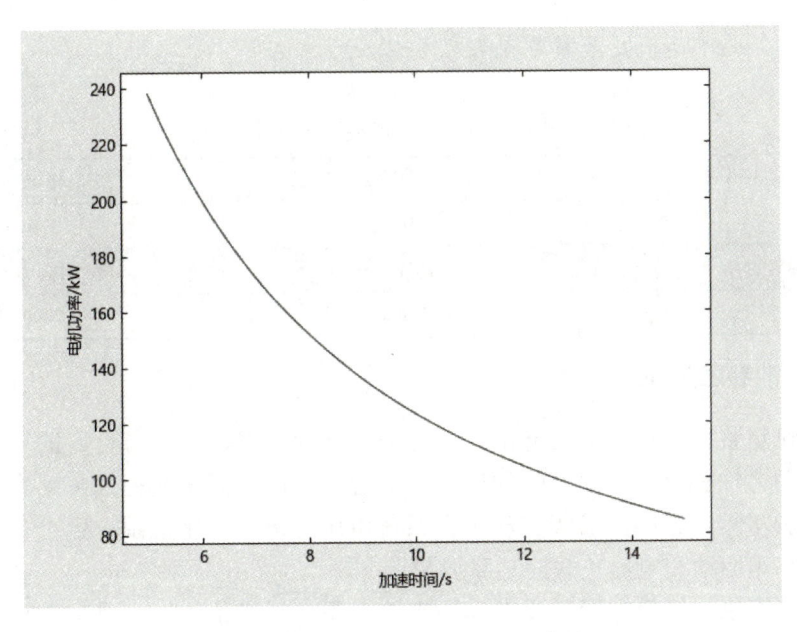

图 7-8-3　电机功率-加速时间曲线

设计中，驱动电机的额定功率一般由最高车速确定，最高车速功率约为 32kW，综合考虑过载系数越大，电机设计的难度越大，电机额定功率的下限值要小于加速性能要求的电机峰值功率的一半，因此对过载系数进行匹配取值 2.5，则 $P_e=42$kW。按照电动汽车用电机及其控制器技术条件中对电机功率的规范，确定额定功率为 42kW，峰值功率为 103kW，根据不同车速巡航行驶的功率需求也可以看出电机的峰值功率远远大于额定功率。

（3）电机的转矩。电机的额定转矩和峰值转矩分别为

$$T_e = \frac{9550 P_e}{n_e} \quad (7\text{-}8\text{-}9)$$

$$T_{emax} = \frac{9550 P_{emax}}{n_e} \quad (7\text{-}8\text{-}10)$$

式中，T_{emax} 为电机的峰值转矩；T_e 为电机的额定转矩；n_e 为电机的额定转速。

将电机额定功率、峰值功率和额定转速代入式（7-8-9）和式（7-8-10），可以得到电机的额定转矩为 134N·m，电机的峰值转矩为 328N·m。

驱动电机参数初步确定之后，还需验证是否满足一定车速下的最大爬坡度和汽车行驶最高车速的要求，即

$$\frac{mg}{T_{emax}\eta_t}\left(f\cos\alpha_{max} + \sin\alpha_{max} + \frac{C_D A u_p^2}{21.15 mg}\right) \leq \frac{i_0}{r} \leq \frac{0.377 n_{max}}{u_{max}} \quad (7\text{-}8\text{-}11)$$

计算得 $5.44 \leq i_0 \leq 6.2959$，主减速器传动比为 6.058，因此驱动电机的匹配参数满足动力性能指标要求。

综上所述，驱动电机匹配参数见表 7-8-2。

表 7-8-2 驱动电机匹配参数

额定功率/kW	峰值功率/kW	额定转矩/N·m
42	103	134
峰值转矩/N·m	额定转速/(r/min)	最高转速/(r/min)
328	3000	7000

2. 蓄电池参数匹配

动力电池是整车驱动的主要能量源，是能量储存装置，应具有良好的充放电性能以保证车辆的动力性和再生制动回收的能力，其容量应能够满足增程式电动汽车性能要求的纯电动续驶里程；其电压等级要与电力系统电压等级和变化范围一致；其充放电功率应能够满足整车驱动和电器负载的功率要求。

（1）能量需求。能量方面，要求动力电池在现有技术条件下，具有较高的比能量和比功率，以及充放电循环使用寿命、良好的安全性和稳定性。

动力电池首先能够满足车辆以匀速行驶达到的续驶里程，其容量满足的条件为

$$C_E \geqslant \frac{mgf + C_D A u^2 / 21.15}{3.6 \mathrm{DOD} \cdot \eta_t \eta_{mc} \eta_{dis} (1-\eta_a) U_b} S_1 \qquad (7\text{-}8\text{-}12)$$

式中，C_E 为纯电动匀速行驶达到设计目标里程的动力电池容量；S_1 为纯电动匀速行驶设计目标里程，取 60km；DOD 为动力电池放电深度；η_{mc} 为驱动电机效率，取 0.9；η_{dis} 为动力电池放电效率，取 0.95；η_a 为汽车附件能量消耗比例系数，取 0.18；U_b 为电池端电压，取 288V。

根据能量需求，编写动力电池容量需求仿真的 MWORKS 程序。运行程序，得到不同电池放电深度下的电池容量-纯电动续驶里程曲线（见图 7-8-4），同时，输出行驶速度为 100km/h，电池放电深度为 70%，所需的电池容量 $C_E \geqslant 64.55 \mathrm{A \cdot h}$。

（2）功率需求。动力电池组容量的选取原则主要是考虑其能否满足电动汽车续驶里程要求，而对于电池组的最大放电功率，则主要考虑其能否满足整车所有用电设备的功率需求。

动力电池的最大放电功率需满足的条件为

$$P_{\text{bat\_max}} \geqslant \frac{P_{\text{emax}}}{\eta_{mc}} + P_A \qquad (7\text{-}8\text{-}13)$$

式中，$P_{\text{bat\_max}}$ 为动力电池最大放电功率；P_A 为车辆附件功率，取 4.5kW。

功率要求的动力电池容量满足的条件为

$$C_P \geqslant \frac{1000}{kU_b}\left(\frac{P_{\text{emax}}}{\eta_{mc}} + P_A\right) \qquad (7\text{-}8\text{-}14)$$

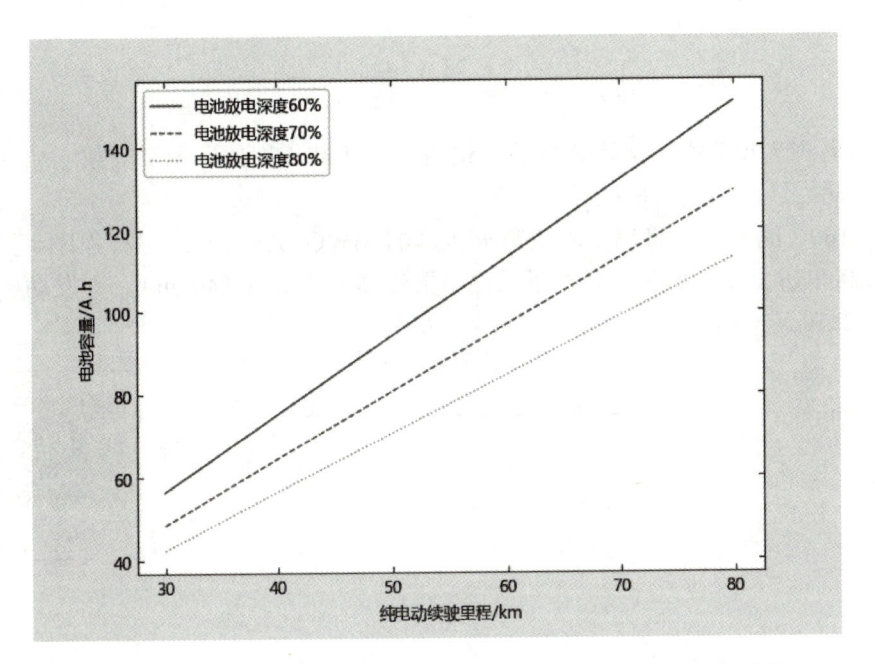

图 7-8-4　不同电池放电深度下的电池容量-纯电动续驶里程曲线

式中，C_P 为功率要求的动力电池容量；k 为电池最大放电率，取 $6.5h^{-1}$。

利用式（7-8-14）可以计算得到功率要求的动力电池容量 $C_P \geqslant 63.54 A \cdot h$。动力电池容量需满足能量和功率的需求，取值规则为

$$C = \max(C_E, C_P) \tag{7-8-15}$$

综上所述，动力电池类型选择磷酸铁锂电池，动力电池匹配参数见表 7-8-3。

表 7-8-3　动力电池匹配参数

电池容量/A·h	电池单体个数
65	90
单体电池电压/V	额定电压/V
3.2	288

3. 增程器参数匹配

增程器采用车载式，与纯电动的动力系统固定在一起，这样的系统结构形式简单。增程器的作用是在动力电池 SOC 低于设定值时或者动力电池出故障时保证车辆继续正常行驶，在增程模式下，发动机提供原动力，要求具有相当的动力性，故需要匹配发动机/发电机的参数。

发动机功率的选择对增程式电动汽车动力系统的设计至关重要。发动机选型设计中常按照汽车的最高车速来初步选择发动机功率，这是因为汽车的加速性能和爬坡性能可以由汽车的最高车速来体现。发动机输出功率满足的条件为

$$P_{\text{RE}} = \frac{1}{3600\eta_t}\left(mgfu_{\max} + \frac{C_D A u_{\max}^3}{21.15}\right) \qquad (7\text{-}8\text{-}16)$$

发动机额定功率的选择应大于上述计算的理论值，以承载连续的非牵引负载，如灯光、娱乐、空调、动力转向和制动增压等。

根据式（7-8-16），编写发动机输出功率需求仿真的 MWORKS 程序。运行程序，得到发动机功率-最高车速曲线，如图 7-8-5 所示。如果最高车速选择 140km/h，则发动机输出功率要大于 32kW。

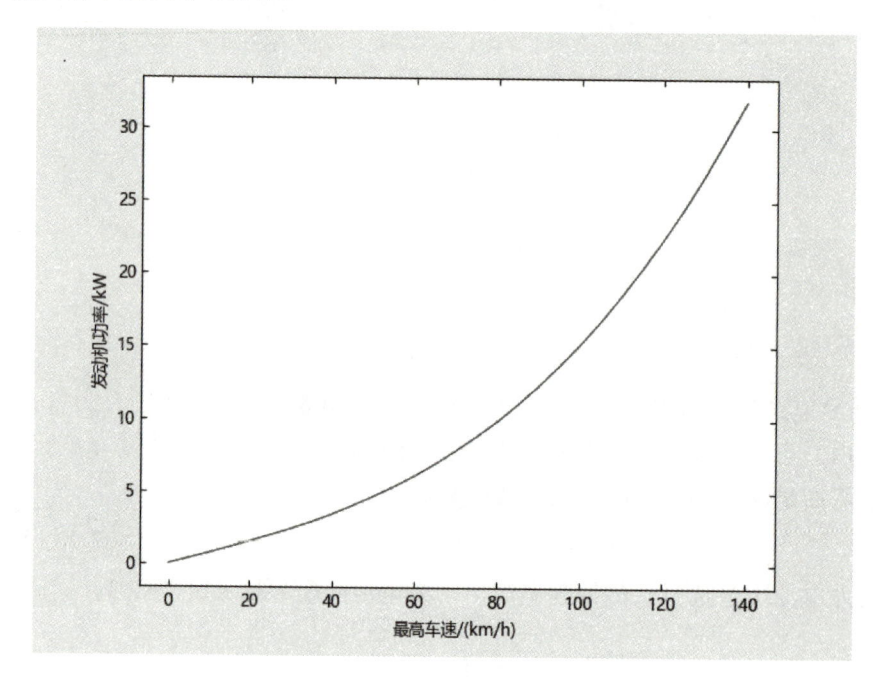

程序

图 7-8-5 发动机功率-最高车速曲线

实例 9 电动汽车交叉口通行过程仿真

电动汽车在交叉口通行过程中，需要根据信号灯状态、信号灯剩余时长、车速和与交叉口之间距离等信息确定车辆的通行方式，常见的通行方式包括匀速不停车通过、减速不停车通过和停车等待通过，在减速过程中，电动汽车可以实现动能量回收。

任务描述

1. 主要任务

（1）建立电动汽车交叉口通行距离数学模型。
（2）建立电动汽车交叉口行驶能耗数学模型。

（3）绘制电动汽车交叉口停车等待过程行驶曲线并计算行驶能耗。
（4）绘制电动汽车交叉口减速不停车通行过程行驶曲线并计算行驶能耗。

2. 仿真数据

电动汽车交叉口通行过程仿真所需参数见表 7-9-1。

表 7-9-1　电动汽车交叉口通行过程仿真所需参数

整车质量/kg	迎风面积/m²	空气阻力系数	滚动阻力系数
1575	2.05	0.3	0.012
重力加速度/(m/s²)	电机效率	传动系统效率	电池充电效率
9.8	0.85	0.9	0.3
旋转质量换算系数	再生制动强度	车辆与交叉口的距离/m	起步加速度/(m/s²)
1.1	0.1	200	2
最高车速/(m/s)	低速行驶速度/(m/s)	停车等待过程时间设置/s	不停车过程时间设置/s
16.67	4.17	30	18

任务实施

1. 建立电动汽车交叉口通行距离数学模型

电动汽车交叉口通行过程主要需要对停车等待和减速不停车通行两种过程进行分析，其通行速度曲线如图 7-9-1 中的 1 和 2 所示，实线表示通过交叉口停车线前行驶速度，点划线表示通过交叉口停车线后起步加速的行驶速度。

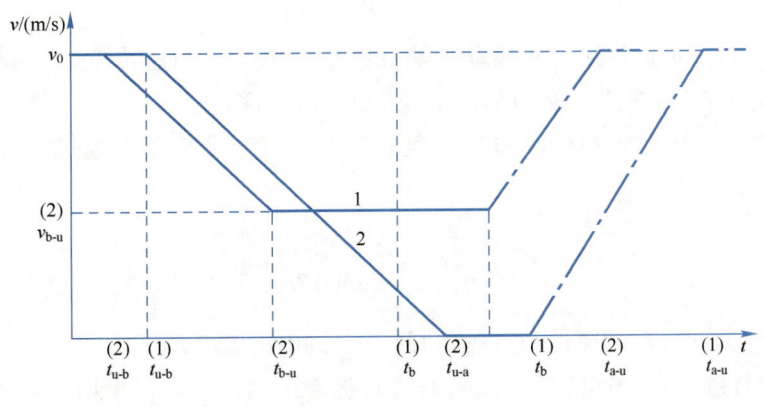

图 7-9-1　电动汽车交叉口通行速度曲线

（1）停车等待过程。当车辆行驶前方出现交叉口，且需要等待较长时间时，车辆无法在满足道路最低限速的要求下减速不停车通过，需要在交叉口停车线前停车等待。此时，车辆以当前车速匀速行驶一段时间后减速刹停，等待信号灯变化后再继续加速通行。车辆行驶距离为

$$L_t = v_0 t_{u-b}^{(1)} + \frac{1}{2} a_b [t_b^{(1)} - t_{u-b}^{(1)}]^2 \qquad (7\text{-}9\text{-}1)$$

式中，L_t 为车辆交叉口行驶距离；v_0 为初速度；$t_{u-b}^{(1)}$ 为制动起始时刻；$t_b^{(1)}$ 为制动终止时刻；a_b 为制动减速度。

（2）减速不停车通行过程。当车辆行驶前方出现交叉口，且等待时间较短时，车辆可以实现减速不停车通过。此时，车辆先以当前车速匀速行驶一段时间后开始减速，减速到一速度时开始匀速行驶到停车线，信号灯刚好变化，再继续加速行驶到最高限速。车辆行驶距离为

$$L_t = v_0 t_{u-b}^{(2)} + \frac{1}{2} a_b [t_{b-u}^{(2)} - t_{u-b}^{(2)}]^2 + v_{b-u}^{(2)} [t_{u-a}^{(2)} - t_{b-u}^{(2)}] \qquad (7\text{-}9\text{-}2)$$

式中，$t_{u-b}^{(2)}$ 为制动起始时刻；$t_{b-u}^{(2)}$ 为制动终止时刻，$v_{b-u}^{(2)}$ 为低速匀速行驶速度，$t_{u-a}^{(2)}$ 为低速匀速行驶终止时刻。

2. 建立电动汽车交叉口行驶能耗数学模型

电动汽车在交叉口通行过程中主要有加速、匀速、减速 3 种工况中的一种或者多种组合状态，故需对不同工况进行分析，建立电动汽车交叉口行驶能耗数学模型。

（1）加速过程。在加速过程中，电机输出功率主要由负载决定，并受到峰值功率和峰值转矩的限制。车辆满负荷加速过程中，驱动力行驶能耗为

$$E_{a1}' = \frac{\int \frac{T_{a1} i_t \eta_t}{R} v dt}{3600} \qquad (7\text{-}9\text{-}3)$$

式中，E_{a1}' 为满负荷加速过程驱动力能耗；T_{a1} 为满负荷加速转矩；i_t 为总传动比；η_t 为传动系统效率；v 为车速；R 为车轮半径；dt 为时间积分。

在考虑电机能耗损失和传动系统能耗损失后，得到满负荷加速过程驱动系统的能耗为

$$E_{a1} = \frac{E_{a1}'}{\eta_{mo} \eta_t} = \int \frac{T_{a1} i_t v}{3600 R \eta_{mo}} dt \qquad (7\text{-}9\text{-}4)$$

式中，E_{a1} 为满负荷加速过程行驶能耗；η_{mo} 为电机效率。

在交叉口行驶过程中，除了以满负荷进行加速运动，还可以采用恒定加速度行驶，从而提高乘坐的舒适性，匀加速过程的能耗根据汽车行驶方程式进行计算，匀加速过程电机转矩为

$$T_{a2} = \frac{\left(mgf + \frac{C_D A}{1.632}v^2 + \delta m \frac{dv}{dt}\right)R}{i_t \eta_t} \tag{7-9-5}$$

式中，T_{a2} 为匀加速过程电机转矩；m 为整车质量；g 为重力加速度；f 为滚动阻力数；C_D 为空气阻力系数；A 为迎风面积；δ 为旋转质量换算系数。

匀加速过程行驶能耗为

$$E_{a2} = \int \frac{T_{a2} n}{9.55 \times 3600 \eta_{mo}} dt \tag{7-9-6}$$

式中，E_{a2} 为匀加速过程行驶能耗；n 为电机转速。

电机转速为

$$n = \frac{3.6 v i_t}{0.377 R} \tag{7-9-7}$$

（2）匀速过程。当车辆匀速行驶时，电机的驱动转矩主要由负载决定，且无加速阻力，匀速过程电机转矩为

$$T_u = \frac{\left(mgf + \frac{C_D A}{1.632}v^2\right)R}{i_t \eta_t} \tag{7-9-8}$$

式中，T_u 为匀速过程电机转矩。

匀速过程行驶能耗为

$$E_u = \int \frac{T_u n}{9.55 \times 3600 \eta_{mo}} dt \tag{7-9-9}$$

式中，E_u 为匀速过程行驶能耗。

（3）减速过程。电动汽车在减速过程中可以采用再生制动策略，实现制动能量的回收。此时，制动过程的制动力将由电机再生制动力、空气阻力和滚动阻力组成。根据电动汽车前后制动力分配策略，一般在制动强度小于 0.1 时，总制动力由再生制动力承担；当制动强度介于 0.1 和 0.7 之间时，采用复合制动方式，即需要液压制动参与；当制动强度大于 0.7 时，则总制动力全部由液压制动提供，制动强度为

$$z = \frac{dv}{g dt} \tag{7-9-10}$$

式中，z 为制动强度。

因此，当再生制动力产生 0.1 的制动强度时，其产生的减速度大小为 0.98m/s^2，则制动过程中可回收的能量为

$$E_b = \int F_b v \eta_t \eta_{in} dt = \int \frac{\delta m z g v \eta_t \eta_{in}}{3600} dt \tag{7-9-11}$$

式中，E_b 为再生制动能量；F_b 为再生制动力；η_{in} 为电池充电效率。

根据车辆加速、匀速、减速过程中能耗计算，可以得到电动汽车交叉口通行过程中的行驶总能耗为

$$E_t = E_a + E_u - E_b \tag{7-9-12}$$

式中，E_t 为车辆行驶能耗。

3. 绘制电动汽车交叉口停车等待过程行驶曲线并计算行驶能耗

编写绘制电动汽车交叉口停车等待过程行驶曲线并计算行驶能耗的 MWORKS 仿真程序。运行结果如图 7-9-2 所示，可以看出，在 0~3.5s 期间，车辆处于匀速行驶阶段；在 3.5~20.7s 期间，车辆以 0.1 的制动强度减速；在 20.7~30s 期间，车辆处于停车等待阶段；在 30~38.5s 期间，车辆处于起步加速阶段，车辆在等待时间后通过；在 38.5s 以后，车辆继续以初始速度匀速行驶。最终得到车辆行驶总能耗为 114.39W·h。

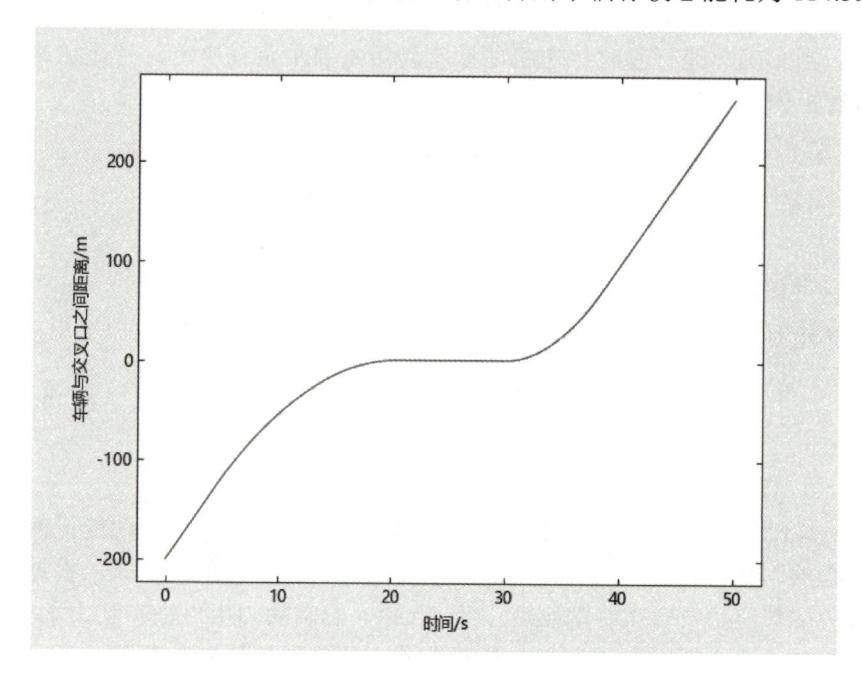

图 7-9-2　电动汽车交叉口停车等待过程行驶曲线

4. 绘制电动汽车交叉口减速不停车通行过程行驶曲线并计算行驶能耗

编写绘制电动汽车交叉口减速不停车通行过程行驶曲线并计算行驶能耗的 MWORKS 程序。运行结果如图 7-9-3 所示，可以看出，在 0~3.7s 期间，车辆处于高速匀速行驶阶段；在 3.7~16.5s 期间，车辆以 0.1 的制动强度减速行驶；在 16.5~18s 期间，车辆处于低速匀速行驶阶段；在 18~24.4s 期间，车辆处于加速行驶阶段，车辆在等待时间后通过；在 24.4s 以后，车辆继续以高速匀速行驶。最终得到车辆行驶总能耗为 99.57W·h。

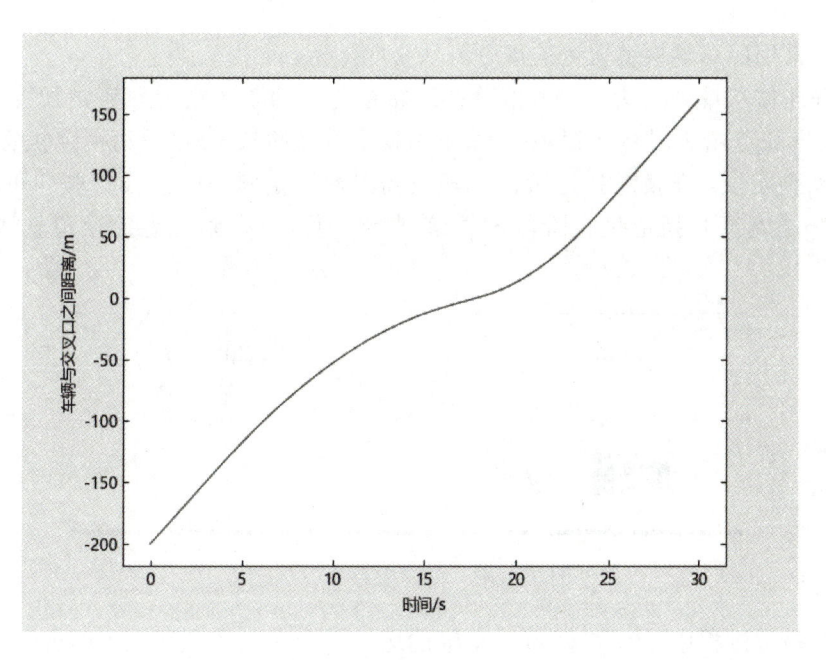

图 7-9-3　电动汽车交叉口减速不停车通行过程行驶曲线

实例 10　电动汽车高速公路换道过程路径规划仿真

汽车换道是基本的驾驶行为之一，同时也是引发交通事故最多的驾驶行为之一，由换道引起的交通事故涉及多条车道，极易引发连环事故和严重的交通阻碍。汽车自主换道是重要的先进驾驶辅助技术，可以提高汽车的行驶安全性和道路的通顺性。该实例主要利用梯形加速度换道轨迹，对电动汽车高速换道过程的路径规划进行仿真。

任务描述

主要任务

（1）分析常用的换道轨迹规划方法。
（2）建立电动汽车梯形加速度换道路径规划模型。
（3）电动汽车梯形加速度换道路径规划 MWORKS 仿真。

任务实施

1. 分析常用的换道轨迹规划方法

合理的换道轨迹规划可以使目标车辆更加快速、通畅地变换到理想车道，提高换道率。目前，常用的车辆换道轨迹的规划方法说明如下。

（1）等速偏移规划方法。等速偏移换道轨迹是最简单的换道轨迹，如图 7-10-1 所示，整个换道轨迹由 3 段直线组成，AB 段为换道准备阶段，BC 段为换道执行阶段，CD 段为换道调整阶段，在换道执行阶段车辆只需沿着固定斜率的直线行驶即可完成换道。只要确定车道宽度和换道执行阶段的轨迹斜率，便可以得到完整的换道轨迹曲线的解析式。

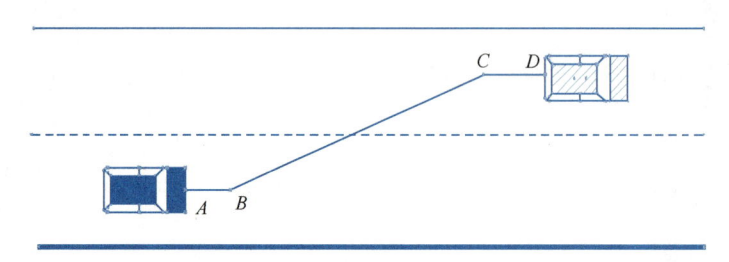

图 7-10-1　等速偏移换道轨迹

但是在换道过程中，B、C 两点处车辆的运动方向发生了跃变，在现实中是无法实现的，需对换道轨迹进行改进规划。

（2）圆弧规划方法。圆弧换道轨迹是在等速偏移换道轨迹基础上改进得到的换道轨迹曲线，换道执行阶段由 1 段直线和 2 段圆弧组成，如图 7-10-2 所示。

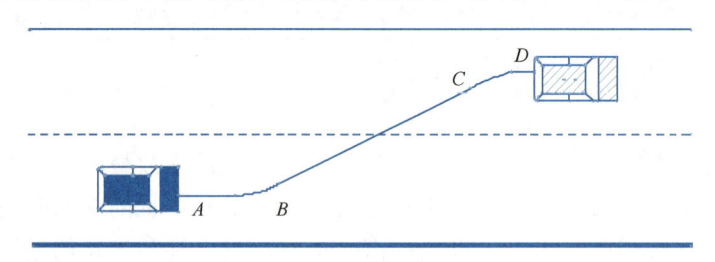

图 7-10-2　圆弧换道轨迹

圆弧曲率半径 $\rho = \dfrac{v_x^2}{a_{\max}}$，其中 v_x 为车辆的纵向速度，$a_{\max}$ 为车辆换道时的最大横向加速度。只需再确定车道宽度和期望换道距离，便可以得到换道轨迹曲线的解析式。但是在直线和圆弧的交接点 A、B、C、D 处，换道轨迹的曲率不连续，车辆在实际行驶中无法实现，仍需进行调整。

（3）余弦函数规划方法。余弦函数换道轨迹具有计算简便、换道轨迹平滑等特点，应用较为广泛，只需确定车道宽度和换道过程中目标车辆的纵向位移，便可得到换道轨迹函数，余弦函数换道轨迹如图 7-10-3 所示。

如果车道宽度为 b，换道过程中目标车辆的纵向位移为 l，那么换道轨迹函数为

$$y(x) = \frac{b}{2}\left[1 - \cos\left(\frac{\pi x}{l}\right)\right] \tag{7-10-1}$$

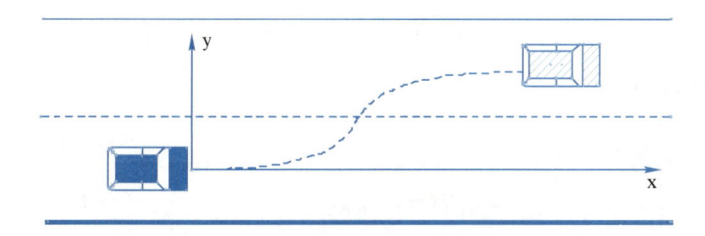

图 7-10-3 余弦函数换道轨迹

对式（7-10-1）求导得余弦函数换道轨迹的横向速度、横向加速度分别为

$$\dot{y}(x) = \frac{b\pi}{2l}\sin\left(\frac{\pi x}{l}\right) \tag{7-10-2}$$

$$\ddot{y}(x) = \frac{b\pi^2}{2l^2}\cos\left(\frac{\pi x}{l}\right) \tag{7-10-3}$$

余弦函数换道轨迹的路径曲率 k 为

$$k = \frac{\ddot{y}(x)}{[1+\dot{y}^2(x)]^{\frac{3}{2}}} \tag{7-10-4}$$

由式（7-10-2）~式（7-10-4）可得，当 $x=0$ 或 $x=1$ 时，换道路径曲率 k 有最大值，即该模型换道路径曲率的最大值在换道的起点和终点处，此时横向加速度最大，不满足换道轨迹规划起点和终点处路径曲率为零的约束条件，使用该换道轨迹，需要进行二次规划。

（4）梯形加速度规划方法。梯形加速度换道轨迹没有直接设计车辆的换道轨迹，而是设计换道过程的横向加速度，其横向加速度图像由两个大小相等朝向相反的等腰梯形组成，如图 7-10-4 所示。梯形加速度换道轨迹的横向加速度连续，在换道起点和终点处横向加速度为零，是比较理想的换道轨迹。

在图 7-10-4 中，t_1、t_2、t_3、t_4、T 分别表示目标车辆换道过程中横向加速度变化的时间节点，$a_{\max}$ 表示换道过程中横向加速度的最大值，$J_{\max}$ 表示横向加速度的变化率。梯形加速度换道轨迹的横向加速度为

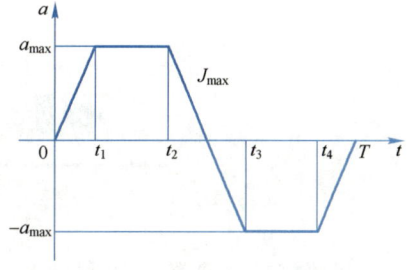

图 7-10-4 梯形加速度换道轨迹

$$a_{\max}(t) = \begin{cases} J_{\max}(t), & 0 \leqslant t \leqslant t_1 \\ a_{\max}, & t_1 \leqslant t \leqslant t_2 \\ \dfrac{(2t-t_2-t_3)a_{\max}}{t_2-t_3}, & t_2 \leqslant t \leqslant t_3 \\ -a_{\max}, & t_3 \leqslant t \leqslant t_4 \\ J_{\max}(t-T), & t_4 \leqslant t \leqslant T \end{cases} \tag{7-10-5}$$

假定 $t_1 = (t_3 - t_2)/2 = T - t_4$，$t_2 - t_1 = t_4 - t_3$，对 $a_x(t)$ 进行二次积分，可以得到目标车辆换道过程中的横向位移

$$S_x(t) = \begin{cases} \dfrac{1}{6}J_{\max}t^3, & 0 \leqslant t \leqslant t_1 \\ \dfrac{1}{2}J_{\max}t_1t^2 - \dfrac{1}{2}J_{\max}t_1^2 t + \dfrac{1}{2}J_{\max}t_1t_2^2, & t_1 \leqslant t \leqslant t_2 \\ -\dfrac{1}{6}J_{\max}t^3 + \dfrac{1}{2}J_{\max}(t_1+t_2)t^2 - \dfrac{1}{2}J_{\max}(t_1^2+t_2^2)t \\ \quad + \dfrac{1}{6}J_{\max}t_1^3 + \dfrac{1}{6}J_{\max}t_2^3, & t_2 \leqslant t \leqslant t_3 \\ -\dfrac{1}{2}J_{\max}t_1t^2 + \dfrac{3}{2}J_{\max}t_1^2 t + 2J_{\max}t_1t^2 - J_{\max}t_1^3 \\ \quad -\dfrac{5}{2}J_{\max} - \dfrac{1}{2}J_{\max}t_1t_2^2, & t_3 \leqslant t \leqslant t_4 \\ J_{\max}\left[\dfrac{1}{6}t^3 - (t_1+t_2)t^2 + (2t^2+4t_1t_2+2t_2^2)t \right. \\ \quad \left. -\dfrac{4}{3}(t_1^3+t_2^3) - 2(t_1^2t_2+t_1t_2^2)\right], & t_4 \leqslant t \leqslant T \end{cases} \quad (7\text{-}10\text{-}6)$$

梯形横向加速换道轨迹只需确定横向加速度的最大值和横向加速度的变化率即可确定换道轨迹表达式的各项参数，所需条件较少，计算过程简单。但换道轨迹函数一经确定，很难进行调整。

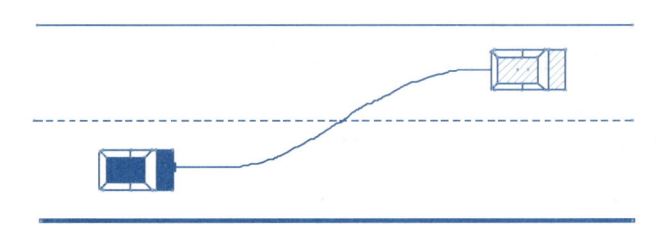

（5）多项式函数规划方法。多项式函数换道轨迹具有三阶连续可导性，并且曲率连续无突变，能够很好地模拟实际换道路径，常用的多项式函数换道轨迹为五次多项式和七次多项式函数换道轨迹。此外，多项式函数换道轨迹将横、纵向解耦，车辆实际换道过程中易于控制，因此是比较理想的轨迹规划方法，其换道轨迹如图 7-10-5 所示。

图 7-10-5 多项式函数换道轨迹

尽管多项式函数未知参量多，需要较多的判断条件，计算过程比较复杂，但随着研究深入，多项式函数换道轨迹的计算过程不断得到优化，越来越多的研究使用多项式函数规划换道轨迹。

车辆换道需要综合考虑安全性、快速性、舒适性等因素，由于车辆在行驶过程中，速度和加速度是连续变化的，在高速行驶时，行驶方向不可能发生突变，因此这就要求所设计换道轨迹函数的位移、速度、加速度图线必须连续，横、纵向加速度值不可过大。由于换道前和换道后车辆没有横向位移，因此在换道起始和终止位置处，路径曲率为零，横向速度和横向加速度为零。对上述 5 种换道轨迹特点进行分析，具体见表 7-10-1。

表 7-10-1 换道轨迹优点和缺点比较

换道轨迹	优点	缺点
等速偏移换道轨迹	换道轨迹简单，易于操作和控制	换道起点、终点处轨迹不连续
圆弧换道轨迹	换道轨迹简单	换道起点、终点处曲率不连续
余弦函数换道轨迹	计算简便、换道轨迹平滑	曲率有突变
梯形加速度换道轨迹	计算较简便、换道轨迹平滑	轨迹一经确定，很难进行调整
多项式函数换道轨迹	曲率连续无突变，易于调整	计算过程复杂

通过以上分析，等速偏移换道轨迹、圆弧换道轨迹和余弦函数换道轨迹都需要调整后才能用于换道轨迹规划，规划效果不理想；而梯形加速度换道轨迹和多项式函数换道轨迹可直接用于换道轨迹的规划，是比较理想的换道轨迹规划方法。

2. 建立电动汽车梯形加速度换道路径规划模型

梯形加速度换道路径规划方法是目前常用的换道路径规划方法之一，通过设计换道过程的横向加速度，间接得到换道路径，其横向加速度图像由两个大小相等朝向相反的等腰梯形组成，如图 7-10-4 所示。

若换道过程总的横向位移，即车道宽度为 b，则式（7-10-6）中各时间参数可表示为

$$\begin{cases} t_1 = a_{max}/J_{max} \\ t_2 = \sqrt{\dfrac{a_{max}^2}{4J_{max}^2} + \dfrac{b}{a_{max}}} - \dfrac{a_{max}}{2J_{max}} \\ t_3 = 2t_1 + t_2 \\ t_4 = t_1 + 2t_2 \\ T = 2t_1 + 2t_2 \end{cases} \quad (7\text{-}10\text{-}7)$$

由式（7-10-5）、式（7-10-6）可知，只要得到了车道宽度值 b 并确定了最大横向加速度 a_{max} 和横向加速度的变化率 J_{max}，即可以得到换道的横向轨迹方程。

我国高速公路车道宽度一般为 3.75m，即 $b=3.75m$，这里取 $a_{max}=2m/s^2$，$J_{max}=4m/s^3$，将此数据代入式（7-10-7）即可得到目标车辆换道过程中各时间节点参数的具体值，将以上数据代入式（7-10-6），可得到该场景下目标车辆换道的横向换道轨迹曲线方程为

$$s_x(t) = \begin{cases} 2t^3/3, & t < 0.5 \\ t^2 - t/2 + 1/12, & 0.5 \leqslant t < 1.142 \\ -2t^3/3 + 3.284t^2 - 3.108t + 1.076, & 1.142 \leqslant t < 2.142 \\ -t^2 + 6.068t - 5.4747, & 2.142 \leqslant t < 2.784 \\ 2t^3/3 - 6.568t^2 + 21.567t - 19.857, & 2.784 \leqslant t \leqslant 3.284 \end{cases} \quad (7\text{-}10\text{-}8)$$

将式（7-10-8）求导，可得到横向运动的速度、加速度的轨迹曲线方程分别为

$$v_x(t) = \begin{cases} 2t^2, & t < 0.5 \\ 2t - 0.5, & 0.5 \leqslant t < 1.142 \\ -2t^2 + 6.568t - 3.108, & 1.142 \leqslant t < 2.142 \\ -2t + 6.068, & 2.142 \leqslant t < 2.784 \\ 2t^2 - 13.136t + 21.567, & 2.784 \leqslant t \leqslant 3.284 \end{cases} \quad (7\text{-}10\text{-}9)$$

$$a_x(t) = \begin{cases} 4t, & t < 0.5 \\ 2, & 0.5 \leqslant t < 1.142 \\ -4t + 6.568, & 1.142 \leqslant t < 2.142 \\ -2, & 2.142 \leqslant t < 2.784 \\ 4t - 13.136, & 2.784 \leqslant t \leqslant 3.284 \end{cases} \quad (7\text{-}10\text{-}10)$$

为方便计算，目标车辆在换道过程中，纵向速度视为匀速，我国高速公路小型轿车的一般行驶速度为 100km/h，本书取 $v_y = 108\text{km/h} = 30\text{m/s}$，则目标车辆换道过程中纵向位移曲线方程为

$$s_y(x) = 30t \quad (7\text{-}10\text{-}11)$$

3. 电动汽车梯形加速度换道路径规划 MWORKS 仿真

根据电动汽车梯形加速度换道路径规划模型，编写绘制电动汽车高速公路换道过程轨迹规划曲线的 MWORKS 程序。

如图 7-10-6 所示为横向位移-纵向位移曲线。可以看出，该曲线平顺光滑，换道过程中没有突变点，曲率变化比较平稳，与实际的换道路径相符。

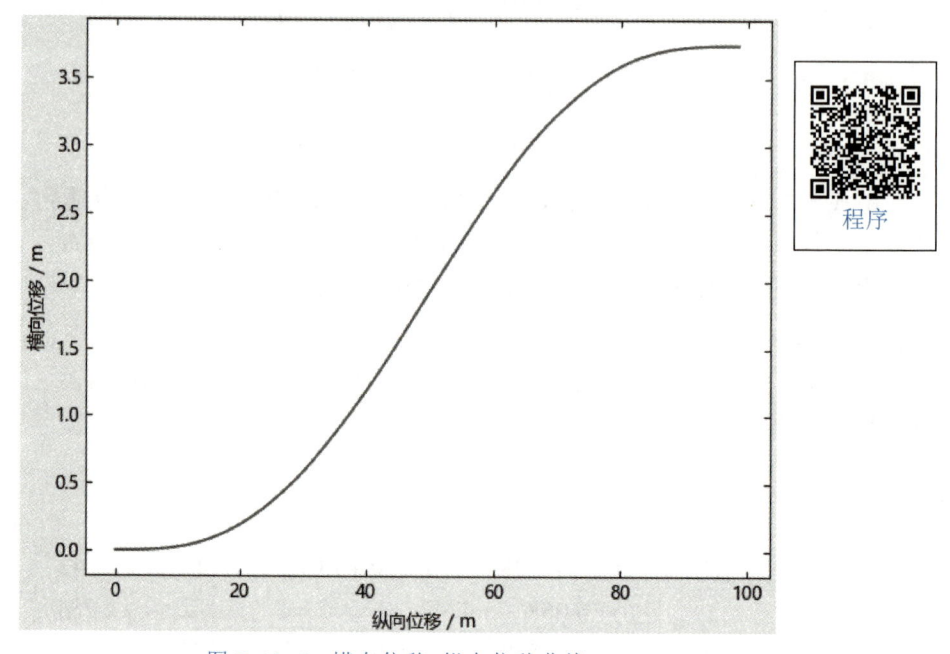

图 7-10-6 横向位移-纵向位移曲线

如图 7-10-7 所示为横向位移-时间曲线。可以看出，该曲线平顺光滑，车辆沿着该路径行驶，能够在预计时间内达到目标车道。

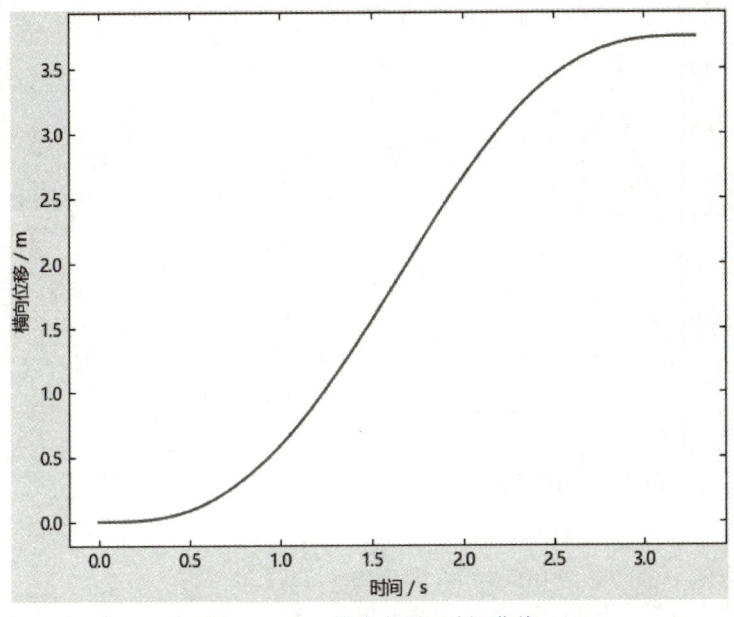

图 7-10-7　横向位移-时间曲线

如图 7-10-8 所示为横向速度-时间曲线。可以看出，该曲线光滑连续，在换道起始和终止处横向速度为零，横向速度最大值在 2.2m/s 左右，换道过程比较平缓。

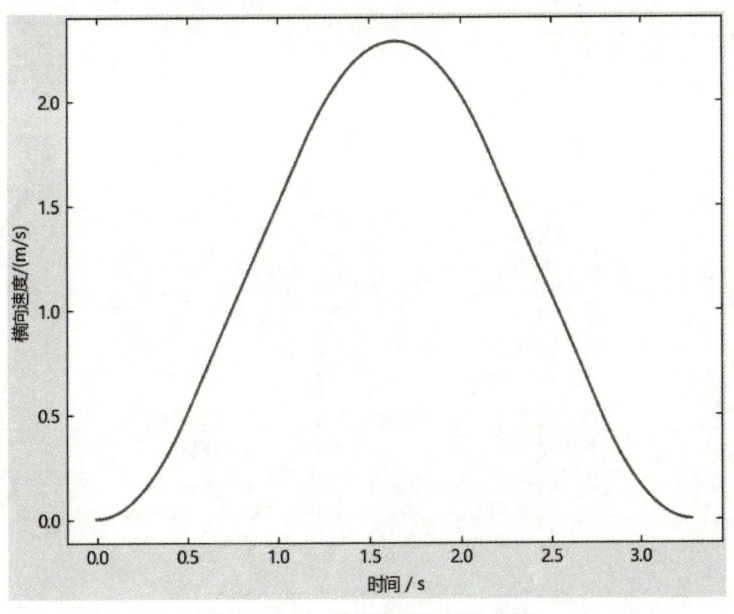

图 7-10-8　横向速度-时间曲线

如图 7-10-9 所示为横向加速度-时间曲线。可以看出，该曲线连续，在换道起点和终点处横向速度、加速度都为零，符合换道轨迹的要求。

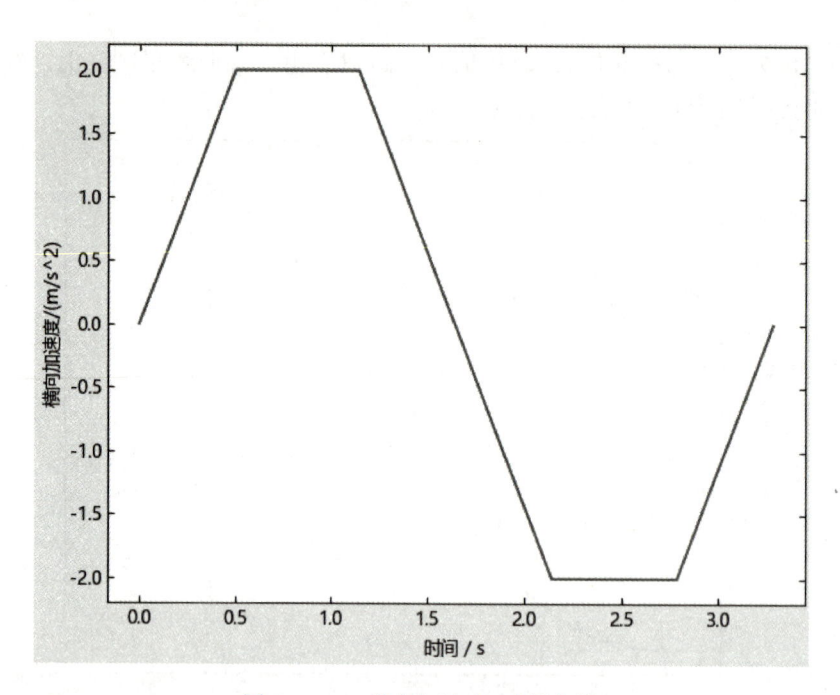

图 7-10-9　横向加速度-时间曲线

第 8 章

基于 MWORKS.Sysplorer 的汽车系统仿真

实例 1　发动机仿真

本实例旨在全面评估汽车发动机的性能和可靠性，具体包括燃油效率、动力输出、噪声和振动等关键指标；通过仿真和实际测试，优化其控制策略，如燃油喷射量和点火时机等，以提升发动机的整体性能；预测发动机在不同负载、温度和速度等工作条件下的运行行为，从而确保其在各种工况下的稳定性和适应性；并通过长时间的仿真分析和寿命测试，估算发动机的使用寿命，确定关键部件的维护和更换周期，以提高其长期可靠性和耐用性。

任务描述

1. 任务目的

（1）评估发动机的性能和可靠性：通过模拟发动机在不同工况下的运行状态，可以评估发动机的性能和可靠性，如燃油效率、动力输出、噪声和振动等。

（2）优化发动机的控制策略：通过仿真，可以测试不同的控制策略，如燃油喷射量、点火时机等，以优化发动机的控制策略，提高其性能和可靠性。

（3）预测发动机在不同工作条件下的行为：通过仿真，可以预测发动机在不同负载、温度、速度等工作条件下的行为，以便进行更准确的设计和优化。

（4）预测发动机的寿命：通过仿真，可以预测发动机的寿命，并确定维护和更换部件的最佳时机，以提高发动机的可靠性和使用寿命。

2. 主要任务

（1）建立准确的数学模型：发动机仿真需要建立准确的数学模型，包括物理方程、控制方程和传感器方程等。模型的准确性对仿真结果的精度有很大影响，因此需要充分考虑发动机的结构和工作原理，并综合考虑一些未知因素的影响。

（2）确定仿真的工作条件：仿真需要根据实际情况确定发动机的工作条件，如负载、温度、速度等。这些条件会影响仿真结果，因此需要根据实际情况进行合理的设定。

（3）编写准确的仿真程序：仿真程序需要准确地模拟发动机的运行过程，并考虑各种因素的影响。程序的准确性对仿真结果的精度有着很大的影响，因此需要进行严格的测试和验证。

（4）收集和分析试验数据：在仿真过程中，需要记录并收集各种数据，如温度、压力、转速、功率等。将这些数据进行分析，可以评估发动机的性能和可靠性，并确定优化措施。

（5）验证仿真结果的准确性：仿真的结果需要与实际测试数据进行比较，以验证其准确性。尤其是在进行新型发动机设计时,需要进行实际测试,以验证仿真结果的准确性。

任务实施

1. 系统模型原理

(1)发动机模型。

① MVEM——发动机均值模型。

模型路径:TAEngine.EngineModel.MVEM。

功能描述:可通过总线控制节气门的开度,发动机的热接口可连接热管理系统进行热管理分析。

模型原理:由于发动机均值模型为平均值模型,因此不考虑进气门和排气门随着转角动态开闭的过程。该模型包括进气系统、排气系统、供油系统、发动机缸和发动机曲轴。该模型共暴露 6 个接口:转动接口(2 个)、流体接口(2 个)、热接口(1 个)和总线接口(1 个)。发动机均值模型与接口的分布情况如图 8-1-1 所示。

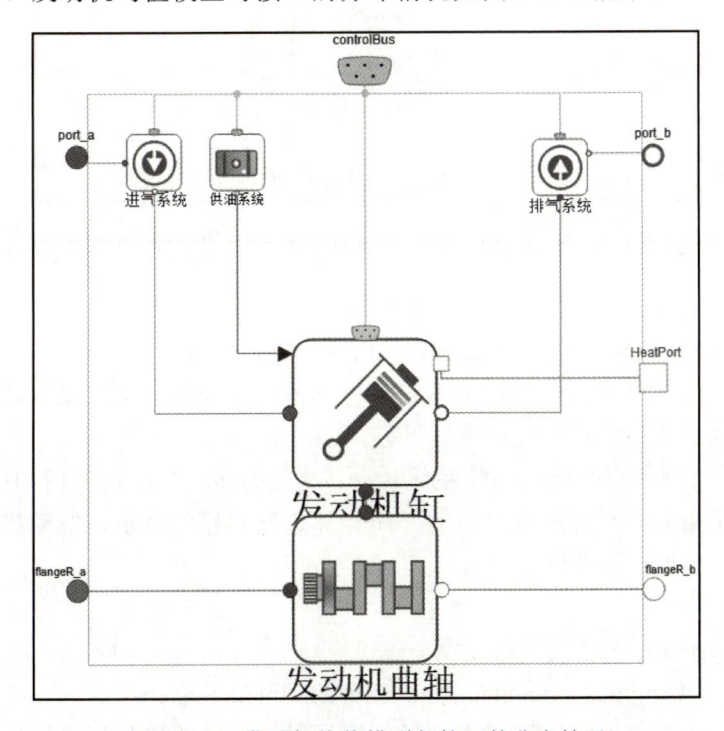

图 8-1-1 发动机均值模型与接口的分布情况

② MVEM_turbine——发动机均值模型(带涡轮增压)。

模型路径:TAEngine.EngineModel.MVEM_turbine。

功能描述:用于发动机控制策略的虚拟标定。

模型原理:该模型在发动机均值模型基础上增加了涡轮增压系统,压缩机加载进气系统，涡轮机加载排气系统，排气系统带动涡轮机，涡轮机带动压缩机，达到压缩机对进气系统增压的作用。发动机均值模型（带涡轮增压）与接口的分布情况如图 8-1-2 所示。

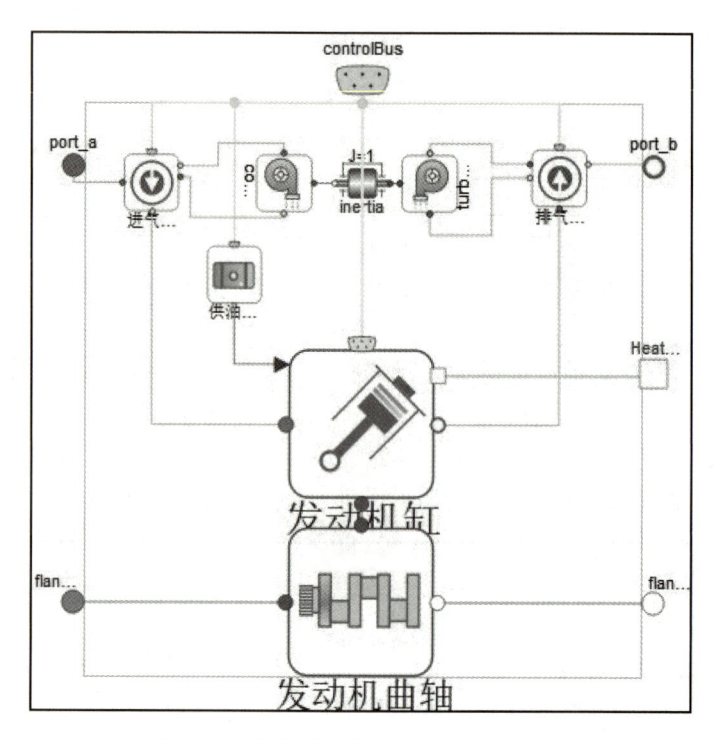

图 8-1-2　发动机均值模型（带涡轮增压）与接口的分布情况

③ MVEM_turbine——发动机瞬时模型。

模型路径：TAEngine.EngineModel.Eegine.MVEM_turbine。

功能描述：可体现发动机的瞬时响应，包括各气缸进气和排气量、各气缸的输出扭矩、进气和排气系统的瞬时进气和排气量等。

模型原理：气门为正时控制凸轮系统转动，凸轮的转动控制进气门和排气门的开闭，进气和排气系统根据进气门和排气门的开闭计算进气和排气流量，发动机缸根据进气量计算发动机输出扭矩、温度以及排放。

（2）模型组件。

① IntakeSystem——进气系统模型。

模型路径：TAEngine.Component.IntakeSystem.IntakeSystem。

功能描述：一侧与大气环境相连，另一侧与发动机缸相连，可单独用于进气系统控制策略的验证。

模型原理：该模型包括空气滤清器、节气门、进气歧管和进气门，进气歧管内置传感器模型，可将进气歧管的压强和温度采集并发送至总线，总线可通过信号控制节气门和进气门的开度。进气系统模型与接口的分布情况如图 8-1-3 所示。

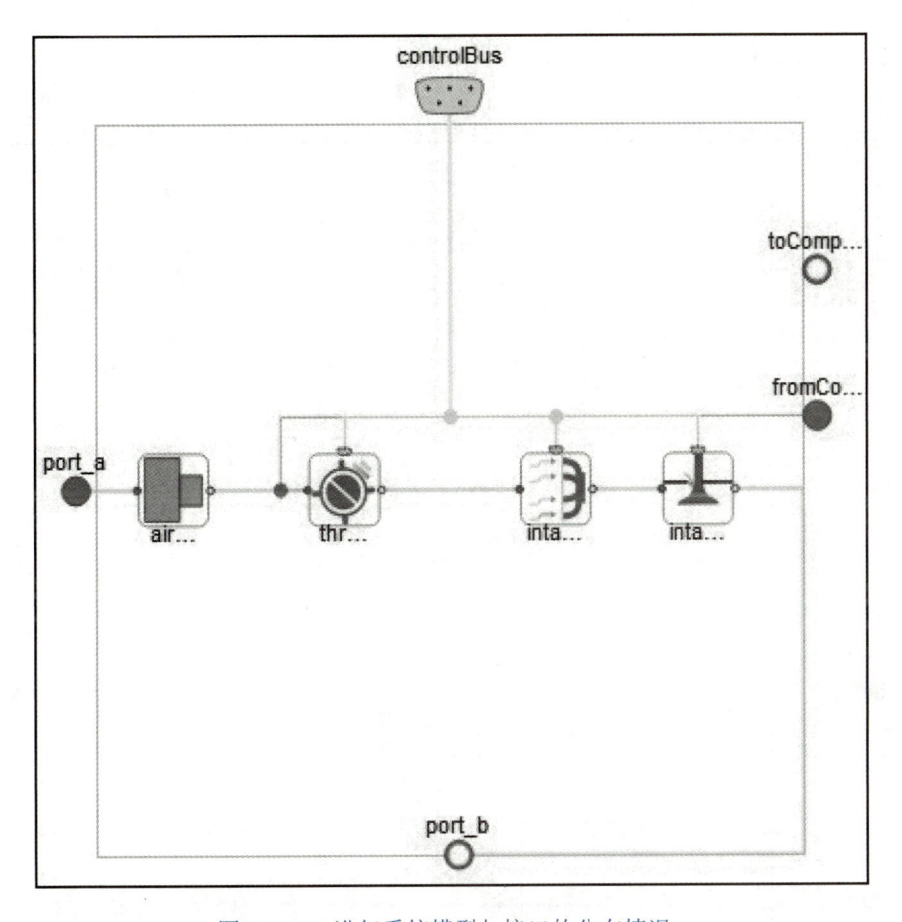

图 8-1-3 进气系统模型与接口的分布情况

② AirFilter——空气滤清器模型。

模型路径：TAEngine.Component.IntakeSystem.Component.AirFilter。

功能描述：过滤空气中水分和杂质，为发动机输送干燥、清洁的空气。

模型原理：空气滤清器模型与接口的分布情况如图 8-1-4 所示，该模型可简化为体积模型和阀门模型（在阀门模型中将阀门开度设定为固定值）。

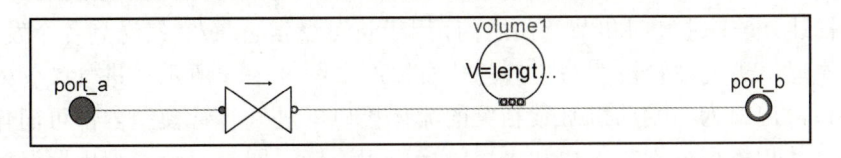

图 8-1-4 空气滤清器模型与接口的分布情况

③ Throttle——节气门模型。

模型路径：TAEngine.Component.IntakeSystem.Component.Throttle。

功能描述：通过改变节气门通道的开度来控制空气流量。

模型原理：通过总线上的信号获取开度信号，再通过查表获取对应的阀门系数，然后改变节气门通道的开度，从而实现控制空气流量。节气门模型与接口的分布情况如图 8-1-5 所示。

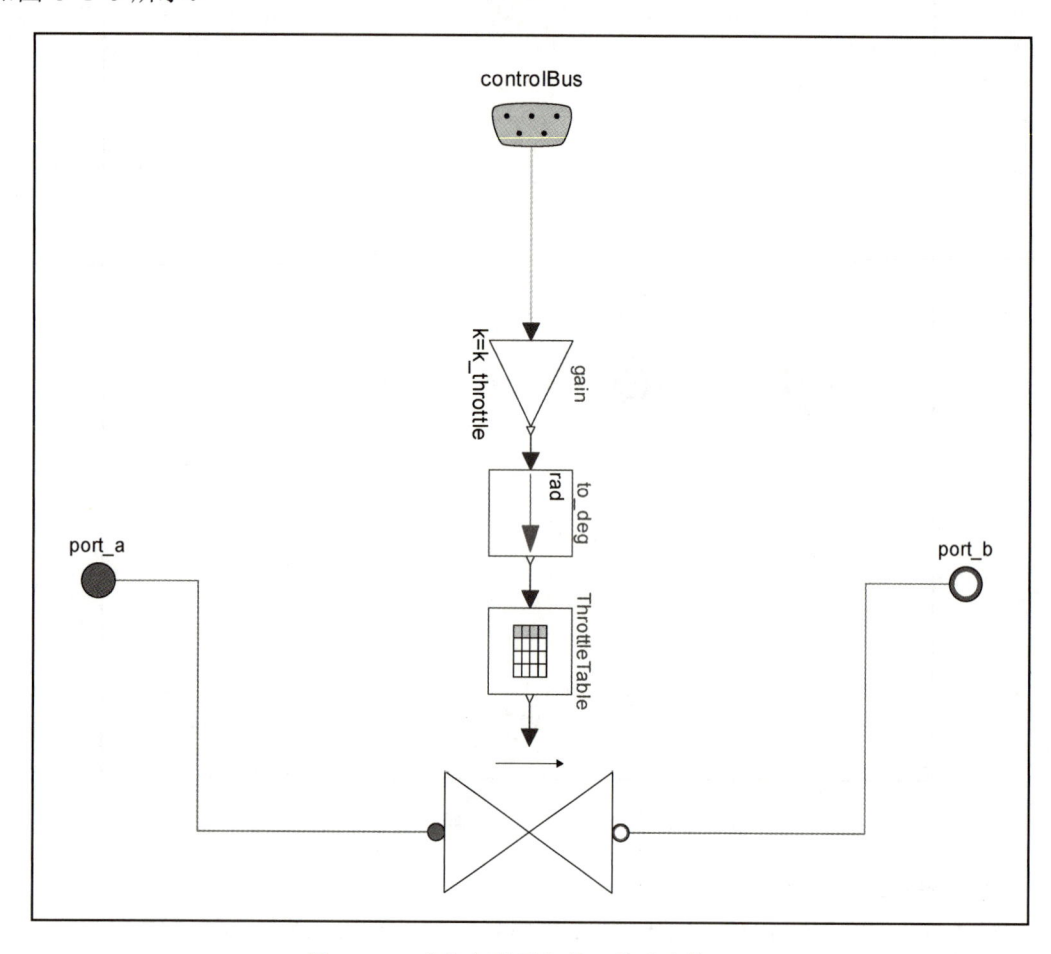

图 8-1-5　节气门模型与接口的分布情况

④ IntakeManifold——进气歧管模型。

模型路径：TAEngine.Component.IntakeSystem.Component.IntakeManifold。

功能描述：位于进气门和节气门之间，用于将可燃混合气/空气送到各个发动机缸内。

模型原理：进气歧管模型与接口的分布情况如图 8-1-6 所示，进气歧管入口为一维的流体接口，出口为与发动机缸数相关的流体接口，进气歧管模型内部可简化为封闭的体积模型，体积模型分别与入口和出口的接口相连接。同时，该模型内置温度和压强传感器，可以采集进气歧管的温度和压强并发送至发动机总线。

⑤ IntakePort——进气门瞬时模型。

模型路径：TAEngine.Component.IntakeSystem.Component.IntakePort。

功能描述：位于进气歧管和发动机缸之间，用于将可燃混合气/空气输送到发动机缸内。

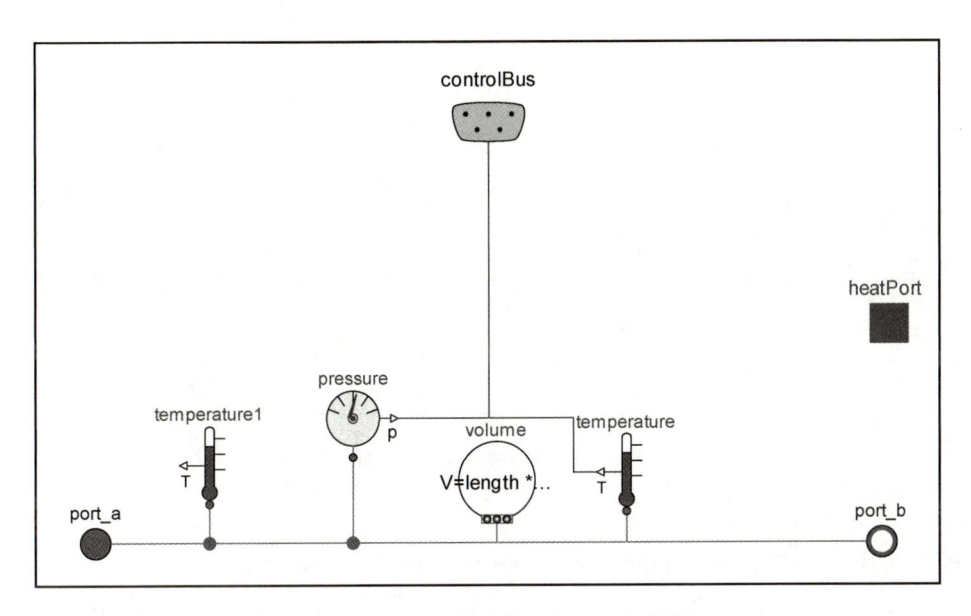

图 8-1-6　进气歧管模型与接口的分布情况

模型原理：进气门瞬时模型与接口的分布情况如图 8-1-7 所示，进气门瞬时模型可简化为开度可控的阀门，阀门的开闭状态由发动机总线的信号控制。

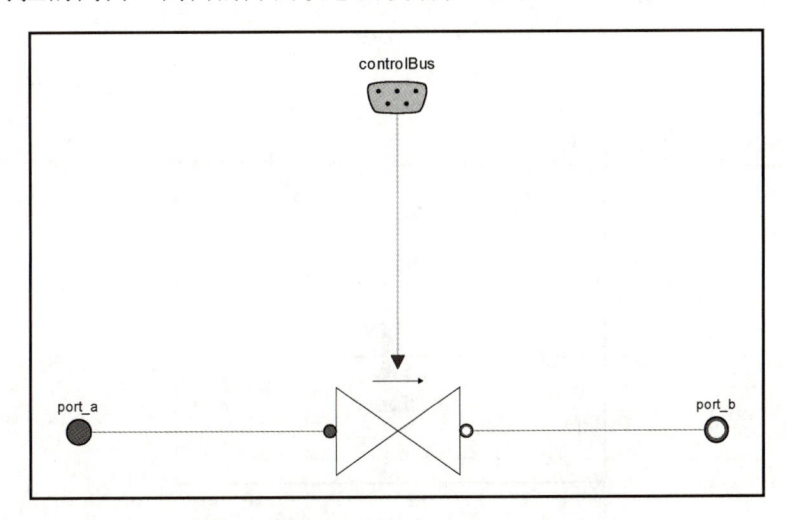

图 8-1-7　进气门瞬时模型与接口的分布情况

⑥ IntakePort2——进气门均值模型。

模型路径：TAEngine.Component.IntakeSystem.Component.IntakePort2。

功能描述：位于进气歧管和发动机缸之间，用于将可燃混合气/空气输送到发动机缸内。

模型原理：由于在发动机均值模型中不需要考虑进气门瞬时开闭的影响，因此入口直接连接出口，进气门均值模型与接口分布情况如图 8-1-8 所示。

图 8-1-8　进气门均值模型与接口的分布情况

⑦ ExhaustSystem——排气系统模型。

模型路径：TAEngine.Component.ExhaustSystem.ExhaustSystem。

功能描述：与发动机燃烧缸的排气口相连，可应用于发动机排气控制和热管理分析。

模型原理：排气系统模型与接口的分布情况如图 8-1-9 所示，该模型包括排气门、排气歧管、排气管，可通过控制排气门开度控制排气量。排气歧管与排气管直接连接，无涡轮增压模块。排气门可通过参数选择为瞬时模型或均值模型。

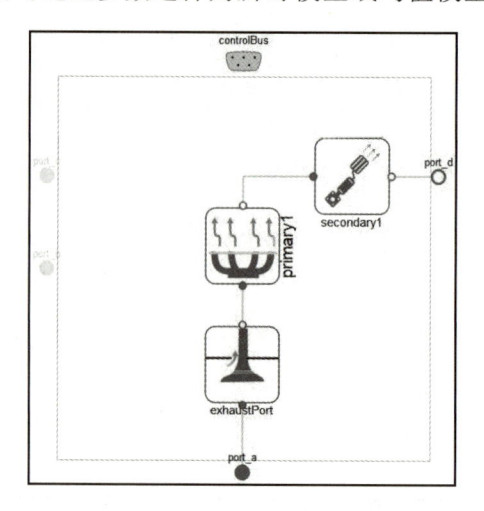

图 8-1-9　排气系统模型与接口的分布情况

⑧ ExhaustPort——排气门均值模型。

模型路径：TAEngine.Component.ExhaustSystem.Component.ExhaustPort。

功能描述：用于发动机均值模型，表征一定时间内排气门的平均状态。

模型原理：排气门均值模型与接口的分布情况如图 8-1-10 所示，排气门均值模型等效于在入口和出口之间增加一个开度定值的阀门，用于限制出口流量。

⑨ ExhaustSystem2——排气门瞬时模型。

模型路径：TAEngine.Component.ExhaustSystem.Component.ExhaustSystem2。

功能描述：用于发动机瞬时模型，排气门开度可实时控制，因此可仿真分析瞬时响应。

模型原理：排气门瞬时模型与接口的分布情况如图 8-1-11 所示，排气门瞬时模型等效于在入口和出口之间增加一个开度可控的阀门，控制信号可通过总线来传递。

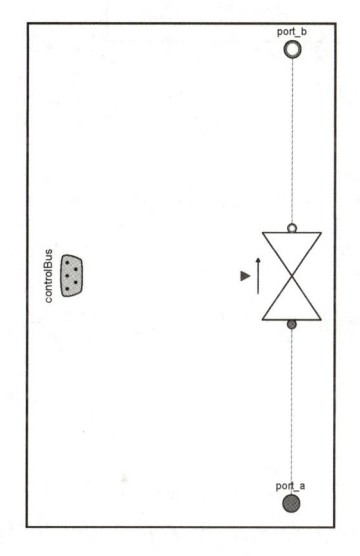

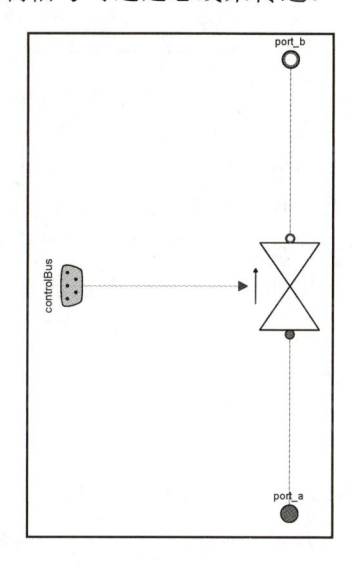

图 8-1-10　排气门均值模型与接口的分布情况　　　图 8-1-11　排气门瞬时模型与接口的分布情况

⑩ Secondary——排气管模型。

模型路径：TAEngine.Component.ExhaustSystem.Component.Secondary。

功能描述：与排气歧管和大气环境相连，可用于仿真发动机尾气排放。

模型原理：排气管模型可等效于固定开度的阀门，表征排气管对发动机尾气排放的影响，排气管模型与接口的分布情况如图 8-1-12 所示。

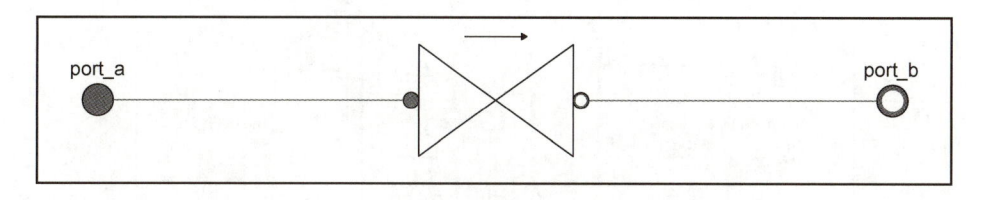

图 8-1-12　排气管模型与接口的分布情况

⑪ Primary——排气歧管模型。

模型路径：TAEngine.Component.ExhaustSystem.Component.Primary。

功能描述：排气歧管与所有发动机缸的排气门相连，排气歧管输出与排气管相连，将尾气进行排放。

模型原理：排气歧管模型与接口的分布情况如图 8-1-13 所示，排气歧管模型与进气歧管模型原理类似，排气歧管模型入口为与发动机缸数相关的流体接口，出口为一维的流体接口，排气歧管模型内部可简化为封闭的体积模型，体积模型分别与入口和出口相连。

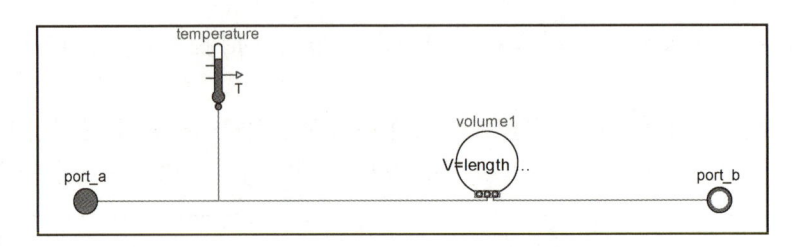

图 8-1-13　排气歧管模型与接口的分布情况

⑫ CylinderBlock——发动机均值模型。

模型路径：TAEngine.Component.EnginePart.CylinderBlock.CylinderBlock。

功能描述：用于构建发动机均值模型，表征发动机缸一定时间内的平均性能，如发动机的输出扭矩、发动机温度等。

模型原理：发动机均值模型与接口的分布情况如图 8-1-14 所示。发动机缸进气量可由下式计算得到

$$m_{\text{in}} = \frac{V_0}{120RT}(sp + y)$$

式中，V_0 为发动机缸的体积，s 和 y 为系数，p 为进气歧管压强，R 为发动机缸半径，T 为发动机温度。发动机均值模型内置的计算模块主要由 6 个表格组成，能够计算在一定转速、空燃比和进气压强下的输出扭矩和发动机缸温度，如图 8-1-15 所示。

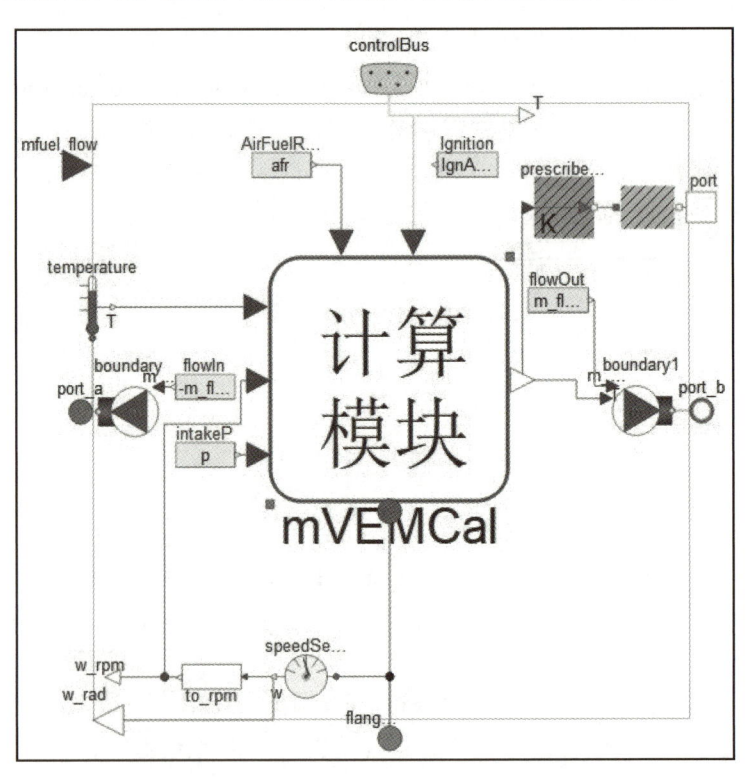

图 8-1-14　发动机均值模型与接口的分布情况

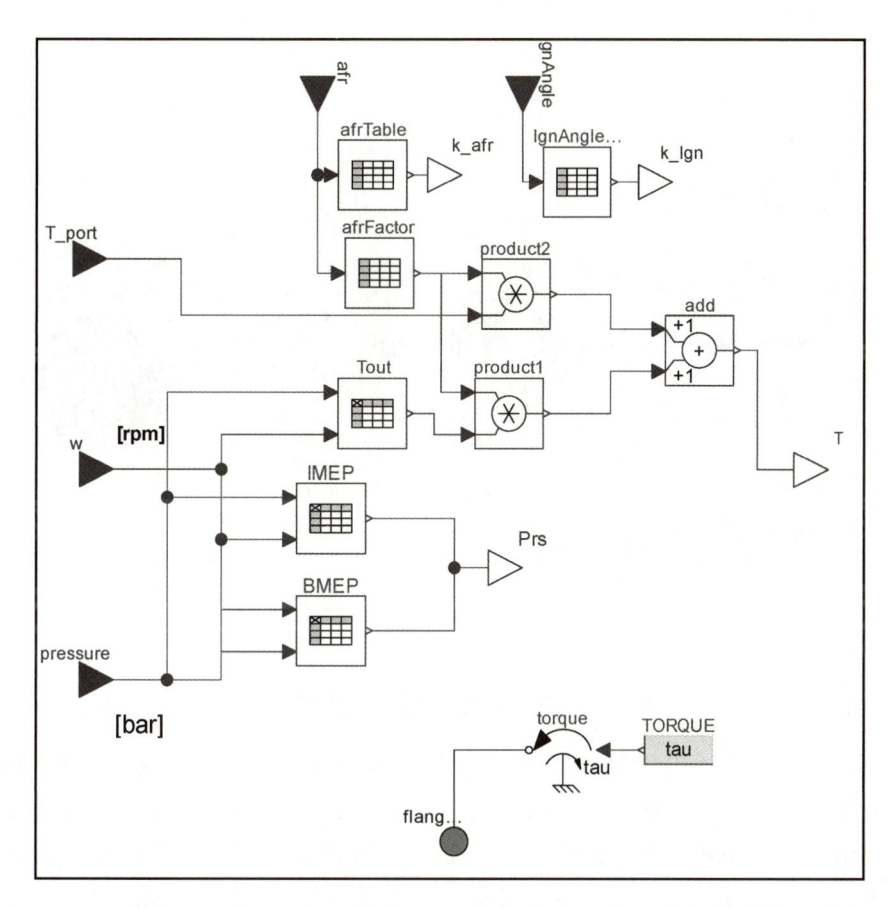

图 8-1-15　计算模块

2. 系统仿真模型

（1）新建模型后，从 TAEngine.EngineModel 中拖动发动机模型（带涡轮增压的为 MVEM_turbine，不带涡轮增压的为 MVEM）至新建模型的图形层，带/不带涡轮增压的发动机模型外部接口以及建模流程相同。发动机模型共有 6 个接口，1 个总线接口，用来与控制器模型交互信息，2 个流体接口，与进气环境和排气环境连接，1 个热接口，用来与热管理系统连接，2 个机械接口，用来与机械部分连接。

（2）从 TAEngine.Component.Controller.SimpleCtrl 中拖动发动机控制器模型，将其与发动机模型连接。

（3）设置发动机模型进气环境和排气环境，从 Modelica 标准库 Modelica.Fluid.Sources.FixedBoundary 拖动两个边界至图形层，连接 boundary 和 MVEM 模型时，维度选 1，如图 8-1-16 所示，并将其与发动机模型连接（该边界也可自行开发）。

（4）增加发动机机械负载，增加扭矩负载，扭矩源和转动惯量源在标准库 Modelica.Mechanics.Rotational.Sources.Torque、Modelica.Mechanics.Rotational.Components.Inertia 和 Modelica.Blocks.Sources.RealExpression 中。

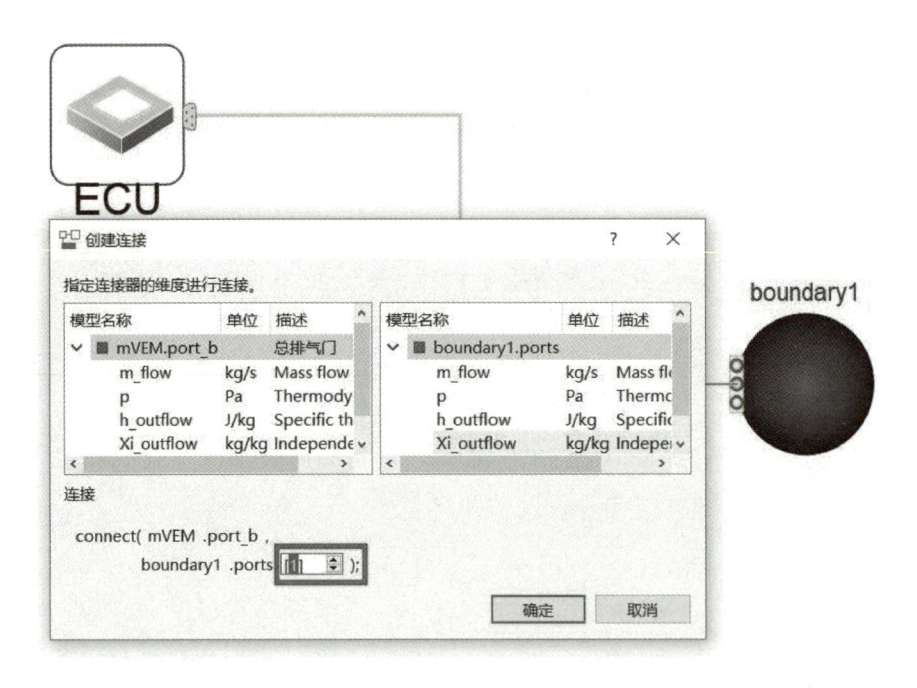

图 8-1-16 连接维度的选择（此处填入 1）

（5）若需要对发动机进行热管理分析，则从 Modelica 标准库中拖出 Modelica.Thermal.HeatTransfer.Components.ThermalConductor 和 Modelica.Thermal.HeatTransfer.Sources.FixedTemperature，连接如图 8-1-17 所示，也可以连接至外部的热管理系统模型。

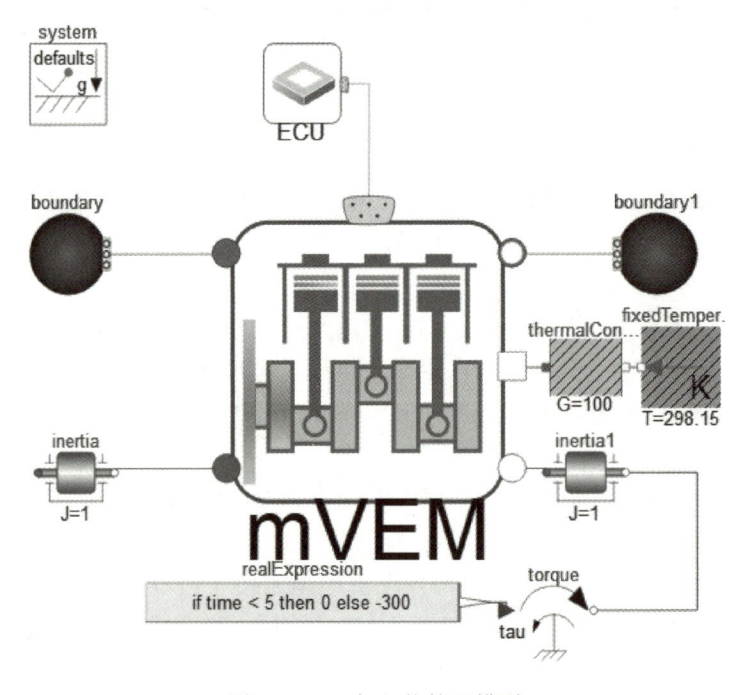

图 8-1-17 加入热管理模型

3. 参数设置

发动机模型库应用案例需要对以下模型进行参数设置。

进气系统（boundary）：需要设置进气介质，目前发动机介质采用大气系统，因此可以直接选择空气介质，1 个大气压。一般为标准默认温度，可以根据需要修改温度。进气系统参数如图 8-1-18 所示。

参数			
Medium	Air: Detailed dry air model as ideal gas (200..6000 K)		Medium model within the source
nPorts	1		Number of ports
▼ Boundary pressure ...			
use_p	true		select p or d
p	1	bar	Boundary pressure
d	...ium.density_phX(Medium.p_default, Medium.h_default, Medium.X_default))	g/cm3	Boundary density
▼ Boundary temperat...			
use_T	true		select T or h
T	26.85	degC	Boundary temperature
h	Medium.h_default	J/kg	Boundary specific enthalpy
▼ Only for multi-subst...			
X	Medium.X_default	kg/kg	Boundary mass fractions m_i/m
▼ Only for trace-subst...			
C	Medium.C_default		Boundary trace substances

图 8-1-18　进气系统参数

排气系统（boundary1）：与进气系统一样，排气系统也需要设置排气介质和排气温度/压强等，可保持与进气系统一致，如图 8-1-19 所示。

参数			
Medium	Air: Detailed dry air model as ideal gas (200..6000 K)		Medium model within the source
nPorts	1		Number of ports
▼ Boundary pressure ...			
use_p	true		select p or d
p	1	bar	Boundary pressure
d	...ium.density_phX(Medium.p_default, Medium.h_default, Medium.X_default))	g/cm3	Boundary density
▼ Boundary temperat...			
use_T	true		select T or h
T	Medium.T_default	K	Boundary temperature
h	Medium.h_default	J/kg	Boundary specific enthalpy
▼ Only for multi-subst...			
X	Medium.X_default	kg/kg	Boundary mass fractions m_i/m
▼ Only for trace-subst...			
C	Medium.C_default		Boundary trace substances

图 8-1-19　排气系统参数

机械负载：需要设置输入扭矩的大小，可以设置为时变扭矩，前 5s 为 0，后 5s 为 -300 N·m，在 Modelica.Blocks.Sources.RealExpression 中输入 if time <5 then 0 else -300。

热负载：热传导模块需要设置热导系数，可设置为 100W/K；热边界模型可采用固定温度的热边界，固定温度的热边界需要设置温度，可设置 25℃（298.15K）。

发动机模型：发动机模型需要设置基础参数、发动机缸反应参数、进气系统、排气系统和供油系统。

基础参数需要设置发动机内流动的介质、发动机缸数、发动机起始转速、气体常数等，如图 8-1-20 所示。

组件参数			
基础参数	发动机缸反应参数	进气系统	排气系统 供油系统
参数			
Medium	...eal gas (200..6000 K)		介质
n_cylinder	4		发动机缸数
w_start	1000	rpm	发动机起始转速
R	287	J/(kg.K)	气体常数
J1	1	kg.m2	连接至附件的转动惯量
J2	1	kg.m2	连接至变速器/离合器的转动惯量
rho	0.77	kg/l	燃油密度
D	0.1	m	发动机缸径
L	0.1	m	发动机活塞冲程

图 8-1-20　基础参数

发动机缸反应参数：需要设计缸内反应相关表格，用于计算发动机输出扭矩以及一定转速下发动机的流量等，还需要设置计算流量公式常数项，如图 8-1-21 所示。

组件参数			
基础参数	发动机缸反应参数	进气系统	排气系统 供油系统
缸内反应相关表格			
useBMEP	true		true: 使用BMEP压力计算，false: 使用IMEP计算
bmep_table	...224487.865, 1965995.378]		BMEP表，输入转速和压强
imep_table	...224487.865, 1965995.378]		IMEP表，输入转速和压强
afr_table	{{0, 1}, {1, 1}}		空燃比效率表，输入空燃比
IgnAngle_table	...974; 5.9, 0.98; 9.78, 0.9567]		点火角效率表，输入点火角
Tout_table	...137.301231, 1150.766128}}		温度表，输入转速和压强
afrFactor_table	{{0, 1, 0}, {1, 1, 0}}		空燃比对温度的影响系数，输入空燃比
计算流量公式常数项			
siyiConstant	true		si, yi 使用常数，否则通过查表（输入转速RPM）
si0	0.9		
yi0	-0.07		
si_table	{{0.0, 0}, {1, 0}}		Table matrix (grid = first column; e.g., table=[0, 0; 1, 1; 2, 4])
yi_table	{{0.0, 0}, {1, 0}}		

图 8-1-21　发动机缸反应参数

进气系统由过滤器、节气门、进气歧管和进气门组成，由于是发动机均值模型，因此不对进气门进行控制，参数设置如图 8-1-22 所示。

过滤器需要设置过滤阀半径/面积和长度等。

节气门需要设置几何信息（长度、面积）和节气门最大开度（最大值对应 1）以及不同角度对应的节气门开度等。

进气歧管需要设置几何信息（长度和面积）。

排气系统由排气门、排气歧管和排气管组成，参数设置如图 8-1-23 所示。

进气系统参数设置

组件参数			
基础参数 发动机缸反应参数 **进气系统** 排气系统 供油系统			
▼ 过滤器参数			
R_pipe_filter	0.075 / 2		过滤阀半径
flowArea_filter	0.01 * 0.01 * pi	m2	过滤器流通面积
length_filter	0.1	m	过滤器流通长度
gamma_filter	1.33		比热容比，默认值为空气比热容
CdFwd_filter	0.8		正向流量系数
CdRev_filter	0.8		反向流量系数
▼ 节气门参数			
useRadius	false		true：使用流通半径计算面积
R_pipe_throttle	0.048		管道半径
n_pipe_throttle	1		管道数量
A0	0.0018	m2	
k_throttle	pi / 2	rad	节气门最大开度
gamma_throttle	1.33		比热容比，默认值为空气比热容
throttleTable	...5, 0.85}, {90, 0.883, 0.883}}		节气门开度表,输入百分比，输出rad
T1_throttle	30	degC	节气门入口温度
T2_throttle	30	degC	节气门出口温度
▼ 进气歧管参数			
length_manifold	2	m	长度
flowArea_manifold	0.025 * 0.025 * pi	m2	面积

图 8-1-22　进气系统参数设置

组件参数			
基础参数 发动机缸参数 进气系统 **排气系统** 供油系统			
▼ 排气门			
R_pipe_exhaust	0.01		管道半径
n_pipe_exhaust	1		管道数量
gamma_exhaust	1.33		比热容比，默认值为空气比热容
CdFwd_exhaust	0.8		排气门正向流量系数
CdRev_exhaust	CdFwd_exhaust		排气门反向流量系数
T1_exhaust	59.85	degC	排气门入口温度
T2_exhaust	59.85	degC	排气门出口温度
▼ 排气歧管			
flowArea	0.25 * 0.25 * pi	m2	排气歧管流通面积
length	1	m	排气歧管长度
▼ 排气管			
R_pipe_2nd	0.01		排气管管道半径
n_pipe_2nd	1		排气管管道数量
gamma_2nd	1.33		比热容比，默认值为空气比热容
CdFwd_2nd	0.8		正向流量系数
CdRev_2nd	CdFwd_2nd		反向流量系数
T1_2nd	59.85	degC	入口温度
T2_2nd	59.85	degC	出口温度

图 8-1-23　排气系统参数设置

供油系统由燃油泵、油轨、喷油器、压力控制阀和油箱组成。燃油泵的流量可通过其机械结构参数计算，也可通过查表获取。油轨需要设置油轨体积、初始压力和最大压力等。压力控制阀根据油轨压力进行控制，当压力过大时，需进行泄压。喷油器参数通过查表获取。油箱需要设置最大容积和起始体积。供油系统参数设置如图 8-1-24 所示。

组件参数			
基础参数　发动机缸参数　进气系统　排气系统　**供油系统**			
▼ 燃油泵参数			
useTable	true		true: 使用查表获取燃油泵流量，false: 根据机械结构计算流量
n_Piston	1		柱塞个数
PistonArea	1e-3	m2	柱塞面积
PistonTravel	1e-2	m	柱塞行程
FuelFlowEff	{{0, 1}, {1, 1}}		燃油流量效率，输入油泵电流
MapFuelFlow	...}, {1, 0.038, 0.038}		根据油泵电流（第一列）和泵轮转速（第一行）查找燃油体积流量
RailPrsEff	{{0, 1}, {1, 1}}		油轨压力影响的效率
SpdRatio	0.5		油泵传动比
▼ 油轨参数			
V_Rail	0.01	m3	油轨体积
p0	1	bar	油轨初始压力
pmax	5	bar	油轨最大压力
BulkModulus	...}, {1, 1400000000}		基于油轨压力查找弹性模量
▼ 喷油器参数			
T0	1e-4	s	喷油器打开时间
FuelInjMap	{{0, 0.008}, {1, 0.008}}		喷油器流量[kg]，第一列为喷油脉宽，第一行为轨压
▼ 压力控制阀参数			
FuelFlowTable	{{0, 0.005}, {1, 0.005}}		液力控制阀卸油表，输入控制电流和轨压
▼ 油箱参数			
Vmax	50	l	油箱最大容积
Vstart	50	l	油箱起始体积

图 8-1-24　供油系统参数设置

4. 仿真结果

完成上述设置后，即可仿真运行，在 MVEM.controlBus.engineBus 下可以查看具体的仿真结果，如图 8-1-25～图 8-1-28 所示。

▼ controlBus		
▷ ctrlBus		控制信号总线
▼ engineBus		发动机相关总线
☐ w_eng	rad/s	发动机转速rad/s
☐ p_Rail	bar	油轨压强
☐ p_intake	bar	进气歧管压强
☐ InjMassRate	kg/s	单位时间内喷油器喷油量
☐ InjMass_total	kg/s	总喷油量
☐ InjMass_single	kg/s	单缸喷油量
☐ InjAir_single	kg/s	单缸进气量
☐ PumpFuel	kg/s	油泵喷油量
☐ valveFuel	kg/s	压力控制阀卸油量
☐ T_intake	degC	进气歧管气体温度
☐ T_out	degC	排气温度
☐ level	1	油箱剩余量
☐ valveOn		压力控制阀开启

图 8-1-25　查看仿真结果 1

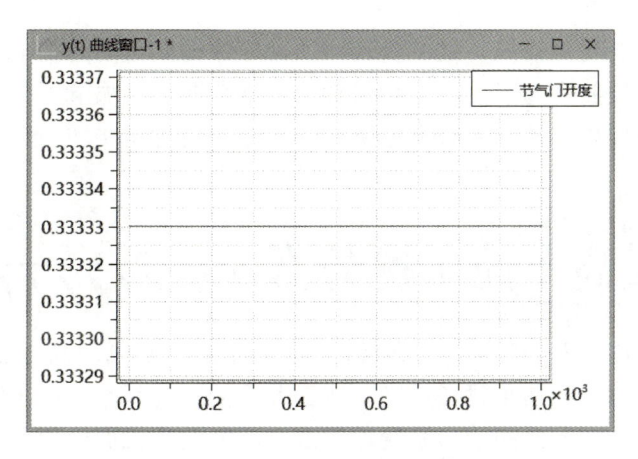

图 8-1-26　查看仿真结果 2

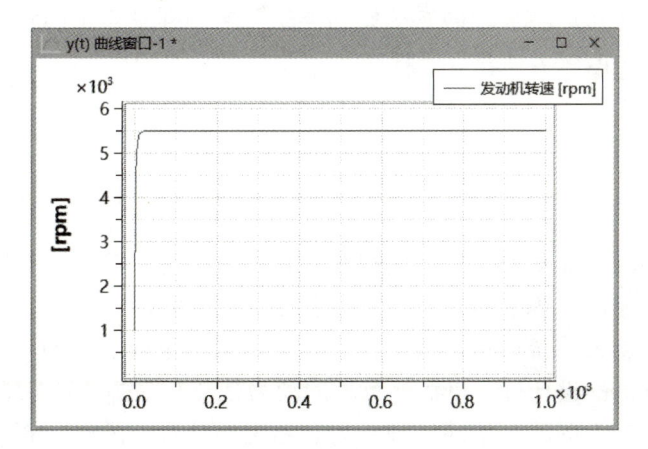

图 8-1-27　查看仿真结果 3

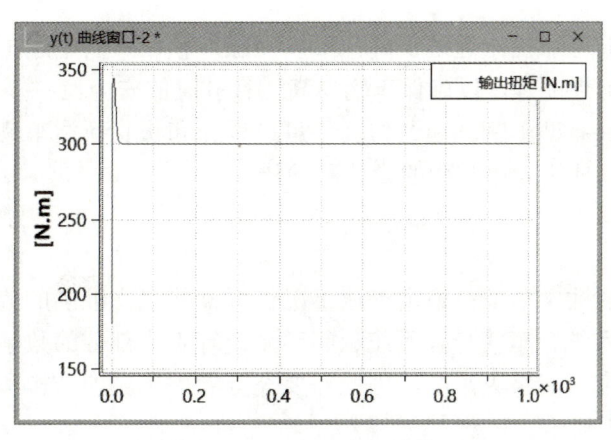

图 8-1-28　查看仿真结果 4

由以上仿真结果可得，发动机在该工况下的节气门开度为 0.33333，发动机转速约为 5.5×10^3r/min，输出扭矩为 300N·m。在试验中可以改变负载、温度、速度等工作条件，观察上述仿真结果的变化情况。机械负载增加会导致需要更多的功率来克服负载，因此需要更大的气缸进气量。为了满足这种需求，通常会通过增加节气门的开度来提高气缸进气量。发动机需要更多的功率来维持所需的转速，同时需要增加燃油供应量来满足增加的功率需求。

实例2　最高车速工况仿真

本实例旨在通过仿真，全面评估和优化车辆的性能，包括最高车速、动力系统设计、路况适应性和可靠性。评估车辆在最高车速工况下的行驶状态，以了解其最大速度和相关性能指标；通过测试不同的动力系统设计方案，如发动机调校和变速器配置，优化车辆的动力性能和最高车速；预测车辆在各种不同路况下的行驶行为和适应性，特别是悬挂系统和制动系统在不同条件下的表现；验证车辆在高速行驶下的稳定性和制动性能，确保其在极端工况下的安全性和可靠性。

任务描述

1. 任务目的

（1）评估车辆的最高车速：通过模拟车辆在最高车速工况下的行驶状态，可以评估车辆的最高车速性能，了解车辆在不同工况下的最大速度。

（2）优化车辆动力系统设计：通过仿真，可以测试不同的车辆动力系统设计，如发动机的调校、变速器的设计等，以优化车辆的动力性能和最高车速性能。

（3）预测车辆在不同路况下的行驶行为和路况适应性：通过仿真，可以预测车辆在不同路况下的行驶行为和路况适应性，如在不同的路况下，车辆的悬挂系统、制动系统等组件的表现。

（4）验证车辆的可靠性：通过仿真，可以验证车辆在最高车速工况下的可靠性，如车辆的稳定性、制动性能等，以确保车辆在高速行驶时的安全性。

（5）设计和仿真新型车辆：通过仿真，可以设计和仿真新型车辆，评估其动力性能和最高车速性能，以便进行更准确的设计和优化。

2. 主要任务

（1）建立准确的数学模型：最高车速工况仿真需要建立准确的数学模型，包括发动机、变速器、传动系统、车辆悬挂系统、制动系统等组成部分的数学模型。模型的准确性对仿真结果的精度有着很大影响，因此需要充分考虑车辆的结构和工作原理，并综合考虑一些未知因素的影响。

（2）确定仿真的工作条件：仿真需要根据实际情况确定车辆的工作条件，如车速、负载、路况、环境温度等。这些条件会影响仿真结果，因此需要根据实际情况进行合理的设定。

（3）编写准确的仿真程序：仿真程序需要准确地模拟车辆的行驶过程，并考虑各种因素的影响。程序的准确性对仿真结果的精度有着很大的影响,因此需要进行严格的测试和验证。

(4)收集和分析试验数据:在仿真过程中,需要记录并收集各种数据,如车速、加速度、油耗等。将这些数据进行分析,可以评估车辆的最高车速性能和燃油经济性,并确定优化措施。

(5)验证仿真结果的准确性:仿真的结果需要与实际测试数据进行比较,以验证其准确性。尤其是在进行新型车辆设计时,需要进行实际测试,以验证仿真结果的准确性。

任务实施

1. 系统模型原理

(1)VehicleBody——车身质量。
模型路径:VehicleBody.Template.VehicleBody。
功能描述:表示车辆质量及其位移、速度、加速度信号。
模型原理:用具有初始速度的质量块基础模型来表达车辆的质量、位移、速度、加速度。

(2)DrivingResFuncBlock——行驶阻力计算模型。
模型路径:TAEconomy.VehicleBody.DrivingResistance.DrivingResFuncBlock。
功能描述:根据气动参数计算车辆在不同车速下的行驶阻力。
模型原理:车辆在不同的车速下有不同的气动参数,根据气动参数公式可以计算出车辆在不同车速下的行驶阻力。

f 是车辆行驶阻力,F_0、F_1、F_2 为气动参数,v_0 为相对速度,v 是车辆行驶速度,$d_0 = F_0 / v_0$。

当 $v > v_0$ 时,为 F_0;

当 $v < -v_0$ 时,为 $-F_0$;

当 $v_0 < v < -v_0$ 时,为 $d_0 v$。

最终通过 $f = -(F_0 + F_1 v + F_2 v \text{abs}(v))$ 计算行驶阻力 f。

(3)Vehicle——车身模型。
模型路径:TAEconomy.VehicleBody.BodyModel.Vehicle。
功能描述:车身模型集成了车身质量模型和行驶阻力计算模型,能表达车辆的行驶状态。
模型原理:车身模型由车身质量模型和行驶阻力计算模型组成,阻力计算包括车辆空气阻力、坡道阻力和滚动阻力。车身质量模型可通过修改车辆质量、阻力参数向总线输入车辆的运动特征(车速、行程路程、行程位移和加速度)。

(4)DCT——DCT变速器模型。
模型路径:TAEconomy.GearBox.GearModel.DCT。
功能描述:DCT变速器为双离合变速器,主要是基于传统的手动变速器,由双离合器、三轴式齿轮变速器、自动换挡机构和电控液压系统组成。DCT变速器模型能实现8

速双离合变速箱的模拟与仿真。

模型原理：DCT 变速器模型由 2 个 DCT 离合器模型、10 组齿轮副模型、4 组同步器模型、扭矩损失恒定模型组成。

车辆总线输出 2 个离合器的控制信号，控制离合器的开闭。

车辆总线输出同步器控制信号，从而控制同步器的运动，与不同的齿轮副模型啮合，实现转角和转矩的传递。

10 组齿轮副模型在啮合后实现 7 个前进挡、1 个倒挡和 2 个主减速器动力传递。

DCT 变速器模型输出当前传动比信号、离合器锁止信号和换挡信号至车辆总线中，实现在 DCT 变速箱的闭环控制。

（5）EnginePetrol——汽油发动机模型。

模型路径：TAEconomy.Engine.EngineModel.EnginePetrol。

功能描述：汽油发动机模型是基于查表的计算模型，由扭矩计算模块和油耗计算模块组成。扭矩计算模块通过发动机总线传来的信号和查表输出扭矩，传递至变速系统；油耗计算模块通过发动机总线传来的信号和查表输出油耗信息，实现发动机油耗的仿真。

模型原理：汽油发动机模型由扭矩计算模块和油耗计算模块组成。

扭矩计算模块：包括启动扭矩和工作扭矩。

发动机启动扭矩由总线中的发动机启动信号控制，通过扭矩源模型模拟在发动机启动时产生一个力矩，实现发动机启动工况的仿真；

工作扭矩由总线中节气门信号控制，将节气门信号输入至基于数据表的发动机外特性模型，基于数据表的发动机外特性模型输出扭矩值，并输入至扭矩源模型，实现发动机工作工况的仿真。

（6）Brake——制动模型。

模型路径：TAEconomy.Brake.BrakeModel.Brake。

功能描述：用于在车辆行驶过程中，对车轮输入反向力矩，降低轮速，实现车辆减速的目的。

模型原理：制动模型由制动扭矩 core 部分和转动惯量模型组成，通过总线中的 brakeTorque 信号对制动扭矩 core 部分进行控制，实现制动系统的模拟仿真。

（7）Wheel——轮胎模型。

模型路径：TAEconomy.Wheel.WheelModel.Wheel。

功能描述：轮胎模型能连接路面与车身，表示车轮的滚动信息；通过与车身相连传递驱动力、纵向力；通过与刹车模型相连传递制动力，表示轮胎的运动特性；通过与轮胎总线和车辆控制总线相连，实现轮胎的控制与信号的交换。

模型原理：轮胎模型集成线性刚度模型，根据轮胎的位置选择连接相应轮胎总线。

2. 系统仿真模型

（1）打开最高车速工况（TAEconomy.Examples.DCT_MaxVelocity）模型，初始界面如图 8-2-1 所示。

注：将挡位默认值 false 改为 true。

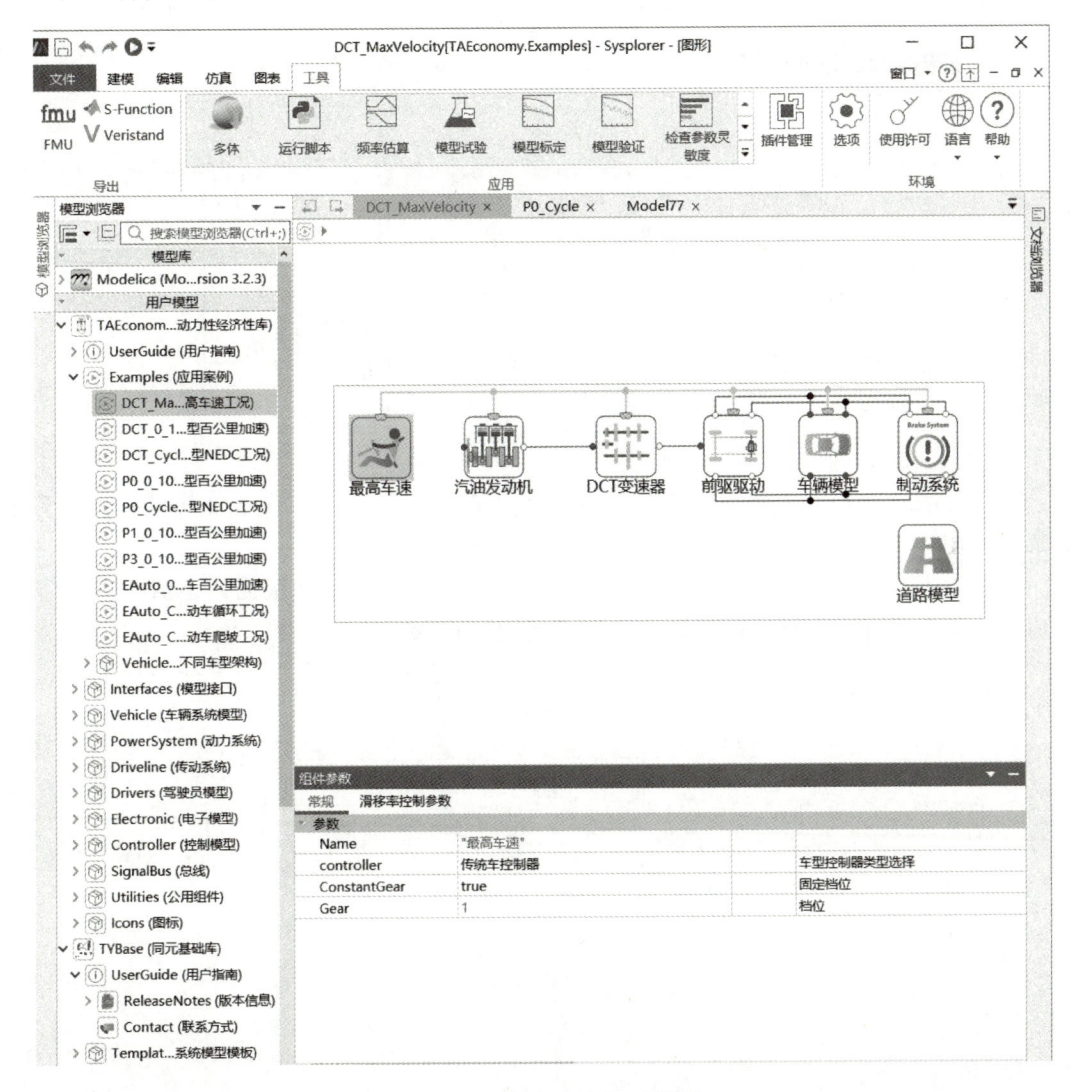

图 8-2-1　最高车速工况模型

（2）单击"工具"→"模型试验"，软件将对当前模型进行翻译，翻译完成后弹出模型试验窗口，此时可在该窗口中进行各项参数分析，最高转速工况参数分析的目的是考察驾驶员模型—挡位 1、2、3、4 和对输出变量车速（vehicleVelocity）的影响。

3. 参数设置

（1）添加输入和输出集。

在参数面板的快捷菜单中，选择"编辑"，弹出"参数"对话框，单击"+"按钮，弹出"选择参数"对话框，如图 8-2-2 所示，通过勾选的方式选择变量，变量来自源实例。注：本实例选择挡位 1、2、3、4 为输入变量，车速（vehicleVelocity）为输出变量。

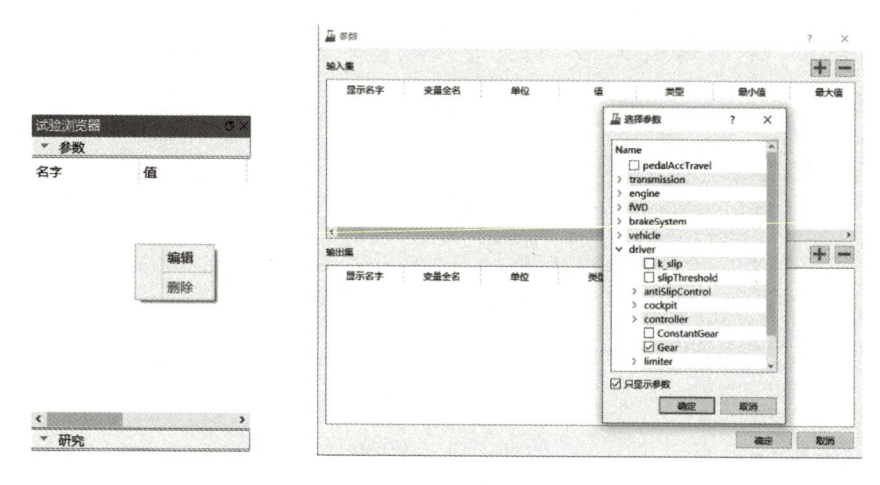

图 8-2-2　选择参数

（2）对输入集和输出集参数进行修改和定义。显示名字：可设置变量的全名，支持中文。

最小值/最大值：可设置输入变量的最小值和最大值，会自动根据最小值和最大值生成初值，单击"确定"按钮，参数面板显示选定的输入，如图 8-2-3 所示。

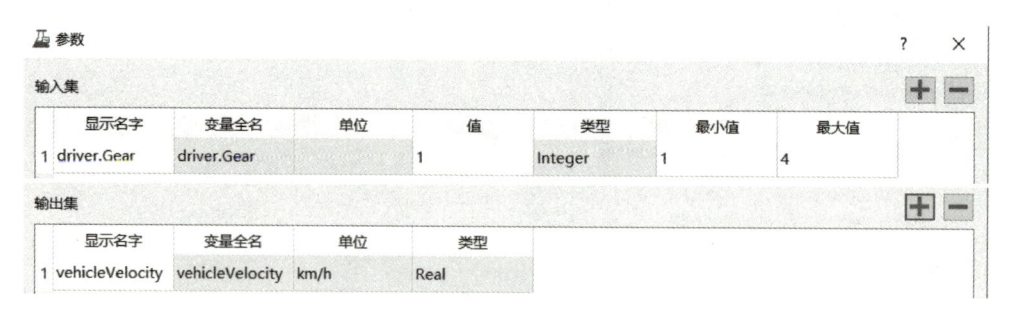

图 8-2-3　输入和输出变量

4. 仿真结果

（1）在研究面板空白处右击，在弹出的快捷菜单中选择"新建批量仿真"命令，也可以单击界面上方的"新建"→"新建批量仿真"按钮，在弹出的对话框中输入试验节点名称，本实例中设置为"批量仿真"，单击"确定"按钮后，在研究面板中生成名为"批量仿真"的试验节点。

（2）在研究面板中，右击"批量仿真"试验节点，在弹出的快捷菜单中选择"编辑"命令，弹出"批量仿真"对话框，进行批量仿真和仿真选项设置。

注：输入集有两种定义方式，User data sets 和 Varying between 2 limits，设置输入集后，可以单击显示设计矩阵，查看具体设计矩阵。

（3）选择 User data sets 定义方式，每个 set 对应一次仿真，单击 ➕ 和 ➖ 按钮可以添加和删除 set，本实例中设置了 4 个 set，并且勾选输入集/输出集的全部变量，如图 8-2-4 所示。

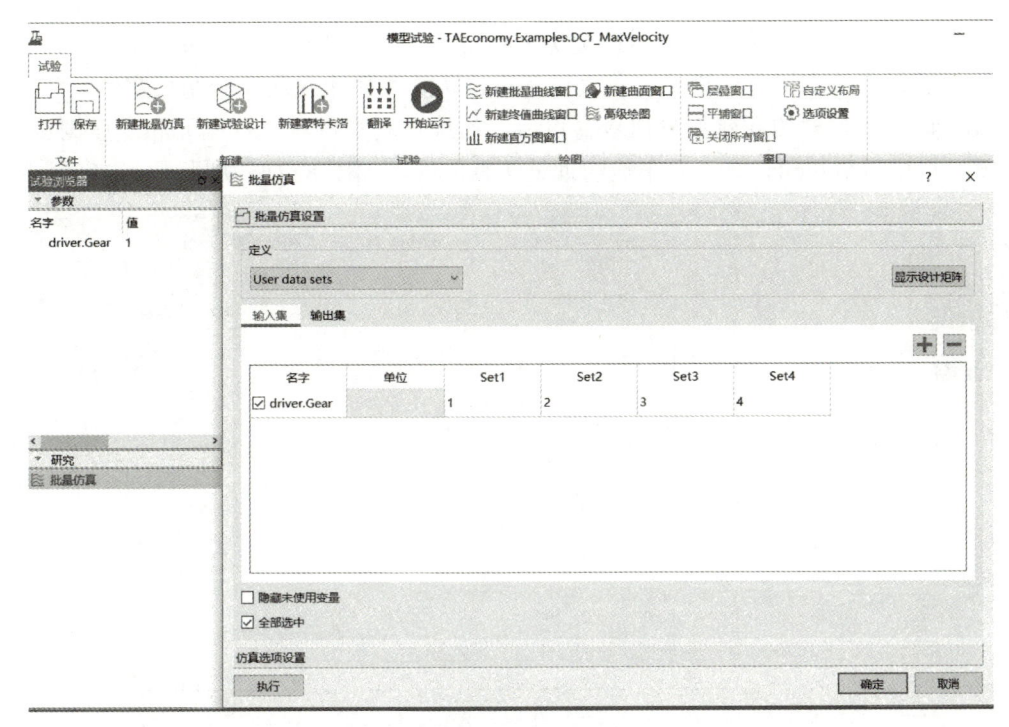

图 8-2-4 创建 set

（4）单击仿真选项设置，默认仿真设置来自源实例。本实例中修改仿真区间开始时间为 0，终止时间为 30，如图 8-2-5 所示。

图 8-2-5 仿真区间设置

(5)单击"执行"按钮,根据批量仿真和仿真选项设置,进行批量仿真,变量浏览器面板显示每次仿真运行的进度,仿真结束后,仿真实例集生成 4 个结果实例。

(6)单击工具栏的新建批量曲线窗口后,勾选仿真实例集(1~4)和变量浏览器中的车速(vehicleVelocity),查看车速的批量仿真曲线,如图 8-2-6 所示。

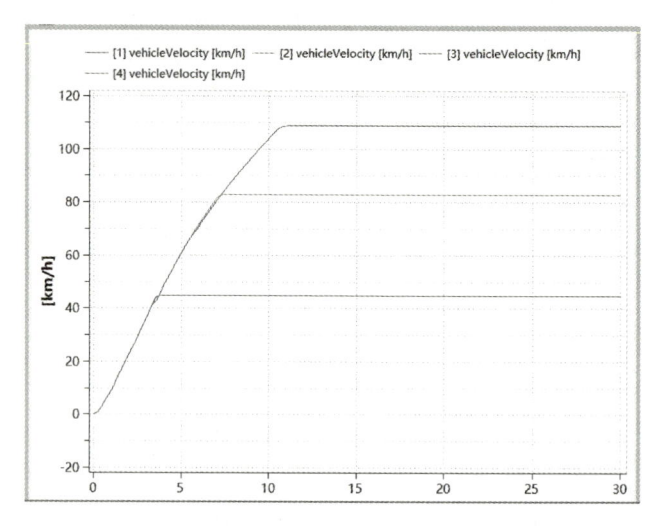

程序

图 8-2-6 车速的批量仿真曲线

该仿真结果说明:随着挡位的变化,最高车速也会发生变化,挡位越高,最高车速越大。

实例 3 燃油泵喷油系统仿真

本实例旨在通过一系列仿真测试,全面评估和优化喷油系统的性能和可靠性。具体来说,将重点关注喷油系统的各项关键指标,包括喷油量的精度、燃油泵的压力和流量等。通过模拟不同工况下的喷油系统运行状态,旨在提高喷油系统的性能、精度和可靠性。

任务描述

1. 任务目的

(1)评估喷油系统的性能和可靠性:通过模拟喷油系统在不同工况下的运行状态,可以评估喷油系统的性能和可靠性,如喷油量的精度、燃油泵的压力和流量等。

(2)优化喷油系统的控制策略:通过仿真,可以测试不同的喷油控制策略,如喷油时间、喷油量等,以优化喷油系统的控制策略,提高其性能和可靠性。

(3)预测喷油系统在不同工作条件下的行为:通过仿真,可以预测喷油系统在不同负载、温度、速度等工作条件下的行为,以便进行更准确的设计和优化。

（4）预测喷油系统的寿命：通过仿真，可以预测喷油系统的寿命，并确定维护和更换部件的最佳时机，以提高喷油系统的可靠性和使用寿命。

2. 主要任务

（1）建立准确的数学模型：燃油泵喷油系统仿真需要建立准确的数学模型，包括燃油泵、喷油器、油管等组成部分的数学模型。模型的准确性对仿真结果的精度有着很大影响，因此需要充分考虑燃油泵喷油系统的结构和工作原理，并综合考虑一些未知因素的影响。

（2）确定仿真的工作条件：仿真需要根据实际情况确定燃油泵喷油系统的工作条件，如燃油供应压力、燃油温度、喷油器喷油量等。这些条件会影响仿真结果，因此需要根据实际情况进行合理的设定。

（3）编写准确的仿真程序：仿真程序需要准确地模拟燃油泵喷油系统的运行过程，并考虑各种因素的影响。程序的准确性对仿真结果的精度有着很大的影响，因此需要进行严格的测试和验证。

（4）收集和分析试验数据：在仿真过程中，需要记录并收集各种数据，如燃油压力、流量、喷油量等。将这些数据进行分析，可以评估燃油泵喷油系统的性能和可靠性，并确定优化措施。

（5）验证仿真结果的准确性：仿真的结果需要与实际测试数据进行比较，以验证其准确性。尤其是在进行新型燃油泵喷油系统设计时，需要进行实际测试，以验证仿真结果的准确性。

任务实施

1. 系统模型原理

燃油泵组件是为燃油调节器提供具有一定流量和压力的油源，起供油和增压的作用。组件模型原理如下

（1）FuelPump——燃油泵。

模型路径：TAElectronic.FuelPump.FuelPump。

功能描述：在不同的发动机转速中模拟出燃油泵系统的电流、功率和能耗。

模型原理：模型从车辆总线 FuelPumpBus 中获得车辆发动机转速信号，根据发动机转速，用查表的形式实现在不同的发动机转速下燃油泵的输出电流，根据下式进行燃油泵系统的电流、功率和能耗的模拟计算。

$$p_{\text{pump}} = v i_{\text{pump}}$$

式中，i_{pump} 为燃油泵输出电流；p_{pump} 为燃油泵功率；v 为发动机转速。

（2）Injection——喷油嘴模型。

模型路径：TAElectronic.InjectionSystem.Injection。

功能描述：在不同的发动机转速中模拟出喷油系统的电流、功率和能耗，实现对喷油嘴能耗的仿真。

模型原理：模型从车辆总线 InjectionBus 中获得车辆发动机转速信号，根据发动机转速，用查表的形式实现在不同的发动机转速下喷油系统的输出电流，根据下式进行喷油系统的电流、功率和能耗的模拟计算。

$$p_{injection} = vi_{injection}$$

式中，$i_{injection}$ 为喷油嘴电流；$p_{injection}$ 为喷油嘴功率；v 为发动机转速。

2. 系统仿真模型

若需要构建新的燃油泵测试模型，则可以在新建模型后，通过拖动建模方式来建立模型。

（1）从模型树中拖动燃油泵模型/喷油嘴模型（TAElectronic.FuelPump）/(TAElectronic.InjectionSystem.Injection）至新建模型中。

（2）从 Modelica 标准库中拖动恒电压源组模型（Modelica.Electrical.Analog.Sources.ConstantVoltage）至测试模型中。

（3）从 Modelica 标准库中拖动接地模型（Modelica.Electrical.Analog.Basic.Ground）至测试模型中。

（4）从 Modelica 标准库中拖动实型信号源模型（Modelica.Blocks.Sources.RealExpression）作为转速模型信号的输入至测试模型中。

（5）从 TongYuan.SignalBus.Interface.Internal.EEBus 中拖出电子电器总线接口，在连接时选择所需控制的信号。

（6）将实型信号模型的输出端口和燃油泵模型/喷油嘴模型 RealInput 发动机转速（n_engine）连接，将恒电压源模型的正、负极接口与燃油泵模型/喷油嘴模型正、负极连接，将接地模型与恒电压源模型负极连接，如图 8-3-1 所示。

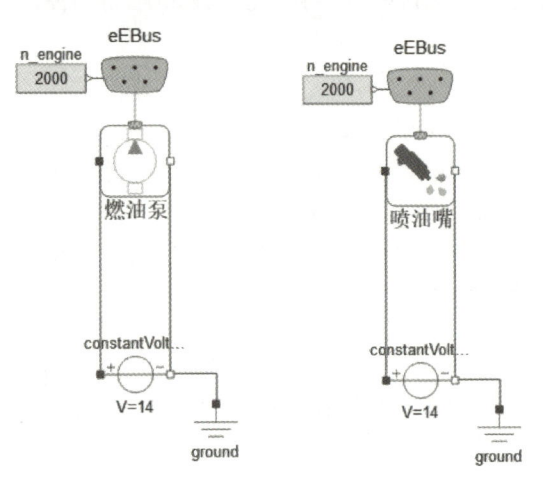

图 8-3-1　燃油泵模型/喷油嘴模型测试模型

3. 参数设置

在燃油泵模型/喷油嘴模型底部组件参数 table 中设置发动机转速和输出电流之间的关系，如图 8-3-2 所示。

组件参数		
常规		
参数		
i	i(y = i_injection)	发动机转速/输出电流表
table	...0}, {800, 5}, {2000, 6}, {3000, 7}, {4500, 8})	输入:发动机转速 输出:输出电流

图 8-3-2　组件参数

在恒压源模型组件参数 V 中设置输入电压。

在实型信号模型 y 中输入发动机转速作为控制信号，来控制燃油泵模型/喷油嘴模型的输出电流。

4. 仿真结果

完成上述设置后开始运行，仿真结果可显示各类曲线结果。

设置参数发动机转速（n_engine）为 2000 rad/min，接入 14V 电源，分别模拟仿真出燃油泵模型和喷油嘴模型输出的工作总电流，如图 8-3-3 和图 8-3-4 所示。

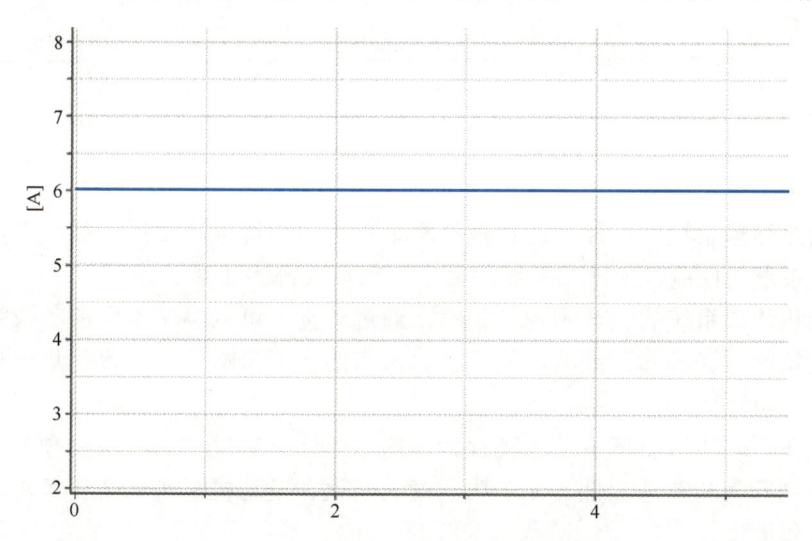

图 8-3-3　燃油泵模型输出的工作总电流

程序

通过改变发动机转速，观察仿真结果的变化，可以得出：发动机转速的增加，通常会导致燃油需求增加，因为高转速时需要更多的燃油来维持燃烧过程。为了满足这种需求，喷油泵需要提供更多的燃油，因此输出电流会增加。

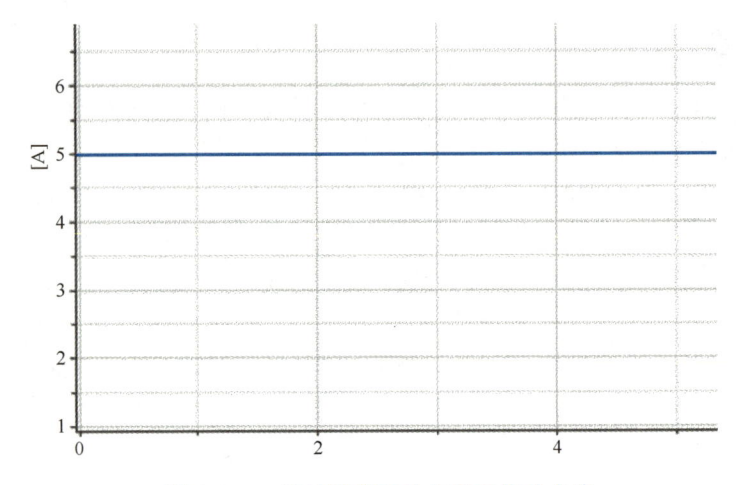

图 8-3-4 喷油嘴模型输出的工作总电流

实例 4　集成热管理仿真模型

本实例旨在通过一系列仿真测试，全面评估和优化集成热管理系统的性能和可靠性。具体来说，重点关注集成热管理系统的关键指标，包括冷却系统的效率、制热系统的效率等。通过模拟车辆在不同环境温度和行驶工况下的状态，分析集成热管理系统在热量调节方面的表现，例如，散热器、风扇、冷凝器等冷却系统的散热效率，以及加热器等制热系统的供热效率。

任务描述

1. 任务目的

（1）评估集成热管理系统的性能：通过模拟整车在不同环境温度下的行驶状态，可以评估集成热管理系统的性能，如冷却系统的效率、制热系统的效率等。

（2）优化集成热管理系统的设计和控制策略：通过仿真，可以测试不同的集成热管理系统设计和控制策略，如冷却系统的结构设计、风扇的控制策略等，以优化集成热管理系统的性能和燃油经济性。

（3）预测集成在不同环境温度下的行驶行为和热适应性：通过仿真，可以预测在不同环境温度下的行驶行为和热适应性，如车内温度的变化、发动机温度的变化等，以便进行更准确的设计和优化。

（4）预测集成热管理系统的寿命：通过仿真，可以预测集成热管理系统的寿命，并确定维护和更换部件的最佳时机，以提高集成热管理系统的可靠性和使用寿命。

2. 主要任务

（1）建立准确的数学模型：集成热管理仿真模型测试需要建立准确的模型，包括发动机、冷却系统、制热系统、空调系统等。模型的准确性对仿真结果的精度有着很大影响，因此需要充分考虑集成热管理系统的结构和工作原理，并综合考虑一些未知因素的影响。

（2）确定仿真的工作条件：仿真需要根据实际情况确定集成的工作条件，如环境温度、车速、车载负荷等。这些条件会影响仿真结果，因此需要根据实际情况进行合理的设定。

（3）编写准确的仿真程序：仿真程序需要准确地模拟集成热管理系统的运行过程，并考虑各种因素的影响。程序的准确性对仿真结果的精度有着很大的影响，因此需要进行严格的测试和验证。

（4）收集和分析试验数据：在仿真过程中，需要记录并收集各种数据，如发动机温度、冷却系统的效率、制热系统的效率、车内温度等。分析这些数据，可以评估集成热管理系统的性能和可靠性，并确定优化措施。

（5）验证仿真结果的准确性：仿真的结果需要与实际测试数据进行比较，以验证其准确性。尤其是在进行新型集成热管理系统设计时，需要进行实际测试，以验证仿真结果的准确性。

任务实施

1. 系统模型原理

（1）Volume2PortDS_ph——离散控制体模型。

模型路径：TongYuan.Thermal.FluidHeatFlow.ControlVolumes.CVBasic.Volume2PortDS_ph。

功能描述：通过控制体与有限体积法实现管路或其他带有容积的流体模型的质量能量平衡。对于两相流，需要考虑气液共存状态的两相饱和热力学状态。针对各种管道，模型提供基础平衡方程。

模型原理：对于单个控制体节点内部，需对单节点列出质量平衡和能量平衡方程，依据不同的状态计算方式，有不同的平衡方程处理方法。压降计算使用独立的压降计算模型 FrictionLoss，通过重声明可替换不同类型的压降模型计算方法。动量平衡方程如下：

$$0 = (p[i] - p[i+1]) + \mathrm{d}p_{\mathrm{accel}}[i] - p_{\mathrm{loss}}[i] - \rho[i] \cdot L[i] \cdot \sin\alpha \cdot g_n$$

式中，$p[i]$ 代表本地控制体压力，$\mathrm{d}p_{\mathrm{accel}}$ 代表因加速度带来的压力变化，p_{loss} 代表摩擦带来的压力变化，$\rho[i] \cdot L[i] \cdot \sin\alpha \cdot g_n$ 为管道高度引起的压力变化。

接口平衡方程：

对于包含有数个控制体离散模型的两接口组件（管路、流阻、阀门等），使用质量能量平衡方程表述一维离散模型中流经各个控制体进出口界面和整体进出口接口的平衡方程。

对控制体 i，可列出接口方程

$$\mathrm{d}M[i] = \dot{m}[i] - \dot{m}[i+1]$$
$$\mathrm{d}U[i] = \dot{e}[i] - \dot{e}[i+1] + Q_s[i] + W_{\mathrm{loss}}[i]$$

其中

$$\begin{cases} \dot{e}[i] = \dot{m}[i] \cdot h[i-1], \dot{m}[i] > 0 \\ \dot{e}[i] = \dot{m}[i] \cdot h[i], \dot{m}[i] \leqslant 0 \end{cases}$$

使用迎风格式。

对于整体组件入口处 a（$i=1$ 为控制体入口）与出口处 b（$i=n+1$ 为控制体出口），有：

$$m[1] = a \cdot m_{\mathrm{flow}}, \dot{e}[1] = a \cdot m_{\mathrm{flow}} \cdot a \cdot h_{\mathrm{inflow}}$$
$$m[n+1] = -b \cdot m_{\mathrm{flow}}, \dot{e}[n+1] = -b \cdot m_{\mathrm{flow}} \cdot h[n]$$

两相状态计算：

控制体中液相与气相组分在一定状态下需要确定其两相饱和组分性质，如液相饱和密度 d_{liq}、气相饱和密度 d_{vap}、液相饱和比焓 h_{liq}、气相饱和比焓 h_{vap}、定压比热容 c_{p}、定容比热容 c_{v}，根据当前压力状态计算该压力下的气相饱和温度 $T_{\mathrm{dew,sat}}$、液相饱和温度 $T_{\mathrm{bubble,sat}}$。

饱和气态和液态的对应热力学状态可以通过上述两相饱和状态组元计算获得：

$$\mathrm{liq} = \mathrm{state}_{\mathrm{ph}}(p, h_{\mathrm{liq}}) \quad 或 \quad \mathrm{liq} = \mathrm{state}_{\mathrm{dT}}(d_{\mathrm{liq}}, T_{\mathrm{bubble,sat}})$$
$$\mathrm{vap} = \mathrm{state}_{\mathrm{ph}}(p, h_{\mathrm{vap}}) \quad\quad \mathrm{vap} = \mathrm{state}_{\mathrm{dT}}(d_{\mathrm{vap}}, T_{\mathrm{dew,sat}})$$

获得的两相状态温度与密度可分别计算饱和两相的热导率：

$$\lambda_{\mathrm{liq}} = \mathrm{thermalConductivity}_{\mathrm{dT}}(d_{\mathrm{liq}}, T_{\mathrm{liq}})$$
$$\lambda_{\mathrm{vap}} = \mathrm{thermalConductivity}_{\mathrm{dT}}(d_{\mathrm{vap}}, T_{\mathrm{vap}})$$

通过线性插值可计算两相过渡区的热导率。

（2）Volume2PortS_ph——集总控制体模型。

模型路径：TongYuan.Thermal.FluidHeatFlow.ControlVolumes.CVBasic.Volume2PortS_ph。

功能描述：通过控制体与有限体积法实现管路或其他带有容积的流体模型的质量能量平衡。对于两相流，需要考虑气液共存状态的两相饱和热力学状态。为体积模型提供基础平衡方程。

模型原理：与离散控制体的主要区别为，集总控制体可看作仅对单一控制体列出各个控制体平衡方程。同时不考虑摩擦压降计算，仅适用于模拟液体容积效应和热体积。

（3）AirHeatTransfer——简单空气换热模型。

模型路径：TongYuan.Thermal.FluidHeatFlow.HeatTransfer.AirHeatTransfer。

功能描述：Davenport 指数化简单空气换热模型。

模型原理：根据几何参数和雷诺数计算换热因子 j 和换热系数 k_{c}。

$$j = 0.249 Re_{\mathrm{Lp}}^{-0.42} L_{\mathrm{h}}^{0.33} H^{0.26} (L_{\mathrm{l}}/H)^{1.1}$$

$$k_c = \frac{F_{user} \cdot j \cdot m_{dot} \cdot cp}{Pr^{\frac{2}{3}} A}$$

（4）Condenser——冷凝器模型。

模型路径：TAThermalSystem.HeatExchangers.Condenser。

功能描述：水平方向冷媒流动管道的换热器模型，用于实现空调回路或冷却回路中的冷凝过程。

模型原理：

冷媒换热模型：单相换热系数 k_c 的计算公式为

$$k_c = N_{u_m} \cdot \lambda / d_{hyd}$$

式中，N_{u_m} 为平均努塞尔数，由雷诺数和管道尺寸插值计算得到；λ 为热导率；d_{hyd} 为水力直径。

通过权重系数 y 将单相换热系数与两相换热系数合并为单一值。

空气换热模型：根据几何参数和雷诺数计算换热因子 j 和换热系数 k_c。

$$j = Re_{Lp} - 0.49 \frac{L_{alpha}}{90} 0.27 \frac{F_p}{L_p} - 0.14 \frac{H}{L_p} - 0.29 \frac{T_d}{L_p} - 0.23 \frac{L_l}{L_p} 0.68 \frac{T_p}{L_p} - 0.28 \frac{F_d}{L_p} - 0.05$$

$$k_c = \frac{F_{user} \cdot j \cdot m_{dot} \cdot cp}{Pr^{\frac{2}{3}} A}$$

冷媒摩擦模型：通过指数公式计算压降或流量。

$$Ploss = dp_0 \times d_0 / d \times (m_{dot} / m_{dot_0})^{ploss_{exp}}$$

$$m_{dot} = m_{dot_0} \times (Ploss / d_{p0})^{1/ploss_{exp}}$$

空气摩擦模型：KimBullard 摩擦系数计算公式如下，适用于铝合金材质翅片型换热器：

$$f = Re_{Lp}^{-0.781} \times (L_{alpha} / 90)^{0.444} \times (F_p / L_p)^{-1.682} \times (H / L_p)^{-1.22} \times (F_d / L_p)^{0.818} \times (L_l / L_p)^{1.97}$$

式中，$Re_{Lp} = v \cdot L_p / \nu$ 为基于翅片间距的雷诺数，v 为流体的速度，ν 为流体的运动黏度，其余为翅片几何参数。

（5）AirSource——空气流量源模型。

模型路径：TAThermalSystem.Sources.AirSource。

功能描述：给定流量和温度输入的空气边界。

模型原理：

通过参数列表或外部通过信号输入流量值与温度值，压力由下游反馈，出口比焓 h_source 由介质 p、T 状态变量查表计算获得。

（6）AirSink——空气出口模型。

模型路径：TAThermalSystem.Sources.AirSink。

功能描述：压力温度出口，反馈上游压力值。

模型原理：给定压力值作为接口边界，温度仅用于计算参考状态以平衡系统方程变量。

2. 系统仿真模型

（1）将集成热管理回路组件 TAThermalSystem.Examples. System.IntegratedCloseCircuit 拖放至图形层，如图 8-4-1 所示。

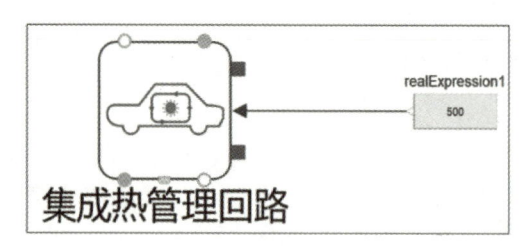

图 8-4-1　集成热管理回路模型

（2）增加两个冷凝器的空气流动边界，如图 8-4-2 所示。上方的空气进出口用于空调冷凝器，下方的空气进出口用于整车冷凝器。

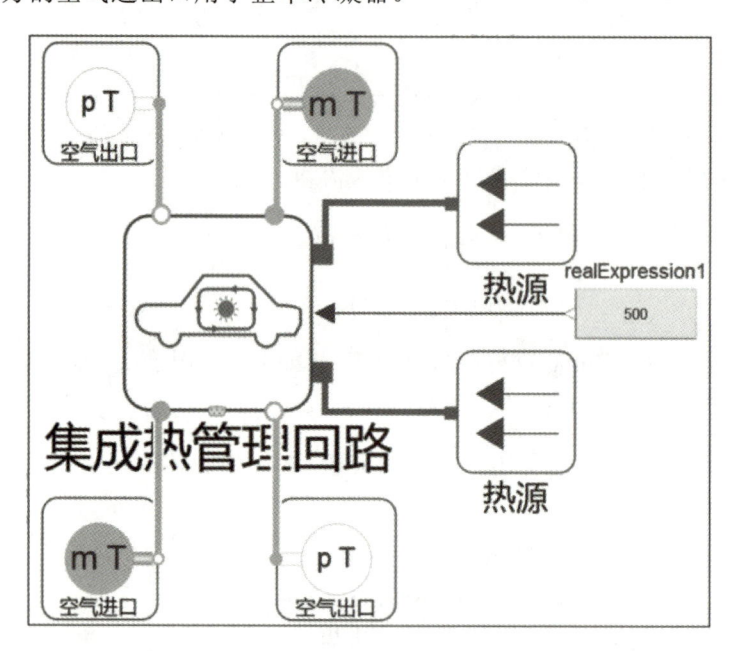

图 8-4-2　集成热管理回路模型边界输入

增加可视化组件后的集成模型，如图 8-4-3 所示。

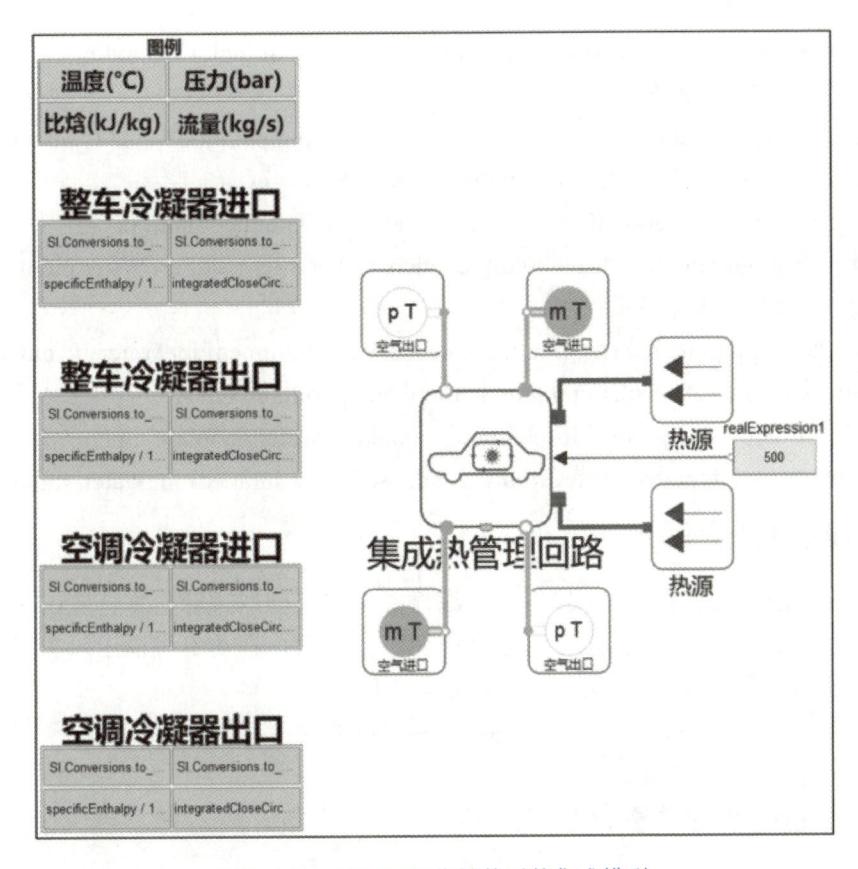

图 8-4-3　增加可视化组件后的集成模型

3. 参数设置

1）空气流量边界参数设置
设置两个空气流量边界的参数：m=0.1kg/s，p=5bar，T=5℃。
设置两个空气压力边界的参数：p=1.01325bar，T=25℃。
2）可视化组件变量关联设置
需设置各个关联待显示变量。
空调冷凝器进口状态显示：
temperature=integratedCloseCircuit.condenser. lumpedPipeR134a.T_in
pressure=integratedCloseCircuit.condenser.pcoolant_in
specificEnthalpy=integratedCloseCircuit.condenser.hcoolant_in
massflowRate=integratedCloseCircuit.condenser. lumpedPipeR134a.mdot
空调冷凝器出口状态显示：
temperature=integratedCloseCircuit.condenser. lumpedPipeR134a.T_out
pressure=integratedCloseCircuit.condenser.pcoolant_out
specificEnthalpy=integratedCloseCircuit.condenser.hcoolant_out

massflowRate=integratedCloseCircuit.condenser.lumpedPipeR134a.mdot

整车冷凝器进口状态显示：

temperature=integratedCloseCircuit.condenserWater.lumpedPipeWater.T_in

pressure=integratedCloseCircuit. condenserWater.pcoolant_in

specificEnthalpy=integratedCloseCircuit. condenserWater.hcoolant_in

massflowRate=integratedCloseCircuit. condenserWater.lumpedPipeWater.mdot

整车冷凝器出口状态显示：

temperature=integratedCloseCircuit. condenserWater. lumpedPipeWater. T_out

pressure=integratedCloseCircuit. condenserWater.pcoolant_out

specificEnthalpy=integratedCloseCircuit. condenserWater.hcoolant_out

massflowRate=integratedCloseCircuit. condenserWater.lumpedPipeWater. mdot

4．仿真结果

完成参数设置后进行仿真。软件开始编译并生成求解器进行仿真计算，仿真结果可显示各类曲线结果，还可以显示动态组件所关联的变量，在仿真页面中单击播放按钮可以实现变量随仿真过程的动态显示，如图 8-4-4 所示。

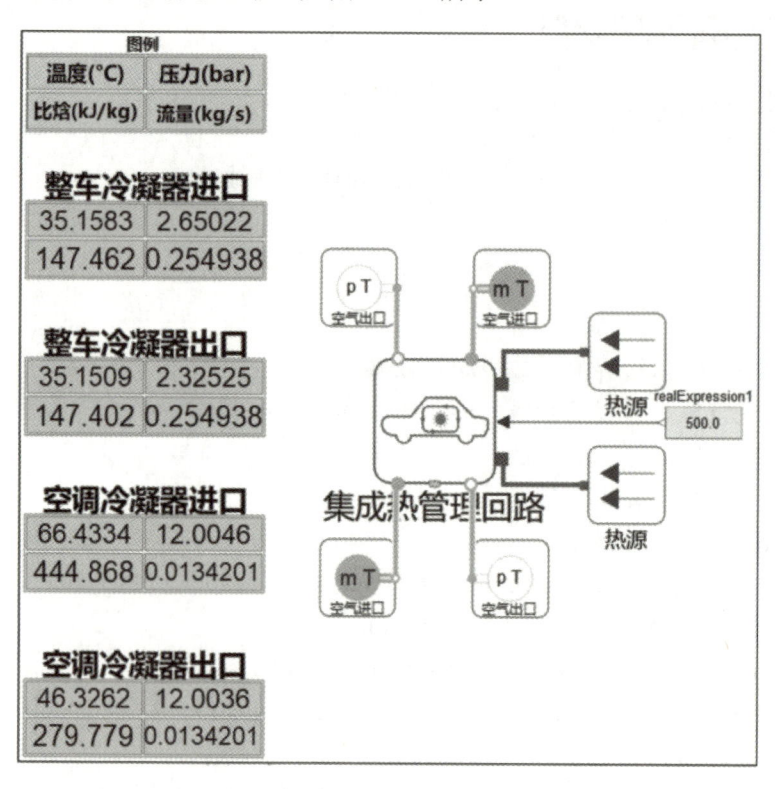

图 8-4-4　仿真结果

实例 5　整车动力性和经济性仿真

该实例建立车辆的仿真模型并定义不同的测试工况，如加速性能、燃油经济性等，进行仿真测试。随后，收集数据并对结果进行分析，以评估车辆的动力性、经济性及其在不同路况下的表现，为车辆设计和控制策略的优化提供参考。

任务描述

1. 任务目的

（1）评估车辆动力性：通过模拟车辆在不同工况下的行驶状态，可以评估车辆的动力性，如加速性能、最高车速、爬坡能力等。

（2）评估车辆经济性：通过模拟车辆在不同工况下的行驶状态，可以评估车辆的经济性，如百公里油耗、二氧化碳排放等。

（3）优化车辆性能和控制策略：通过仿真，可以测试不同的车辆设计和控制策略，如发动机的调校、变速器的设计等，以优化车辆的性能。

（4）预测车辆的行驶行为和路况适应性：通过仿真，可以预测车辆在不同路况下的行驶行为和适应性，如在不同的路况下，车辆的悬挂系统、制动系统等组件的表现。

（5）设计和仿真新型车辆：通过仿真，可以设计和仿真新型车辆，评估其动力性和经济性，以便进行更准确的设计和优化。

2. 主要任务

（1）建立准确的数学模型：整车动力性和经济性仿真需要建立准确的模型，包括发动机、变速器、传动系统、车辆悬挂系统、制动系统等。模型的准确性对仿真结果的精度有着很大影响，因此需要充分考虑车辆的结构和工作原理，并综合考虑一些未知因素的影响。

（2）确定仿真的工作条件：仿真需要根据实际情况确定车辆的工作条件，如车速、负载、路况、环境温度等。这些条件会影响仿真结果，因此需要根据实际情况进行合理的设定。

（3）编写准确的仿真程序：仿真程序需要准确地模拟车辆的行驶过程，并考虑各种因素的影响。程序的准确性对仿真结果的精度有着很大的影响，因此需要进行严格的测试和验证。

（4）收集和分析试验数据：在仿真过程中，需要记录并收集各种数据，如车速、燃油消耗、二氧化碳排放等。将这些数据进行分析，可以评估车辆的动力性和经济性，并确定优化措施。

（5）验证仿真结果的准确性：仿真的结果需要与实际测试数据进行比较，以验证其准确性。尤其是在进行新型车辆设计时，需要进行实际测试，以验证仿真结果的准确性。

任务实施

1. 系统模型原理

（1）VehicleBody——车身质量模型。

模型路径：VehicleBody.Template.VehicleBody。

功能描述：表示车辆质量及其位移、速度、加速度信号。

模型原理：用具有初始速度的质量块基础模型来表达车辆的质量、位移、速度、加速度。

（2）Vehicle——车身模型。

模型路径：TAEconomy.VehicleBody.BodyModel.Vehicle。

功能描述：车身模型集成了车身质量模型和行驶阻力计算模型，能表达车辆的行驶状态。

模型原理：车身模型由车身质量模型和行驶阻力计算模型组成，阻力计算包括车辆空气阻力、坡道阻力和滚动阻力。车身质量模型可通过修改车辆质量、阻力参数向总线输入车辆的运动特征（车速、行程路程、行程位移和加速度）。

（3）DCT——DCT变速器模型。

模型路径：TAEconomy.GearBox.GearModel.DCT。

功能描述：DCT变速器为双离合变速器，主要是基于传统的手动变速器，由双离合器、三轴式齿轮变速器、自动换挡机构和电控液压系统组成。DCT变速器模型能实现8速双离合变速箱的模拟与仿真。

模型原理：DCT变速器模型由2个DCT离合器模型、10组齿轮副模型、4组同步器模型、扭矩损失恒定模型组成。

车辆总线输出2个离合器的控制信号，控制离合器的开闭。

车辆总线输出同步器控制信号，从而控制同步器的运动，与不同的齿轮副模型啮合，实现转角和转矩的传递。

10组齿轮副模型在啮合后实现7个前进挡、1个倒挡和2个主减速器动力传递。

DCT变速器模型输出当前传动比信号、离合器锁止信号和换挡信号至车辆总线中，实现在DCT变速箱的闭环控制。

（4）EnginePetrol——汽油发动机模型。

模型路径：TAEconomy.Engine.EngineModel.EnginePetrol。

功能描述：汽油发动机模型是基于查表的计算模型，由扭矩计算模块和油耗计算模块组成。扭矩计算模块通过发动机总线传来的信号和查表输出扭矩，传递至变速系统；油耗计算模块通过发动机总线传来的信号和查表输出油耗信息,实现发动机油耗的仿真。

模型原理：汽油发动机模型由扭矩计算模块和油耗计算模块组成。

扭矩计算模块：包括启动扭矩和工作扭矩。

发动机启动扭矩由总线中发动机启动信号控制，通过扭矩源模型模拟在发动机启动时产生一个力矩，实现发动机启动工况的仿真；

工作扭矩由总线中节气门信号控制，将节气门信号输入至基于数据表的发动机外特性模型，基于数据表的发动机外特性模型输出扭矩值，并输入至扭矩源模型，实现发动机工作工况的仿真。

（5）Brake——制动模型。

模型路径：TAEconomy.Brake.BrakeModel.Brake。

功能描述：用于在车辆行驶过程中，对车轮输入反向力矩，降低轮速，实现车辆减速的目的。

模型原理：制动模型由制动扭矩 core 部分和转动惯量模型组成，通过总线中的 brakeTorque 信号对制动扭矩 core 部分进行控制，实现制动系统的模拟仿真。

（6）Wheel——轮胎模型。

模型路径：TAEconomy.Wheel.WheelModel.Wheel。

功能描述：轮胎模型能连接路面与车身，表示车轮的滚动信息，通过与车身相连传递驱动力、纵向力，通过与刹车模型相连传递制动力，表示轮胎的运动特性，通过与轮胎总线和车辆控制总线相连，实现轮胎的控制与信号的交换。

模型原理：轮胎模型集成线性刚度模型，根据轮胎的位置选择连接相应轮胎总线。

（7）Belt——传动皮带模型。

模型路径：TAEconomy.Icons.Belt。

功能描述：传动皮带模型可以模拟皮带转矩和转角的传递，同时可以对皮带摩擦损耗进行仿真。

模型原理：传动皮带模型由理想变速器模型和摩擦损耗模型组成，变速器模型实现转矩和转角的转换和传递，摩擦损耗模型可以模拟皮带传动的摩擦损耗。

（8）Machine——电机模型。

模型路径：TAEconomy.EMotor.Machine。

功能描述：电机模型基于查表的转矩输出模型，根据总线所需的转矩模拟出电机输出的转矩、电机效率及电机输入电极之间电流的变化，从而实现电机的仿真。

模型原理：电机模型通过总线接收需求转矩信号，需求转矩信号与通过查表的电机满载转矩信号一起输入到转矩源模型，实现转矩的产生。

（9）BatteryPartial——电池基类模型。

模型路径：TAEconomy.Battery.Template.BatteryPartial。

功能描述：电池基类模型是电池模型的基类模板模型，含有 2 个电学接口和 1 个总线接口，可以在电池基类模板做电池的开发。

模型原理：电池基类模型含有 2 个电学接口和 1 个总线接口，可实现电学参数和控制信号的交换。

（10）DC_DC——DCDC 基类模型。

模型路径：TAEconomy.Electronic.Template.DC_DC。

功能描述：DCDC 负载基类模型是电池电子负载的基类模板模型，含有 4 个电学接口，可以在 DCDC 基类模型做 DCDC 的开发。

模型原理：DCDC 基类模型含有 4 个电学接口，可实现电学参数/变量交换。

2. 系统仿真模型

方式一：

（1）选择 TAEconomy.Examples.VehicleArchitectures 文件夹，其包含不同车型架构，如 Conventional（传统燃油车型）、HybridP0（混动 P0 车型）、HybridP1（混动 P1 车型）和 HybridP3（混动 P3 车型）。双击打开需要的车型架构，全选并复制，如图 8-5-1 所示。

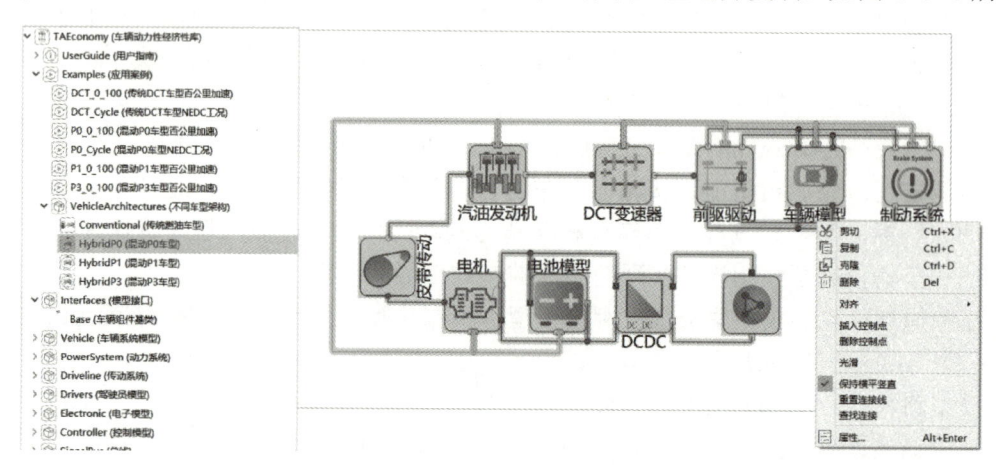

图 8-5-1　全选并复制车型

（2）新建模型，并粘贴复制的内容，获得整车模型，如图 8-5-2 所示。

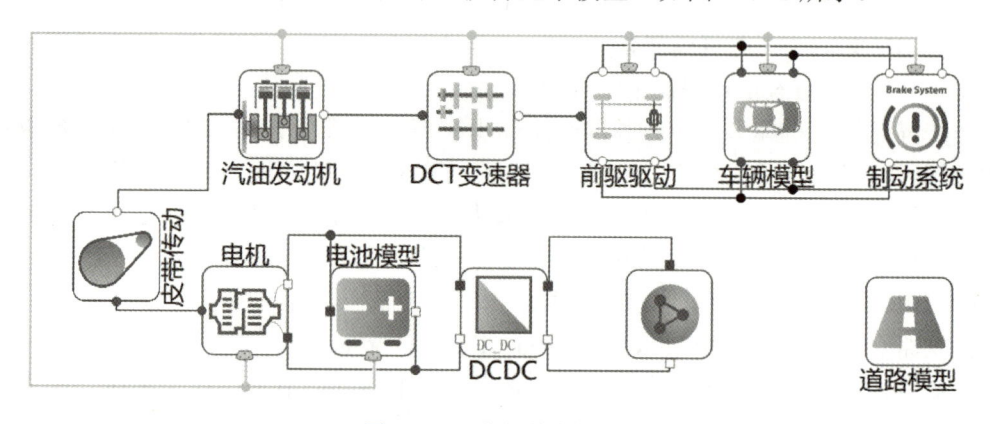

图 8-5-2　获得整车模型

（3）从 TAEconomy.Drivers.DriverCycle 中选择一个驾驶员模型，驾驶员模型包括 DriverCycle 循环工况、DriverPerformance 百公里加速工况和 DriverCycleN 续航里程工况模型。

（4）将 TAEconomy.Drivers.DriverCycle 的驾驶员工况模型总线与 TAEconomy.

Examples.VehicleArchitectures 中的整车模型相连。至此完成整车动力性、经济性仿真模型构建，如图 8-5-3 所示。

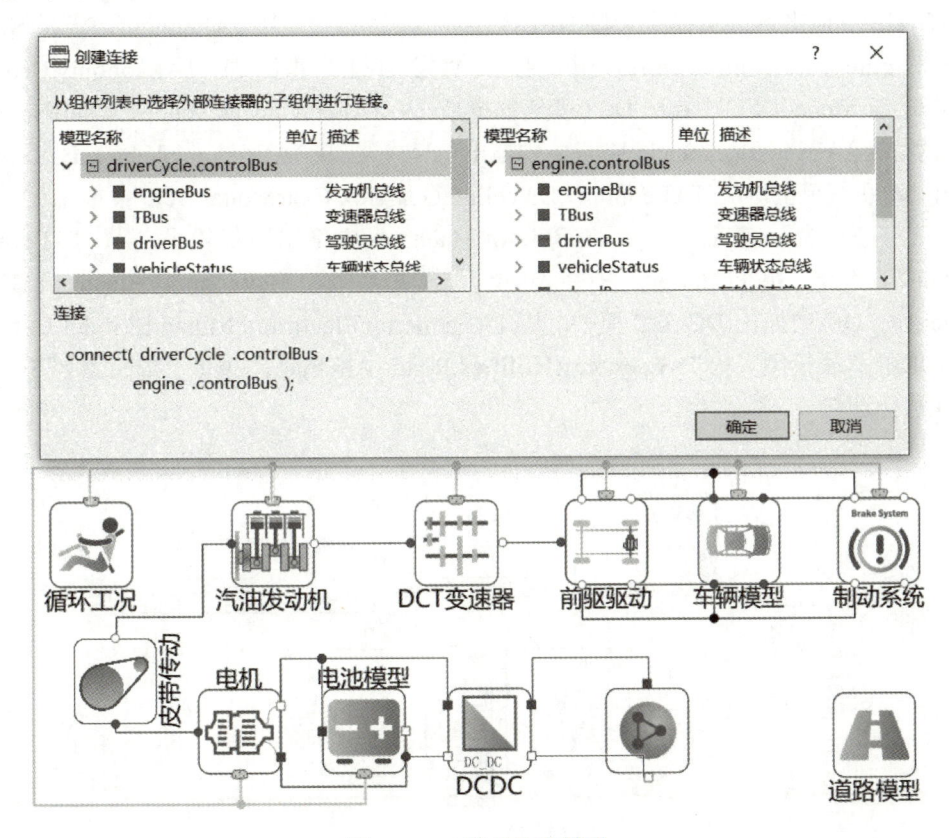

图 8-5-3　整车仿真模型

方式二：

（1）在新建模型文本层，使用 extends 命令继承 TAEconomy.Examples.VehicleArchitectures 下的整车模型。

（2）切换至图形层，拖动一个驾驶员模型至图形层并连接，如图 8-5-4 所示。

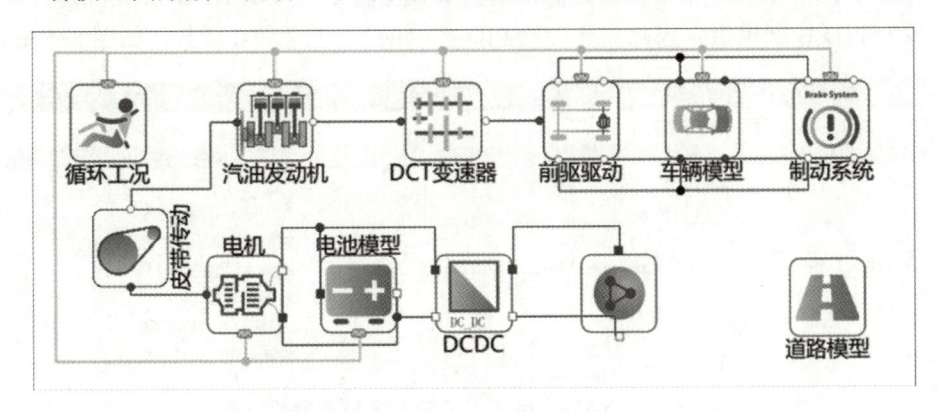

图 8-5-4　连接驾驶员模型

方式三：

从 TAEconomy 中拖动各组件至图形层，并依次进行连接：从 TAEconomy.Drivers.DriverCycle 中拖出驾驶员模型（以 NEDC 循环工况为例），从 TAEconomy.PowerSystem.Engine.EngineModel.EnginePetrol 中拖出汽油发动机模型，从 TAEconomy.Driveline.GearBox.GearModel.DCT 中拖出 DCT 变速器模型，从 TAEconomy.Driveline.FWD 中拖出传动系统模型，从 TAEconomy.Vehicle.Vehicle 中拖出车身模型，从 TAEconomy.Vehicle.BrakeSystem 中拖出制动系统模型，从 TAEconomy.Driveline.GearBox.GearModel.Belt 中拖出传动皮带模型，从 TAEconomy.PowerSystem.EMotor.Machine 中拖出电机模型，从 TAEconomy.Electronic.Battery.Model.Battery 中拖出电池模型，从 TAEconomy.Electronic.ELoad.EModel.DC_DC 中拖出 DC_DC 模型，从 TAEconomy.Electronic.ELoad.EModel.ELoadRes 中拖出电阻负载模型，从 TAEconomy.Utilities.Road 中拖出道路模型，按照图 8-5-5 将各个组件进行连接。

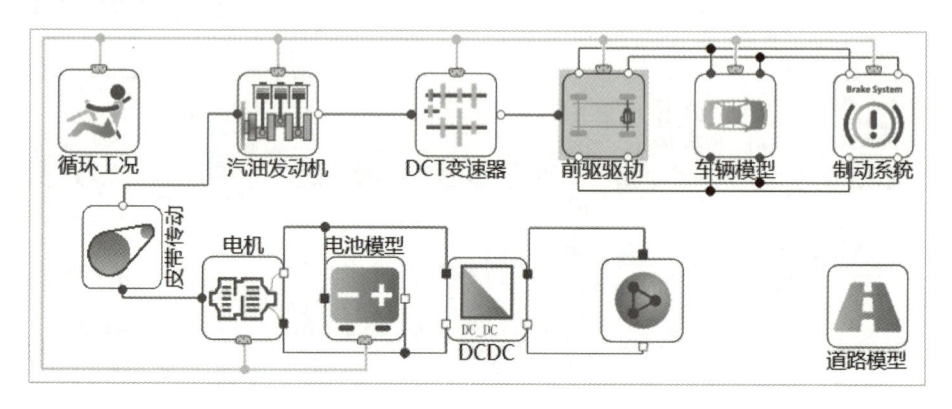

图 8-5-5　整车模型

3. 参数设置

（1）驾驶员模型。

以 NEDC 循环工况驾驶员模型为例，驾驶员模型基于标准的 NEDC 工况信息，由于驾驶员模型为 PID 控制模型，因此需要设置 PID 控制的 k、Ti 和 Td 参数，如图 8-5-6 所示。

组件参数			
常规　驾驶工况　滑移率控制参数			
参数			
Name	"循环工况"		
controller	传统车控制器		车型控制器类型选择
x_init	0		模拟控制器积分器的初始值
controllerType	...elica.Blocks.Types.SimpleController.PID		驾驶员模型的类型
k	2	1	控制器增益
Ti	25	s	控制器积分时间常数
Td	0.01	s	控制器微分时间常数

图 8-5-6　NEDC 循环工况驾驶员模型参数设置

注：根据不同的驾驶员工况，需要配置不同的控制器类型，如图 8-5-7 所示。

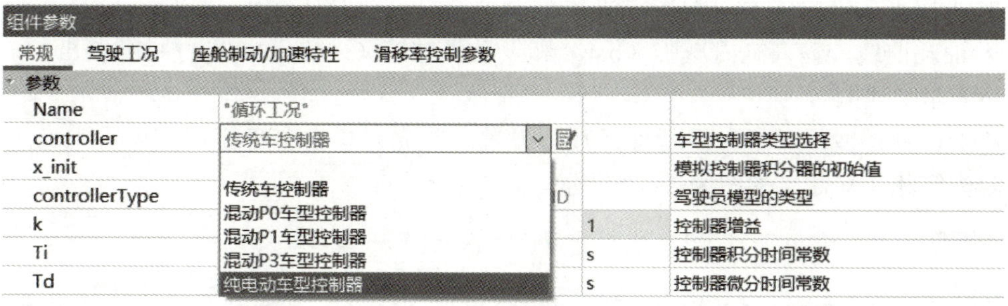

图 8-5-7　控制器类型

注：百公里加速工况设置目标车速为 100km/h，驾驶员模型为 PID 控制模型，如图 8-5-8 所示。

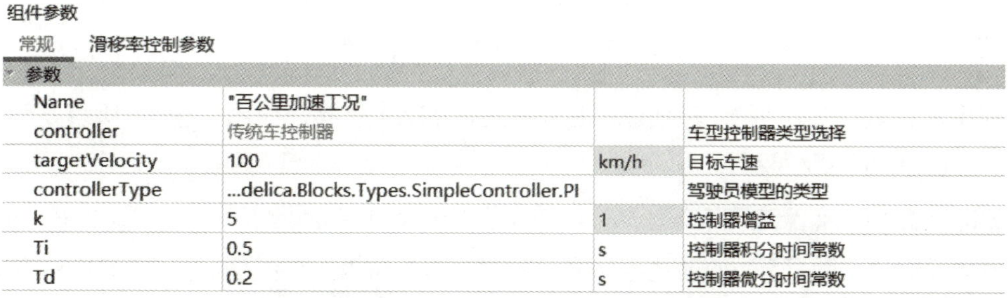

图 8-5-8　百公里加速工况驾驶员模型参数

（2）发动机模型。

发动机模型基于 MAP 计算发动机扭矩，需要设置发动机扭矩 MAP 和发动机的基础参数，如图 8-5-9 所示。

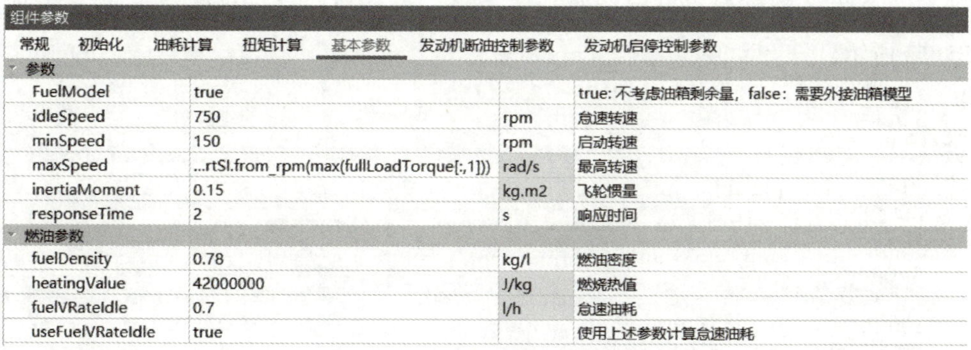

图 8-5-9　发动机模型参数设置

MAP 输入如下。

- 摩擦扭矩，输入转速（r/min），输出摩擦扭矩（N·m）。

- 外特性曲线，输入转速（r/min），输出发动机产生的扭矩（N·m）。
- 平均有效缸内压力，输入转速（r/min），输出发动机缸内压强（bar）。
- 油耗曲线，输入缸内压强（bar）和发动机转速（r/min），输出油耗（L/h）。

（3）车身模型。

双击车身模型，对车身模型进行具体设置。首先，单击车身模型，设置车身质量、行驶阻力等相关参数，如图 8-5-10 所示。

组件参数			
常规　初始条件　行驶阻力			
▽ 参数			
Name	"车身模型"		
▽ 质量			
m_total	1500	kg	车身质量
▽ 尺寸&质量			
m_front	900	kg	车身前半质量
wheelBase	2650	mm	轴距
h_CG	390	mm	质心高度

图 8-5-10　车身模型参数设置

其中，行驶阻力可通过参数拟合也可以通过 MAP 获取，如图 8-5-11 所示，计算公式为 F = a + b*x + c*x^2。

组件参数		
常规　初始条件　行驶阻力		
▽ 行驶阻力类型（可叠...		
enableDrivingResFu...	☑	通过拟合函数计算
enableDrivingResC...	☐	滑行阻力插值表
▽ 拟合函数系数[F0, F1, ...		
F	{80, 0.5, 0.04}	其他阻力系数
▽ 滑行阻力插值表		
resChrtTable	...0}, {170, 1340}, {180, 1480}, {190, 1620}}	其他滑行阻力

图 8-5-11　阻力计算

然后，单击轮胎模型，设置轮胎位置信息，包括轮胎转动惯量、摩擦系数等，如图 8-5-12 所示。

组件参数			
常规			
▽ 参数			
Name	"轮胎模型"		
▽ 安装位置			
wheelAxleLocation	....Utilities.Types.AxleType.frontLeftWheel		轮胎安装位置
▽ 转动惯量			
wheelInertia	1.5	kg.m2	转动惯量
▽ 半径			
wheelProp	{205, 70, 16}		轮胎型号（缺省值345.7mm）
wheelRadius	...heelProp[1] * wheelProp[2] / 100) / 1000	m	半径
▽ 摩擦系数			
mu_tire	0.95		轮胎摩擦系数
▽ 方法参数			
stiffness	50000	N	滑移刚度（fDrive = stiffness*slip）

图 8-5-12　轮胎模型参数设置

（4）DCT 变速器模型。

单击 DCT 变速器模型，可对变速器参数、转动惯量、减速比等进行修改，如图 8-5-13 所示。

组件参数

常规　变速器参数　转动惯量　减速比

参数			
tCrossOver	1	s	离合器交换时间
tSynchro	0.3	s	同步时间
clutchEngaged_1	1		离合器1结合时间占比
clutchEngaged_2	1		离合器2结合时间占比
clutchDisengaged_1	0.5		离合器1分离时间占比
clutchDisengaged_2	0.5		离合器2分离时间占比
clutchCharacteristic	{{500, 1}, {750, 1}, {800, 0}, {900, 0}}		离合释放曲线
gear_start	1		起始挡位
pregear_start	1		起始挡位
desiredGear_start	1		起始需求挡位
dct_map	...8, 113, 83, 146, 126, 215, 207, 259, 249}}		DCT换挡Map图
dct_up	3		预升档车速差 [km/h]
dct_dn	dct_up		预降档车速差 [km/h]
shiftRemaining	2	s	最小换挡间隔时间

图 8-5-13　DCT 变速器模型参数设置

（5）传动系统模型（以前驱驱动为例）。

单击传动系统模型，可对输入和输出端的转动惯量参数进行修改，如图 8-5-14 所示。

组件参数

常规

参数		
Name	"前驱驱动"	
eta	1	效率
torqueSplitFactor	1	力矩分配因子：output1/output2
JIn	0.015	输入端转动惯量
JOut1	0.015	输出端1，转动惯量
JOut2	0.015	输出端2，转动惯量

图 8-5-14　传动系统模型参数设置

（6）制动系统模型。

双击制动系统模型，进行设置。单击制动模型，可对相关参数进行修改，如图 8-5-15 所示。

组件参数

常规　压力输入模型参数　基本参数

参数			
eta	0.99		效率

图 8-5-15　制动系统模型参数设置

(7) 传动皮带模型。

单击传动皮带模型，可对皮带传动的速比和效率参数进行修改，如图 8-5-16 所示。

组件参数			
常规			
▼ 参数			
	Name	"皮带传动"	
	pulley_ratio	2.5	速比
	eta	1	效率

图 8-5-16　传动皮带模型参数设置

(8) 电机模型。

单击电机模型，电机的扭矩、转速、效率和功率损耗等参数是基于 MAP 获取的，如图 8-5-17 所示。

组件参数			
常规			
▼ 参数			
	Name	"电机"	
	nMachine	1	模型中电机的数量
	iMachine	1	此电机的编号
	fullLoadTorqueTable	..., 23, -29}, {6500, 19, -24}, {8500, 15, -20}}	电机最大输出扭矩
	useEtaTable	true	TRUE: 使用效率表; FALSE: 使用功率损失表
	pwr_eta_tab		扭矩-转速-效率[%]
	pwr_loss_tab	...7437.31246, 44244.09654, 57857.6647}}	转速-扭矩-功率损失

图 8-5-17　电机模型参数设置

(9) 电池模型。

单击电池模型，可对电池的串联/并联数、电池最大容量等参数进行修改，单个电池充放电的开环电动势和内阻是基于 MAP 获取的，如图 8-5-18 所示。

组件参数			
常规　开环电动势　内阻			
▼ 参数			
	Name	"电池模型"	
	nBattery	1	模型中电池的数量
	iBattery	1	此电池的编号
▼ 初始状态			
	SOCInit	0.5	初始荷电状态
▼ 蓄电池参数			
	SOCMin	0	最小荷电状态,0~1
	SOCMax	1	最大荷电状态,0~1
▼ 单个蓄电池参数			
	QCellNominal	5	电池最大容量,Ah
▼ 电路参数			
	Ns	12	串联数
	Np	1	并联数

图 8-5-18　电池模型参数设置

（10）DC_DC 模型。

单击 DC_DC 模型，可对 DC_DC 模型的输出电压进行修改，电流的转换效率是基于 MAP 获取的，如图 8-5-19 所示。

组件参数

常规

参数

Name	"DCDC"		
desired_V	12	V	输出电压
etaTable	...0.95}, {100, 0.94}, {110, 0.94}, {120, 0.94}}		电流-转换效率表格

图 8-5-19　DC_DC 模型参数设置

（11）电阻负载模型。

单击电阻负载模型，可对电阻等参数进行修改，如图 8-5-20 所示。

组件参数

常规

参数

Name	"电阻型负载"		
R	10	Ohm	电阻
s_start	false		开关的起始状态
switchTable	{0, 1}	s	开关时间（每到一次时刻点，切换一次开关状态

图 8-5-20　电阻负载模型参数设置

（12）道路模型。

单击道路模型，可对路面的坡度等参数进行修改，如图 8-5-21 所示。

组件参数

常规

参数

Name	"道路模型"		
g0	9.815	m/s2	重力加速度
tan_A	0		坡度
mu	0.9		路面附着系数

图 8-5-21　道路模型参数设置

4. 仿真结果

完成上述设置后，即可单击仿真运行，仿真结果可显示各类曲线结果，结果列表中可看到处理的结果以及各个组件的结果，如图 8-5-22 所示。

根据仿真结果可以得出车辆在该工况下的行驶状态，通过监测发动机转速的变化模式，可以推断出车辆的行驶状态。例如，当转速持续增加时，可能表示车辆正在加速；当转速保持在一个相对稳定的范围内时，可能表示车辆正在匀速行驶；当转速突然降低到接近零时，可能表示车辆正在停止。通过实时监测发动机转速和车速，可以推断当前车辆所处的行驶状态。根据传动比和发动机转速的关系，可以估算出车轮的实际转速，进而推断车辆的车速和行驶状态。例如，当发动机转速高而车速相对较低时，可能表示车辆处于较低挡位以提供更多扭矩，如加速或爬坡。

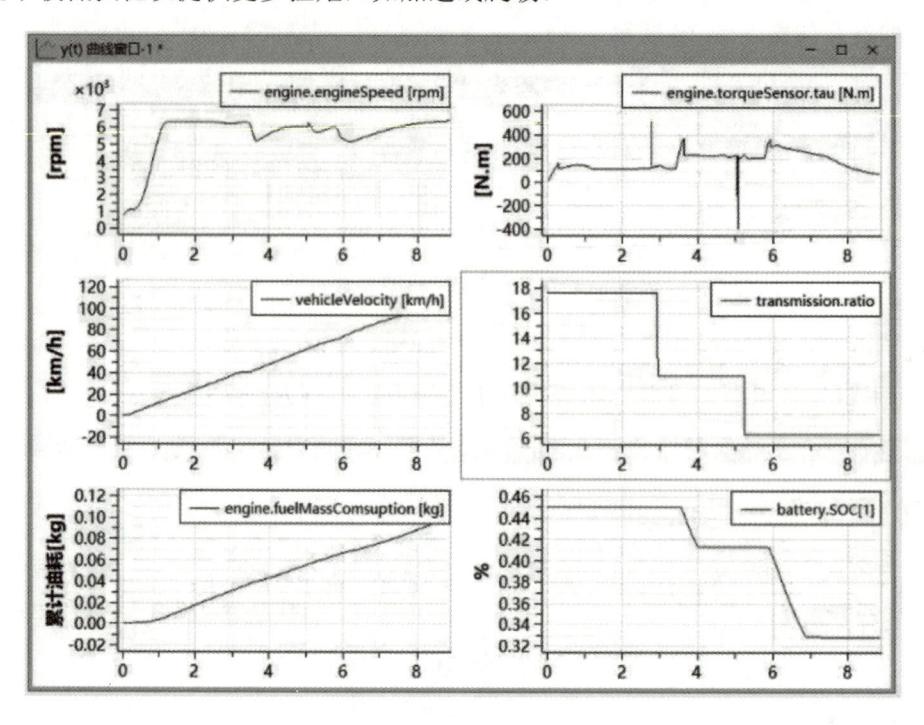

图 8-5-22　仿真结果

实例6　自由度模型仿真

本实例旨在通过一系列仿真测试，全面评估车辆的性能和各项指标，包括但不限于制动距离、车身侧向速度、车身横摆角速度等关键参数。通过综合分析这些指标，能够全面了解车辆在不同工况下的动态行为和性能表现。在此基础上，优化车辆的性能和控制策略，通过仿真测试不同的车辆设计和控制方案，以提高车辆的性能和响应能力。同时，利用仿真预测车辆在不同路况下的行驶行为和路况适应性，考察悬挂系统、制动系统等组件在不同环境下的表现。

任务描述

1. 任务目的

（1）评估车辆性能：通过模拟车辆在不同情况下的行驶状态，可以评估车辆的性能，如制动距离、车身侧向速度、车身横摆角速度等。

（2）评估车辆各项指标：通过模拟车辆在不同情况下的行驶状态，可以评估车辆的制动距离、车身侧向速度、车身横摆角速度等。

（3）优化车辆性能和控制策略：通过仿真，可以测试不同的车辆设计和控制策略，以优化车辆的性能。

（4）预测车辆的行驶行为和路况适应性：通过仿真，可以预测车辆在不同路况下的行驶行为和适应性，如在不同的路况下，车辆的悬挂系统、制动系统等组件的表现。

（5）设计和仿真新型车辆：通过仿真，可以设计和仿真新型车辆，评估其动力性能，以便进行更准确的设计和优化。

2. 主要任务

（1）建立准确的模型：整车十四自由度仿真需要建立准确的模型，包括悬架模型、车身六自由度模型、轮胎模型等。模型的准确性对仿真结果的精度有着很大影响，因此需要充分考虑车辆的结构和工作原理，并综合考虑一些未知因素的影响。

（2）确定仿真的工作条件：仿真需要根据实际情况确定车辆的工作条件，如车速、负载、路况、环境温度等。这些条件会影响仿真结果，因此需要根据实际情况进行合理的设定。

（3）编写准确的仿真程序：仿真程序需要准确地模拟车辆的行驶过程，并考虑各种因素的影响。程序的准确性对仿真结果的精度有着很大的影响，因此需要进行严格的测试和验证。

（4）收集和分析试验数据：在仿真过程中，需要记录并收集各种数据，如车辆的制动距离、车身侧向速度、车身横摆角速度等。对这些数据进行分析，可以评估车辆性能，并确定优化措施。

（5）验证仿真结果的准确性：仿真的结果需要与实际测试数据进行比较，以验证其准确性。尤其是在进行新型车辆设计时，需要进行实际测试，以验证仿真结果的准确性。

任务实施

1. 系统模型原理

（1）ChassisBase——底盘模型。
模型路径：TADynamics.Vehicle.Chassis.ChassisBase。
功能描述：底盘模型包括前悬架、后悬架、车身、转向系统、轮胎 5 个模块，各个模块都可通过下拉菜单选择。
模型原理：前悬架、后悬架、车身、转向系统、轮胎集成模型可以作为底盘模板进行开发。

（2）RigidBody——车身，无空气动力学模型。
模型路径：TADynamics.Vehicle.Body.Model.RigidBody。
功能描述：车身，无空气动力学模型，可以进行车身，无空气动力学模拟。
模型原理：由车身质量模型、可视化模型、乘客质量模型、空气动力学模型组成，通过输入信号的控制，实现车身，无空气动力学的模拟。

（3）BodyWithAero——车身，带空气动力学模型。

模型路径：TADynamics.Vehicle.Body.Model.BodyWithAero。

功能描述：车身，带空气动力学模型，可以进行车身，带空气动力学模拟。

模型原理：由车身质量模型、可视化模型、乘客质量模型、空气动力学模型组成，通过输入信号的控制，实现车身，带空气动力学的模拟。

$$F_{\text{front}} = -0.5 \cdot c\_w\_front \cdot rho \cdot a_{\text{front}} \cdot v_x^2 \cdot \text{sign}(v_x);$$
$$F_{\text{side}} = -0.5 \cdot c\_w\_side \cdot rho \cdot a_{\text{side}} \cdot v_y^2 \cdot \text{sign}(v_y);$$

式中，F_{front} 为车身前部的空气动力学阻力；c_w_front 为车身前部的空气阻力系数；rho 为空气密度；a_{front} 为车身前部的迎风面积；v_x 为车辆 x 方向的速度；F_{side} 为车身侧面的空气动力学阻力；c_w_side 为车身侧面的空气阻力系数；a_{side} 为车身侧面的迎风面积；v_y 为车辆 y 方向的速度。

（4）Passenger——乘客模型。

模型路径：TADynamics.Vehicle.Body.Passenger.Model.Passenger4。

功能描述：5人座车型乘客质量模型，可以表达出乘客的质量和位置。

模型原理：由 5 个乘客质量模块（含驾驶员）组成，通过定义各个乘客的质量和位置，来实现 5 人座车型乘客质量模型的模拟。

（5）FrontSuspension——悬架模型。

前悬架系统由悬架、转向和稳定杆组成，其中悬架又分为双叉臂悬架和麦弗逊悬架，包含上下控制臂、导向装置、横拉杆、弹性元件、阻尼元件和转向节等部件，通过拉动横拉杆带动悬架转向节转向。下面简单介绍几种悬架模型的原理。

① DoubleWishBone——被动双叉臂悬架模型。

模型路径：TADynamics.Vehicle.Suspension.FrontSuspension.DoubleWishBone.DoubleWishBone。

功能描述：双叉臂悬架又称双 A 臂式独立悬架，双叉臂悬架拥有上、下两个叉臂，横向力由两个叉臂同时吸收，支柱承载车身质量。被动双叉臂悬架模型中的弹簧减震器刚度不可变，减震器弹簧只能被动压缩。被动双叉臂悬架模型通过多体接口分别连接车身和轮胎，实现悬架的模拟与仿真。

模型原理：被动双叉臂悬架模型由上摆臂模型、下摆臂模型、弹簧减震器模型和转向节模型组成。

上摆臂模型、下摆臂模型分别一端连接车身，另一端连接转向节，起到了支撑和传递力的作用。

弹簧减震器模型为不可变刚度阻尼模型，能起到减震吸能的作用。

转向节模型一端连接轮胎模型，另一端连接上摆臂模型、下摆臂模型、弹簧减震器模型，第 3 端连接车体模型，能传递转向力和承接轮胎力。

② DoubleWishBoneSemi——半主动双叉臂悬架模型。

模型路径：TADynamics.Vehicle.Suspension.FrontSuspension.DoubleWishBone.Double

WishBoneSemi。

功能描述：半主动双叉臂悬架模型中的弹簧减震器刚度可以控制变化。半主动悬架由无动力源且可控的阻尼元件（减震器）和支撑悬架质量的弹性元件（与减震器并联）组成。减震器则通过调节阻尼力来控制所耗散掉的能量值。半主动双叉臂悬架模型通过多体接口分别连接车身和轮胎，实现悬架的模拟与仿真。

模型原理：半主动双叉臂悬架模型由上摆臂模型、下摆臂模型、弹簧减震器模型和转向节模型组成。

上摆臂模型、下摆臂模型分别一端连接车身，另一端连接转向节，起到了支撑和传递力的作用。

弹簧减震器模型为可变刚度阻尼模型，能起到减震吸能的作用。

转向节模型一端连接轮胎模型，另一端连接上摆臂模型、下摆臂模型、弹簧减震器模型，第3端连接车体模型，能传递转向力和承接轮胎力。

③ DoubleWishBoneActive——主动双叉臂悬架模型。

模型路径：TADynamics.Vehicle.Suspension.FrontSuspension.DoubleWishBone. DoubleWishBoneActive。

功能描述：主动悬架为有源控制，包括提供能量的设备和可控制作用力的附加装置。主动悬架可根据车辆载质量、路面状况、行驶速度、运行工况（启动、制动、转向等）变化，自动调整悬架的刚度和阻尼以及车身高度，能同时满足车辆行驶的平顺性和操控的稳定性等各方面的要求。主动双叉臂悬架模型通过多体接口分别连接车身和轮胎，实现悬架的模拟与仿真。

模型原理：主动双叉臂悬架模型由上摆臂模型、下摆臂模型、弹簧减震器模型和转向节模型组成。

上摆臂模型、下摆臂模型分别一端连接车身，另一端连接转向节，起到了支撑和传递力的作用。

弹簧减震器模型为可变刚度阻尼模型，附加一个可控制作用力的装置，能起到减震吸能的作用。

转向节模型一端连接轮胎模型，另一端连接上摆臂模型、下摆臂模型、弹簧减震器模型，第3端连接车体模型，能传递转向力和承接轮胎力。

④ McPherson——被动麦弗逊悬架模型。

模型路径：TADynamics.Vehicle.Suspension.FrontSuspension.McPherSon.McPherson。

功能描述：被动麦弗逊悬架模型中的弹簧减震器刚度不可变，减震器弹簧只能被动压缩。被动麦弗逊悬架模型通过多体接口分别连接车身和轮胎，实现悬架的模拟与仿真。

模型原理：被动麦弗逊悬架模型由摆臂模型、弹簧减震器模型和转向节模型组成。

摆臂模型一端连接车身，另一端连接转向节，起到了支撑和传递力的作用。

弹簧减震器模型为不可变刚度阻尼模型，能起到减震吸能的作用。

转向节模型一端连接轮胎模型，另一端连接摆臂模型、弹簧减震器模型，第3端连接车体模型，能传递转向力和承接轮胎力。

⑤ McPhersonSemi——半主动麦弗逊悬架模型。

模型路径：TADynamics.Vehicle.Suspension.FrontSuspension.McPherSon.McPhersonSemi。

功能描述：半主动悬架由无动力源且可控的阻尼元件（减震器）和支撑悬架质量的弹性元件（与减震器并联）组成。减震器通过调节阻尼力来控制所耗散掉的能量的多少。

半主动麦弗逊悬架模型通过多体接口分别连接车身和轮胎，实现悬架的模拟与仿真。

模型原理：半主动麦弗逊悬架模型由摆臂模型、弹簧减震器模型和转向节模型组成。

摆臂模型一端连接车身，另一端连接转向节，起到了支撑和传递力的作用。

弹簧减震器模型为可变刚度阻尼模型，能起到减震吸能的作用。

转向节模型一端连接轮胎模型，另一端连接摆臂模型、弹簧减震器模型，第 3 端连接车体模型，能传递转向力和承接轮胎力。

⑥ McPhersonActive——主动麦弗逊悬架模型。

模型路径：TADynamics.Vehicle.Suspension.FrontSuspension.McPherSon.McPhersonActive。

功能描述：主动悬架为有源控制，包括提供能量的设备和可控制作用力的附加装置。主动悬架可根据车辆载质量、路面状况、行驶速度、运行工况（启动、制动、转向等）变化，自动调整悬架的刚度和阻尼以及车身高度，能同时满足车辆行驶的平顺性和操控的稳定性等各方面的要求。

主动麦弗逊悬架模型通过多体接口分别连接车身和轮胎，实现悬架的模拟与仿真。

模型原理：主动麦弗逊悬架模型由摆臂模型、弹簧减震器模型和转向节模型组成。

摆臂模型一端连接车身，另一端连接转向节，起到了支撑和传递力的作用。

弹簧减震器模型为可变刚度阻尼模型，附加一个可控制作用力的装置，能起到调节减震吸能的作用。转向节模型一端连接轮胎模型，另一端连接摆臂模型、弹簧减震器模型，第 3 端连接车体模型，能传递转向力和承接轮胎力。

（6）AntiRoll——稳定杆模型。

模型路径：TADynamics.Vehicle.Suspension.AntiRoll.AntiRoll.AntiRoll。

功能描述：横向稳定杆的功能是防止车身在转弯时发生过大的横向侧倾，尽量使车身保持平衡。目的是减少车辆横向侧倾程度和改善平顺性。横向稳定杆实际上是一个横置的扭杆弹簧，在功能上可以看成是一种特殊的弹性元件。当车身只做垂直运动时，两侧悬架变形相同，横向稳定杆不起作用。当车辆转弯时，车身侧倾，两侧悬架跳动不一致，外侧悬架会压向稳定杆，稳定杆就会发生扭曲，杆身的弹力会阻止车轮抬起，从而使车身尽量保持平衡，起到横向稳定的作用。

模型原理：稳定杆模型由多体转动副模型、阻尼模型和双球副模型组成，稳定杆通过多体接口连接悬架与车身，通过阻尼模型起到稳定吸能的作用。

（7）WheelModel——轮胎模型。

模型路径：TADynamics.Vehicle.Wheels.WheelModel。

模型原理：默认轮胎集成了轮胎质量模型、力/扭矩应用模型、地面接触模型、速度计算模型、坐标换算模型、六分力计算模型和道路信息模型。该模型设置轮胎半径为 0.3m，可用于半径型号为 175/70-R13 的轮胎动力学仿真。

2. 参数设置

（1）车身六自由度模型。

单击车身六自由度模型，可对车身质量、转动惯量、轴距、轮距、车轮高度等参数进行修改，如图 8-6-1 所示。

组件参数			
常规　模型结构			
▼ 参数			
Name	"车身自由度模型"		
r_CM	{0, 0, 0}	m	质心位置
r_start	{0, 0, 0}	m	质心位置
r_shape	{0.1, 0, -0.8}	m	不影响仿真结果，调整该值，可在可视化层进行移动
v_start	v_start	m/s	起始车速
M_car	1781	kg	车辆质量
Ixx	500	kg.m2	车辆x轴转动惯量
Iyy	2200	kg.m2	车辆y轴转动惯量
Izz	2350	kg.m2	车辆z轴转动惯量
Ixy	0	kg.m2	车辆xy轴转动惯量
Ixz	-20	kg.m2	车辆xz轴转动惯量
Iyz	0	kg.m2	车辆yz轴转动惯量
wheelbase	2.765	m	轴距
track_front	1.548	m	前左右轮距
track_rear	1.525	m	前左右轮距
Zref_cine_front	0	m	前轮高度
Zref_cine_rear	0	m	后轮高度
P_vehicle	{1.3496, 0.006306, 0.48381}	m	以前轮中心为坐标原点，x正方向朝向车尾
fixedTranslation	fixedTranslation(animation = false)		
fixedTranslation1	fixedTranslation1(animation = false)		
fix2fl	fix2fl(animation = false)		
fix2fr	fix2fr(animation = false)		
fix2rl	fix2rl(animation = false)		
fix2rr	fix2rr(animation = false)		

图 8-6-1　车身六自由度模型参数设置

单击车身六自由度模型，在模型结构参数中可对车身是否考虑空气动力学进行选择，如图 8-6-2 所示。

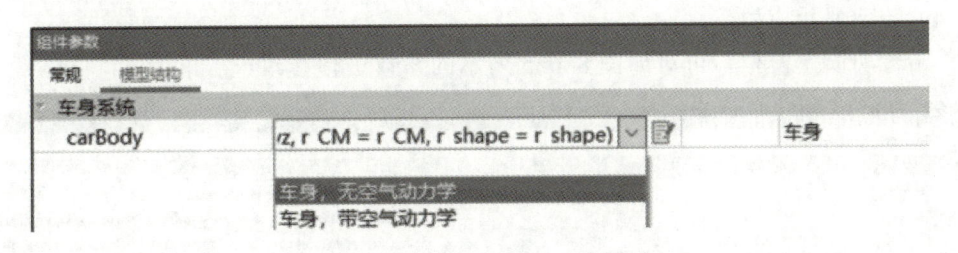

组件参数		
常规　模型结构		
▼ 车身系统		
carBody	z, r_CM = r_CM, r_shape = r_shape)	车身
	车身，无空气动力学	
	车身，带空气动力学	

图 8-6-2　模型结构参数设置

（2）轮胎模型。

单击轮胎模型，可对轮胎的刚度、轮胎质量、各轴向转动惯量、z 向的额定力等参数进行修改，如图 8-6-3 所示。

组件参数			
常规　轮胎结构选择　动画			
参数			
Name	"轮胎模型"		
leftWheel	true		true: 轮胎为左侧轮胎
wheel_stateSelect	StateSelect.prefer		车轮转角和转速作为状态变量
w_start	w_start	rad/s	起始转速
Fnorm	3000	N	z向的额定力
R0	0.292	m	轮胎半径
Re	0.29	m	轮胎有效半径
Rrim	0.28	m	轮毂半径
width	0.06	m	轮胎宽度
k	200000	N/m	轮胎的刚度
d	100	N.s/m	轮胎的阻尼系数
m	29	kg	轮胎质量
Ixx	1	kg.m2	轮胎x轴转动惯量
Iyy	1	kg.m2	轮胎y轴转动惯量
Izz	0	kg.m2	轮胎z轴转动惯量

图 8-6-3　轮胎模型参数设置

（3）一自由度悬架模型。

单击一自由度悬架模型，可对模型的弹簧刚度、阻尼系数和减震器预紧力进行参数修改，如图 8-6-4 所示。

组件参数			
常规			
参数			
k	46310	N/m	弹簧刚度
d	3570.3	N.s/m	阻尼系数
f0	4460	N	减震器预紧力

图 8-6-4　一自由度悬架模型参数设置

（4）转动惯量模型。

单击转动惯量模型，可对如图 8-6-5 所示的参数进行修改。

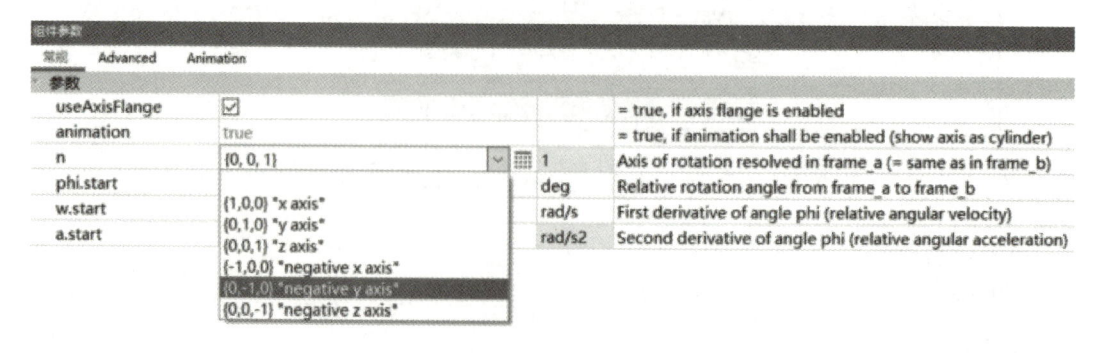

组件参数			
常规　Advanced　Animation			
参数			
useAxisFlange	☑		= true, if axis flange is enabled
animation	true		= true, if animation shall be enabled (show axis as cylinder)
n	{0, 0, 1}	1	Axis of rotation resolved in frame_a (= same as in frame_b)
phi.start		deg	Relative rotation angle from frame_a to frame_b
w.start	{1,0,0} "x axis"	rad/s	First derivative of angle phi (relative angular velocity)
a.start	{0,1,0} "y axis"	rad/s2	Second derivative of angle phi (relative angular acceleration)
	{0,0,1} "z axis"		
	{-1,0,0} "negative x axis"		
	{0,-1,0} "negative y axis"		
	{0,0,-1} "negative z axis"		

图 8-6-5　转动惯量模型参数设置

（5）道路模型。

道路需要设置正方向，道路模型参数如图 8-6-6 所示。目前道路模型包括两种：平整道路和斜坡道路。

注：添加道路组件时，不要修改其模型名称/属性和前缀。

参数	值	单位	描述
direction	false		true: 道路正方向为x+
x_start	0	m	道路起始x值
h	-1.515 + 0.76 + 0.003	m	平整道路高度z
L0	110	m	平整道路长度
B0	80	m	平整道路宽度
slop	false		true: 斜坡, false: 一直为平整道路
grad	0.1		与x轴形成角度的tan值（该值不考虑x轴正负）
L1	100	m	斜坡长度
B1	2	m	斜坡宽度
mue	1		道路附着系数（假设附着系数不变）

图 8-6-6　道路模型参数设置

3. 仿真结果

完成上述设置后，即可仿真运行，可显示各类曲线结果，也可以显示三维动画效果，如图 8-6-7 所示。

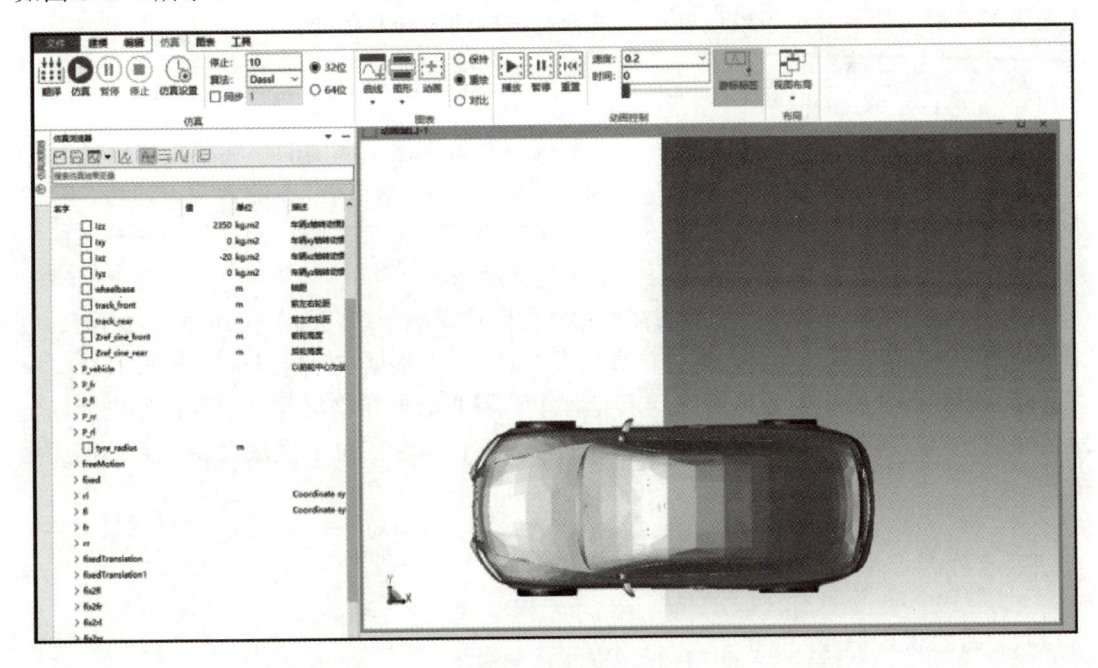

图 8-6-7　仿真结果

实例 7　整车电子模型测试仿真

本实例旨在通过一系列仿真，全面评估整车电子系统的性能，并优化车辆电子元器件的性能和控制策略，以提高整车的性能、安全性和可靠性。通过监测电子元器件的电流、功率等参数变化，深入了解整车电子系统的工作状态和性能表现，并针对性地进行优化改进。同时，通过仿真，预测车辆在各种路况下的行驶行为和路况适应性，考察电子系统在不同环境下的表现，如雨刮器系统、转向系统等的性能。

任务描述

1. 任务目的

（1）评估整车电子系统性能：模拟车辆在不同行驶状态下行驶，监测各电子元器件的电流及功率的变化，评估整车电子系统性能。

（2）优化车辆电子元器件性能和控制策略：通过仿真，可以监测不同的车辆电子模型设计和控制策略，如电子元器件工作总电流、峰值电流、额定功率等，以优化车辆的电子模型性能。

（3）预测车辆的行驶行为和路况适应性：通过仿真，可以预测车辆在不同路况下的行驶行为和适应性，如在不同的路况下，车辆的雨刮器系统、转向系统等组件的表现。

（4）设计和仿真新型车辆：设计和仿真自己的电子元器件的模型，开发自己的低压电器系统模型，评估其电子模块性能，进行更准确的设计和优化。

2. 主要任务

（1）建立准确的车辆模型：整车电子系统仿真需要建立准确的车辆模型，包括LED灯、大灯、鼓风机、车窗、除霜器、雨刮器、转向模型、燃油泵、喷油嘴、通用负载等组成部分的模型。模型的准确性对仿真结果的精度有着很大影响，因此需要充分考虑车辆的结构和工作原理，并综合考虑一些未知因素的影响。

（2）确定仿真的工作条件：仿真需要根据实际情况确定车辆的工作条件，如电流、电压、负载、路况等。这些条件会影响仿真结果，因此需要根据实际情况进行合理的设定。

（3）收集和分析试验数据：在仿真过程中，需要记录并收集各种数据，如电流、电压、负载、路况等。将这些数据进行分析，可以评估车辆的电子模块性能，并确定优化措施。

任务实施

1. 系统模型原理

（1）LedMatrices——矩阵 LED 灯组模型。
模型路径：TAElectronic.Lighting.LedMatrices。

功能描述：使用默认相对发光强度参数为 2240 cd（坎德拉）的 LED 灯，通过 m 个并联，然后 n 个串联的方式形成 $m·n$ 的矩阵大灯。通过车辆总线的 LEDBus 中的布尔信号来控制矩阵 LED 灯组的开闭。

挡位说明：True——开启，False——关闭。

可选择该模型作为模板，然后进行参数修改，以得到需要仿真计算的模型。

模型原理：通过查表的方式，LED 灯可在不同的电压下实现不同的电流和发光强度系数的输出。

对于单个 LED 灯，根据 LED 灯两侧电压值查表可得：

$$l_{ii} = I_{mi} \cdot l_{i0}$$

对于矩阵 LED 灯组：

$$v_{total} = n_{LED} \cdot v_{LED}$$
$$i_{total} = i_{LED} \cdot m_{LED}$$
$$l_{ii\_total} = l_{ii} \cdot n_{LED} \cdot m_{LED}$$
$$P = v_{total} \cdot i_{total}$$

式中，i_{LED} 为单个 LED 灯的输出电流；v_{LED} 为单个 LED 灯的端电压；v_{total} 为 LED 矩阵灯组的端总电压；n_{LED} 为 LED 灯的串联数量；m_{LED} 为 LED 灯的并联数量；I_{mi} 为发光强度系数；l_{i0} 为单个 LED 灯的实际电流；l_{ii} 为发光强度；l_{ii_total} 为总发光强度；i_{total} 为 LED 矩阵灯组的端总电流；P 为总功率。

（2）Lamp——车灯模型。

模型路径：TAElectronic.Lighting.Lamp。

功能描述：普通照明车灯模型，可进行车灯额定功率和峰值电流参数修改，实现用户自定义。通过车辆总线的 LightBus 中的布尔信号来控制车灯的开闭。

挡位说明：True——开启；False——关闭。

模型原理：不同车灯有不同的额定功率和峰值电流参数，通过额定功率和峰值电流参数的修改，可实现车灯输出电流和功率的计算。

$$lightBus.v = v$$
$$lightBus.i = i$$
$$lightBus.P = v \cdot i$$

式中，lightBus.v 为车灯输出电压；lightBus.i 为车灯输出电流；lightBus.P 为车灯输出功率。

（3）Blower——鼓风机模型。

模型路径：TAElectronic.Ventilation.Blower。

功能描述：该模型有 1 个关闭挡位和 7 个不同级的开启挡位，修改峰值电流和额定电流可实现在不同的工况下对不同车辆通风系统进行模拟仿真。通过车辆总线的 BlowerBus 中的整型信号来控制鼓风机的开闭及挡位。

挡位说明：0——关闭；1——二挡；2——三挡；3——四挡；4——五挡；5——六

挡；6——七挡。

模型原理：通过查表的方式，鼓风机可在不同的挡位下实现峰值电流和额定电流的输出，并实现车灯输出电流和功率的计算。

$$p_{blower} = vi_{blower}$$
$$v = p \cdot v - n \cdot v$$

式中，i_{blower} 为鼓风机输出电流；p_{blower} 为功率；v 为端电压。

（4）WindowLifter——车窗升降器模型。

模型路径：TAElectronic.Lifter.WindowLifter。

功能描述：该模型可实现开启/关闭挡位，修改峰值电流、额定电流和阻断电流，从而实现不同车辆车窗上升和下降功率和能耗的模拟仿真。通过车辆总线的 WindowLifterBus 中的布尔信号来控制车窗矩阵灯的开闭。

挡位说明：True——开启；False——关闭。

模型原理：通过修改车窗峰值电流、额定电流和阻断电流来实现不同车窗在不同的时间输出电流和功率的计算。

$$p_{lifter} = vi_{lifter}$$
$$v = p \cdot v - n \cdot v$$

式中，p_{lifter} 为功率；i_{lifter} 为输出电流；v 为端电压。

（5）Defroster——除霜器模型。

模型路径：TAElectronic.ScreenDefroster.Defroster。

功能描述：通过不同峰值电流和额定电流来定义不同的除霜系统，实现除霜器的功率和能耗模拟仿真。通过车辆总线的 DefrosterBus 中的布尔信号来控制除霜器的开闭。

挡位说明：True——开启；False——关闭。

模型原理：通过修改车窗峰值电流和额定电流来实现不同车窗在不同的时间输出电流和功率的计算。

$$p_{defroster} = vi_{defroster}$$
$$v = p \cdot v - n \cdot v$$

式中，$p_{defroster}$ 为功率；$i_{defroster}$ 为输出电流；v 为端电压。

（6）Wiper——雨刮器模型。

模型路径：TAElectronic.Wiper.Wiper。

功能描述：在不同的天气状况和不同的车速下实现雨刮器在 4 个挡位（关闭/低速/间歇/高速）的模拟仿真。通过车辆总线的 wiperBus 中的整型信号来控制雨刮器的开闭及挡位。

挡位说明：0——关闭；1——低速挡；2——间歇挡；3——高速挡。

天气湿度说明：0——无雨；1——大雨。

可选择该模型作为模板，然后进行参数修改，以得到需要仿真计算的模型。

模型原理：从模型车辆总线的 wiperBus 中获取控制、车速和天气信号，传递给

Wiper.Sources，从 Wiper.Sources，获取周期性的工作电流，实现在不同的挡位（高速/间歇/低速）建立周期信号模型，来实现雨刮器在不同的挡位的输出电流和功率的计算。

$$p_{\text{wiper}} = v i_{\text{wiper}}$$

$$v = p \cdot v - n \cdot v$$

式中，p_{wiper} 为功率；i_{wiper} 为输出电流；v 为端电压。

（7）EHPS——助力转向系统模型。

模型路径：TAElectronic.EPS.EHPS。

功能描述：在不同的道路等级中模拟出车辆助力转向系统的电流、功率和能耗。

道路等级的糙度指标：0——理想路面；1——机场跑道、高速路面；2——新路面；3——老旧路面；4——时常养护的无铺面路面；5——已损坏道路。

模型原理：模型从车辆总线 EHPSBus 中获得车辆行驶的道路等级信号，根据不同路面的粗糙度指标并用查表的形式实现在不同的道路条件下的助力转向系统的输出电流，从而进行车辆助力转向系统的电流、功率和能耗的模拟仿真。

$$p_{\text{steering}} = v i_{\text{steering}}$$

式中，p_{steering} 为功率；i_{steering} 为输出电流；v 为端电压。

（8）FuelPump——燃油泵模型。

模型路径：TAElectronic.FuelPump.FuelPump。

功能描述：在不同的发动机转速中模拟出燃油泵系统的电流、功率和能耗。

模型原理：模型从车辆总线 FuelPumpBus 中获得车辆发动机转速信号，根据发动机转速并用查表的形式实现在不同的发动机转速下燃油泵的输出电流，从而进行燃油泵系统的电流、功率和能耗的模拟仿真。

$$p_{\text{pump}} = v i_{\text{pump}}$$

式中，i_{pump} 为燃油泵输出电流；p_{pump} 为燃油泵功率；v 为端电压。

（9）Injection——喷油嘴模型。

模型路径：TAElectronic.InjectionSystem.Injection。

功能描述：在不同的发动机转速中模拟出喷油系统的电流、功率和能耗，实现对喷油嘴能耗的仿真。

模型原理：模型从车辆总线 InjectionBus 中获得车辆发动机转速信号，根据发动机转速并用查表的形式实现在不同的发动机转速下喷油系统的输出电流，从而进行喷油系统的电流、功率和能耗的模拟仿真。

$$p_{\text{injection}} = v i_{\text{injection}}$$

式中，$i_{\text{injection}}$ 为喷油嘴电流；$p_{\text{injection}}$ 为喷油嘴功率；v 为端电压。

（10）GenericLoad——通用负载模型。

模型路径：TAElectronic.BodyDomain.GenericLoad.GenericLoad。

功能描述：通用负载模型可模拟出不同的输出电流，从而进行通用负载的电流、功率和能耗的模拟仿真。

挡位说明：True——开启；False——关闭。

模型原理：根据默认值为 25.3502A 的模拟输出电流进行通用负载的模拟。用户可以自定义通用负载的模拟输出电流：

$$p_{gl} = vi_{gl}$$
$$v = p \cdot v - n \cdot v$$

式中，p_{gl} 为通用负载功率；i_{gl} 为通用负载电流；v 为端电压。

2. 系统仿真模型

（1）模型库提供两种系统测试模型，打开整车低压电器系统测试模型。

整车测试模型 1（TAElectronic.Example.SystemTest.E_Network）如图 8-7-1 所示。

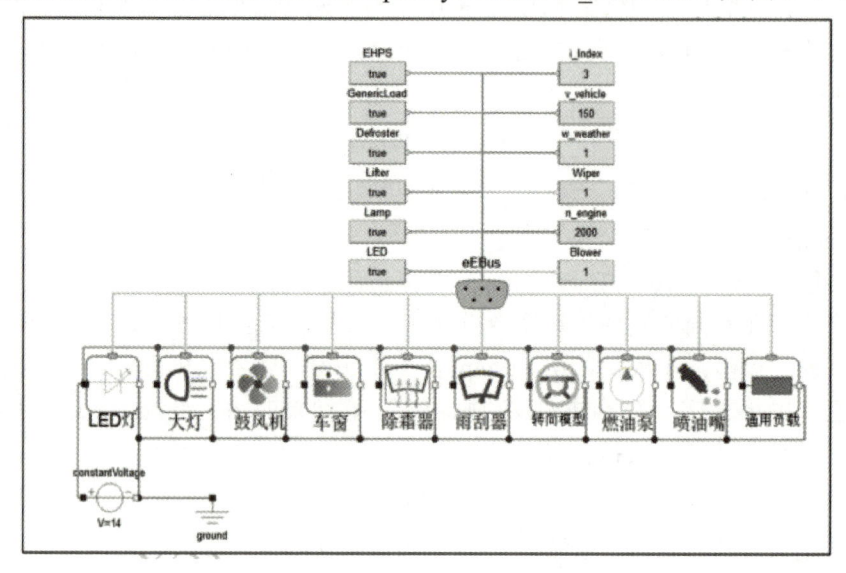

图 8-7-1　整车测试模型 1

整车测试模型 2（TAElectronic.Example.SystemTest.E_Network_1）如图 8-7-2 所示。

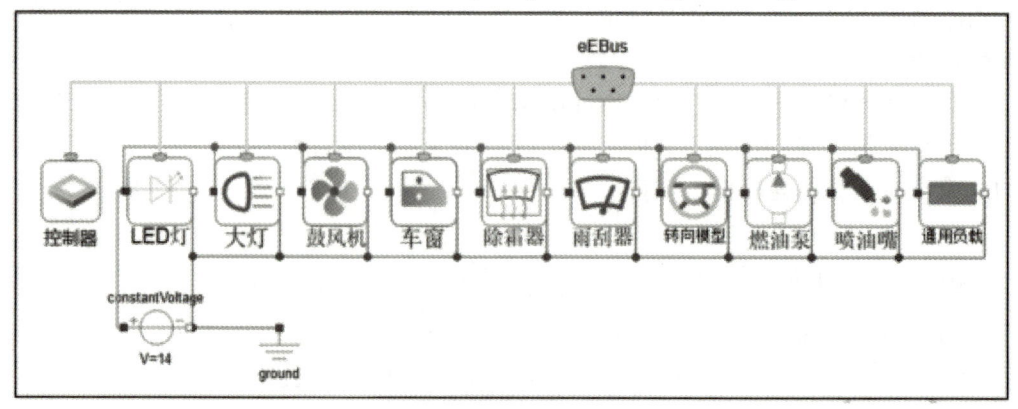

图 8-7-2　整车测试模型 2

双击控制器模型,如图 8-7-3 所示,通过组件参数的修改,可对车辆电子输入信号进行调整。

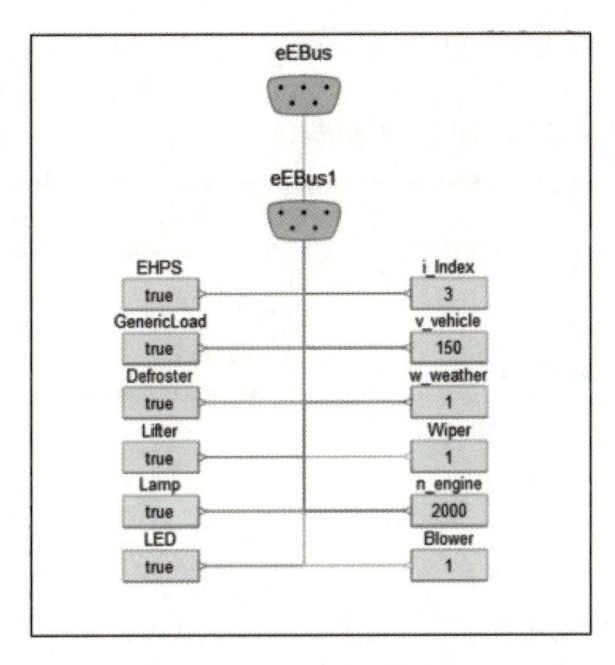

图 8-7-3　控制器模型

(2) 在"仿真设置"对话框中设置相关时间(测试模型为 10s),如图 8-7-4 所示。

图 8-7-4　仿真设置

3. 参数设置

（1）矩阵 LED 灯组模型。

设置矩阵 LED 灯组模型的组件参数，li0 为单个 LED 的相对发光强度，m_LED 和 n_LED 分别为矩阵 LED 灯组的行数和列数，在 table 中输入发光强度系数与输入电压/输出电流与输入电压关系表，如图 8-7-5 所示。

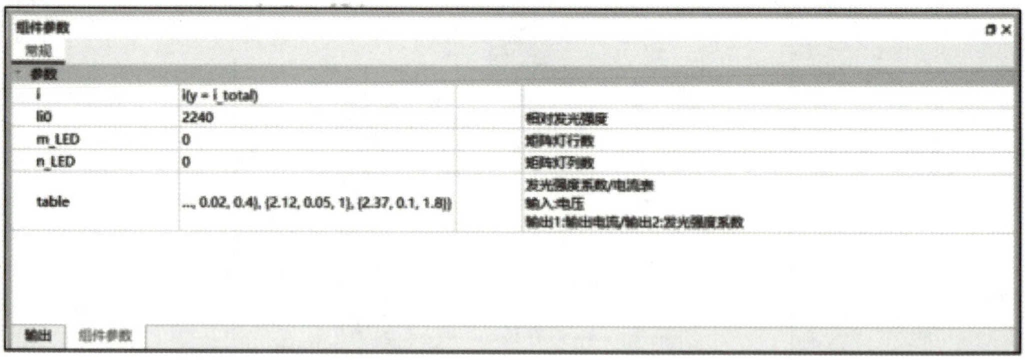

图 8-7-5　设置矩阵 LED 灯组模型的组件参数

恒压源模型的组件参数设置：V（输入电压）为 7.11V。

布尔信号模型的组件参数 y 为控制信号，可取值为 True 或 False，用来控制矩阵 LED 灯组模型的开或闭，这里设置为 True。

（2）车灯模型。

车灯模型的组件参数设置：p_nom（额定功率）为 60W 和 i_peak（峰值电流）为 10A。

恒压源模型的组件参数设置：V（输入电压）为 7.11V。

布尔信号模型的组件参数 y 为控制信号，可取值为 True 或 False，用来控制车灯模型的开或闭，这里设置为 True。

（3）鼓风机模型。

在鼓风机模型的组件参数 table 中输入峰值电流与输入挡位/额定电流与输入挡位关系表。

恒压源模型的组件参数设置：V（输入电压）为 7.11V。

整型信号模型的组件参数 y 为控制信号，可取值为 0、1、2、3、4、5、6、7 或 8，用来控制鼓风机模型的模式，其中 0 表示关闭，1~8 表示开启，随着数字的增大，鼓风机功率增加。

4. 仿真结果

完成上述设置后，即可单击仿真运行，仿真结果可显示各类曲线结果。

（1）矩阵 LED 灯组模型。

仿真浏览器中的模型树如图 8-7-6 所示。

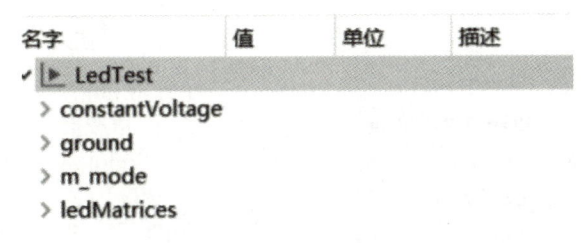

```
名字                值        单位       描述
✓ ▶ LedTest
  > constantVoltage
  > ground
  > m_mode
  > ledMatrices
```

图 8-7-6　仿真浏览器中模型树

设置参数相对发光强度 li0 为 2240mcd，矩阵为 2×2 的 LED 灯组，接入 14V 电源，输出工作总电流为 2.052A。

（2）车灯模型。

仿真浏览器中的模型树如图 8-7-7 所示。

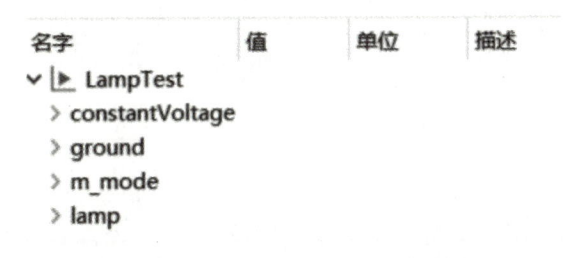

```
名字                值        单位       描述
✓ ▶ LampTest
  > constantVoltage
  > ground
  > m_mode
  > lamp
```

图 8-7-7　仿真浏览器中模型树

程序

设置参数 p_nom 额定功率为 60W 和 i_peak 峰值电流为 10A，接入 14V 电源，则可以仿真输出车灯模型工作总电流，如图 8-7-8 所示。

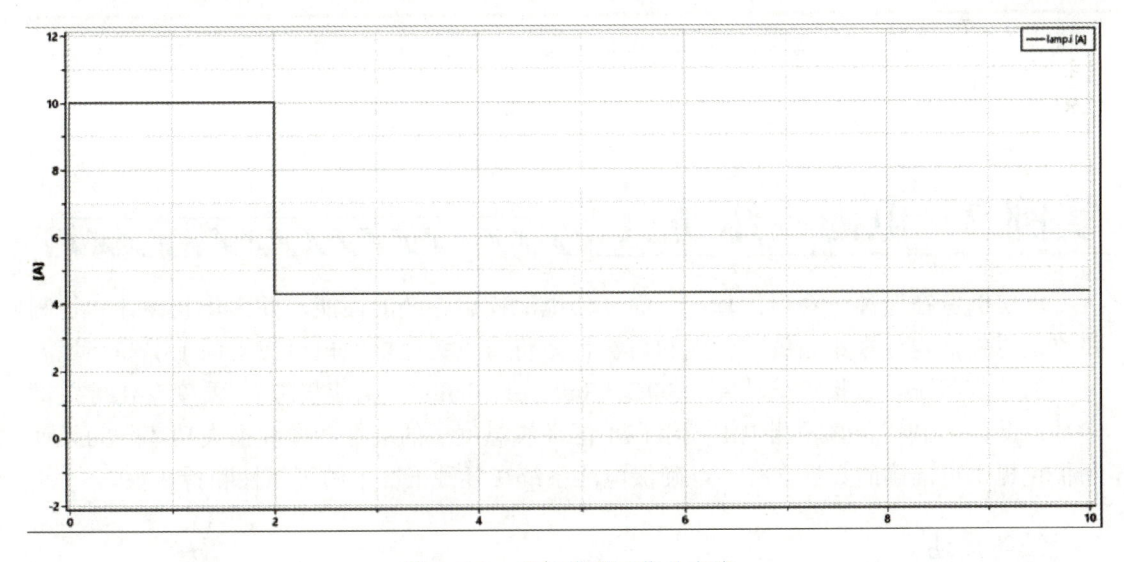

图 8-7-8　车灯模型工作总电流

（3）鼓风机模型。

仿真浏览器中的模型树如图 8-7-9 所示。

```
名字                值        单位      描述
∨ ▶ BlowerTest
  > constantVoltage
  > ground
  > p_position
  > blower
```

图 8-7-9 仿真浏览器中的模型树

设置 8 挡时的鼓风机，接入 14V 电源，仿真输出鼓风机的工作电流，如图 8-7-10 所示。

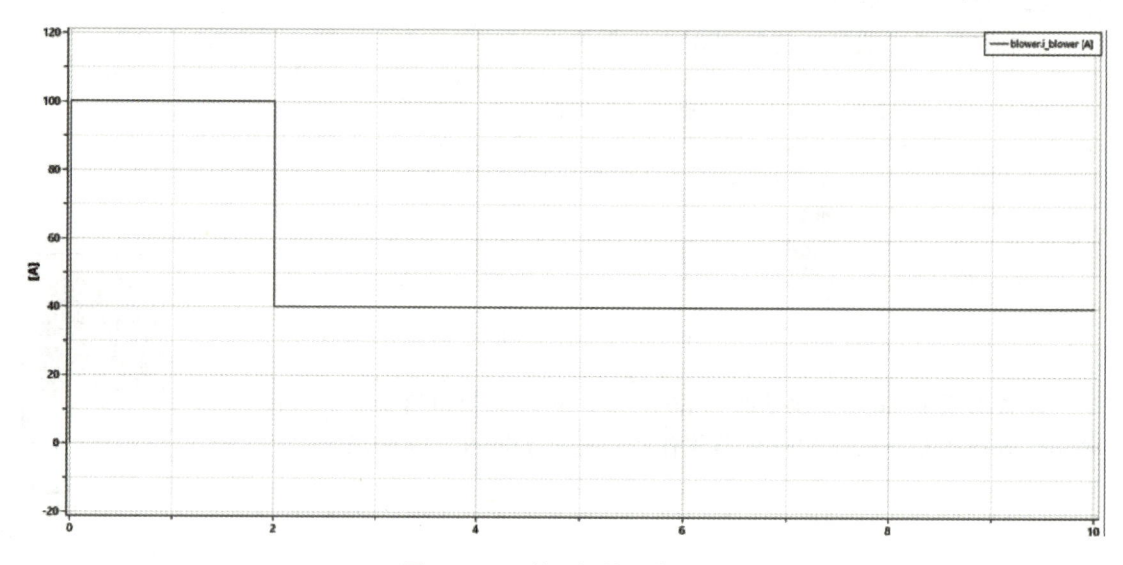

图 8-7-10 鼓风机的工作电流

实例 8 电池模组仿真

本实例旨在通过一系列仿真，全面评估电池模组系统的性能，并优化其设计和控制策略，以提高电池模组系统的性能和可靠性。将重点关注电池模组在不同工况和环境温度下的运行状况，包括输出功率、SOC（State of Charge，电荷状态）、温度变化等关键参数。此外，利用仿真预测电池模组在不同环境温度下的运行功率和损失功率，为设计和优化提供更准确的数据支持，以确保电池系统在各种工况下的可靠性和持久性。

任务描述

1. 任务目的

（1）评估电池模组系统的性能：通过模拟电池模组在不同环境温度下的状态，可以评估电池模组系统的性能，如模组输出功率、模组平均 SOC 等。

（2）优化电池模组系统的设计和控制策略：通过仿真，可以测试不同的电池模组系统设计和控制策略，如冷却系统的结构设计、风扇的控制策略等，以优化电池模组系统的性能。

（3）预测电池模组在不同环境温度下的运行功率和损失功率：通过仿真，可以预测电池模组在不同模组温度下的运行功率和损失功率，如模组温度变化、模组功率变化等，以便进行更准确的设计和优化。

2. 主要任务

（1）建立准确的数学模型：电池模组仿真模型试验需要建立准确的数学模型，包括锂电池模组、电池模组转换接口等组成部分的数学模型。模型的准确性对仿真结果的精度有着很大影响，因此需要充分考虑电池模组系统的结构和工作原理，并综合考虑一些未知因素的影响。

（2）确定仿真的工作条件：仿真需要根据实际情况确定电池模组的工作条件，如模组温度、串并联情况等。这些条件会影响仿真结果，因此需要根据实际情况进行合理的设定。

（3）编写准确的仿真程序：仿真程序需要准确地模拟电池模组系统的运行过程，并考虑各种因素的影响。程序的准确性对仿真结果的精度有着很大的影响，因此需要进行严格的测试和验证。

（4）收集和分析试验数据：在仿真过程中，需要记录并收集各种数据，如模组温度、模组功率、串并联情况等。将这些数据进行分析，可以评估电池模组系统的性能和可靠性，并确定优化措施。

（5）验证仿真结果的准确性：仿真的结果需要与实际测试数据进行比较，以验证其准确性。尤其是在进行电池模组系统设计时，需要进行实际测试，以验证仿真结果的准确性。

任务实施

1. 系统模型原理

ElectricalTabular——查表电反应模型。

模型路径：TABattery.Component.ElectricComp.BasedTabular.ElectricalTabular。

功能描述：电反应模块的电容、电阻和开路电压模型都是基于查表的模型，模型可与热反应模块形成查表电芯模型。

模型原理：查表电反应模型如图 8-8-1 所示。

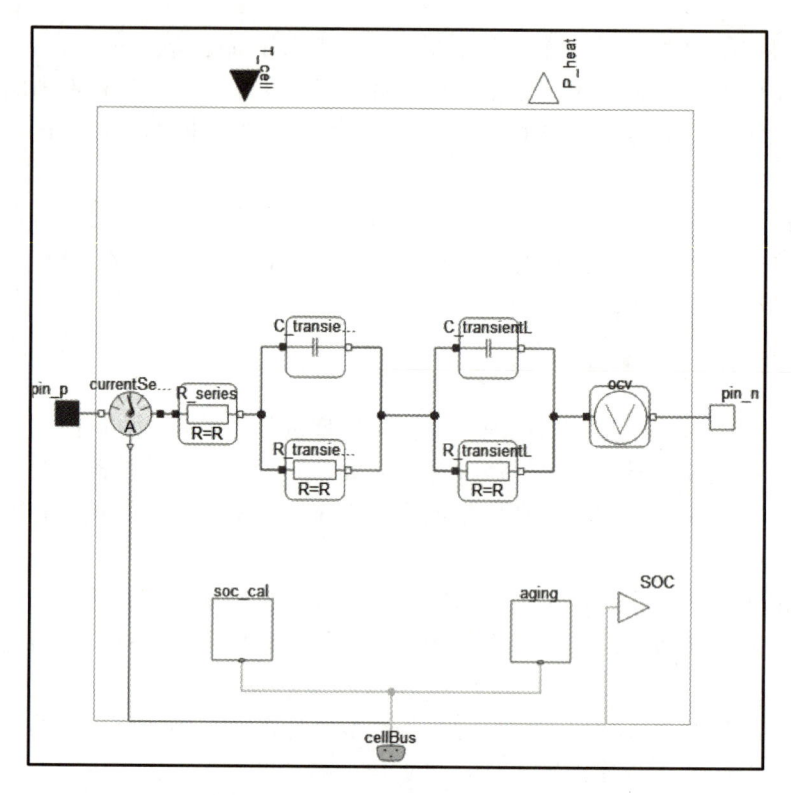

图 8-8-1　查表电反应模型

2. 系统仿真模型

（1）新建模型后，从 TABattery.ModuleModel 中拖动锂电池模组模型至新建模型的图形层。与电芯模型一样，模组模型包含两个电接口、一个热接口和总线接口。

（2）从 Modelica.Electrical.Analog.Basic 中拖动一种负载（电阻）至新建模型的图形层，构建简单的电路。同样，由于模组内部未接地，因此需要进行接地处理，如图 8-8-2 所示。

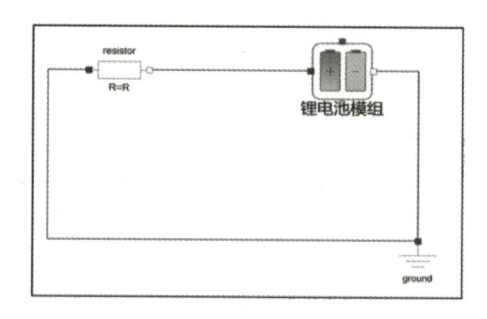

图 8-8-2　简单模组电路

（3）若需要对模组模型进行热分析，则还需要将 TABattery.Component.ThermalComp.

AdaptorModule 拖至图形层,与模组模型相连接,同时从标准库中拖出 Modelica.Thermal.HeatTransfer.Sources.fixedHeatFlow。获得的锂电池模组仿真模型,如图 8-8-3 所示。

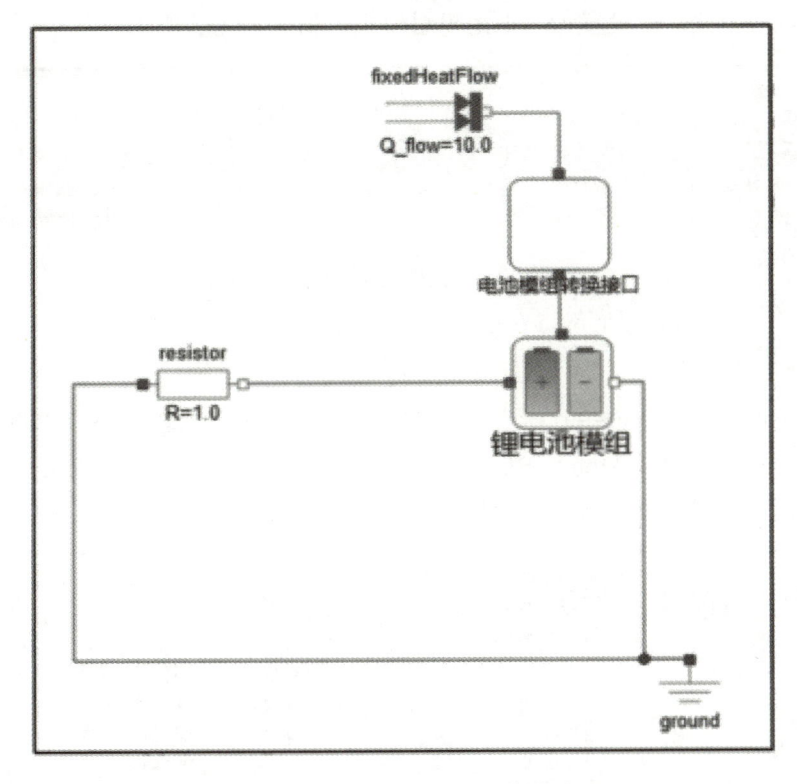

图 8-8-3　锂电池模组仿真模型

3. 参数设置

1)锂电池模组/理想电池模组/铅酸电池模组/基于图标电池模组

电池模组模型由若干电芯组成,因此需要设置电芯与电芯之间相关信息,如设置串并联个数、模组外壳厚度、电芯与电芯之间的间距等。电池模组参数如图 8-8-4 所示。

图 8-8-4　电池模组参数

其他参数设置与相应电芯参数设置一致。

2）电池模组转换接口参数

需要将电芯串并联数设置为与电池模组一致，如图 8-8-5 所示。

组件参数		
常规		
参数		
Cell_N_series	6	电芯串联数/模组
Cell_N_parall	1	电芯并联数/模组

图 8-8-5　电池模组转换接口参数

4. 仿真结果

完成上述设置后，即可仿真运行，仿真结果可显示各类曲线结果。模组内部内置一个包含模组各状态的总线 ModuleBus，可从其中获取相关状态，如图 8-8-6 所示。电池模组包含的各电芯状态也可从总线 cellBus 中获取。

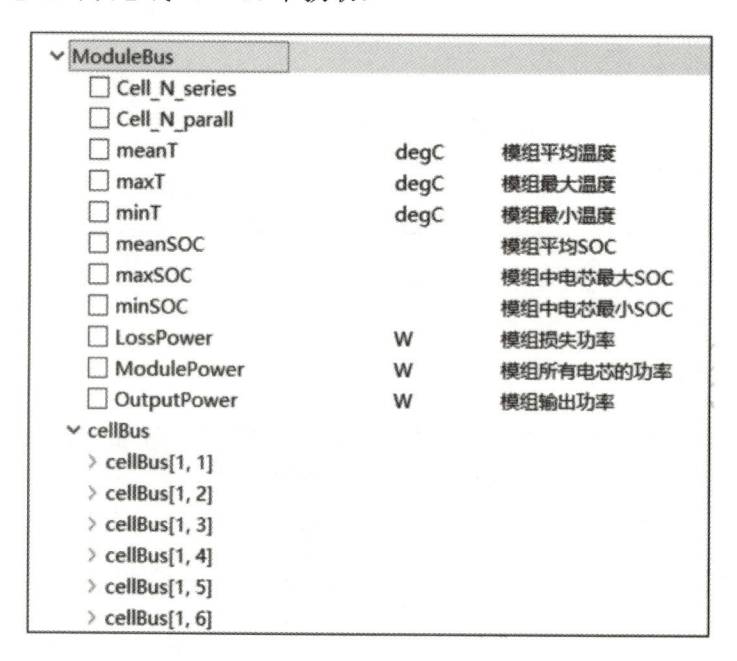

图 8-8-6　相关状态

实例 9　电池包仿真

本实例旨在通过一系列仿真，全面评估电池包系统的性能，并优化其设计和控制策略，以提高电池包系统的性能和可靠性。我们将综合考虑电池包在不同环境温度下的状态，评估其输出功率、SOC 等关键指标，以深入了解其工作特性。同时，利用仿真预测电池包在不同温度下的运行功率和损失功率,为设计和优化提供更准确的数据支持,以确保电池包系统在各种环境条件下的可靠性和稳定性。

任务描述

1. 任务目的

(1)评估电池包系统的性能:通过模拟电池包在不同环境温度下的状态,可以评估电池包系统的性能,如包输出功率、包平均 SOC 等。

(2)优化电池包系统的设计和控制策略:通过仿真,可以测试不同的电池包系统设计和控制策略,如冷却系统的结构设计、风扇的控制策略等,以优化电池包系统的性能。

(3)预测电池包在不同温度下的运行功率和损失功率:通过仿真,可以预测电池包在不同模组温度下的运行功率和损失功率,如包温度变化、包功率变化等,以便进行更准确的设计和优化。

2. 主要任务

(1)建立准确的数学模型:电池包仿真模型试验需要建立准确的数学模型,包括锂电池包、电池包转换接口等组成部分的数学模型。模型的准确性对仿真结果的精度有着很大影响,因此需要充分考虑电池包系统的结构和工作原理,并综合考虑一些未知因素的影响。

(2)确定仿真的工作条件:仿真需要根据实际情况确定电池包的工作条件,如包温度、串并联情况等。这些条件会影响仿真结果,因此需要根据实际情况进行合理的设定。

(3)编写准确的仿真程序:仿真程序需要准确地模拟电池包系统的运行过程,并考虑各种因素的影响。程序的准确性对仿真结果的精度有着很大的影响,因此需要进行严格的测试和验证。

(4)收集和分析试验数据:在仿真过程中,需要记录并收集各种数据,如包温度、包功率、串并联情况等。将这些数据进行分析,可以评估电池包系统的性能和可靠性,并确定优化措施。

(5)验证仿真结果的准确性:仿真的结果需要与实际测试数据进行比较,以验证其准确性。尤其是在进行电池包系统设计时,需要进行实际测试,以验证仿真结果的准确性。

任务实施

1. 系统模型原理

PackTemplate——电池包模型。
模型路径:TABattery.Template.Battery.ModuleTemplate。
功能描述:电池包模型定义了若干个模组串并联的方式,定义模组之间的连接关系,同时将模组模型与电池包外壳的热模型进行预连接。可使用继承和该模板生成电池包模型。
模型原理:电池包模型原理如图 8-9-1 所示。

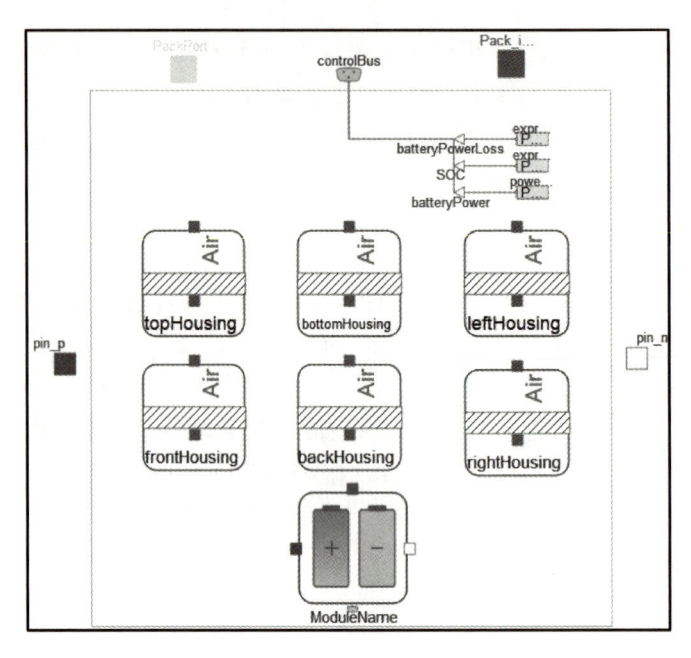

图 8-9-1　电池包模型原理

2. 系统仿真模型

（1）新建模型后，从 TABattery.PackModel 中拖出理想电池包模型至新建模型的图形层，与电芯/模组模型一样，模组模型包含两个电接口、一个热接口和总线接口。

（2）从 Modelica.Electrical.Analog.Basic 中拖出电阻，构建简单的电路，同样由于电池包内部未接地，因此需要进行接地处理，如图 8-9-2 所示。

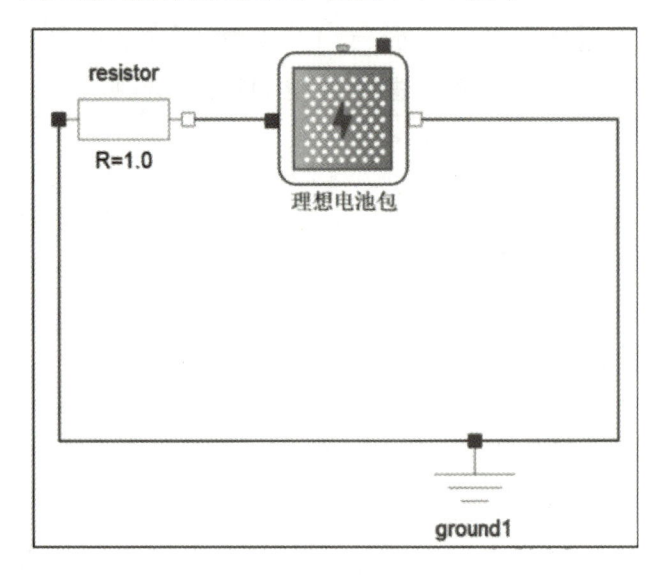

图 8-9-2　放置理想电池包和电阻

（3）若要对模组进行热分析，则还需要将 TABattery.Component.Thermal Comp. AdaptorPack（电池包热转换接口）拖至图形层，与模组进行连接，同时从标准库中拖出 Modelica.Thermal.HeatTransfer.Sources.fixedHeatFlow，如图 8-9-3 所示。

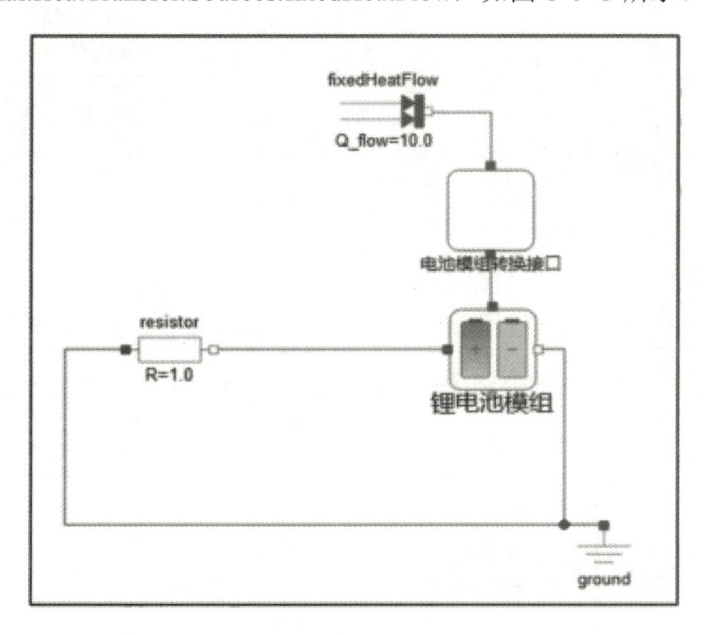

图 8-9-3　创建连接

3. 参数设置

1）锂电池包/理想电池包/铅酸电池包/基于表格电池包模型

电池包模型由若干电池模组组成，因此需要定义模组与模组之间的几何信息，其他参数设置与相应模组设置一致，如图 8-9-4 所示。

图 8-9-4　电池包参数

2）电池包热转换接口参数

电池包热转换接口参数，如图 8-9-5 所示。

组件参数			
常规			
▼ 参数			
Name	"电池包热转换接口"		
Module_N_series	1		模组串联数
Module_N_parall	1		模组并联数
Cell_N_series	6		电芯串联数/模组
Cell_N_parall	1		电芯并联数/模组

图 8-9-5　电池包热转换接口参数

4. 仿真结果

完成上述设置后，即可单击仿真运行，仿真结果可显示各类曲线结果。电池包内部内置一个包含电池包各状态的总线 PackBus，如图 8-9-6 所示，其中包括电池包中电芯的状态。

程序

```
▼ PackBus
    ☐ Module_N_series
    ☐ Module_N_parall
    ☐ Cell_N_series
    ☐ Cell_N_parall
    ☐ meanT            degC    电池包平均温度
    ☐ maxT             degC    电池包最大温度
    ☐ minT             degC    电池包最小温度
    ☐ meanSOC                  电池包平均SOC
    ☐ maxSOC                   电池包中电芯最大SOC
    ☐ minSOC                   电池包中电芯最小SOC
    ☐ LossPower        W       电池包损耗功率
    ☐ PackPower        W       电池包所有电芯产生的功率
    ☐ OutputPower      W       电池包输出功率
▼ moduleBus
    > moduleBus[1, 1]
    > moduleBus[1, 2]
    > moduleBus[2, 1]
    > moduleBus[2, 2]
```

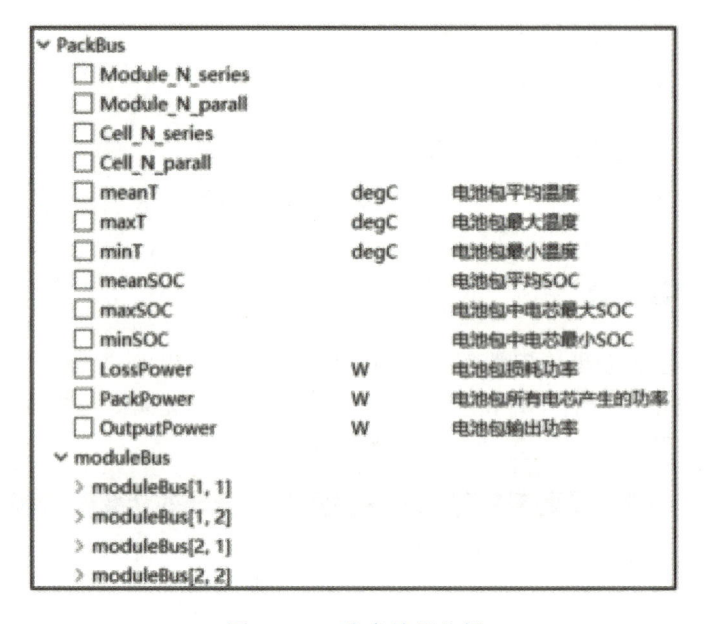

图 8-9-6　仿真结果分析

实例 10　电芯仿真模型

本实例旨在通过一系列仿真，全面评估电芯的性能，并优化其控制策略，以提高电芯的性能、可靠性和使用寿命。综合考虑电芯在不同工作条件下的运行状态，包括电流、温度等因素，并通过仿真测试不同的控制策略，如 SOC（和 SOH（State of Health，健康状态）等，以优化电芯的控制策略。

任务描述

1. 任务目的

（1）评估电芯的性能：通过模拟电芯在不同环境的运行状态，可以评估电芯的性能，如电芯电流、损失功率、电芯功率和电芯输出功率等。

（2）优化电芯的控制策略：通过仿真，可以测试不同的控制策略，如电芯 SOC、电芯 SOH 等，以优化电芯的控制策略，提高其性能。

（3）预测电芯在不同工作条件下的行为：通过仿真，可以预测电芯在不同电流、温度等工作条件下的行为，以便进行更准确的设计和优化。

（4）预测电芯的寿命：通过仿真，可以预测电芯的寿命，并确定维护和更换部件的最佳时机，以提高电芯的可靠性和使用寿命。

2. 主要任务

（1）建立准确的数学模型：电芯仿真需要建立准确的数学模型，包括物理方程、控制方程和传感器方程等。模型的准确性对仿真结果的精度有着很大影响，因此需要充分考虑电芯的结构和工作原理，并综合考虑一些未知因素的影响。

（2）确定仿真的工作条件：仿真需要根据实际情况确定电芯的工作条件，如电流、温度等。这些条件会影响仿真结果，因此需要根据实际情况进行合理的设定。

（3）编写准确的仿真程序：仿真程序需要准确地模拟电芯的运行过程，并考虑各种因素的影响。程序的准确性对仿真结果的精度有着很大的影响，因此需要进行严格的测试和验证。

（4）收集和分析试验数据：在仿真过程中，需要记录并收集各种数据，如电芯电流、损失功率、电芯功率和电芯输出功率等。将这些数据进行分析，可以评估电芯的性能和可靠性，并确定优化措施。

（5）验证仿真结果的准确性：仿真的结果需要与实际测试数据进行比较，以验证其准确性。尤其是在进行设计时，需要进行实际测试，以验证仿真结果的准确性。

任务实施

1. 系统模型原理

ElectricalTabular——查表电反应模型。

模型路径：TABattery.Component.ElectricComp.BasedTabular.ElectricalTabular。

功能描述：电反应模块的电容、电阻和开路电压模型都是基于查表的模型，模型可与热反应模块形成查表电芯模型。

模型原理：基于查表的电反应模型的电阻、电容、电压源都为查表模型，电反应模型为二阶 RC 电路。锂离子动力电池正负极材料之间存在一定的电位差，这也是化学电源的理论基础，外在表现为电池的电动势特性，在建模时我们使用一个电容器来模拟。研究表明电池的电动势与电池的 SOC 之间存在着一定的函数关系，在模型中通过 $EMF = f(SOC)$ 表达式来描述。锂离子动力电池通过锂离子在正负极之间的嵌入、脱嵌和移动来实现电流的输出，在这个电化学反应和离子运动的过程中，必然会产生一定的阻力，因此在建模时，我们使用电池的内阻来模拟。研究表明，在电池工作时，由于电池形成的机理不同，电池的内阻又可以进一步划分为欧姆内阻和极化内阻，欧姆内阻是由于离子在运动过程中受到的阻力而产生的；极化内阻是由于材料本身的一些性质而产生的，可细分为电化学极化内阻和浓差极化内阻。查表电反应模型如图 8-10-1 所示。

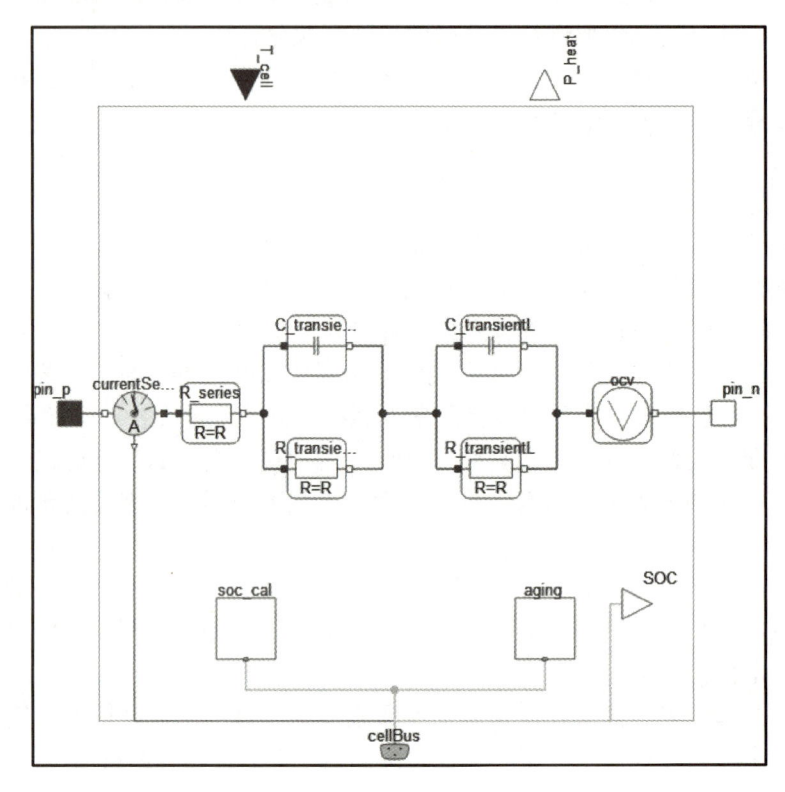

图 8-10-1　查表电反应模型

2. 系统仿真模型

（1）新建模型后，从 TABattery.CellModel 中拖动锂电芯模型至新建模型的图形层。电芯模型包含一个热接口和两个电接口（正负极），同时电芯模型有一个总线接口，总线接口包含电芯的状态信息，如电芯的温度、SOC 等。

（2）从 Modelica.Electrical.Analog.Basic 中拖出电阻，构建简单电路，如图 8-10-2 所示，电芯内部未接地，因此需要一个接地模型。

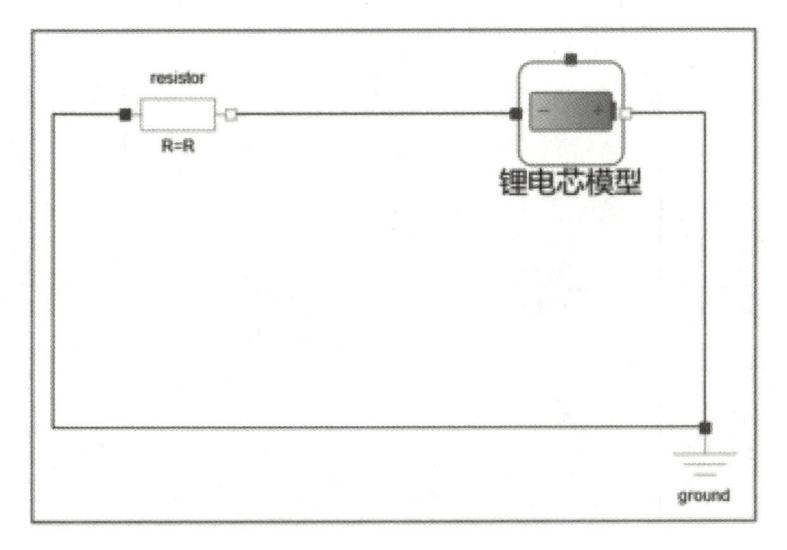

图 8-10-2　简单电路

（3）若需要对电芯进行热分析，则需要拖动组件连接电芯热接口，如图 8-10-3 所示。

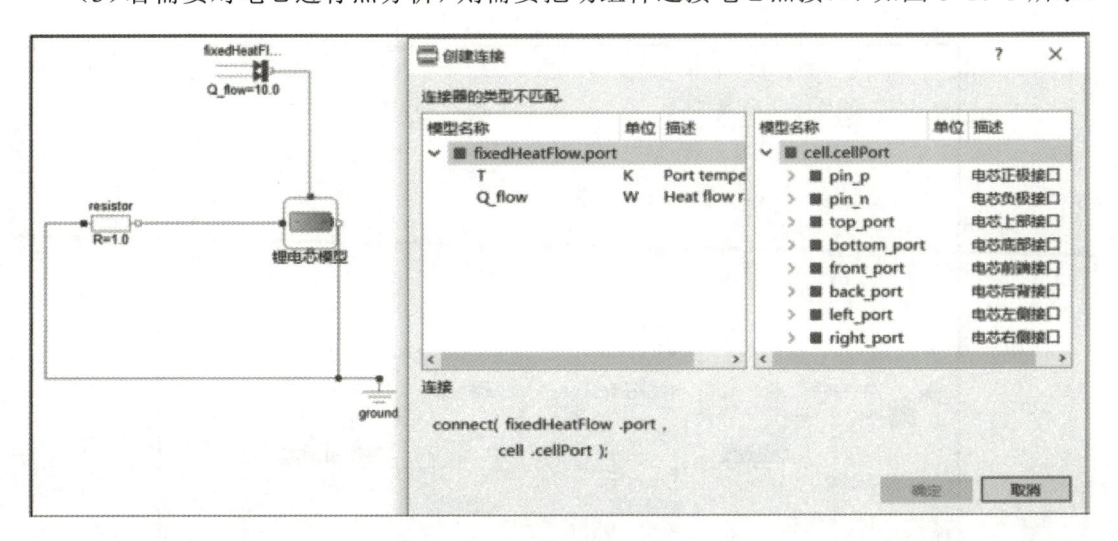

图 8-10-3　电芯热模型连接

也可直接使用 Modelica 标准库的热组件进行连接，如 Modelica.Thermal.HeatTransfer.Sources.FixedHeatFlow，电芯热接口中包含的热接口可全连接或者部分连接（可根据用户需求选择任意的接口），如图 8-10-4 所示。

3. 参数设置

1）锂电芯模型参数设置

锂电芯模型电学部分为二阶 RC 电路，模型原理如图 8-10-5 所示。

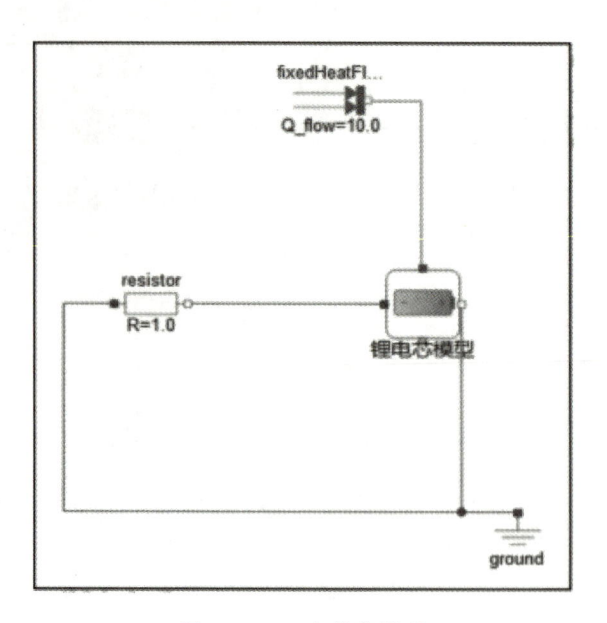

图 8-10-4　电芯热模型

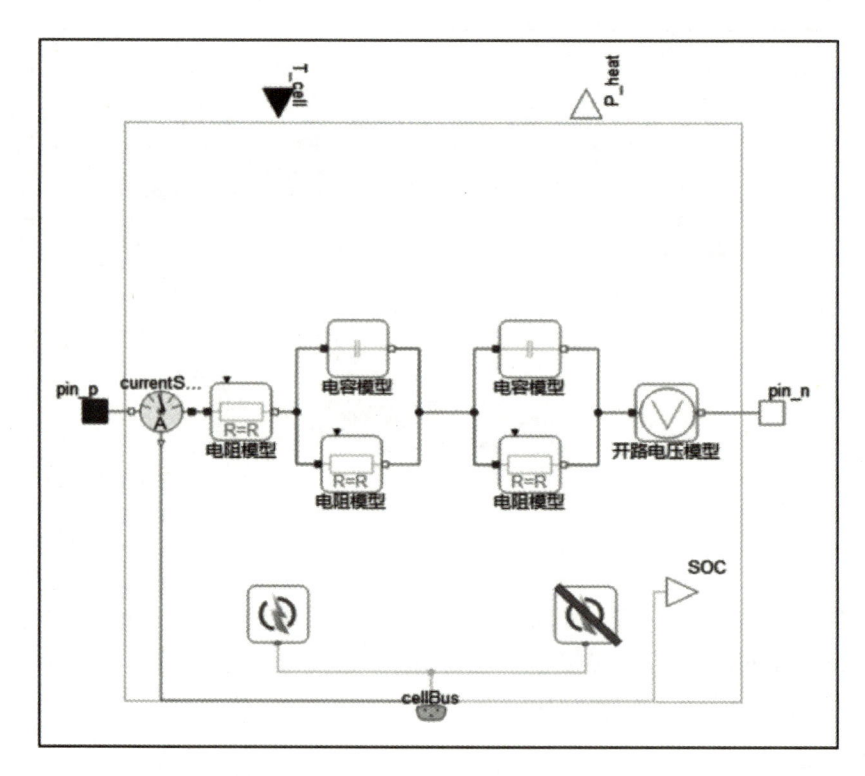

图 8-10-5　锂电芯模型原理

其中 DCV_coef_a、DCV_coef_b、DCV_coef_c 等为计算的系数，如图 8-10-6 所示。

理想电芯模型内部为理想电压源模型和电阻模型，电阻由于电流通过而产生热，如图 8-10-7 所示。

参数	值	单位	说明
nBattery	1		模型中电池包的数量,仅需要在单节电芯与动力性经济性联合使用时需要设置该参数
iBattery	1		此电池包的编号,仅需要在单节电芯与动力性经济性联合使用时需要设置该参数
SOC0	1		SOC起始值
SOCMin	0		最小SOC
SOCMax	1		最大SOC
eta	1		充电效率
ChargeMax	1 * 3600	C	1安时
T_ref	26.85	degC	电芯参考温度
ocv_coef_a	-1.031		OCV系数a
ocv_coef_b	-35		OCV系数b
ocv_coef_c	3.685		OCV系数c
ocv_coef_d	0.2156		OCV系数d
ocv_coef_e	-0.1178		OCV系数e
ocv_coef_f	0.3201		OCV系数f
R_series_coef_a	0.1562		电源内阻系数a
R_series_coef_b	-24.37		电源内阻系数b
R_series_coef_c	0.07446		电源内阻系数c
R_tranS_coef_a	0.3208		瞬态相应短电阻系数a
R_tranS_coef_b	-29.14		瞬态相应短电阻系数b
R_tranS_coef_c	0.04669		瞬态相应短电阻系数c
C_tranS_coef_a	-752.9		
C_tranS_coef_b	-13.51		
C_tranS_coef_c	703.6		
R_tranL_coef_a	6.603		
R_tranL_coef_b	-155.2		
R_tranL_coef_c	0.04984		
C_tranL_coef_a	-6056		
C_tranL_coef_b	-27.12		
C_tranL_coef_c	4475		

图 8-10-6　参数设置

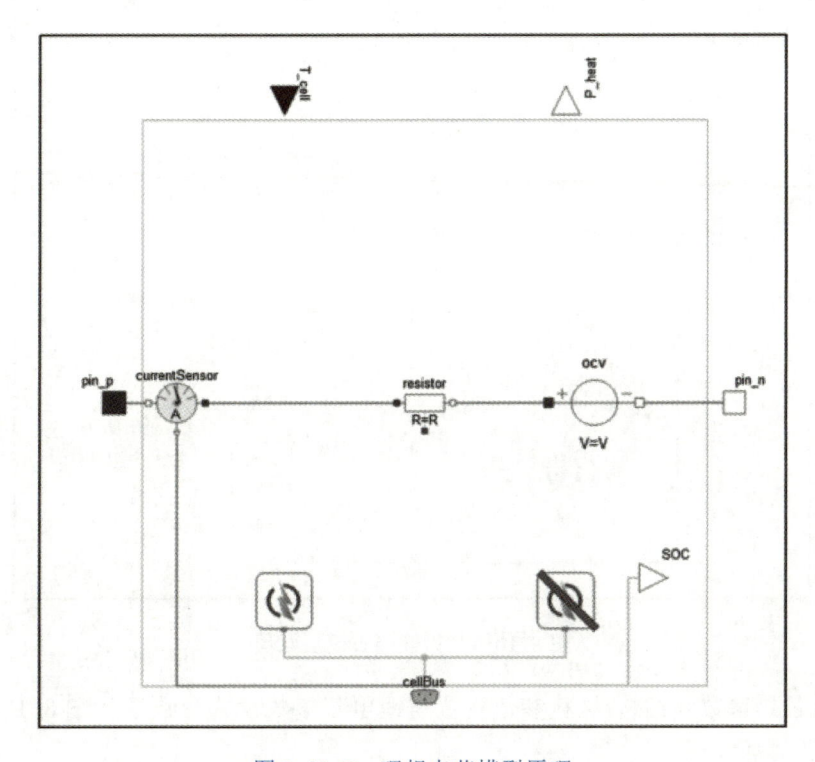

图 8-10-7　理想电芯模型原理

理想电芯需要设置电芯内阻和单电芯开路电压,热参数、结构和材料参数与锂电芯设置方式一致,如图 8-10-8 所示。

参数		
Name	"电学部分"	
SOC0	SOC0	SOC起始值
eta	eta	充电效率
ChargeMax	ChargeMax	C	1安时
T_ref	T_ref	K	电芯参考温度
aging	....ElectricComp.Utilities.NoneAging aging	
soc_cal	nt.ElectricComp.Utilities.SOC_cal soc_cal	

图 8-10-8　理想电芯参数

2）铅酸电芯模型参数设置

铅酸电芯模型内部为一阶 RC 电路和两个串联电阻，同时考虑寄生电流的影响，如图 8-10-9 所示。

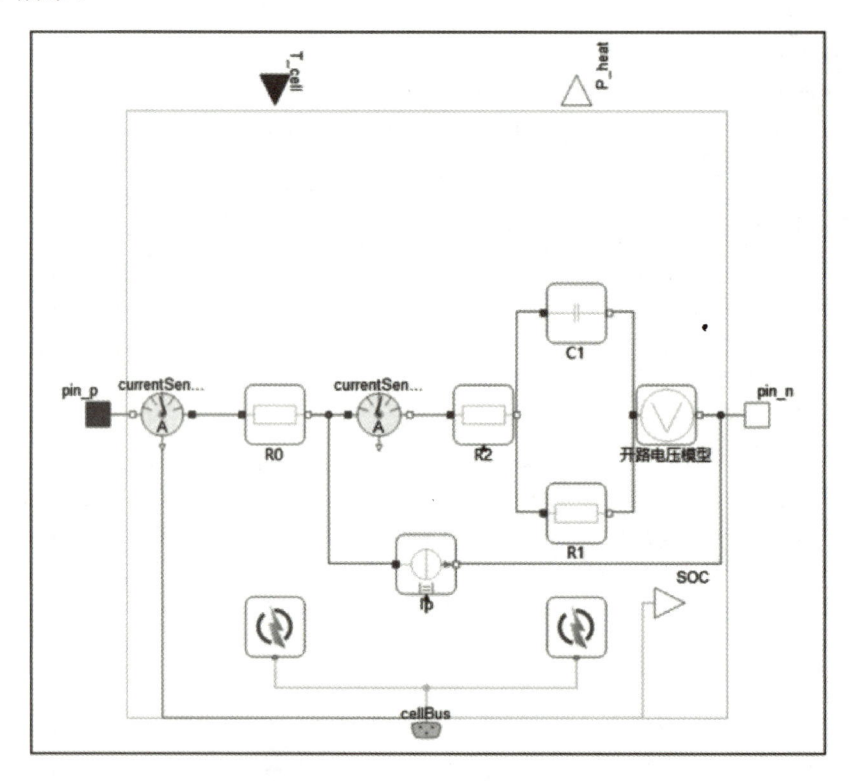

图 8-10-9　铅酸电芯模型原理

铅酸电芯热参数和结构/材料参数设置与锂电芯参数设置一致，如图 8-10-10 所示。

4．仿真结果

完成上述设置后，即可单击仿真运行，仿真结果可显示各类曲线结果，如图 8-10-11 所示。电芯内部内置一个包含电芯状态的总线，可从中获取相关状态，如图 8-10-12 所示。

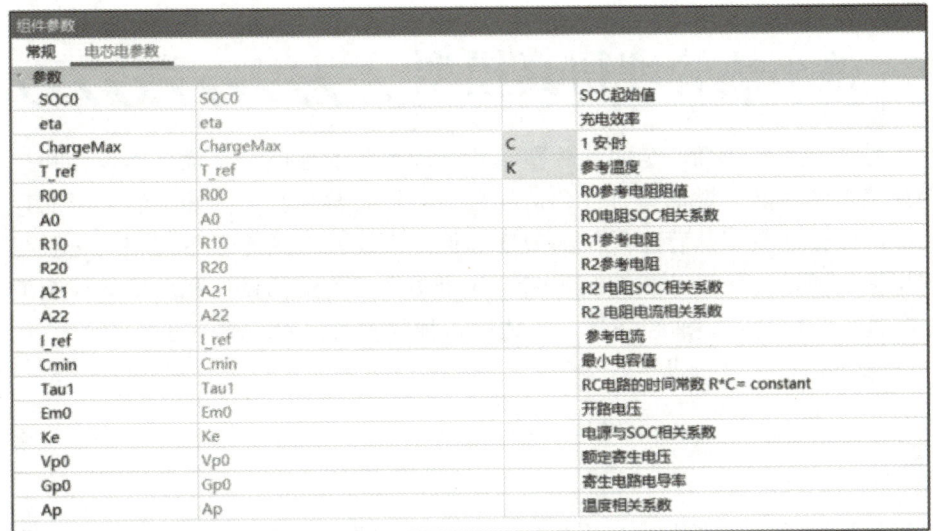

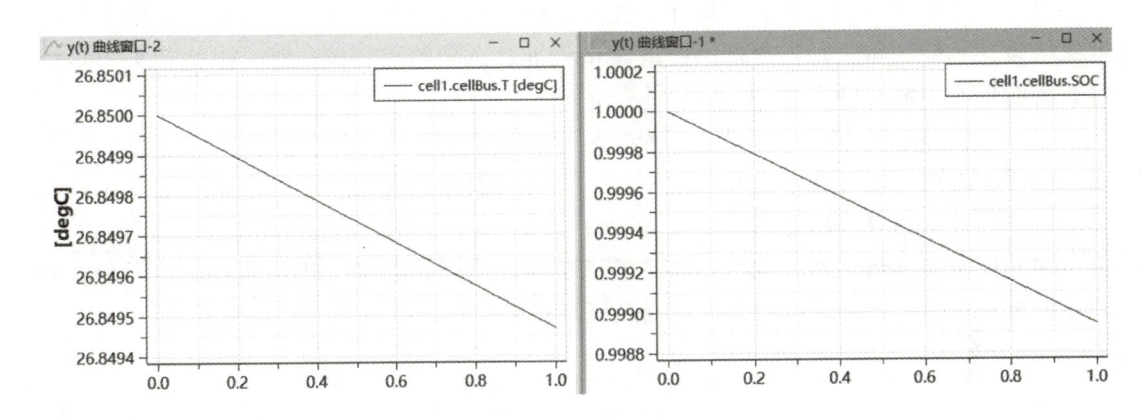

组件参数			
常规　电芯电参数			
参数			
SOC0	SOC0		SOC起始值
eta	eta		充电效率
ChargeMax	ChargeMax	C	1 安时
T_ref	T_ref	K	参考温度
R00	R00		R0 参考电阻阻值
A0	A0		R0电阻SOC相关系数
R10	R10		R1参考电阻
R20	R20		R2参考电阻
A21	A21		R2 电阻SOC相关系数
A22	A22		R2 电阻电流相关系数
I_ref	I_ref		参考电流
Cmin	Cmin		最小电容值
Tau1	Tau1		RC电路的时间常数 R*C= constant
Em0	Em0		开路电压
Ke	Ke		电源与SOC相关系数
Vp0	Vp0		额定寄生电压
Gp0	Gp0		寄生电路电导率
Ap	Ap		温度相关系数

程序

图 8-10-10　参数设置

图 8-10-11　仿真结果

- [ ] SOH
- > thermal
- > electrical
- ∨ cellBus
  - [ ] i　　　　　　A　　　电芯电流
  - [ ] LossPower　　W　　　电芯损失功率
  - [ ] CellPower　　W　　　电芯功率
  - [ ] OutputPower　W　　　电芯输出功率
  - [ ] SOC　　　　　　　　　电芯SOC
  - [ ] SOH　　　　　　　　　电芯SOH
  - [ ] SOH_R　　　Ohm
  - [ ] T　　　　　degC　　电芯温度

图 8-10-12　相关状态

297

实例 11　整车热管理仿真模型

本实例旨在通过一系列仿真，全面评估整车热管理系统的性能，并优化其设计和控制策略，以提高整车的性能、燃油经济性和可靠性。将针对整车在不同环境温度下的行驶状态进行模拟，以评估整车热管理系统的效率和性能表现，包括冷却系统和制热系统的效率等关键指标。通过优化设计和控制策略，如冷却系统的结构设计和风扇的控制策略等，旨在提高整车的性能和燃油经济性，以适应各种行驶条件和环境温度。

任务描述

1. 任务目的

（1）评估整车热管理系统的性能：通过模拟整车在不同环境温度下的行驶状态，可以评估整车热管理系统的性能，如冷却系统的效率、制热系统的效率等。

（2）优化整车热管理系统的设计和控制策略：通过仿真，可以测试不同的整车热管理系统设计和控制策略，如冷却系统的结构设计、风扇的控制策略等，以优化整车热管理系统的性能和燃油经济性。

（3）预测整车在不同环境温度下的行驶行为和热适应性：通过仿真，可以预测整车在不同环境温度下的行驶行为和热适应性，如车内温度的变化、发动机温度的变化等，以便进行更准确的设计和优化。

（4）预测整车热管理系统的寿命：通过仿真，可以预测整车热管理系统的寿命，并确定维护和更换部件的最佳时机，以提高整车热管理系统的可靠性和使用寿命。

2. 主要任务

（1）建立准确的数学模型：整车热管理仿真模型试验需要建立准确的模型，包括发动机、冷却系统、制热系统、空调系统等组成部分的模型。模型的准确性对仿真结果的精度有着很大影响，因此需要充分考虑整车热管理系统的结构和工作原理，并综合考虑一些未知因素的影响。

（2）确定仿真的工作条件：仿真需要根据实际情况确定整车的工作条件，如环境温度、车速、车载负荷等。这些条件会影响仿真结果，因此需要根据实际情况进行合理的设定。

（3）编写准确的仿真程序：仿真程序需要准确地模拟整车热管理系统的运行过程，并考虑各种因素的影响。程序的准确性对仿真结果的精度有着很大的影响，因此需要进行严格的测试和验证。

（4）收集和分析试验数据：在仿真过程中，需要记录并收集各种数据，如发动机温度、冷却系统的效率、制热系统的效率、车内温度等。将这些数据进行分析，可以评估整车热管理系统的性能和可靠性，并确定优化措施。

（5）验证仿真结果的准确性：仿真的结果需要与实际测试数据进行比较，以验证其准确性。尤其是在进行新型整车热管理系统设计时，需要进行实际测试，以验证仿真结果的准确性。

任务实施

1. 系统模型原理

除本章实例 4 所用模型外还包括以下模型。

（1）HeatSource——热源模型。

模型路径：TAThermalSystem.Heating.HeatSource。

功能描述：通过生热功率曲线，直接将输入外部热源的输入热流量作为热边界。

模型原理：通过随时间变化的生热功率曲线，提供外部热量输入，可以读取外部文件（提升编译效率）或直接输入数据。

（2）WaterSink/R134aSink——水/R134a 出口模型。

R134a 出口模型路径：TAThermalSystem.Sources.R134aSink。

水出口模型路径：TAThermalSystem.Sources.WaterSink。

功能描述：压力温度出口，反馈上游压力值。

模型原理：将给定压力值作为接口边界，温度仅用于计算参考状态，以平衡系统方程变量。

（3）WaterSource/R134aSource——水/R134a 流量源模型。

R134a 流量源模型路径：TAThermalSystem.Sources.R134aSource。

水流量源模型路径：TAThermalSystem.Sources.WaterSource。

功能描述：给定流量和温度输入的冷媒边界，介质分别进行设置。

模型原理：参数列表或外部信号输入流量值与温度值，压力由下游反馈，出口比焓 h_{source} 由介质 p、T 状态变量查表计算获得。

2. 系统仿真模型

（1）新建模型后，将串联式冷却回路应用模型 TAThermalSystem.Examples.System.VehicleCoolantCircuitApplication 拖至新建模型的图形层。整车冷却回路包括两组流体接口，分别接 R134a 制冷剂回路用于冷水机换热，空气接口用于接冷凝器换热。信号输入用于输入水泵转速。

（2）接入热源模型，可以使用模型库自带的热源输入模型 TAThermalSystem.Heating.HeatSource，也可以使用其他模型库中的热源输入，这里两者皆采用，使用锂电池包模型作为热源与热源数据输入，整车冷却回路内部目前按照串联方式连接，如图 8-11-1 所示。

（3）连接冷凝器空气进出口边界与 R134a 制冷剂进出口边界 TAThermalSystem.Sources.R134aSource 和 TAThermalSystem.Sources.R134aSink，整车仿真模型如图 8-11-2 所示。

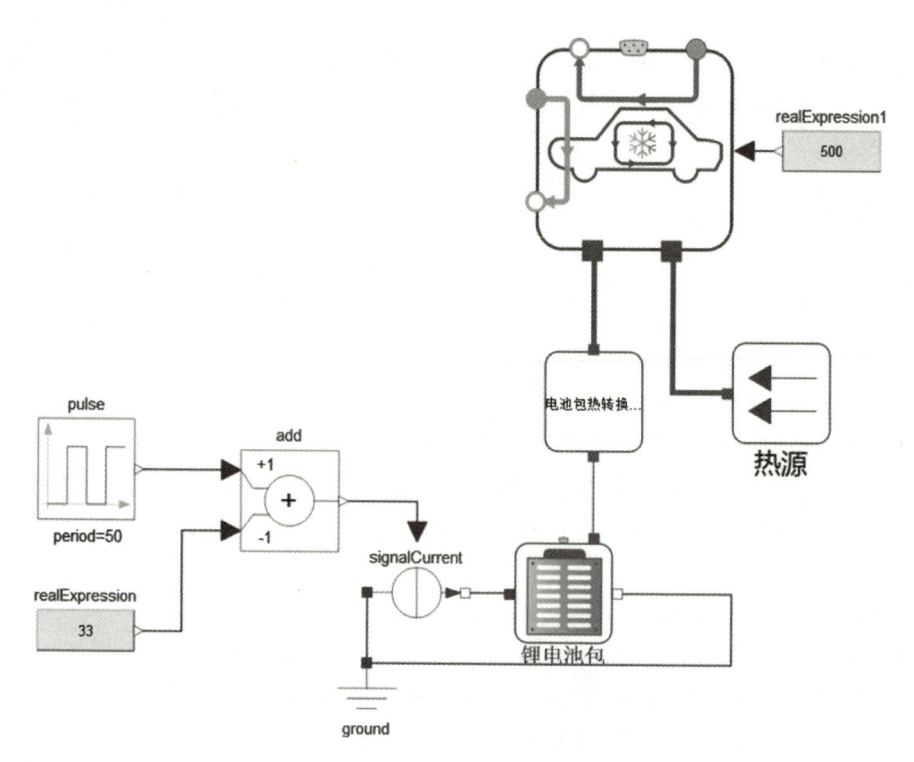

图 8-11-1　连接外部热源输入模型

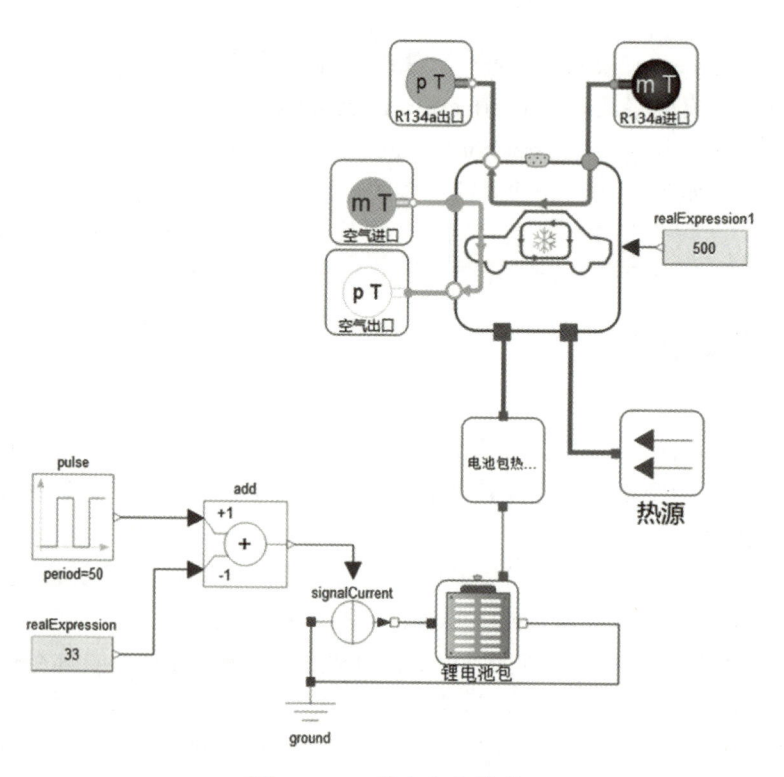

图 8-11-2　整车仿真模型

（4）可以进一步增加可视化组件，换热器的可视化组件 TAThermalSystem.Utilities.DynamicDisplay.HX_Display 可以实现模型中换热器相关变量的动态显示，这里尝试使用两个可视化组件反应冷凝器进出口状态，通过图例模型 TATherma lSystem.Utilities.DynamicDisplay.HX_Display_legend 可以提供可视化组件的图例说明。

3．参数设置

1）制冷剂流量边界参数

R134a 进口参数设置：m 为 0.1kg/s，p 为 5bar，T 为 5degC，如图 8-11-3 所示。

参数			
Medium	TongYuan.Media.R134a.R134a_ph		流体介质
title	"R134a进口"		选择图标名称显示
m	0.1	kg/s	入口质量流量
p	5	bar	设计压力，用于计算边界物性，不影响连接模型压力计算
T	5	degC	温度
use_m_input	false		=true,使用外接质量流量输入;=false,使用设定流量

图 8-11-3　R134a 进口参数设置

R134a 出口参数设置：p 为 5bar，T 为 25degC，如图 8-11-4 所示。

参数			
Medium	TongYuan.Media.R134a.R134a_ph		流体介质
title	"R134a出口"		选择图标名称显示
p	5	bar	出口压力，参与模型计算
T	25	degC	计算温度

图 8-11-4　R134a 出口参数设置

空气进口参数设置：m 为 0.1kg/s，其他采用默认设置，如图 8-11-5 所示。

参数			
Medium	...130 ... 2000 K) explicit in p and h		流体介质
title	"空气进口"		选择图标名称显示
m	0.1	kg/s	入口质量流量
p	1.01325	bar	设计压力，用于计算边界物性，不影响连接模型压力计算
T	35	degC	温度
use_m_input	false		=true,使用外接质量流量输入;=false,使用设定流量

图 8-11-5　空气进口参数设置

空气出口参数设置为默认大气压标准状态，如图 8-11-6 所示。

组件参数			
常规			
▼ 参数			
Medium	...130 ... 2000 K) explicit in p and h		流体介质
title	"空气出口"		选择图标名称显示
p	1.0325	bar	出口压力，参与模型计算
T	25	degC	计算温度

图 8-11-6　空气出口参数设置

2）可视化组件变量关联设置

需设置 4 个关联待显示变量。

冷凝器入口状态显示：

temperature=vehicleCoolantCircuitApplication.condenser.lumpedPipeWater.T_in

pressure=vehicleCoolantCircuitApplication.condenser.pcoolant_in

specificEnthalpy=vehicleCoolantCircuitApplication.condenser.hcoolant_in

massflowRate=vehicleCoolantCircuitApplication.condenser.lumpedPipeWater.m dot

冷凝器出口状态显示：

temperature=vehicleCoolantCircuitApplication.condenser.lumpedPipeWater.T_out

pressure=vehicleCoolantCircuitApplication.condenser.pcoolant_out

specificEnthalpy=vehicleCoolantCircuitApplication.condenser.hcoolant_out

massflowRate=vehicleCoolantCircuitApplication.condenser.lumpedPipeWater.m dot

4. 仿真结果

完成上述设置后，即可单击仿真运行，仿真结果可显示各类曲线结果，如图 8-11-7 所示，还可以显示动态组件所关联的变量，在仿真页面中单击播放按钮可以实现变量随仿真过程的动态显示，如图 8-11-8 所示。

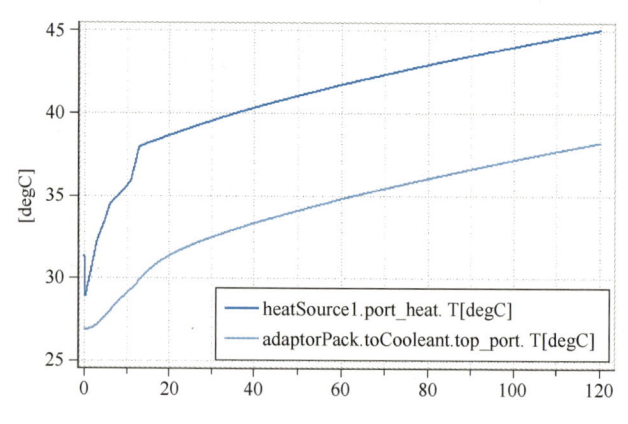

图 8-11-7　仿真结果显示曲线

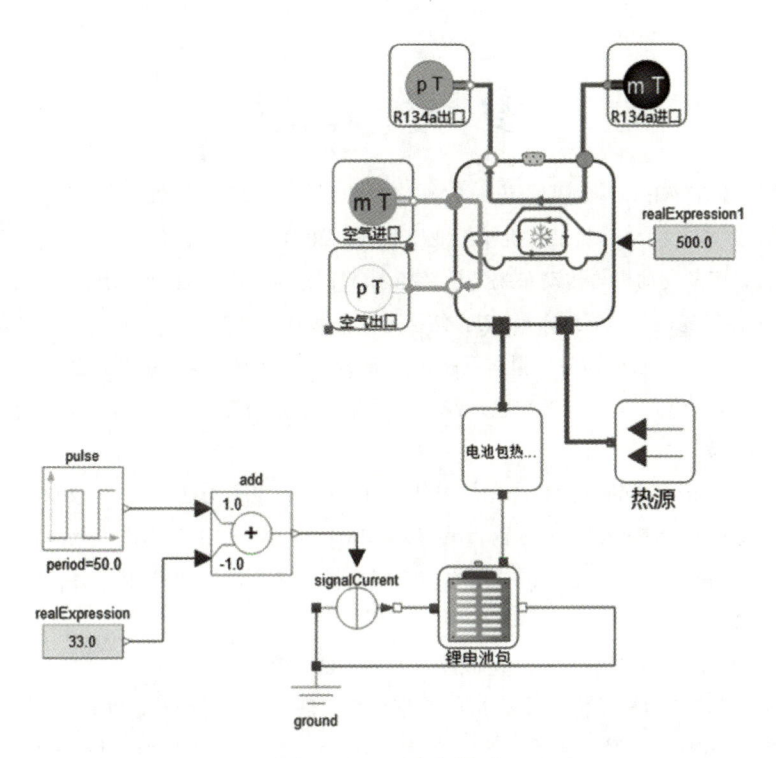

图 8-11-8　动态显示

参 考 文 献

[1] 崔胜民. 基于 MATLAB 的车辆工程仿真实例[M]. 北京：化学工业出版社，2019.

[2] 史建鹏. 汽车仿真技术[M]. 北京：机械工业出版社，2021.

[3] ERIKSSON L. 汽车发动机与传动系统建模及控制[M]. 北京：化学工业出版社，2018.

[4] 崔胜民. 汽车性能建模与仿真[M]. 北京：化学工业出版社，2021.

[5] 邓伟文，任秉韬. 汽车智能驾驶模拟仿真技术[M]. 北京：机械工业出版社，2021.

[6] 陈立平，周凡利，丁建完，等. 多领域物理统一建模语言 MODELICA 与 MWORKS 系统建模[M]. 武汉：华中科技大学出版社，2019.

[7] 许承东. 科学计算语言 Julia 及 MWORKS 实践[M]. 北京：电子工业出版社，2024.

[8] LAUWENS B，DOWNEY A B. Julia 语言编程入门[M]. 北京：中国电力出版社，2020.

[9] FRITZSON P. Modelica 语言导论：技术物理系统建模与仿真[M]. 周凡利，译. 武汉：华中科技大学出版社，2020.

[10] 喻云龙，林和平. 汽车建模原理[M]. 北京：化学工业出版社，2023.

[11] 周苏. 燃料电池汽车建模及仿真技术[M]. 北京：北京理工大学出版社，2017.

[12] 成传胜. 汽车 NVH 一本通：建模、优化与应用[M]. 北京：机械工业出版社，2023.

[13] 崔胜民. 基于 MATLAB 的新能源汽车仿真实例[M]. 北京：化学工业出版社，2020.

[14] 李彪，王巍. 智能网联汽车建模与仿真技术[M]. 北京：机械工业出版社，2023.

[15] 崔胜民. 智能网联汽车先进驾驶辅助系统（ADAS）[M]. 北京：化学工业出版社，2023.

[16] 杨世春，刘新华. 电动汽车动力电池建模与管理系统设计[M]. 武汉：华中科技大学出版社，2022.

[17] 曹砚奎. CATIA 从草图到运动仿真汽车发动机建模与仿真[M]. 北京：化学工业出版社，2017.

[18] 李永，宋健. 新能源汽车电驱动-能量传输系统建模、仿真与应用[M]. 北京：机械工业出版社，2019.

[19] 汪泉弟，郑亚. 电动汽车的电磁兼容原理、仿真模型及建模技术[M]. 北京：科学出版社，2017.

[20] STREICHERT T. 汽车电子/电气架构：实时系统的建模与评价[M]. 北京：机械工业出版社，2017.